지성과 양심의

이와나미 시리즈

Fun & Useful Contents Publisher!

AK커뮤니케이션즈

 엑스　　　　　　@publishingak
인스타그램　　　@ak_communications
홈페이지　　　　http://www.amusementkorea.co.kr/
네이버 카페　　 https://cafe.naver.com/akpublishing
네이버 블로그　 https://blog.naver.com/akcommuni

스포츠로 보는 동아시아사

분단과 연대의 20세기

다카시마 고 지음 | 장원철, 이화진 옮김

AK

일러두기

1. 이 책에 나오는 외국 지명과 외국인 인명은 국립국어원 외래어 표기법에 따랐다.

2. 본문의 각주는 모두 옮긴이가 추가한 것으로 독자의 이해를 돕기 위해 비교적 상세히 달았다.

3. 서적 제목은 겹낫표(『 』)로 표기하였으며, 그 외 인용, 강조, 생각 등은 작은따옴표를 사용하였다.

이 책의 표기에 관해서

국호가 쟁점이 되는 중화민국·중화인민공화국·대한민국·조선민주주의인민공화국의 경우는 본래 정식 명칭을 사용해야 하나, 번잡함을 덜기 위해 현재 통용되는 타이완·중국·한국·북한이라는 명칭을 사용한다. 그러나 혼란을 초래할 염려가 있는 경우에는 정식 명칭 또는 수도 명칭을 사용하기로 한다.

또한 다음과 같은 용어는 약칭을 사용한다. 국제올림픽위원회(IOC)/국가올림픽위원회(NOC)/일본올림픽위원회(JOC)/국제경기연맹(IF, International Federations)[1]/아시안게임연맹(AGF, Asian Games Federation)[2]/아시아올림픽평의회(OCA, Olympic Council of Asia)[3]/일본체육협회(일체협日體協)(JASA, Japan Amateur Sports Association)/일본육상경기연맹(육연陸連)(JAAF, Japan Association of Athletics Federations)/일본수상경기연맹(수연水連)(JASF, Japan Amateur Swimming Federation)[4]. 올림픽[5]은 개최 도시에 이름을 따서 '○○올림픽'으로 표기한다.

1) 참고로 IOC가 인증한 5개의 국제연맹 연합은 하계올림픽종목협의회ASOIF·동계올림픽종목협의회AIOWF·올림픽공인종목협의회ARISF·독립인증경기연맹연합AIMS 및 국제경기연맹총연합회GAISF(2022년 해체) 5개 조직을 가리킨다.

2) 1949~1982년 사이에 존속했으며 1982년 11월에 해체되면서 대신 아시아올림픽평의회OCA가 새로 창설되었다.

3) 아시아 지역의 국가올림픽위원회NOC의 집합 조직으로 아시안게임을 비롯해 동계 아시안게임·청소년 아시안게임·장애인 아시안게임·실내 무술 아시안게임 등을 주최하고 있다. 본부는 쿠웨이트Kuwait의 수도 쿠웨이트에 있다.

4) 일본 수영계를 대표하는 법인 조직. 1924년 창설된 대일본수상경기연맹大日本水上競技連盟을 모체로 해서 1929~1942년 사이에 존속했으며, 일본 명칭을 그대로 로마자화 해서 NSR로 불리기도 했다.

5) 올림픽의 정식 명칭은 '올림피아드 경기대회Games of the Olympiad'이다. '하계올림픽대회Summer Olympic Games'과 '동계올림픽대회Winter Olympic Games'로 나뉜다.

들어가며

"올림픽 운동은 어떠한 차별도 없이 우정·연대·페어 플레이 정신을 가지고 상호 이해하는 올림픽 정신에 따라 행해지는 스포츠 활동을 통해, 청소년을 교육함으로써 평화롭고 더욱 나은 세상을 건설하는 데 기여하는 것을 그 목표로 한다." (『올림픽헌장Olympic Charter』 1996년 판)

올림픽헌장[1]에서 제시하고 있는 올림픽의 근본 원칙에는 이상과 같은 대목이 있다. (최초로 등장한 것은 1958년. 현재는 표현이 약간 달라졌다) 차별하지 않고 연대하여·서로를 이해하며, 평화로운 세계 —— 어느 것이나 실현되지 않고 있으므로, 올림픽을 통해 극복할 것임을 선언하고 있다.

이들 과제는 특히 동아시아 지역에서 중요한 문제로 인식되어 왔다. 표1은 동아시아 국가·지역의 올림픽 참

---

1) 올림픽헌장Charte olympique은 국제올림픽위원회IOC가 제정한 근대 올림픽에 관한 규약으로 1914년에 기초되어 1925년에 제정되었다(현행 최신판은 2016년 8월에 개정되었다). 이 규약은 IOC 총회(GA, General Assembly)에서 출석 의원 3분의 2 이상의 찬성이 있으면 개정이 이루어지는데, 사적 단체인 IOC가 정한 규정인데, 번역상의 충돌이 일어나면 프랑스어 판을 기준으로 삼는다.

표1. 동아시아의 올림픽 참가 상황

개최년	제국 일본				중국
	한국	북한	일본	타이완	
1912			○		
1916			중 지		
1920			○		
1924			○		
1928			○		
1932			○		○
1936			○		○
1940			중 지		
1944					
1948	○			○	
1952	○		○		○
1956	○		○	○	
1960	○		○	○	
1964	○		○	○	
1968	○		○	○	
1972	○	○	○	○	
1976	○	○	○		
1980		○			
1984	○		○	○	○
1988	○		○	○	○
1992	○	○	○	○	○
1996	○	○	○	○	○
2000	○	○	○	○	○
2004	○	○	○	○	○
2008	○	○	○	○	○
2012	○	○	○	○	○
2016	○	○	○	○	○

가 상황, 표2는 아시아경기대회〔이하 '아시안게임'으로 표기〕참가 상황을 보여 주고 있다〔어느 경우나 하계대회만을 기준으로 했다〕. 이들 국가·지역이 두 대회에 모두 다 참가하기 시작한 것은 1990년대에 들어서고 나서부터였다. 한국·중국 선수가 서로 마주하여 경기를 하고, 북한·타이완 선수가 서로 시합을 하는 것 같은, 오늘날 올림픽이나 아시안게임에서 흔히 볼 수 있는 광경은 최근 30년 남짓 사이에 일어났던 일이었다.

제2차 대전 이후 동아시아 지역에서는 중국·타이완, 한국·북한이라는 두 분단국〔중국·타이완을 분단국가로 볼 것인가는 하나의 쟁점이 되어 왔다〕이 존재해 왔다. 분단국 사이에는 오랫동안 교류가 없었고, 그러한 대립을 회피하는 형태로 역내 교류가 이루어져 왔다. 냉전 시대 말기에 이르러 역내 대립이 크게 해소됨으로써 오늘날 보는 것과 같은 광경이 나타나게 되었다.

이 책에서는 20세기 초부터 현재에 이르는 동아시아 스포츠의 역사를 올림픽·아시안게임 등의 국제경기대회와의 관계를 통해 살펴보고자 한다. 여기서 3가지 주제를 다루고자 한다.

우선은 ①'분단과 연대〔배제와 포용〕'의 주제이다. 동아시

표2. 동아시아의 아시아경기대회 참가 상황

개최년	한국	북한	일본	타이완	중국
1951			○		
1954	○		○	○	
1958	○		○	○	
1962	○		○		
1966	○		○	○	
1970	○		○	○	
1974	○	○	○		○
1978	○	○	○		○
1982	○	○	○		○
1986	○		○		○
1990	○	○	○	○	○
1994	○		○	○	○
1998	○	○	○	○	○
2002	○	○	○	○	○
2006	○	○	○	○	○
2010	○	○	○	○	○
2014	○	○	○	○	○
2017	○	○	○	○	○

아는 냉전에 의해 갈라지기 전에 이미 만주국滿洲國[2]이라는 분단을 경험했다. 1932년 만주국 건국 이래로 스포츠계는 동아시아의 분단 상황에 어떻게 대처했고, 아울러 그러한 상황을 어떻게 극복하려 했는가? 그 핵심은 어느 경기대회 또는 경기단체에서 누구를 포용 내지 배제하려 했는가의 과정에서 가장 선명하게 나타났다. 이 책에서는 올림픽·아시안게임, 개개의 운영 조직인 국제올림픽위원회[IOC, International Olympic Committee][3]와 아시안게임연맹[AGF, Asian Games Federation]에서 행해졌던 포용과 배제 과정에 주된 초점을 맞추고자 한다.

이상과 같은 시각에서 그다음에 부각되는 문제가 ② '스포츠와 정치'이다. '스포츠와 정치는 별개다'라는 이념은 특히 아마추어 스포츠에서 강조되었다. 영국에서 만들어졌던 최초의 아마추어 규정은 금전을 목적으로 한 경기를 금지하고, 노동자를 배제하는 것이었다. 바꿔 말해서 아마추어 스포츠란 특권적인 사람들[신사gentleman]이, 특권적인 시간[여가]에, 특권적인 공간[경기장]에서 실천하는 특권적 행위였다. 그와 같이 현실로부터 차단된

2) 일본이 1932년에 중국 동북東北 지방에 세운 괴뢰 국가로 1945년 일본이 제2차 대전에서 패전해 중국에 반환될 때까지 존속했다.
3) 프랑스어로는 'CIO(Comité·international olympique)'로 표기한다.

허구의 세계에서 평등한 플레이어에 의해 반복되는 경쟁에 대해, 스포츠맨십(운동 정신)이나 페어플레이(정당한 대결)와 같은 의미 부여가 이루어졌고, 보편적 규범으로 확립되었다. 그러나 경기장 안에서의 평등은 아마추어라는 자격 제한을 통해 경기장 밖에서의 정치·경제의 영향을 배제해야만 비로소 달성되는 것이었다. 그것이야말로 다름 아닌 정치라고 불러야 할 것이다. 바꿔 말하면 경기장 안에서의 비정치성(이라는 환상)을 경기장 밖에서의 정치를 통해서 만들어 내는 일이, '스포츠와 정치는 별개다'라는 이념이 의미하는 바라고 해야 하겠다. 그 전형적 사례가 공산주의의 영향을 배제하는 데에 힘을 쏟는 한편으로 스포츠의 비非정치주의를 고집해 '미스터 아마추어'로 불렸던 에이버리 브런디지Avery Brundage(제5대 IOC 위원장)[4]의 경우였다.

---

4) 1887~1975. 미국의 체육인·실업가. 그는 젊은 시절 육상 5종·10종 경기 대표선수로 활약했고, 올림픽 출전 선수 출신으로 최초의 IOC 위원장이었다. 선수 시절 이후 건설업에서 성공했고 스포츠 행정 분야로 전향하면서 그는 미국올림픽위원회USOC 위원장 등을 역임하고, 1936년 IOC 위원, 1946년 IOC 부위원장이 되었고, 1952년 제5대 IOC 회장으로 선출되었다. 1952~1972년 기간에 걸친 임기 동안 올림픽을 세계적인 스포츠 행사로 성장시켰던 반면, 정치적 격동의 시기에 수많은 난관, 예를 들어 한국·독일·중국 등 분단국가의 올림픽 참가 문제, 남아프리카공화국·로디지아에서의 흑인 차별 문제, 올림픽의 상업화 문제 등에 직면해야 했다. 실제로 그는 남북한 IOC 가입 등을 비롯해 냉전 시기 올림픽의 역사와 관련해 가장 중요한 역할을 맡았던 인물로 평가받고 있다. 1972년 뮌헨올림픽에서 이스라엘 선수 학살 사건이 일어난 것은 그의 IOC 위원장 임기 마지막 날이었다. 그는 프로 선수의 올림픽 참가를 끝내 거부하는 등, 올림픽의 순수한 아마추어 정신의 강력한 신봉자로서 임기 내내 수많은 비판과 비난에 시달려야만 했다.

스포츠와 정치의 문제는 종종 정치적 차별이라는 형태로 나타났다. 차별 금지를 주장하는 올림픽·아시안게임은 그 같은 문제에 대해서 어떻게 대처해 왔을까? 또한 올림픽·아시안게임은 현실 정치에 어떤 영향을 미쳤을까? 스포츠와 정치의 사례로 종종 언급되는 것이 모스크바올림픽을 보이콧한 경우였다. 그 당시 올림픽 운동은 커다란 시련에 직면했다. 국제사회의 평화에 공헌하기 위해서는 타국을 침략한 국가에서 열리는 올림픽을 거부하고 침략 행위를 규탄해야 하는가, 아니면 평화가 실종된 상태이므로 더욱더 올림픽을 개최해서 우정과 연대의 정신을 함양시켜야 할 것인가? 일본올림픽위원회(JOC, Japanese Olympic Committee)는 당시 올림픽에 불참하는 쪽을 선택했고, 그러한 선택의 이유 중 하나로 '아시아의 연대'를 주장했다. 그런데 어째서 '아시아'였을까?

이러한 물음은 특히 제2차 대전 패전국인 일본이 직면했던 ③'세계와 아시아'라는 주제와 연결되어 있다. JOC는 흔히 올림픽 운동에 가장 충실한 국가올림픽위원회(NOC, National Olympic Committee)로 일컬어져 왔다. 일본에 있어서 세계란 '스포츠와 정치는 별개'인 공간이었던 반면에 아시아는 '스포츠와 정치는 불가분'인 공간이었다. 세계적인 스포츠 강국으로 아시아의 맹주를 자임했던 일본은 세계〔비정치적 스포츠〕와 아시아〔정치적 스포츠〕의 틈새에서 계속 고뇌해 왔다. 아시아의 비정치화를 원했던 일본의 자세는 스포츠계에서 특유한 경우는 아니었다. 국제정치학자 미야기 다이조宮城大藏는 전후 일본의 대對아시아 관계에 대해 이렇게 평하고 있다. '일관해서 공통되는 바는 아시아 지역에 「비정치화」를 요구하는 강한 지향성이었다.'·'경제적 지향에 따라 좌우되고, 연결되는 아시아야말로……전후 일본이 폭넓게 마음껏 활동하기 위한 절대 조건이었다.' 일본 스포츠계가 직면했던 딜레마는 전후 일본이 직면해야 했던 그것과 크게 다를 바가 없었다.

서장 「전쟁 전의 문맥」에서는 제2차 대전 이전의 동아시아 스포츠계를 개관하고자 한다. 동아시아 지역에 스포츠가 전파되었던 것은 서양 제국주의 확대의 결과였다는 점은 동아시아 스포츠가 처음부터 정치와 밀접히 연관되었다는 사실을 의미한다. 실제로 이 책에서 검토하는 3가지 주제는 이미 전쟁 이전의 시기로 그 뿌리를 더듬어 갈 수 있다.

제1장 「분단 속의 정치화」는 1950~1960년대를 대상으

로 한다. 동아시아의 스포츠는 냉전에 의해 분단되었고, 중일 간에 그러한 장벽을 극복하려는 시도가 행해지기는 했으나, 오래 지속되지는 못했다. 한편으로 이 시기에는 제3세계에서 탈식민지화가 진행되었고, 중국·인도네시아가 중심이 되어 기존의 국제 스포츠계와 격렬하게 대립했다. 아시아 지역에서 국제 스포츠계는 단순히 경기만을 위한 공간은 아니었다. 일본이 그 중심에서 메달 획득에 열중해 있을 적에, 여타 아시아 국가들은 그 주변에서 자국의 위신을 걸고 정치투쟁(국호·국기·국가 등 국가의 상징을 둘러싼 투쟁이기도 했다)을 전개했다. 그곳에서는 스포츠의 비정치주의 따위는 헛구호에 불과할 뿐이었다. 따라서 일본 스포츠계가 비정치주의라는 규범에 그토록 목매달던 행적은 스스로 누리던 특권에 무자각했기 때문이다.

제2장 「중국의 포용」에서는 문화대혁명의 영향으로 국제 스포츠계에서 이탈했던 중국이 1970년대에 아시아 및 세계 스포츠계에 편입되는 과정을 묘사하고자 한다. 중국을 포용하는 일은 일본에게 있어, 올림픽 운동을 확대해 가려는 스포츠 대국의 입장에서나, 아시아를 통합한다는 아시아 스포츠계의 맹주의 입장에서도, 매우 중차대한 과제였다. 그 때문에 일본은 중국을 포용하는 과

제에 매진했다. 한편으로 중국을 포용하는 동시에 석유
파동(오일쇼크)[5]을 거치며 영향력을 높였던 아랍 제국을
포용함으로써 아시아 스포츠계는 커다란 변화를 맞이하
게 되었다. 스포츠 정치는 당시까지는 주로 경기장 밖에
서 펼쳐졌지만, 새로이 아시아에 편입된 국가들은 남베
트남[6]·이스라엘과의 시합을 거부하는 등의 형태로 정치
를 경기장 안으로 끌고 들어왔다. 그와 같은 아시아의 상
황에 일본은 어찌할 바를 몰랐고, 이윽고 정신을 차려보
니 아시아에서 고립되어 버린 일본 자신의 모습을 발견
하게 되었다.

제3장 「통합을 향하여」는 1980년대를 논하고자 한다.
전 세계는, 모스크바 및 로스앤젤레스올림픽의 2차례에
걸친 대규모 보이콧 사태를 겪고 난 후에, 서울올림픽에
서 비로소 미소 양국을 포함한 159개 국가·지역이 참가
하는 광경을 볼 수 있었다. 아시아의 국가·지역은 타이
완·이스라엘을 배제함으로써 아시아올림픽평의회(OCA,
Olympic Council of Asia) 산하에 통합되었다. 그 후 동아시

---

5) 1973년 아랍 산유국들의 석유 무기화 정책으로 발생한 석유 공급 부족과 석유 가격
폭등으로 세계경제가 큰 곤란을 겪었던 사태를 가리키며, 흔히 '오일쇼크oil shock'라고
불렸다.
6) 1955~1975년 사이에 남부 베트남에 존속했던 베트남공화국Republic of Vietnam을
가리킨다. 북부 베트남에 1945년 9월 2일 호찌민의 주도로 수립된 베트남민주공화국
Democratic Republic of Vietnam은 '북베트남'으로 불렸다.

아에서는 한중과 중국·타이완 간의 교류가 시작되었고, 중국·타이완 간의 관계 개선에 힘입어 타이완은 올림픽과 아시안게임에 복귀할 수 있었다. 냉전의 종식에 뒤이어, 포용과 배제라는 형태의 스포츠 정치는 '기본적으로' 종언을 고했다. '기본적으로'라고 말한 이유는 예외가 존재했기 때문이다. 그것은 북한과 타이완의 경우이다. 한중 간 관계 개선은 북한의 고립화를 초래하게 되었다. 1970년대에 아시아 스포츠계의 주역 자리를 빼앗겼던 일본은, 이제 북한을 포용하는 일을 주도함으로써 자국의 영향력을 제고시키려고 했다. 그 결과 만들어진 것이 동계아시안게임이며, 종장에서 다루게 될 동아시아 경기대회〔이하 '동아시아 대회'〕였다.

1993년에 제1회 대회가 열렸던 동아시아 대회는 이후 2013년에 제6회 대회를 마지막으로 폐지되었다. 그에 대신해 '동아시아 청소년경기대회East Asian Youth Games'가 창설되었는데, 2019년에 타이완 타이중臺中에서 개최키로 예정되었던 제1회 대회는 중국·타이완 관계 악화로 말미암아 아직도 열리지 못하고 있다. 스포츠 세계는 여전히 동아시아 분단 상황으로 고뇌를 거듭하고 있다.

목차

서장

전쟁 전의 문맥
—— 1910~1940년대

제1회 극동올림픽(1913년) 참가자 기념사진
(YMCA Archives, Minnesota Univ.)

'문명'으로서의 스포츠

도쿄고등사범학교 교장 가노 지고로嘉納治五郞[1]가 주일 프랑스 대사의 부탁을 받아들여 IOC 위원에 취임했던 때는 영국 런던에서 제4회[2] 올림픽이 폐막한 지 얼마 되지 않았던 1909년의 일이었다. 가노 지고로는 대일본체육협회(JAAA, Japan Amateur Athletics Association)[3]를 설립하고, '국가의 성쇠는 국민정신의 소장消長[4]에 달려 있고, 국민정신의 소장은 국민 체력의 강약에 관계된다'는 이유를 내세워 1912년 스웨텐에서 열린 제5회 스톡홀름Stockholm올림픽에 참가했다. 같은 시기 동아시아에서는 또 다른 올림픽 개최가 예정되어 있었다. 1913년 1월 필리핀 마닐라에서 개최되었던 '극동올림픽Far East Games'[5]

---

1) 1860-1938. 일본의 무도인武道人·교육자. 유도·교육 분야의 선구적 업적과 메이지·쇼와 시대 일본 스포츠 발전에 지대한 공헌을 했던 인물로 '일본 체육의 아버지'로 불리고 있다. 일본올림픽위원회IOC 위원장(1911~1921)과, 아시아인 최초로 IOC 위원(1909~1938)을 역임했다. 1912년 일본 최초의 올림픽 참가 및 1940년 개최 예정이었던 제12회 도쿄올림픽(중일전쟁과 제2차 대전의 영향으로 취소됨) 유치 과정에서 주도적 역할을 했다.

2) 이 책의 저자는 '제3회'라고 했으나 '제4회'의 착오인 듯하다.

3) 이후에는 '대일본체육협회'는 'JAAA'로 표기한다.

4) '쇠하여 사라짐과 성하여 자라남'의 뜻이다.

5) 달리 극동경기대회(Far East Games) 또는 극동선수권경기대회(FECG, Far Eastern Championship Games)라고 하는데, 1913년 2월에 필리핀 마닐라 카니발 경기장(현재의 리살Rizal 기념 종합운동장)에서 제1회 극동올림픽이 열리게 되었다. 이 대회는 8일 동안 열렸으며, 필리핀·중화민국·일본·영국령 동인도(말레이시아)·태국·영국령 홍콩 등이 참가했다. 1915년 중국 상하이에서 개최된 제2회 대회는 명칭이 극동선수권경기대회로 바뀌었으며, 이후에 2년마다 개최되다가 1934년 마닐라에서 열린 제10회 대회부터 4년마다 개최하는 방식으로 바뀌었다. 제10회 대회에는 네덜란드령 동인도(인도네시아)도 참가했으나, 중국은 일본이 주장한 만주국의 대회 출전에 항의해 탈퇴했다. 1938년 일

18

이 그것이었다. 이 대회는 엘우드 브라운Elwood Brown[6] 에 의해 준비가 이루어지고 있었다. 엘우드 브라운은 북 미 YMCA로부터 필리핀에 파견되어, 마닐라 YMCA의 체육 간사로 스포츠 활동의 보급에도 진력했던 인물이었 다.

정신·지성·신체의 조화를 이상으로 내걸었던 YMCA[7] 에 있어서, 신체 단련은 기독교를 믿는 크리스천으로서 의 의무였다. 그러한 생각을 지니고서 그들이 추진했던 것이 아마추어 스포츠였다. 아마추어 스포츠는 계급사 회였던 영국에서 젠틀맨을 노동자와 구별하는 역할을 담 당했다. 한편으로 영국의 문맥을 벗어나게 되면 그것은 이윽고 문명을 야만으로부터 구별하는 지표로서 작용했 다. 그러한 아마추어 스포츠 이념의 추진자들은 그런 신

본 오사카에서 열릴 예정이던 제11회 대회는 1937년에 발발한 중일전쟁으로 인해 취 소되었으며, 이후 극동선수권경기대회도 폐지되고 말았다.

6) 1883~1924. 미국의 농구·배구 지도자. 미국에서 YMCA를 통해 1910년 필리핀에 체육 간사로 파견된 이후로 필리핀에서 배구·농구의 보급에 힘썼다. 이후 필리핀아마 추어경기연맹 회장의 자격으로 극동올림픽대회, 뒤이어 1919년 6~7월에 파리에서 열 렸던 제1차 세계대전 연합국 간 경기대회(Inter-Allied Games)의 개최 등에도 공헌했던 것 으로 알려져 있다. 기록에 의하면 1927년 3월에는 일본 YMCA 체육 간사의 자격으로 당시 경성 YMCA의 초청을 받고 조선에 와서 농구·배구 강습회를 여는 등 한국 근대 스포츠 발전에도 기여했던 것으로 알려져 있다.

7) 기독교청년회(YMCA, Young Men's Christian Association)는 영국의 복음주의 개신교인 들이 1844년 산업혁명 당시에 결성했던 민간단체로, 현재 세계에서 가장 오래되고 규 모가 큰 비정부기구NGO으로 알려져 있다. YMCA는 조직의 사명을 전 세계의 YMCA 가 '개인의 정신적·지적·육체적 복지와 공동체의 온전함을 위해 노력' 하는 것으로 규 정했으며 YMCA 정식 로고의 역삼각형에 들어간 단어들은 정신spirit·지성mind·신체 body의 균형을 의미한다고 되어 있다.

념에서 피식민자들을 문명화시키고자 했다. YMCA 체육 간사였던 브라운이 필리핀아마추어경기연맹을 조직하고, 극동올림픽을 창설했던 일 또한 아마추어 스포츠를 통해서 극동을 문명화하려는 프로젝트의 일환책이었다. 이렇듯 스포츠는 식민지 지배의 일익을 담당하게 되었다.

가노 지고로는 유럽에 머물던 중 극동올림픽에 관한 소식을 듣게 되었다. '일본은 세계적인 국제올림픽대회에 출전하는 것이 바람직하며, 소규모의 극동 경기대회에 참가하는 일은 바람직하지 않다'는 것이 그가 내놓은 반응이었다. 올림픽에 참가함으로써 이제 문명국의 대열에 동참케 되었는데, 어째서 미국에 의해 다시금 문명화되어야만 하겠는가? 동아시아에서는 오히려 일본이 문명화의 사명을 떠맡아야 한다는 것이 그의 생각이었다. 그의 표현을 빌자면, '미개하고 열등한 나라'는 '우승자'의 '웅비雄飛[8]의 무대'이며, '동양의 선진국을 자임하는 일본국은 저 가련한 4억 청국인清國人을 제시提撕[9]하고 이끌어야' 한다는 것이다. 그러나 실상 재정적 기반이 취

---

8) '기운차게 난다'는 뜻으로 '매우 용감하게 활동한다'는 말이다.
9) '시撕'는 깨우친다는 뜻으로, '가르치고 깨우쳐서 도와준다'는 말이다.

약했던 JAAA로서는 기껏해야 스톡홀름올림픽에 대표를 파견하는 정도가 가능했던 형편이었으므로 극동올림픽에 참가할 수 있는 여유는 애초에 없었다. 결국 일본에서는 필리핀의 초청으로 메이지明治대학의 야구부가, 그리고 오사카마이니치大阪毎日신문의 자금 지원을 받아서 육상경기 선수 2명이 참가하는 선에서 그치고 말았다.

이렇듯 일본은 세계 스포츠계에 참여하는 시기에 즈음하여 한편으로 동아시아 스포츠계에도 참여케 되었지만 양쪽 올림픽을 대했던 일본의 태도는 대조적이었다.

제2회 극동올림픽은 1915년 제2회 극동선수권경기대회〔이하 '극동대회'〕로 중국 상하이에서 개최되었다〔국제올림픽위원회IOC가 '올림픽'이라는 명칭을 사용하는 것에 항의했기 때문이다〕. JAAA는 여전히 소극적 태도로 소규모 선수단을 파견하는 데 그쳤다. 제3회 극동대회는 일본 도쿄에서 개최되었다. JAAA는 다음번 대회부터 극동대회를 개혁한다는 조건을 붙여서 극동대회를 개최하게 되었다. 그러나 그 같은 개혁이 충분이 이루어지지 않았음을 알고서는 가맹한 지 얼마 되지 않았던 극동체육협회에서 결국은 탈퇴하고 말았다.

제국일본의 올림픽 운동

1920년, 제1차 세계대전 이후[10] 8년 만에 개최되었던 벨기에 안트베르펜Antwerpen올림픽[11]에서 일본은 참패했다. 이듬해 1921년 3월 가노 지고로가 JAAA 회장직에서 사임하고, 새로 회장이 되었던 기시 세이치岸清一는 극동대회에 전력을 쏟는다는 방침을 정했다. 같은 해 5월 상하이에서 열린 제5회 극동대회는 브라운의 주선으로 IOC 공인을 얻게 되었다. 그리고 IOC 대표로서 가노 지고로가 대회에 참석했다. 이렇듯 올림픽과 극동대회가 연결됨으로써 동아시아 지역에 올림픽 운동이 확산되기에 이르렀다. 1922년 왕정팅王正廷[12]이 중국에서는 최초로, 아시아에서는 2번째 IOC 위원에 선출되었으며, 1924년에는 필리핀이 처음으로 올림픽에 참가했다.[13]

올림픽 운동은 제국일본 내부에서도 확대되었다. 1921년 극동대회의 제1차 예선은 최초로 식민지인 조선의 경성京城과 타이완의 타이베이臺北에서 열렸다. 당

---

10) 본래 1916년 베를린에서 올림픽이 개최될 예정이었으나, 제1차 세계대전으로 인해 취소되었다.
11) 영어 명으로는 '앤트워프Antwerp올림픽'으로 불렸다.
12) 1882~1961. 중화민국 시기의 정치가·법학자. Chengting T. Wang이라는 영어 명으로 불리며 민국 시기의 중국 외교를 대표했던 인물로서 체육 지도자로도 활약했다.
13) 1924년에 프랑스 파리에서 제8회 하계올림픽대회가 개최되었다.

시에 식민지 조선은 일본팀과는 별도로 극동대회에 참가하고자 했다. 그러나 일본 쪽은 이를 저지했고, 중국 YMCA의 실권을 쥐고 있던 서구인들도 일본의 입장을 지지했다. 극동대회가 민족자결의 이념을 선전하는 자리가 되어서는 안 된다는 점에서 양측의 이해가 일치했던 것이다. 식민지라는 현실을 반영할 것인가, 아니면 민족자결이라는 이상을 반영할 것인가. 그러한 현실과 이상의 대립은 이윽고 극동대회를 해산의 운명으로 내몰고 말았다.

1923년 일본 오사카에서 제6회 극동대회가 개최되었다. 그 직전 중국에서는 뤼순旅順·다롄大連 회수 운동[14]이 벌어지는 한편으로 스포츠계에서도 극동대회를 보이콧하려는 여론이 거세게 일어났다. 당시 상하이 YMCA의 체육 간사였던 존 그레이John Gray는 중국의 민족주의에 대해 이해를 나타내면서도 스포츠와 정치는 별개라는 논리로 극동대회에 참가할 것을 촉구했다.

---

14) 1915년 제1차 세계대전 중 일본이 당시 중화민국에 대해 요구·체결했던 이른바 '21개 조약二十一個條約'의 무효를 선언하고, 일본 측이 조약에 포함시켰던 뤼순·다롄 두 지역의 조차租借 연장을 거부하고 반환할 것을 요구했던 운동을 가리킨다. 이러한 조약을 받아들였던 위안스카이袁世凱의 북양정부에 대한 중국 민중의 반발은 격화되어 이후 배일 운동으로 발전하는 한편 1919년 5·4운동으로 이어지는 배경으로 작용했다.

"극동대회는 국제적인 행사로서 두 나라 사이의 문제가 아니다. 만약 중국이 불참하면 국제 체육계에서 지위를 상실케 되고, 중국 청년운동의 체육 방면에서의 발전을 저해하게 된다. 중국이 운동 대회에서 불참하지 않아야 하는 이유는 마치 국제연맹을 탈퇴해서는 안 되는 것과 같은 이치다. 이번 대회가 우연히 일본에서 개최되는데, 그것은 일본 차례가 되었다는 의미일 뿐 일본의 운동 대회는 아닌 것이다. 극동대회는 정치적 성격도 없으며, 중일의 정치 문제 태도와는 추호의 관계도 없다. 또한 설령 중국이 불참한다 해도 일본을 배척하는 목적을 달성할 수 없을 뿐만 아니라, 국제 체육계에서의 중국의 위상에도 커다란 손상을 입게 된다. 게다가 중국이 불참하면 필리핀과의 국교에도 영향을 미칠 수 있다. 반면 중국이 참가한다면 그 지위와 희망을 보여 주는 데에도 이보다 좋은 방법은 없다." 　　『선바오申報』 1923년 4월 12일)

존 그레이는 외국인의 입장에서 과격한 민족주의와는 거리를 두고 냉정하게 대처할 수 있었다. 이는 외국인이 실권을 장악했던 중국 스포츠계의 아이러니였다.[15] 스포

---

15) 결국 극동대회 참가를 거부하는 움직임에 반대했던 그레이의 주장이 관철되어 오

츠의 비정치주의는 그러한 현실을 은폐하는 역할을 맡았던 것이다.

'아시아'의 현실

그러나 중국의 민족주의가 고조됨에 따라 외국인이 더이상 중국 스포츠계를 좌지우지하는 상황이 계속될 수는 없었다. 1924년 그레이가 중심이 되어 추진하던 제3회 전국체육대회를 보이콧하는 운동이 일어났고, 이윽고 중국인을 주체로 하는 중화전국체육협진회(中華全國體育協進會, China National Amateur Athletic Federation)(이하 협진회)가 탄생하게 되었다.

필리핀에서도 1927년 레히노 일라난Regino Ylanan이 미국인 프레드 잉글랜드Fred England를 대신해서 체육계의 수장[16]이 되면서 스포츠계의 실권이 현지인의 손에

사카 극동대회에 중국 선수단이 참가하게 되었다. 그러나 이번에는 일본 거주 화교들이 그레이가 중국 선수단의 자격으로 대회 개회사를 낭독하는 사태에 불만을 품고서, 중국 정부를 향해 중국인 대표를 파견해 줄 것을 강력히 요구했다. 그 결과 관리였던 린청보林澄波가 대신해 파견되었다.

16) 기록에 따르면 레히노 일라난은 1927년 필리핀아마추어경기연맹(PAAF, Philippine Amateur Athletic Federation)의 사무총장 및 재무관secretary-treasurer 직책에 임명되었는데, 이후 1960년까지 장기간에 걸쳐 그 직책을 수행하면서 필리핀 체육계를 이끌었다고 알려져 있다.

넘어갔다. 중국 경우와는 달리 필리핀에서는 스포츠를 정치나 민족주의〔필리핀의 경우는 미국으로부터 독립〕와 연결시키려는 언설은 표면상으로는 거의 나타나지 않지만, 필리핀아마추어경기연맹의 마누엘 케손Manuel Quezon 회장이 독립운동에도 적극 참여했던 정치가라는 사실이 보여 주듯이, 민족주의와 스포츠는 아무래도 떼려야 뗄 수 없는 불가분의 관계를 맺고 있었다.

'극동대회를 아시인의 손으로'라는 목표는 1927년 제8회 극동대회〔상하이〕에서 달성되었다. 이 대회에서 비로소 참가하는 각 팀의 단장을 아시아인이 떠맡게 되었다. 대회 운영을 담당했던 선쓰량沈嗣良〔협진회 명예주임간사〕은 대회의 의의에 대해 '우리 신흥 중국의 청년이 이번 대회에 기대하는 바는 오히려 이 대회를 통해 동양 민족의 융화를 도모하고, 단지 체육뿐만이 아니라 장차 서양에 대항한다는 이념 실현의 계기로 삼으려는 데에 있다'라고 말했다. 그 이면에는 반反서구를 공통항으로 내건 일종의 아시아주의가 있음을 알아차릴 수 있다. 아마도 필리핀과 중국은 서로 대등한 아시아를 상상했던 것으로 보인다. 그러나 일본의 경우는 어디까지나 자신을 아시아의 맹주로 자임하고 있었다. 그것이 아시아에 대한 침략의

형태로 나타났을 때 아시아라는 환상은 산산이 부서지고
말았던 것이다.

1931년 9월 18일, 만주사변[17]이 발발했고 다음 해인
1932년 3월 1일에 만주국이 건국되었다. 만주에 거주하
던 중국 스포츠 관계자는 만주에 그대로 머무를지 아니
면 만주 밖의 지역으로 달아날지를 선택해야만 하는 기
로에 놓이게 되었다. 미국의 국제 YMCA 훈련학교에서
체육을 수학하고, 선양瀋陽 둥베이東北대학의 체육계 주
임으로 근무했던 하오겅성郝更生[18]은 베이징으로 피신했
다. 또한 둥베이대학 학생으로 육상경기의 일인자였던
류창춘劉長春도 그와 함께 베이징으로 떠났다.

1932년 5월 20일에 만주국체육협회는 그로부터 2개
월 후에 개막할 예정인 로스앤젤레스올림픽에 참가 신청
을 했고, 류창춘과 위시웨이于希渭 두 사람을 대표 선수
로 지명했다. 그러나 류창춘은 만주국 대표가 되기를 거
부하고서 중국 대표로 출전할 생각임을 선언했다. 중국
은 당시까지 올림픽에 선수를 파견한 적이 없었고, 로스

---

17) 중국에서는 '구일팔사변九一八事變'으로 불리고 있다.
18) 1899~1976. 중화민국의 스포츠 행정가. 중화민국 체육협진회 창설자이자 이사장.
아시안게임 발기인 중의 하나로 제1회 대회 준비위원회 임시 비서장을, 제2회 아시안
게임에서는 중화민국 대표단장을 역임했다. 주석 (1장 20)(62쪽) 참조.

앤젤레스올림픽에도 만주사변 및 재정적 이유 등으로 선수 파견을 단념할 작정이었다. 그러나 만주국이 올림픽에 참가 신청을 하는 상황이 벌어지자 장쉐량張學良〔둥베이대학 총장을 겸임했다〕등이 경비를 지원해 류창춘을 중국 대표 선수로 올림픽에 파견하게 되었다. 이로써 류창춘은 중국 최초의 올림픽 참가 선수가 되었다.[19] 한편 만주국체육협회는 독립국 자격으로 올림픽에 참가할 수 없다는 사실이 판명되자 참가 신청을 취소했다. JAAA의 기시 세이치 회장은 이러한 결정에 크게 실망했다고 한다. 아울러 (만주국 선수로) 올림픽 참가를 위해 열심히 연습에 매진했던 위시웨이 또한 크게 실망했을 것이다.

이 당시 일본 대표단에는 처음으로 식민지 출신의 선수들이 포함되었다. 조선과 타이완 사람들은 일본 대표 자격으로 최초의 올림픽을 경험하게 되었던 것이다.[20] 임원으로 참가했던 이상백李相佰[21]은 훗날 한국에서 2번

19) 중화민국 국민당 정부가 지원을 거부해 무산될 뻔했던 류창춘의 올림픽 출전은 장쉐량이 당시 8천 달러의 경비를 지원함으로써 성사되었다. 그 결과 류창춘은 중화민국을 대표하는 단 1명의 선수로 로스앤젤레스올림픽에 육상선수로 출전하게 되었다.
20) 당시 조선에서는 마라톤에서 김은배金恩培·권태하權泰夏, 복싱에서 황을수黃乙秀가 출전했고, 타이완에서는 육상선수로 유명했던 장싱셴張星賢 등이 참가했다고 한다.
21) 1904~1966. 체육인·역사학자·사회학자. 민족시인 이상화李相和의 동생으로, 일본 와세다대학에서 사회학·동양학을 공부했다. 역사학자로 진단학회 창립에 관여했고, 서울대학교 사회학과를 창설하는 등 초창기 사회학계를 주도했다. 한편 젊은 시절 농구선수로 활동했던 그는 평생을 체육행정가와 체육이론가로 활약했다. 일찍이 식민지 시기에 일본체육협회 임원으로 로스앤젤레스·베를린올림픽에 참가했고, 이후 런

째로 IOC 위원에 선출되었다.[22]

로스앤젤레스로 향하던 도중에 일본 선수단은 인도의 임원인 구르 두트 손디Guru Dutt Sondhi[23]와 갈등을 빚게 되었다. 손디는 인도인은 아리안Aryan 민족으로 아시아 사람들과는 인종이 다르고, 또한 일본인은 몽골 계통이라며 일본인을 '모욕'함으로써 일본 선수들을 격분케 했다. 임원이었던 다바타 마사지田畑政治가 급히 달려갔을 때는, 수영선수인 쓰루다 요시유키鶴田義行가 씨근거리며 손디를 바다에 집어던지려던 찰나였다. 향후 아시아의 단결을 위해 아시안게임을 창설하는 중심인물 가운데 한 사람이 되었던 손디도 당시까지는 아직 '아시아'에 대한 의식을 지니지는 못했던 것이다.

던·헬싱키·멜버른·로마·도쿄올림픽 등에 선수단장 또는 대표로 참석해 한국 체육의 국제적 지위 향상에 크게 공헌했다. 1964~1966년 기간에 한국체육회장·KOC 위원장, 1964년 10월 도쿄 총회에서 IOC 위원으로 선출되어 1966년까지 재임했다. 그의 업적을 기려 이상백배 한일 대학농구대회가 열리고 있고, 1974년 테헤란 아시안게임부터 1990년 히로시마 아시안게임까지 6개 대회에서 최우수 선수에게 '이상백배杯'가 수여되기도 했다.

22) 한국 최초의 IOC 위원은 이승만 정권의 2인자로 제4대 부통령이었던 이기붕李起鵬으로 1955년 파리 IOC 총회에서 선출되어 1960년까지 재임했다.

23) 1890~1966. 인도의 스포츠 행정가. 인도를 대표하는 체육인으로 1934년에 개최된 서아시안게임Western Asiatic Games의 창시자였고, 1948년 아시안게임연맹Asian Games Federation의 발기인 중 한 명으로 제1회 뉴델리 아시안게임을 주관했다. 1932년 IOC 위원으로 선출되어 1966년까지 34년 동안 위원으로 활동했고, 1961~1965년 기간에는 IOC 집행위원회 멤버로 재임했다.

만주국 참가 문제

1934년 5월에 개최된 제10회 극동대회〔필리핀 마닐라〕를 앞두고, 만주국체육협회가 극동대회에 참가하겠다는 의사를 밝혔다. 그러자 이전에 식민지 조선의 대회 참가를 반대했었던 일본은 이번에는 괴뢰 국가 만주국이 대회에 참가하는 것을 강력히 지지했다. 만주국은 존재하지 않는다는 입장을 견지했던 중국은 말할 것도 없이 반대했다. 극동체육협회 규정에 따르면 새로운 회원국이 참가하는 데에는 기존의 모든 회원국의 찬성이 필요했다. 요컨대 중국이 반대하는 한 만주국은 대회에 참가할 수 없었다. 4월에 일본·중국·필리핀 대표가 이 문제를 논의했으나 중국은 반대 입장을 굽히지 않음으로써 만주국의 참가는 결국 이루어지지 않았다.

만주국 측에서 극동대회 참가 운동을 추진했던 오카베 헤타岡部平太는 일찍이 제7회 극동대회〔마닐라〕에 일본의 육상경기 총감독으로 참가했다가, 심판의 부정을 참지 못해 일본 육상선수들을 데리고 대회 보이콧을 주도했던 인물이다. 아마추어 스포츠 이념의 신봉자로 정치의 스포츠 개입을 엄하게 비판했던 이 인물은, 당시 주최국 필리핀과의 친선을 내세우며 대회 보이콧 입장을 비판했던 일본 선수단장 기시 세이치와 격렬하게 대립하는 상황을 연출했었다. 그랬던 오카베 헤타가 이번에는 스포츠는 국가정책에 봉사해야 한다고 주장하며, 만주국 참가를 인정치 않았던 극동대회를 거부해야 한다고 JAAA에 요구했던 것이다. 이에 대해 JAAA는 스포츠 비정치주의를 내세우며 대회 참가를 정당화했다. 그렇듯 오카베의 입장이 표변했던 것은 만주에서 중국인과 교류했던 경험이 결정적 계기로 작용했다. 그러한 경험을 통해 그는 스포츠와 정치는 별개라는 규범이 실상은 위선에 불과하다는 사실을 깨달았기 때문이다.

극동대회 기간 중 마닐라에서 열렸던 총회에서 만주국 참가 문제가 다시금 논의되었다. 중국과 만주국이 엄연히 양립하는 현실을 중시할 것인지, 아니면 중국은 하나라는 이상을 중시할 것인지, 제2차 대전 이후의 '두 개의 중국'과 동일한 구도의 대립이 벌어졌던 것이다. 제2차 대전 이후 '두 개의 중국'을 둘러싸고 일어났던 갈등에서 중요한 역할을 담당했던 하오경성은 이때 중국 측 대표로 일본과 설전을 벌였다. 전후에 타이완에서 최초로 IOC 위원이 되었던 쉬헝徐亨은 당시 선수 자격으로 참가했다. 그들에게 있어 전후의 투쟁은 '하나의 중국'이라는 입장을 관철키 위해 전쟁 전부터 벌였던 투쟁의 연속이었다.

당시 중국과 일본 양측은 서로 간에 상대방이 '스포츠와 정치는 별개'라는 이념을 위반했다고 비난했다. 필리핀의 경우에는 독립국이 아니더라도 극동대회에는 참가할 수 있었다.[24] 그렇다면 만주국의 참가를 거부하는 중국의 입장은 다름 아닌 정치적 이유 때문이라고 일본은 주장했다. 반면에 중국은 일본이 만주국이라는 정치적 문제를 스포츠계로 끌어들였다고 비난했다. 일본은 규정 변경을 통해서라도 만주국을 참가시키려고 했다. 그러나 규정 변경 절차를 둘러싸고 중국과 일본 대표가 또다시 대립했고, 결국 중국 대표가 퇴장하는 모양새로 총회는 돌연 폐회하고 말았다. 중국과 일본 대표 어느 쪽도 자국의 여론에서 자유롭게 처신할 수 없었던 상황에서 타협의 여지는 거의 없었던 것이다. 이후 일본은 필리핀을 억지로 끌어들여 극동대회를 해체하고서[25] 동양대회

---

24) 본래 스페인 식민지였던 필리핀은 1898년에 일어난 미국—스페인 전쟁에서 미국이 승리한 결과로 인해 1902년부터 종주국 미국의 식민지 통치가 이루어졌다. 1935년 이후 독립 과도정부에 해당하는 코먼웰스 정부Commonwealth Government가 발족되었고, 이윽고 1946년에 이르러서야 완전한 독립을 획득했다.

25) 이로써 극동대회는 21년간에 걸쳐 총 10차례 대회를 개최했는데 역대 개최지와 시기는 다음과 같다. 1회:마닐라(1913년 2월 1~6일), 2회:상하이(1915년 5월 15~22일), 3회:도쿄(1917년 5월 8~12일), 4회:마닐라(1919년 5월 12~17일), 5회:상하이(1921년 5월 30일~6월 4일), 6회:오사카(1923년 5월 21~26일), 7회:마닐라(1925년 5월 16~23일), 8회:상하이(1927년 8월 27~9월 3일), 9회:도쿄(1930년 5월 24~31일), 10회:마닐라(1934년 5월 12~20일).

東洋大會라는 새로운 대회를 창설하게 되었다.

덧없이 사라진 도쿄올림픽[26]

극동 무대에서 일본과 중국은 만주국을 둘러싸고 정면
으로 대립했지만 올림픽이라는 무대에서는 서로 협력했
다. 1936년 7월 중국 IOC 위원 왕정팅은 1940년 올림픽
개최 예정지를 결정하는 투표에서 일본 도쿄를 지지하
는 표를 던졌다.[27] 왕정팅은 올림픽을 아시아에서 개최
하는 의의에 대해서 일본 측의 주장에 찬동했다. 올림픽
이 서구 이외의 지역에서 열림으로써 비로소 진정한 의
미에서의 보편성을 획득할 수 있다는 것이었다. 오랫동
안 YMCA 활동에 종사하다가 이후 정치인이 되었던 왕
정팅의 경우에는 이렇듯 이상주의와 현실주의적 면모가

---

26) 1940년에 치러질 예정이던 도쿄올림픽은 본래 1930년부터 도쿄시장 등이 주도했
다고 한다. 그것은 1923년 간토關東대지진 이후 '제국의 수도'로 재건되었던 도쿄 부흥
사업의 일환이었다. 아울러 1940년은 일본 역사에서 진무神武 천황의 즉위 이래 이른
바 황기皇紀 2600년에 해당하는 해로, 이 시기에 2600년 축제와 더불어 올림픽·만국
박람회 등의 국제적 행사를 유치함으로써 국위 선양 및 국력의 대외적 과시를 꾀하고
자 했다. 그러한 과정에서 올림픽과 이른바 황국 내셔널리즘이 결합되는 새로운 양상
이 나타났다.
27) 1940년 제12회 하계올림픽 개최지 선정에는 도쿄를 비롯해 바르셀로나·로마·헬
싱키 등이 경합을 벌였다.

공존했다.

도쿄로 개최지가 결정된 이듬해 중일전쟁이 발발하자 왕정팅은 이제 도쿄올림픽을 반대하는 입장으로 돌아섰다. 평화의 제전인 올림픽을 현재 전쟁을 치르는 국가에서 개최할 수 있는가라는 문제는 그에게 있어 올림픽 정신에 대한 도전으로, 올림픽 운동을 확대하는 일보다 더욱 중요한 문제였다. 중국에서는 중화전국체육계구망협회中華全國體育界救亡協會〔이사장은 추민이褚民誼〕[28]가 중심이 되어 도쿄올림픽 보이콧 운동을 전개했다.

중일전 영향도 있었던 관계로 일본은 결국 하계올림픽 개최권을 포기했다.[29] 만일 도쿄올림픽이 개최되었다면 만주국 문제는 또다시 중일 간의 커다란 쟁점이 되고, 그 경우 중국은 만주국 문제에 대해 절대로 양보하지 않았을 것이다. 결국 만주국과 중국 사이에서 양자택일해야 하는 입장에 내몰린 일본은 만주국을 선택하고, 그 결과 중국은 올림픽을 보이콧했을 것이다〔일부 유럽 국가들도

---

28) '구망救亡'은 '구국救國'과 마찬가지로 '국가와 민족을 멸망의 위기로부터 구하다'라는 뜻이다.

29) 제12회 하계올림픽은 1940년 일본 도쿄에서 개최될 예정이었지만, 중일전쟁 및 제2차 대전의 발발로 취소되면서 개최권이 핀란드 헬싱키로 넘어갔으나 결국 열리지 못하고 말았다. 이후 1944년 제13회 하계올림픽이 영국 런던에서 개최될 예정이었으나, 이 또한 제2차 대전의 영향으로 개최되지 못하고, 4년 후로 연기했다. 결국 1936년 제11회 베를린 하계올림픽 이후로 12년 만에 1948년 런던에서 제14회 하계올림픽대회가 개최되기에 이르렀다.

그러한 방침에 뒤따랐을지도 모른다). 사태가 그렇게 되었다면 아시아에서 최초로 열리는 도쿄올림픽의 의의는 틀림없이 크게 손상되었을 것이다.

'동아東亞 신질서'의 스포츠

1932년 로스앤젤레스올림픽, 1936년 베를린올림픽에서 일본 스포츠계는 크게 약진하는 면모를 보이며 세계 스포츠 강국 대열에 동참하게 되었다.[30] 그런 일본에게 있어 동양대회는 경기 측면에서는 그다지 의의는 없었으나, 그럼에도 불구하고 개최 실현을 희망했던 이유는 만주국이 참가할 수 있는 국제경기대회가 필요했기 때문이었다. 일본은 올림픽에서는 비정치주의를 준수했으나(도쿄올림픽은 그에 대한 보상이었다고 할 수 있다), 한편으로 아시아에서는 스포츠를 정치화했던 것이다.

일본이 추진했던 동양대회는 결국 한 차례도 열리지

---

30) 1932년 로스앤젤레스올림픽에 일본은 192명의 선수단을 파견해 금메달 7개를 포함한 18개의 메달, 1936년 베를린올림픽에서는 금메달 6개를 포함한 18개의 메달을 획득하는 등의 커다란 성과를 거두었다. 베를린올림픽에서는 마라톤 종목에서 조선의 손기정孫基禎이 금메달, 남승룡南昇龍이 동메달을 딴 것은 유명한 사실이며, 복싱 종목에도 이규환李奎煥이 출전했던 것으로 알려져 있다.

않았다. 중국은 변함없이 상대도 하지 않았고 필리핀은 일본의 요구를 어물쩍 흘려버렸으며, 도쿄올림픽 개최가 확정되자 올림픽에 전심전력한다는 이유로 동양대회에 참가하기를 거절했다. 일본에게는 이들 국가를 강제적으로 대회에 참가시킬 하드파워도 없었거니와, 그들로 하여금 자발적으로 참가케 할 만한 소프트파워 또한 없었던 것이다.

중일전쟁 발발 이후, 중국 화북華北 지역에 괴뢰정권인 중화민국 임시정부가 수립되면서 상황이 달라졌다. 만주국 수도 신징新京[현재의 창춘長春]에서 일만화교환경기대회日滿華交歡競技大會가[31] 개최되어 베이징과 톈진天津의 선수들이 중화 대표로 참가했다. 이는 당시 일본이 주창했던 '동아 신질서'를 스포츠계에서 구현코자 했던 것이다. 오카베 헤타가 중화 대표 총감독을, 류창춘이 육상경기 감독을 맡았다. 류창춘과 함께 과거 로스앤젤레스 올림픽의 만주국 대표로 선발되었던 위시웨이는 만주국 대표로서 참가했다.

이윽고 1940년 6월 도쿄에서 제1회 동아경기대회東亞

---

31) 1939년 8월에 개최된 이 대회에는 일본, 만주국과 함께 1937년 12월 베이징에 수립되었던 중화민국 임시정부가 중화 대표로 참가하는 형태로 이루어졌다.

競技大會〔이하 동아대회〕가 개최되었다.[32] 개최 포기로 무산되었던 도쿄올림픽을 대체하는 행사였던 셈이다. 중국 난징南京에서는 왕자오밍汪兆銘[33]을 주석으로 하는 국민정부가 탄생했으며, 화북 지역의 괴뢰정권에 대신하여 중화 대표를 파견했다.[34] 중화 선수단의 단장은 추민이로 일찍이 도쿄올림픽 보이콧 운동을 앞장서 주도했던 인물이었다.

제1회 동아대회는 필리핀·하와이에서도 참가해 국제대회다운 면모를 보였으나, 1942년 8월 신징에서 열렸던 제2회 동아대회는 일본과 괴뢰 국가만의 대회로 퇴보했다.[35] 이 대회에서 흥미로운 점은 분명하게 '자유주의적 올림픽'과의 결별을 표명하고서 이른바 대동아공영권大東亞共榮圈[36]의 독자적 경기 규칙을 채택했다는 사실

---

32) 1940년 6월에 개최되었던 이 대회에는 일본, 만주국·국민정부 외에도 필리핀 코먼웰스 정부, 미국의 자치령 하와이 준주Territory of Hawaii 및 몽골연합 자치정부 등이 참가했다.

33) 1883~1944. 중국의 정치가. 달리 왕징웨이汪精衛로 불렸다. 국민당의 중요 인물로 한때 장제스蔣介石와 대립하는 경쟁자였다가, 중일전쟁 발발 이후에는 친일파로 변절하여 난징에 친일 괴뢰정권을 세웠다. 이후 중국의 대표적 한간漢奸〔매국노〕으로 평가되고 있다.

34) 1937년 12월 베이징에 수립되었던 중화민국 임시정부는 1940년에 난징의 왕자오밍 정권에 흡수·합병되었다.

35) 제2회 대회에는 일본·만주국·국민정부와 몽골연합 자치정부가 참가했다.

36) 쇼와昭和 시대 일본 제국과 군부에 의해 창안되어, 점령지 아시아 각국의 인민들에게 동아시아보다 더욱 큰 영역에서의 동북아시아·동남아시아·오세아니아의 문화적·경제적 통합이라고 선전되던 개념이다. 이는 또한 일본에 의해 주도되고 서구 세력에서 독립된 자급자족적 아시아 각국의 권역을 만들어 내려는 욕망을 표현한 것이다.

이다. 영국·미국을 향해 선전포고했던 일본은 올림픽의 비정치주의를 '자유주의적'이라고 비판하면서, 올림픽에 맞서는 새로운 '국제' 스포츠계를 건설하려고 했다(그러한 올림픽 자체도 나치화Nazification[37]의 압력을 받고 있었다). 이리하여 '대동아공영권의 독자적 대회'는 한편으로 '일상적으로 단련된 국민의 사기와 체력을 겨루는 도장'이 되어 버렸다.

일본에서는 이미 아마추어 스포츠를 총괄하는 단체였던 JAAA가 대일본체육회大日本體育會(회장은 당시 총리 도죠 히데키東條英機였다)로 개편[38]되었으며, 스포츠는 국가정책을 수행하기 위한 도구로 변모하고 말았다. 더욱이 1943

대동아공영권은 1940년을 전후해서 공식적으로 선언되면서, 아시아·태평양전쟁 시기 일본이 아시아 대륙에 행했던 침략을 합리화하기 위한 논리로 적극 활용·선전되었다.

37) 1936년 베를린이 올림픽 개최지로 선정되었을 때만 해도 IOC는 히틀러의 나치가 올림픽을 어떻게 다룰지 전혀 예상하지 못했다. 히틀러는 카를 딤Carl Diem이라는 인물을 기용해 올림픽의 전권을 맡겼고, 그의 주도하에 베를린올림픽을 나치 이념 선전을 위한 강력한 선전 도구로 적극 활용하게 되었다. 예를 들어 그리스 올림피아에서 성화를 채화한 뒤 개막식에 점화하는 성화 봉송 릴레이는 카를 딤의 아이디어로 시작했는데, 제2차 대전 때 올림픽 성화 봉송 릴레이 코스의 역순으로 나치 독일의 점령이 현실화되었다고 보는 역사학자의 견해도 있을 정도다. 이러한 올림픽의 '나치화'에 항의해 올림픽 최초로 미국과 유럽 등이 주최국의 인권 문제를 이유로 올림픽 보이콧을 주장했으나 실패하고 말았다. 이러한 올림픽의 '나치화' 문제에 대해서는 1945년에 출판된 역사학자 데이비드 클레이 라지David Clay Large의 『나치 게임Nazi Games: The Olympics of 1936』과 같은 선구적 업적 이후로 수많은 연구가 이루어져 왔다.

38) 1935년에 기존의 JAAA에 올림픽 종목 이외의 경기단체를 총괄하는 일본운동경기연합日本運動競技連合을 통합하고서, 2차 대전 기간인 1942~45년 사이에 이를 '대일본체육회'라는 정부 외곽단체로 정비했다. 2차 대전이 끝난 1946년에 이 기구는 민간단체인 재단법인 일본체육협회日本體育協會로 재출범했다.

도판1. 동아경기대회에 참석한 만주국 푸이溥儀 황제
(만주일일신문滿洲日日新聞 1942년 8월 9일)

년 11월 대동아회의大東亞會議[39]에 때맞춰 개최되었던 제
14회 메이지 신궁明治神宮 국민연성대회國民鍊成大會[40]에
서는 서양 스포츠 종목은 모두 폐지되고, 체조·무도武
道·훈련 등의 종목으로 일관했다. 스포츠의 정치화가 도
달하였던 종착점은 스포츠의 자기부정이었다.

---

[39] 이른바 대동아공영권에 속하는 '독립국'들을 소집해 1943년 도쿄에서 열렸던 대
동아회의大東亞會議에는 일본을 비롯해 만주국·국민정부·필리핀 이외에 자유인도 임
시정부(Provisional Government of Free India)와 태국 등이 참석했다.

[40] 1912년에 사망한 메이지明治 일왕을 기념해 1924~43년 동안 총 12회에 걸쳐 개
최되었던 종합경기대회로 그를 모셨던 신사가 있는 메이지 신궁 가이엔外苑 경기장 등
에서 주로 개최되었다. 제1~9회에는 '메이지 신궁 체육대회', 제10~12회는 '메이지 신
궁 국민체육대회', 제13~14회는 '메이지 신궁 국민연성대회'로 각각 명칭이 바뀌었다.
'연성鍊成'은 '몸과 마음을 단련해 일을 이룬다'는 뜻이다.

제1장
분단 속의 정치화
—— 1950~1960년대

아시아 가네포GANEFO 개막식에서 개회를 선언하는
캄보디아 국가원수 시하누크
(Getty Image)

1. 올림픽과 아시안게임 —— 일본의 재등장

전쟁의 상흔 — 런던올림픽(1948년)

1948년 7월 29일 런던 웸블리 스타디움에서 제2차 대전 이후 처음으로 올림픽이 개최되었다. 당시 영국 수상 클레멘트 애틀리Clement Attlee는 런던에 모인 각국 선수들에게 '스포츠를 사랑하는 전 세계의 남녀는 그러한 사랑의 힘으로 지리적 거리와 언어 장벽 모두를 뛰어넘는 우정의 끈으로 맺어질 것이다. 사랑은 모든 국경을 초월하는 것이다'라고 라디오 연설에서 호소했다. 문자 그대로 앞서 개최된 베를린올림픽 참가국 수(49개국)를 훨씬 웃도는 59개국이 런던올림픽에 참가했다. 그중에는 한국·파키스탄·시리아 등 독립을 이룩한 이후 처음으로 올림픽에 참가한 국가들도 많이 포함되어 있었다. 그럼에도 불구하고 그러한 '사랑의 힘'이 미치지 않는 지역이 존재했다. 여전히 식민지였던 동남아시아와 아프리카 국가들, 그리고 소련 또한 런던올림픽에는 참가하지 않았다. 한편으로 증오의 대상이 되어서 적극적으로 배제된 나라들도 있었다. 패전국 독일과 일본이었다. '사랑의 힘'이라고 일컬어졌으나 전쟁을 일으킨 당사자를 용서할 수는 없었다. 이 두 나라가 1936년과 1940년 올림픽 개최〔예정〕국이었다는 사실은 한편으로 올림픽 운동에 끼쳤던 전쟁의 충격이 얼마나 컸던가를 말해 주고 있었다.

국민당과 공산당이 한창 내전을 치르던 중국에서는 1948년 5월에 제7회 전국체육대회[1]를 개최하여, 런던올림픽 대표를 선발했다. 이 대회에서 홍콩·타이완 및 화교 선수들의 활약이 돋보였던 것은 중국 본토에서 전쟁의 상처가 그만큼 컸음을 말해 주고 있었다. 중국 선수단 총간사였던 둥슈이董守義[2]는 전해인 1947년 6월 중국에서 3번째로 IOC 위원에 선출되었는데, 이 일은 훗날 매우 중요한 의미를 지니게 된다. 당시 대회 임원 가운데는 후에 타이완에서 활약하는 하오경성도 있었다. 경제적 곤란 속에서도 중국은 가까스로 올림픽에 선수단을 파견했으나 경기 방면에서 눈에 띄는 성과를 거두지는 못했다.

미군정 치하에 놓여 있던 남한에서는 1947년 6월 조선올림픽위원회〔KOC, Korean Olympic Committee〕가 설립되

---

1) 제2차 대전 이후 상하이에서 최초로 개최되었던 대규모 체육대회이자, 중화민국의 이름으로 대륙에서 개최되었던 마지막 경기대회. 주석 (1장 92)(152쪽)참조.
2) 1895~1978. 중국의 체육 지도자. 일찍이 톈진 등지에서 농구 보급에 힘쓰다가 미국의 스프링필드 대학에 유학했다. 귀국 후에는 협진회 총간사 등을 역임했고, 이후 1958년까지 IOC 위원으로 활약했다. 중화인민공화국 수립 후에는 중화전국체육총회中華全國體育總會 부주석, 중국농구협회 회장 등을 지냈다.

도판2. 후쿠오카 하카다항에서 재일동포의 환영을 받는
한국 선수단(『코리안 스포츠 <극일克日> 전쟁』, 22쪽)

어 IOC에 가입했다.[3] 그리고 이듬해인 1948년 1월 스위
스 생모리츠Saint Moritz 동계올림픽에 임원과 선수를 모
두 합쳐 5명의 대표단을 파견했다.[4] 뒤이어 런던올림픽
에는 67명의 선수단을 결성, 이들 일행은 일본을 경유해
서 런던으로 향했다. 한국 선수단은 경유했던 일본 각지
에서 재일교포의 열렬한 환영을 받았다. 전후 일본의 경
우는 이때 한국 선수단을 통해 올림픽을 접했던 것이다.
런던올림픽이 폐막된 8월 14일 다음 날에 대한민국 정부

3) 1947년 6월 20일에 열린 스웨덴 스톡홀름 IOC 총회에서 KOC가 IOC로부터 받은
승인은 당시 여러 조건을 갖추지 못한 상황에서 급하게 결정된 예비적 성격의 인준이
었다. 곧 독립된 정부가 없는 상태에서 KOC를 '잠정'적으로 승인한다는 의미였다.
4) 1948년 1월에 개최된 스위스 생모리츠 동계올림픽은 시기적으로 보아 당시 대한민
국 정부 수립 이전으로 올림픽 참가가 사실상 어려웠으나, 1947년 6월 20일 대한민국
정부보다 앞서 설립되어 IOC에 가입했던 조선올림픽위원회의 활동에 힘입어 참가를
실현시켰다. 선수단은 임원 2명과 선수 3명으로 구성되었다고 한다. 당시 대표단이 지
참한 여행증명서는 정부 수립 이전이었던 탓에 미 군정청에서 발행했다고 한다.

가 수립되었고, 그다음 달에는 조선민주주의인민공화국
도 건국되었다. 이로써 한반도의 남과 북에 두 개의 정부
가 탄생함으로써 민족 분단은 결정적인 사실이 되고 말
았다.

아시안게임 창설

런던올림픽에 참가했던 아시아 각국 대표들은 향후 아
시안게임 개최를 향한 협의를 시작했다. 그러한 협의 과
정을 추진하는 역할을 맡았던 인물은 아이러니하게 전
쟁 전에 '아시아'를 거부했던 인도의 IOC 위원 손디였
다. 1947년 인도 뉴델리에서 아시아관계회의(ARC, Asian
Relations Conference)가 열렸을 때에 손디는 자신의 아시
안게임에 관한 구상을 밝힌 바 있었다.[5] 아시아관계회의
에서 인도가 아시아·아프리카 단결을 위한 주도권을 쥐

---

5) 1947년 3~4월에 걸쳐 인도 뉴델리에서 열렸던 아시아관계회의ARC는 당시 인도의
독립을 준비하는 임시정부의 수상 겸 외상이었던 자와할랄 네루Jawaharlal Nehru가 향후
인도의 '국가 만들기'와 더불어 그러한 인도가 중심이 되는 새로운 '아시아 구상'의 소
산으로 창설한 회의 조직이었다. 인도·이집트·중국을 비롯한 28개국의 대표가 참석
했는데, 한국 대표로는 백낙준白樂濬이 참가한 것으로 알려져 있다. 인도 체육계를 주도
하던 인물인 손디는 이러한 ARC의 성공적 개최를 보고서 관련 회의에서 향후 아시아
의 모든 신생 독립국이 참가하는 방식의 '아시안게임'을 구상하기에 이르렀다.

었던 방식으로 손디 또한 스포츠의 장에서 아시아의 단결을 촉구했던 것이다. 아시안게임 제1회 대회는 1948년 초에 개최될 예정이었으나 자금과 기반 시설 부족으로 실현되지는 않았다.

한편으로 동아시아에서도 같은 구상이 이루어지고 있었다. 1948년 5월 협진회는 제7회 전국체육대회 기간 중에 아시아운동위원회의 설립을 결정했다. 교육부 독학督學[6]이었던 하오경성은 아시안게임을 조직하기 위해 6월 8일부터 약 3주 동안 유세 여행에 나섰다. 첫 방문지였던 마닐라에서는 필리핀아마추어경기연맹의 레히노 일라난과 협의하여, 1950년부터 4년마다 1차례 아시안게임을 개최하는 합의에 도달했다. 하오경성은 뒤이어 싱가포르·홍콩 등지를 돌며 아시안게임을 위한 협력의 약속을 이끌어 내었다.

한편에서 아시안게임이 아닌 전쟁 전의 극동대회를 다시 부활시키자는 견해도 있었다. 중국도 필리핀도 모두 극동대회 참가국이었다. 그러나 하오경성의 입장에 따르자면 일본은 패전국이라서 대회에 참가할 권리가 없었고, 일본이 참가하지 못하므로 극동대회를 부활시킬 필

6) 학사學事를 시찰하고 감독하는 교육부의 관리로 달리 시학視學으로도 불렸다.

요도 자연히 사라지게 되었다.

"정치와 스포츠는 관계가 없으며, 나(하오경성)는 일본의 참가를 거부해서는 안 된다는 사람이다. 그러나 전쟁 전에 일본은 언제나 스포츠를 정치의 도구로 삼았으며 나는 이미 몇 차례나 교훈을 얻은 바 있다. 따라서 일본이 강화조약에 조인하고서 중국과 국교를 회복할 때까지 나는 일본과 스포츠 경기를 하지는 않을 것이다."

(「홍콩 공상工商일보」 1948년 6월 21일)

만주사변 발발로 선양에서 쫓겨났고, 마닐라에서는 중국 선수단 대표 문제로 만주국을 놓고서 일본과 직접 대결했던 하오경성에게는 일본을 비난할 자격이 충분히 있다고 하겠다. 그러나 실상 중국 스포츠계는 일본에게서 교훈을 얻기 이전부터 이미 정치화되어 있었다. 따라서 오히려 일본이 중국에게서 교훈을 얻었던 것으로, 앞서 언급했었던 오카베 헤타가 최초로 그러한 교훈을 얻은 학생이었던 셈이다.

손디는 런던에서 하오경성을 만나 그의 동의를 얻고 나서 런던올림픽에 참가했던 아시아 각국 대표를 회의에 초대했다. 인도·중국·버마·실론·한국·필리핀 6개국 대표가 회합에 참석했다. 아프가니스탄·이란·시리아 같은 이슬람 국가가 참가하지 않은 이유는 파키스탄이 '무슬림 대회'를 주장했던 사정과 관련이 있다[당시 인도와 파키스탄은 전쟁 중이었다]. 이 회의에서는 10인위원회를 만들어 헌장 초안을 작성키로 하고, 하오경성·손디·호르헤 바르가스Jorge Vargas[필리핀아마추어경기연맹 회장] 등이 위원으로 선출되었다. 1949년 2월에 인도에서 국제경기대회를 개최할 것과, 그때에 헌장과 제1회 아시안게임 개최지를 결정할 계획이었다.

이 회의에서 일본이 강화조약에 조인하지 않는 이상 대회에 초청하지 않기로 방침을 정했다. 그러나 중국 선수단장 왕정팅은 '중국과 여타 아시아 제국은 모두 일본의 과거 행위를 몹시 증오하고 있다. 하지만 그러한 감정을 국제 스포츠의 장으로 끌어들여서는 안 된다'고 스포츠 비정치주의 입장을 주장하면서 일본이 1952년 차기 올림픽에는 참가하기를 희망했다. 이러한 장면은 앞서도 언급했듯이 왕정팅이라는 인물이 지녔던 이상주의적 면모가 드러났던 경우라고 할 수 있다.

1948년 9월 왕정팅은, 중국은 아시안게임을 개최할 수 없다는 담화를 발표했다. 상하이는 제1회 아시안게임의 유력 후보지였으나, 그의 입장에 따르면 중국에는 경기장 등의 기반 시설이 충분히 구비되지 않았던 것이다. 결과적으로 이는 현명한 판단이었다. 중국 동북東北 지역에서는 이미 (국민당과 공산당 사이에) 랴오선遼瀋 전투[7]가 시작되고 있었다. 이 전투에서의 승리로 기세충천해진 공산당은 화이하이淮海 전투·평진平津 전투[8]에서도 거듭 이김으로써 국민당에게 최종적으로 승리를 거두게 되었다.

1949년 2월 뉴델리에 인도·필리핀·버마 등 9개국 대표가 모여 아시안게임연맹(AGF, Asian Games Federation) 설립 총회가 열렸다.[9] 아시안게임은 원래 1950년 2월에 첫 대회를 치를 예정이었으나 인도 측의 준비가 늦어지는 바람에 연기를 거듭하다가 1951년 3월에야 겨우 제1회 대회를 개최하게 되었다.[10]

---

7) 1948년 9~12월 사이에 치러진 랴오닝선양遼寧瀋陽 전투를 말하는데, 제2차 국공 내전 후기에 인민해방군이 국민당을 상대로 벌인 3대 전투의 첫 전투로서, 이에 승리함으로써 공산당은 만주 전역을 차지하게 되었다.

8) 1948년 11월~1949년 1월 사이에 벌어진 화이하이 전투로 양쯔강 이북 지역을, 같은 시기에 치러진 평진 전투로 화북 지역 대부분을 공산당이 차지하게 되었다. 이 세 전투를 일컬어 흔히 '3대 전투'라고 불렀다.

9) 손디는 1949년 2월 13일 뉴델리 파티알라 궁Patiala House에서 AGF를 출범시켰는데, AGF 헌장에는 인도·아프가니스탄·버마·파키스탄·필리핀이 우선 서명했고 중국·실론·인도네시아·네팔이 사후에 비준했다.

10) 1951년 5월이 되어서야 뉴델리에서 개최되었던 제1회 아시안게임에는 인도·아프가니스탄·버마·싱가포르·필리핀·일본·실론·인도네시아·네팔·이란·말라야 11개국이 참가했다.

제1회 아시안게임과 일본의 참가

이 사이에 동아시아에는 커다란 변화가 있었다. 중국에서는 공산당이 장기간의 내전에서 승리를 거둠으로써 1949년 10월 중화인민공화국이 수립되었고, 패배한 국민당은 타이완으로 도피했다. 이어서 한반도에서는 1950년 6월 한국전쟁이 발발했다. 그 여파로 타이완·한국·북한은 제1회 아시안게임에 참가할 수가 없었고, 건국 후 얼마 되지 않은 신중국은 옵서버를 파견하는 정도에 그쳤다(인도는 1950년에 중화인민공화국을 승인했다). 아시안게임 설립 과정에서 배제되었던 일본은 결과적으로 동아시아에서 유일한 참가국이 되었다. 일본이 참가에 이르는 과정을 살펴보도록 하자.

전후 일본에서 연합군최고사령부(SCAP, Supreme Commander for the Allied Powers)[11]가 전쟁 전의 군사적이고 엘리트적인 스포츠를 부정하는 한편 스포츠의 민주화와 비군사화를 추진했다. 그런데 냉전의 영향이 동아시아에 점차 미치게 되자, GHQ의 대일본 정책은 방향을 전환했고, 그 결과 일체협日體協(일본 아마추어 스포츠를 총괄하는 전국적 단체, 자세한 사항은 제3장 1절 참고)[12] 역시 기존의 스포

---

11) 달리 지에이치큐(GHQ, General Headquarters)로 불렸다.
12) 이하 본문에서는 'JASA'로 표기한다.

츠 대중화 노선에서 일본의 국제 스포츠계 복귀 쪽으로 방침을 바꾸었다. 당시 '후지산의 날치'로 칭송받았던 수영선수 후루하시 히로노신古橋廣之進의 맹활약[13]에 힘입어, 다시 한 번 세계 무대에서 경쟁하려는 스포츠계와 일반 국민의 높아진 여망 또한 그러한 방향 전환에 일조를 했던 것이다.

1950년 2월 일본이 아시안게임 초청장을 받았던 시점에서도 일본은 여전히 많은 경기 분야에서 국제 스포츠계로부터 배제되어 있었다.

최초로 일본을 받아들인 국제경기연맹(IF)은 국제탁구연맹(ITTF, International Table Tennis Federation)으로, 1949년 2월의 일이었다. 일본의 가입에는 호주와 공산권 국가들의 거센 반발이 있었으나 미국 대표의 노력으로 결과적으로 승인되었다.

같은 해 4월 IOC 총회에서 일본과 독일의 올림픽 참가가 승인되었고, 개별 IF[14]에 두 나라의 가입을 촉구하는 권고가 내려졌다. 이 총회 직전에 GHQ 최고사령관 더글러스 맥아더Douglas MacArthur는 미국올림픽위원회

---

13) 수영선수로 1949년 전미선수권에서 뛰어난 활약을 보였던 그에게 당시 미국 매스컴이 'Flying Fish of Fujiyama'라고 칭찬했던 데에서 유래했다고 한다.
14) 개별 '종목별 경기연맹'을 가리키는 의미로 본문에서는 'IF'로 사용한다.

〔USOC, United States Olympic Committee〕를 통해 일본의 복귀를 돕기 위한 영향력을 행사하기도 했다. 일본수영연맹도 미국 스포츠 관계자의 협력을 얻어서 국제수영연맹〔FINA, Fédération Internationale de Natation〕 복귀를 추진했는데, 그러한 IOC 권고가 뒷받침되어 6월에 이르러 가입이 승인되었다. 레슬링·사이클 종목이 그 뒤를 이었다.

이렇듯 일본은 4종목의 IF에는 복귀했으나, 여전히 세계선수권대회 등 대규모 국제 경기에는 참가할 수가 없었다. 맥아더 장군의 권유도 있었던 터라 JASA는 마침내 아시안게임 참가를 결정하게 되었다. 일본에 보낸 아시안게임 초청장은 인도 조직위원회가 독단적으로 발송한 것으로, 일본의 국제 스포츠계 복귀를 지지했던 인도 정부의 의향이 반영되었던 것으로 보인다. 한편으로 막대한 전쟁 피해를 입었고, 일본의 부활에 강한 우려를 표명했던 필리핀의 경우는 일본의 참가를 강력히 반대했다.

1950년 5월 JASA의 아즈마 료타로東龍太郎 회장이 JOC 위원장 자격으로 IOC 총회에 옵서버로 참석하는 것이 허용되었고, 그 총회에서 IOC 위원으로 선출되었다. 다음 달 뉴델리에서 열렸던 아시안게임 준비회의에서는 일본이 개별 IF에 가입하면 대회 참가를 승인한다는 방침이 정해졌다.

그 후로 일본의 국제 스포츠계 복귀는 급속히 진행되었다. 1950년 7월 국제테니스연맹(ITF, International Tennis Federation)이 일본의 복귀를 승인했다. 일본 스포츠계 인사 다바타 마사지에 따르면 '국제테니스연맹은 일본에 대한 감정이 가장 좋지 않은 것으로 알려진 호주가 강력한 발언권을 가지고 있는 곳'이었다. 테니스에 이어 체조·스케이트·육상경기·축구·역도·농구·하키도 개별 IF에 재가입하였다(표3).

1951년 3월 제1회 아시안게임 개최를 앞두고서 인도의 자와할랄 네루 수상은 AGF 평의원회에서 다음과 같은 인사말을 하고 있다.

"이 대회를 통해 아시아 국가들의 오랜 유대와 과거의 친선 관계를 재현하리라고 믿습니다. 아시아 제국은 과거 서구의 식민정책으로 말미암아 서로 친밀해질 기회를 방해받았지만, 이번 대회를 계기로 앞으로는 점차 친밀도가 높아질 것으로 생각합니다."

(「아사히朝日신문」 1951년 3월 4일)

표3. 일본의 IF 가입 연월

연월	경기
1949.2	탁구
1949.6	수영
1949.7	레슬링
1949.8	사이클
1950.7	정구
1950.7	체조
1950.8	스케이트
1950.8	육상경기
1950.9	축구
1950.10	역도
1950.10	농구
1950.11	하키
1951.3	아이스하키
1951.4	펜싱
1951.4	스키
1951.6	체조
1951.8	보트
1951.9	배구
1951.9	핸드볼
1951.11	승마
1951.12	사격
1952.4	배드민턴
1952.7	카누

도판3. 제1회 아시안게임 개막식에서. 네루 수상(왼쪽)과
대회위원장 야다빈드라 싱Yadavindra Singh
(제1회 아시안게임 보고서, 권두의 사진)

이러한 발언에 보면 아시아는 오랜 공통의 역사와 서
양 식민지주의에 대한 대항을 통해 서로 연결되어 있었
다. 식민지주의와의 투쟁에서 승리를 쟁취한 인도는 이
제 아시아 정치는 물론 아시안게임에서도 주도적 역할을
해야 할 존재임을 자임했다. 이 같은 범아시아주의는 나
아가 아프리카까지 포함하면서 1955년 반둥Bandung회
의[15]로 이어지게 된다.

---

15) 1955년 4월 인도네시아 반둥에서 29개국 정상들이 모여서 반제국주의·반식민주
의에 기반한 평화공존을 내세우며 개최되었던 아시아·아프리카회의(A·A회의)를 가리
킨다.

그런데 일본은 제1회 아시안게임에서 금메달 24개를 획득했다(2위 인도는 15개). 경기장에서 일본은 여전히 아시아 스포츠계의 맹주였던 것이다. 그러나 일본의 입장에서 아시안게임의 의의는 다른 데에 있었다. 그런 측면을 잘 보여 주는 것은 '패전 이후 국기라는 것을 잃었던 우리가 수많은 국가가 운집한 국제 무대에서 처음으로 높이 게양되는 일장기를 우러러보게 되었다. 아! 국가라는 존재가 역시 여기에 있었구나 하는 강한 감동이 몰려왔다'라고 한 육상경기 수석코치 오다 미키오織田幹雄의 말이었다.

이렇게 아시안게임을 통해서 일본 스포츠계는 국제사회에 재등장하게 되었다. 이후의 아시안게임과는 달리 일본 선수들은 성실하게, 그리고 전력을 다해 아시안게임에 참여했고, 자신들이 아시아의 동료로 받아들여진 것을 기뻐했다. 초반에는 적대적인 태도를 보였던 필리핀 선수들도 대회가 종료될 무렵에는 일본 선수들에게 우정을 표시하게 되었다.

"우리는 아시안게임이 스포츠를 통해서 전 아시아 민족이 하나로 결집됨을 의미한다는 사실을 분명히 인정한 것이다. 그러한 아시안게임을 육성해가는 일이야말로 스포츠 선진국으로서의 일본, 그리고 우리 체육인의 사명이 아닐까 한다."

(아사노 긴이치淺野均一「제1회 아시안게임에 대해」,

일본체육협회 편『제1회 아시안게임 보고서』 10쪽)

문자 그대로 일본은 1958년 아시안게임 개최지 신청 경쟁에 뛰어들면서, '스포츠 선진국'으로서의 역할을 이어 나갔다. 그러나 한편으로 아시안게임에서 경기보다도 우호를 중시했던 분위기는, 일본 스포츠계가 점차 올림픽 제일주의로 경사되는 흐름에서 아시안게임으로 치우치는 요인으로 작용하기도 했다.

헬싱키올림픽 — 대항 시대의 개막

1952년 2월 노르웨이 오슬로Oslo 동계올림픽에서 일본은 16년 만에 올림픽 복귀를 이루어 낸다. 같은 해 4월 샌프란시스코 강화조약이 발효됨으로써 일본은 주권을 회복했고, 동년 7월 핀란드 헬싱키Helsinki올림픽에 참여하면서 하계올림픽에도 복귀한다. 이렇게 일본은 아시아와 세계 스포츠 무대에 잇따라 받아들여졌다.

한반도는 아직 전쟁의 불길 속에 있었으나 한국에서도 1951년 10월에 전국체육대회를 열어 올림픽 참가를 준비하고 있었다.[16] 재일 한국인은 후원회를 결성해서 올림픽 참가 자금을 제공하는 한편 일본에서 연습할 기회도 마련해 주었다. 한국 선수단 총감독은 이상백, 부감독은 손기정이었는데, 이상백은 제국일본 시절 JAAA 이사를 지냈고, 손기정은 베를린올림픽에서 우승했던 마라톤 선수로 제국일본의 스포츠계에서 활약했던 인물들이었다.

북한은 1952년 5월 30일 IOC에 올림픽에 참가한다는 의사를 통보했다. 그리고 축구·농구·복싱 선수를 보내려고 했었으나 올림픽 참가 신청은 즉각 거부되었다. 당시 북한에는 IOC가 공인하는 국내 올림픽위원회NOC가 없었기 때문이다.[17] 북한이 이렇듯 참가를 결심하게 된

---

16) 1950년 제31회 전국체육대회가 서울에서 개최될 예정이었으나 전쟁으로 취소되었고, 이듬해인 1951년 10월 전쟁의 영향으로 인해 사상 최초로 지방인 전라남도 광주에서 제32회 전국체육대회가 개최되었다.

17) 기록에 따르면 북한은 IOC에 1956년 3월에 북한올림픽위원회 위원장 궁선홍의 명의로 북한 내에 올림픽위원회를 설립했다는 관련 서류를 보내면서 IOC가 북한올림픽위원회를 승인해 줄 것을 요청하고 있다. 그러한 북한의 승인 요청은 IOC 집행위원회에서 '1국가 1NOC' 원칙에 의해서 거부되었으나, 다만 남북한이 단일팀을 결성하면 올림픽 참가는 가능하다는 오토 마이어 사무총장의 답신을 받았다. 이후 올림픽에

배경에는 소련의 올림픽 참가라는 요인이 있었다. 소련은 1951년 5월 IOC 총회[오스트리아 빈Wien]에서 가입이 승인되었고 콘스탄틴 안드리아노프Constantin Andrianov가 IOC 위원으로 선출되었다. 안드리아노프는 IOC 내에서 소련의 영향력을 확대하기 위해 중국과 동독의 IOC 가입을 지지하고 나섰다. 이렇듯 소련의 가입으로 인해 올림픽은 동서 공존 또는 동서 대항의 무대로 변해 갔다.

국공 내전에서 패배한 국민당 정권과 함께 타이완으로 피신했던 스포츠 관계자는 IOC에 협진회가 타이완으로 이전했다는 사실을 통지했다. 그 결과 1951년 7월의 IOC 공보communiqué에 중국 NOC의 주소지가 '중국 타이완 성'으로 바뀌었다는 사실이 공표되었다. IOC의 브런디지 위원장은 '주소 변경은 (스위스) 로잔Lausanne에 있는 IOC 사무국에서 오로지 사무적 사항으로 기록한 것이며, 그 정치적 의의에 대해서는 전혀 고려하지 않았다'라고 발언했지만, 만일 실제로 그렇다면 IOC 사무국은 중국 정

참가하기 위해 남한의 KOC와 단일팀 결성을 추진하려던 북한올림픽위원회는, 남한 측이 교섭 자체를 거부함으로써 북한은 1956년 멜버른올림픽에 참가하지 못했다. 북한의 IOC 가입은 1957년 불가리아 소피아의 IOC 총회에서 논의되어, 1960년 로마올림픽에 남북한이 단일팀을 결성해 참가하는 조건으로 북한의 NOC를 인정하되, 단일팀이 불발되었을 경우에는 북한 팀의 올림픽 참가를 허용치 않는다는 조건이 붙게 되었다. 이윽고 1958년 12월에 북한올림픽위원회가 KOC에게 올림픽 참가를 위한 남북 단일팀 구성을 정식으로 제안했으나, 이때도 교섭 자체가 이루어지지 않음으로써 단일팀 구성은 무산되었고, 결과적으로 북한은 1960년 로마올림픽에도 참가하지 못했다.

세에 너무도 무지했다고 할 수밖에 없었다. 그러한 주소 변경으로 인해 IOC에 있어서 '중국'의 대표권은 타이완 측이 계속 유지하게 되었기 때문이다.

1952년 2월 4일 베이징의 중화전국체육총회中華全國體育總會(ACSF, All-China Sports Federation)[18]는 동 단체가 중국에서 유일하게 합법적인 체육 조직이며, 그러한 자격으로 헬싱키올림픽에 참가하겠다는 의사를 IOC에 통보했다. 그 후에 ACSF는 올림픽 참가 조건을 서둘러 정비했다. 4월에 FINA, 5월에 국제농구연맹(FIBA, Fédération Internationale de Basketball), 6월에 국제축구연맹(FIFA, International Federation of Association Football)에 가입했고, ACSF 자체도 6월에 설립 총회를 개최해서 정식 조직으로 출범했다. 중국은 헬싱키올림픽에 농구·축구·수영선수를 파견했는데 그 이유는 당시까지 중국이 가입했던 개별 IF가 이 세 종목뿐이었기 때문이었다.

타이완으로 이전한 협진회 이사장을 맡고 있던 하오경성은 그 무렵 미국 대사관 존즈 Jones 대리대사에게서 중

___

18) 중화인민공화국의 스포츠 관련 총괄 기구인 국가체육총국國家體育總局에 속하는 개별 스포츠 단체들로 구성된 민간단체이나, 실상은 반관반민의 조직으로 알려져 있다. 1952년 6월에 설립되었으며, 올림픽 경기 종목 31개 단체와 비올림픽 종목 35개 경기 단체로 구성되어 있다고 한다. ACSF로 표기한다. 주석 (3장 28)(321쪽) 참조.

국이 헬싱키올림픽에 참가하려 한다는 사실을 전달받았다. 존즈 대사는 만일 타이완이 올림픽에 참가하지 않으면 중국의 책략이 뜻대로 이루어질 것이라고 하면서, 타이완의 올림픽 참가를 촉구했던 것이다. 하오경성은 타이완의 행정원장[19] 천청陳誠과 상의한 후, 중국의 올림픽 참가를 저지하기 위해서 타이완이 올림픽에 참가하기로 결정하고, 5월 1일에 농구와 육상선수를 파견한다고 발표했다.

이렇게 되자 '두 개의 중국'으로부터 참가 요청을 받았던 IOC는 양측의 참가를 모두 불허하기로 했다. 규정에 따르자면 타이완 대표를 인정해야 했으며, 실제로 IOC는 NOC가 공인되지 않았다는 이유를 들어서 북한의 참가를 거부한 바 있었다. 그러나 남북한의 경우와 달리 베이징과 타이베이 어느 쪽이 '중국 NOC'를 대표하는지의 여부는 결코 명확하지 않았고, 게다가 올림픽 개최국 핀란드는 중국과 국교를 맺고 있었다. 따라서 양국의 참가를 모두 불허한 조치는 IOC로서는 궁여지책이었던 셈이다.

타이완에서 홀로 헬싱키에 도착한 하오경성은 '중국 NOC' 위원장으로서, 또한 YMCA 국제훈련센터[스프링필

---

19) 중화민국 행정원의 수장으로 우리나라의 국무총리에 해당한다.

드 대학Springfield College[20]) 인맥을 활용해서 각국의 IOC 위원에게 타이완의 입장을 설명하고 이해를 구했다. 7월 17일의 IOC 총회는 투표를 통해 중국과 타이완 양측의 참가를 승인했다. '세계 모든 청년들을 대회에 참가시킨다는 원칙'을 따랐다고 오토 마이어Otto Mayer 사무총장[21]은 설명했다. 그러나 그러한 결정은 IOC와 IF가 모두 승인하면 헬싱키올림픽에 양국의 참가를 허용한다는 뜻으로서, 어느 쪽이 진실로 '중국'을 대표하느냐는 문제의 결정은 나중으로 미루어졌다.

투표 결과를 전해 들은 하오경성은 즉시 '중국(타이완)'의 불참을 밝히면서 IOC의 결정에 항의했다. 그러나 이로 말미암아 자신들이 진정한 '중국'의 대표라는 사실을 뻔히 보면서도 놓치고 말았다.

올림픽 개막식 전날인 7월 18일에야 참가 승인 전보를

---

20) 본래 YMCA의 인재를 양성할 목적으로 1885년에 미국 매사추세츠주에 설립된 대학이다. 잘 알려진 사실이지만 이 대학에 재직하던 캐나다인 체육교사 제임스 네이스미스James Naismith에 의해 농구가 만들어져, '농구 경기의 발상지'로도 유명하다. 배구 경기 또한 1896년에 이 대학을 통해서 'volleyball'이라는 이름으로 세상에 처음으로 소개·보급되었던 것으로 알려져 있다. 농구·배구 등의 구기 전공 이외에도 스포츠의학 및 스포츠심리학 분야에서 세계적 명문으로 평가받고 있다. 타이완의 하오경성 외에도 중국의 IOC 위원으로 활약한 둥슈이 역시 이 대학에서 수학했다.
21) 1900~1970. 스위스 출신의 스포츠 행정가로 1946년부터 IOC 사무총장으로 활약하다, 1964년 10월에 사임했다. 브런디지 IOC 위원장과 더불어 스포츠의 비정치주의와 아마추어 정신의 강력한 신봉자로 알려져 있으며, IOC 내에서 남북한 가입 문제에도 깊이 관여했던 중요 인물이다.

도판4. 단신으로 헬싱키에 도착한 하오겅성.
왼쪽은 브런디지 위원장(『하오겅성 전』, 62쪽)

받은 중국은 '두 개의 중국'이 출현하지 않는다는 사실을 확인한 뒤에 참가 의사를 밝혔다. 23일에 룽가오탕榮高棠〔ACSF 비서장〕을 단장, 둥슈이를 총감독으로 하는 선수단이 결성되어 29일에 헬싱키에 도착했다. 농구·축구는 이미 경기가 종료되어서 수영의 우촨위吳傳玉 선수만 경기를 치를 수 있었다〔예선 탈락〕. 그러나 중국으로서는 헬싱키올림픽에서 국기〔오성홍기五星紅旗〕를 게양한 것만으로도 소기의 목적을 충분히 달성한 셈이었다.

제2회 아시안게임 — '자유세계' 국가들의 단결

헬싱키올림픽에 때맞춰 제2회 아시안게임 준비회의가 현지에서 열렸다. 이상백의 전기에 따르면 한국 선수단 총감독으로 올림픽에 참가했던 이상백은 필리핀의 일라난(제2회 아시안게임 조직위원회 사무국장)에게 한국의 참가 의사를 전달했다. 이때 일라난은 북한이 제1회 아시안게임에 옵서버를 파견했었고, 총회에도 참석했다는 정보를 이상백에게 알려주었다. 그 소식에 당황한 이상백은 친구인 아사노 긴이치(제1회 아시안게임 일본 선수단장)에게 사실 확인을 의뢰했고, 아사노는 북한이 아직은 AGF에 가입하지 않았다는 자신의 견해를 전달했다. 헬싱키올림픽에는 북한 선수단이 머물면서 대회 참가를 요구하는 시위를 벌이고 있었다. 이상백은 방해 공작을 차단하기 위해 북한이 알지 못하도록 아시안게임 준비회의를 열어 줄 것을 일라난에게 의뢰했고, 마침내 한국은 무사히 AGF에 가입할 수 있었던 것으로 알려졌다. 이러한 일화는 확인되지 않는 부분도 있으므로 전적으로 신뢰할 수는 없으나, 스포츠계에 있어서 한국과 북한이 벌였던 투쟁의 일면을 보여 준다고 하겠다.

'중국'(타이완)의 가입도 이때의 준비회의에서 승인되었다. 제2회 아시안게임(1954년)의 주최국 필리핀은 자국의 외교적 필요성에 따라 타이완을 참가시키려고 했다. 하오경성은 오랜 친구였던 필리핀 바르가스(AGF 회장)의 주선으로 회의에 참석할 수 있었다. 하오경성이 바르가스 옆자리에 착석하자 인도의 손디가 바르가스에게 당신 옆에 앉은 인사는 어느 나라를 대표해 그 자리에 앉은 것이냐고 질문했다. 하오경성은 이를 '중국'에 대한 모욕으로 받아들여 벌컥 화를 내며 회의장을 떠나 버렸다. 필리핀 안토니오 드 라스 알라스Antonio de las Alas(필리핀아마추어경기연맹 부회장)의 중재로 하오경성은 다시 회의장으로 들어왔고, 결국 '중국' 대표로 회의에 참가하는 것이 승인되었다. 회의석상에서 하오경성은 손디에게 제2차 세계대전 중에 타이완의 장제스가 영국의 지원을 받고 있음에도 불구하고 인도의 독립운동을 지지했다는 사실을 상기시켰다. 회의 후 두 사람은 화해했고, 1962년 제4회 아시안게임에서는 손디가 타이완을 배제시키고자 하는 인도네시아를 강력하게 비난하기에 이르렀다. 그러나 손디가 태도를 갑작스레 바꿨던 배경에는 깊은 우정뿐만이 아니라 티베트를 둘러싼 중국과 인도의 갈등이라는 정치적 요인이 있다는 점도 틀림없는 사실이었다.

필리핀은 겉으로는 중국에 대해서도 문호를 개방한다고 선언했다. 타이완이 참가하는 한 중국이 함께 참가하지 않으리라는 점을 충분히 알면서도 교묘히 아시안게임을 자국의 외교정책에 맞추려 했던 것이다. 역사학자 슈테판 휘브너Stefan Hübner는 필리핀의 이러한 전략을 1934년 극동대회에서의 필리핀의 행보와 일치하는 것으로 간주하고 있다. 즉 필리핀은 극동대회에서 '두 개의 중국'을 모두 수용하려 했는데, 실상 만주국이 참가하게 되면 중국은 참가하지 않으리라는 사실을 충분히 알면서도 그런 태도를 취했던 것이다. 다음 절에서 살펴보듯이 IOC 또한 '두 개의 중국' 문제에 대해서 동일한 태도를 취한다. 현상을 인정하는 일이야말로 스포츠가 정치 세계로부터 독립해 있다는 증좌였다.

타이완은 필리핀과의 긴밀한 협력을 통해 아시안게임에 참가했지만, 타이완의 중화민국 정부는 아시안게임에 대해 그다지 적극적이지는 않았다. 국가 재정의 측면에서 보자면 아시안게임에 쏟을 여력이 별로 없다는 식으로 행정원장 천청은 하오경성에게 이야기할 정도였다. 게다가 돈보다도 더욱 문제가 되었던 것이 참가 자격이었다.

헬싱키올림픽 기간에 AGF는 IOC가 공인하는 조직이 되었다. 아시안게임은 올림픽의 지역 대회가 되었으므로, 아시안게임에 참가하려면 IOC에 가입해야 하고 동시에 참가를 희망하는 개별 경기 종목 IF에도 가입해야만 했다. 전쟁 전의 중국은 어떤 개별 IF에도 가입하지 않았으므로 이제 타이완은 참가를 희망하는 개별 경기 IF에 가입해야 할 필요가 있었던 것이다. 하오경성은 브런디지 위원장에게 도움을 요청했지만 브런디지는 개별 IF와 교섭할 수밖에 없다며 타이완 자력으로 문제 해결을 하도록 촉구했다.

필리핀도 마찬가지로 IOC의 요구에 곤혹스러워 했다. 필리핀은 원래 아시안게임에 자국의 인기 스포츠였던 야구·배드민턴·테니스 종목을 채택할 작정이었다. 하지만 이들 종목은 올림픽에 채택되지 않았다는 이유로 채택을 단념해야만 했다. 게다가 타이완 등의 개별 IF 미가입 문제, 캄보디아 등 IOC 미가맹국의 참가 문제가 남아 있었다. 이들 문제를 일거에 해결하기 위해 생각해 낸 안이 아시안게임을 IOC 규정과는 분리해서 실시하자는 제안이었다. 1953년 여름 무렵에 그러한 제안이 필리핀과 타이완 사이에서 공유되었고, 하오경성이 8월에 일본·한국, 바르가스가 9월에 일본을 차례로 방문해서 이 제안에 대한 각국의 찬동을 구했다.

그 무렵 마닐라를 방문했던 마쓰모토 다키조松本瀧藏〔AGF 평의원, JASA 이사〕는 필리핀 스포츠 관계자들 대다수가 아시안게임을 아시아 출신 선수만이 참가하는 대회로 한정 짓고 아시아인끼리 손잡고서 운영하기를 희망하며, '아시아에서 성행하는 경기 종목, 개최국의 국기國技[22] 등을 부활시키기를 희망하고 전쟁 전의 극동대회를 재현시키려는 꿈을 품고 있다'고 보고했다. 필리핀은 아시아의 연대를 주창하면서 IOC로부터의 이탈을 정당화했던 것이다.

필리핀·타이완·일본은 이런 문제를 협의키 위한 평의원회 개최를 제안했고, 12월 5~6일에 마닐라에서 평의원회를 개최키로 했다. 그런데 평의원회에 앞서 싱가포르가 IOC로부터 이탈에 반대 의사를 표명했다. IOC를 무시하고서 아시안게임을 개최하면 참가국은 향후 올림픽에 참가할 수 없게 된다는 것이 반대의 이유였다. 그밖에도 반대가 많아질 듯하자 필리핀은 자국 제안이 승인될

---

22) 그 나라에서 전통적으로 즐겨 내려오는 대표적인 운동이나 기예. 한국의 태권도, 일본의 스모, 미국의 야구, 영국의 축구 따위이다.

가망성이 없다고 판단한 나머지 평의원회 개최를 단념하고 말았다.

평의원회가 무산되었으나 하오경성은 예정대로 마닐라로 향했다. 결국 개별 IF와 교섭하는 길밖에 없다는 결론에 도달한 하오경성은 필리핀 조직위원회의 협력을 얻어서 육상·축구·농구·수영·수구·사격·복싱·레슬링·역도 종목의 개별 IF와 연락을 취한 결과, 뜻밖에도 손쉽게 '중국'이라는 자격으로 가입 승인을 받았다. 그것은 '두 개의 중국' 문제의 중대성을 아직은 심각히 인식하지 못했던 상황 때문이었다.

"올해 아시안게임 참가는 〔대륙에 대한〕 반격의 예고편이다. 중화민국의 남녀는 모두 중화민국을 대표해 아시안게임에 참가해야 한다." （「홍콩공상일보」 1954년 1월 6일）

귀국 도중 들렀던 홍콩에서 하오경성은 자신이 거둔 성과들에 대해 의기양양하게 이야기했다. 귀국 후에 하오경성은 다시금 행정원장 천청을 찾아갔다. '향후 국제경기대회에 공산당이 끼어들지 못하도록 하고, 아울러 민심을 고양시키고자 국민적 차원의 외교를 전개하는 한편, 국제 선전을 강화하기 위해서라도 이번에 우리는 공전의 규모로 아시안게임 대표를 출전시키고 우리가 참가권을 획득한 경기는 빠짐없이 참가해야 한다'고 행정원장을 설득했다. 천청은 마닐라 아시안게임에 출전하는 경비와 국내에서의 선발전 및 훈련에 소요되는 경비 일체를 정부가 지원하는 데에 동의했다. 갖가지 역경을 뛰어넘어서 타이완은 개최국 필리핀을 능가하는 최대 규모의 선수단을 파견했다.

제2회 아시안게임은 때마침 일본·필리핀 간의 전쟁배상 교섭 회담이 결렬된 직후에 개최되었다.[23] 필리핀 관중은 처음에는 일본 선수와 임원들을 향해 '나쁜 놈들'·'돌아가라'는 등의 야유를 퍼부었다. 그러나 대회 기간에 일본 선수단이 보여 줬던 태도와 성적은 필리핀 민중의 일본에 대한 악감정을 완화시켰고, 대회 폐막 후 귀국할 무렵에는 그들에게 '만세'·'안녕히'·'친구' 같은 말들을 걸어오기도 했다.

이렇듯 제2회 아시안게임은 '자유세계' 국가들의 단결을 강화하는 데에 이바지했다.

---

23) 일본과 필리핀 간의 전쟁배상 협정은 1956년 5월에 이르러서 타결을 보았다.

2. '두 개의 중국' 문제

중국의 IOC 탈퇴

중국은 앞서 언급한 바와 같이 헬싱키올림픽에서 3종목 경기에 참가할 수 있었으나, 이는 어디까지나 특례 조치였으며 ACSF가 IOC에게 정식으로 승인받았던 것은 아니었다.

'중국' 대표권의 문제는 1954년 5월 IOC 총회〔그리스 아테네〕에서 다시 논의하기로 했다. '중국'에는 3명의 IOC 위원〔왕정팅, 쿵샹시孔祥熙, 둥슈이〕이 있었다. 쿵샹시는 명목뿐인 위원이었고, 나머지 왕정팅이 타이완, 둥슈이가 중국 측을 대표했으나 3사람 모두 당시 총회에는 불참했었다. 왕정팅을 대신해 하오경성이 타이완에서 아테네로 급히 달려갔으나 정식 IOC 위원이 아닌 하오경성은 총회 장소에는 들어가지도 못했다. 투표 결과 ACSF의 가입안이 찬성 23표, 반대 21표라는 근소한 차이로 가결되었다. 이후 하오경성이 IOC 브런디지 위원장을 방문하자 브런디지는 (타이완 쪽의) 왕정팅·쿵샹시가 참석했다면 투표 결과가 23 대 23이 되었고, 그런 다음 위원장인 자신이 1표를 행사했으면 공산당이 발붙이지는 못했을 것이라며 몹시도 분해했다고 한다. 8월 IOC 공보에는 '중국'의 NOC

로 타이베이와 베이징 2곳의 조직이 등록되어 있었다. 그나마 타이베이의 지명이 먼저 기록되었던 것이 하오경성이 브런디지에게서 얻어 낸 사소한 성과였다. IOC는 이렇게 문제를 끝낼 생각이었으나 '두 개의 중국'을 둘러싼 투쟁은 이후 더욱 격렬한 양상을 띠게 되었다.

1955년 6월 IOC 총회[프랑스 파리]에서는 왕정팅과 둥슈이가 모두 참석해 처음으로 '두 개의 중국' 대표가 한 자리에 모이게 되었다. 총회에 앞서 NOC와의 합동회의에서 ACSF 부주석 룽가오탕은 한 국가에 하나의 NOC만 인정한다는 올림픽헌장에 근거해서 타이완의 '중국' 대표권을 부정했다. 브런디지가 IOC에서는 정치를 논해서는 안 된다고 룽가오탕의 발언을 가로막자 룽가오탕은 '중국' NOC를 둘로 쪼개는 것이 도리어 정치라고 반박해 회의는 어색한 분위기 속에서 산회하고 말았다.

이윽고 총회에서는 브런디지가 먼저 룽가오탕의 발언을 거론하면서 이는 120% 정치적 발언이라며 출석 의원들에게는 정치를 논하지 말도록 주의를 촉구했다. 둥슈이는 이에 반박하려 했으나 옆자리에 있던 소련 IOC 위원 안드리아노프가 그에게 자중할 것을 요구했다. 뒤이어 동독 승인 문제가 논의될 적에 왕정팅은 반대하는 입장을 밝혔고, 덧붙여서 타이완이 1954년 아시안게임에 참가했다는 사실을 언급했다. 왕정팅은 이런 식으로 국제 스포츠계에서 '중국'을 대표하는 쪽은 타이완이라는 사실을 넌지시 암시했던 것이다. 둥슈이는 발언을 요구했으나 다시 안드리아노프에게 제지당했다. 불가리아 IOC 위원이 IOC는 두 개의 중국을 인정하면서도, 어째서 두 개의 독일은 인정하지 않느냐고 발언했을 때, 둥슈이는 해당 발언의 정정을 요구하려 했으나 또다시 안드리아노프에게 제지당했다.

어째서 안드리아노프는 둥슈이의 발언을 막았던 것일까? 국제 스포츠계를 좌지우지하는 IOC와 IF 내에서 공산주의 국가는 소수파였다. 국제 스포츠계에서 공산권 국가의 영향력을 확대키 위해서는 이들 조직과 정면 대결을 벌일 것이 아니라 그 내부로부터 개혁을 촉구할 필요성이 있었다. 따라서 만약 중국이 IOC 규정을 따르지 않으면 공산권 국가 전체가 불이익을 당할 수도 있었던 것이다. 다른 한편 중국의 입장에서 보면 IOC의 눈치를 살피는 소련의 방식은 완전히 잘못된 노선이었다. 둥슈이의 통역을 맡았던 허전량何振梁[24]은 뒤에 룽가오탕에게 호되게 비판을 당했다. 공산당원이 아니었던 둥슈이의 과오를 바로잡는 것이 공산당원 허전량의 의무였기 때문이다. 두 사람을 감독하는 입장이었던 룽가오탕 또한 귀국 후에 저우언라이周恩來 총리에게서 질책과 비판을 당했다.

그 후로도 격렬한 싸움은 계속 이어졌다. 1956년 1월 IOC 총회[이탈리아 코르티나담페초Cortina d'Ampezzo]에서 둥슈이는 성명서를 배포하고서 타이베이의 협진회를 올림픽위원회 명단에서 제외할 것을 요청했다. 브런디지는 세계 각국의 모든 청년에게는 올림픽에 참가할 권리가 있으며, IOC가 이미 승인한 NOC를 취소시키는 것은 간단한 일이 아니라고 해명함으로써, '두 개의 중국' 문제는 여전히 미해결인 상태로 넘어가고 말았다.

10월 IOC 집행위원회에서는 호주 멜버른Melbourne 올림픽에서 타이완이 '포르모사 차이나FORMOSA[25] CHINA',

---

24) 1929~2015. 중국의 스포츠 행정가. 1989~1994년에 중국 NOC 위원장을 역임했고, 1981년 IOC 위원에 선출되어 2009년까지 재임하고, 1985~1989년에는 IOC 집행위원회의 멤버로 활동했다. 일찍부터 중국의 스포츠 외교 분야에 종사했고, 중국이 2008년 베이징올림픽을 유치한 데에는 그의 공헌이 지대했다고 알려져 있다. 훗날 중국에서 공식적으로 '체육 외교가'로 일컬어질 정도로 중국 '스포츠 외교의 제일인자'로 평가받았다.

25) 일반적으로 20세기 중반까지 서구에서는 타이완Taiwan을 영문 명칭 '포르모사 Formosa'로 일컫는 것이 관례였다. 이러한 명칭은 1542년 타이완 근해를 항해하던 포

중국이 '페킹 차이나PEKING CHINA'라는 명칭을 사용하기로 결정했다. 멜버른올림픽은 1956년 11월 22일에 개막할 예정이었으므로, 중국 측은 10월 말에 미리 선발대를 파견해서 타이완의 올림픽 참가를 저지할 생각이었으나 여러 가지 이유로 출발이 늦어지고 말았다. 한편 타이완 측도 같은 생각으로 단장 덩촨카이鄧傳楷, 고문 하오경성 등이 한발 앞서 멜버른에 입성했다. 시드니에서 중국 선발대는 타이완 대표가 이미 선수촌에 입촌했으며 중화민국 국기 청천백일기青天白日旗[26]를 게양했다는 사실을 알게 되었다. 중국 측은 올림픽조직위원회에 대해 타이완을 단독으로 초청하지 말았어야 한다고 항의하고서, 이 문제가 해결되지 않는 한 중국 선수단은 올림픽에 참가하지 않겠다고 선언했다. 대회 직전에 열린 IOC 총회에서 둥슈이는 1954년 아테네 총회에서 ACSF가 '중국'의 NOC로 승인받았는데, 어떤 이유로 타이완의 체육 조직을 '중국'의 NOC로 호칭하느냐며 브런디지에게 따져 물었다. 이에 브런디지는 독일 방식으로 해결할 것을 요구했다[서독과 동독은 이해 1월 동계올림픽부터 단일팀으로 참가했다].

르투갈 선원들이 해도상에 없던 이 섬에 대해 포르투갈어로 '아름다운 섬'이라는 뜻의 '일랴 포르모사Ilha Formosa'라는 지명을 붙였던 데에서 유래했다.

26) 원명은 '청천백일만지홍기青天白日滿地紅旗'이나 통칭으로 '청천백일기'라고 한다.

Mr. Avery Brundage,
President of the IOC,
Ten N. La Salle St.
Chicago 2, Ill. U.S.A.

Mr. President,

I am most indignant at your letter dated June, 1. Evading the questions I raised in my letter of April 23, you continued your mean practice of reversing right and wrong, wantonly slandered and threatened the Chinese Olympic Committee (All-China Athletic Federation) and myself, and shamelessly tried to justify your reactionary acts. This fully reveals that you are a faithful menial of the U.S. imperialists bent on serving their plot of creating "two Chinas".

A man like you, who are staining the Olympic spirit and violating the Olympic Charter, has no qualifications whatsoever to be the IOC president. All who are faithful to the Olympic spirit will surely oppose your shameless acts.

I have been a colleague to other members of the IOC for many years. We have jointly made contributions to the international Olympic Movement and built up a good friendship among us. I feel painful, however, that the IOC is today controlled by such an imperialist like you and consequently the Olympic spirit has been grossly trampled upon. To uphold the Olympic spirit and tradition, I hereby cledlare that I will no longer cooperate with you or have any connections with the IOC while it is under your domination.

Tung Shou-yi

도판5. 둥슈이가 브런디지에게 보낸 절교장
(『중국 올림픽 운동 통사』, 242쪽)

결국 중국은 참가를 취소해 버렸다.[27]

그 후 둥슈이와 브런디지 사이에 몇 차례 서신 왕래가 있었다. 둥슈이는 IOC가 '두 개의 중국'을 조장한다고 비판하는 반면 브런디지는 타이완에는 독립 정부가 있고 국제적 승인을 받은 것도 분명한 사실이라고 주장하는 식으로, 양측 모두 올림픽헌장을 근거로 삼아 상대방의 행동이 정치적이라고 맞비난전을 펼쳤다. 1958년 8월 19일 자 편지에서 둥슈이는 IOC와의 관계를 단절한다고 선언했다. 이 편지에서 둥슈이는 브런디지를 '두 개의 중국'을 만들려는 음모를 실현하는 데 몰두해 있는 미 제국

---

27) 중국과 마찬가지로 북한 역시 남한 KOC의 협상 거부와 방해로 인해, 1956년 멜버른올림픽에 참가할 수 없었다.

주의의 앞잡이'로서, '올림픽 정신을 더럽히고 올림픽헌장을 위반하는 당신 같은 인간은 IOC 위원장이 될 자격 따위는 조금도 없다'라고 강한 어조로 비판했다. 8월 20일에는 ACSF의 명의로 IOC와 관계를 단절한다는 성명서를 발표했는데, 이로써 중국은 IOC 및 국제육상연맹〔IAAF, International Amateur Athletic Federation〕 등 8개 종목 개별 IF와 관계를 단절하고 말았다.

'중국'에서 '타이완'으로 — 원칙으로 일관하는 IOC

1958년 5월 도쿄 아시안게임에 앞서 도쿄 조직위원회는 중국의 대회 참가를 촉구했으나 중국은 끝내 불참했다. 타이완의 하오겅성은 그 전해인 1957년 도쿄에서 열린 AGF 집행위원회에 참석했을 때 IOC 위원 아즈마 료타로에게서 다음과 같은 이야기를 듣게 되었다. 곧 중국은 AGF 회원이 되기 위해 일본 각계각층에 침투하고 있으며, 일본공산당·소련공산당·중국공산당이 서로 연락을 취하며 활발히 활동하고 있다는 것이었다. 아울러 일본 스포츠계에는 초청을 받아 중국을 방문했던 이들이 많은데, 그로 인해 중국이 회원이 될 것이라는 소문이 파다하게 돌고 있다는 내용이었다. 아즈마 료타로는 친타이완파로 1957년에 갑작스레 활발해진 중국과 일본의 스포츠 교류(다음 절에 상세히 다룬다)를 못마땅히 여겨 눈살을 찌푸렸던 것 같다.

타이완은 도쿄 아시안게임에 136명의 대규모 선수단을 파견했는데, 육상경기팀의 명칭으로 한바탕 옥신각신 다툼이 일어났다. IAAF는 '타이완TAIWAN'이라는 명칭만을 사용하는 조건으로 타이완의 참가를 허용하기로 결정했다. 하오경성은 이러한 결정에 항의했고, 결국 육상경기는 '타이완(중화민국)대隊'라는 명칭으로 참가하게 되었다.

그러나 한편으로 타이완이 '중국' 전체를 대표할 수 없다는 견해가 국제 스포츠계에 점차 확산되어 갔다. 1959년 5월 IOC 총회(서독 뮌헨)에서 소련의 위원은 '중국 전체의 스포츠를 대표하고 있지 않다'라는 이유로 타이베이가 사용하는 '중국 NOC'의 명칭 변경을 요구했고, 그의 제안은 찬성 33표, 반대 19표로 가결·승인되었다. 이러한 일련의 논의는 당사자가 부재한 상황에서 진행되었다. 왜냐 하면 타이완의 쿵샹시는 1955년, 왕정팅은

1957년, 그리고 중국의 둥슈이는 1958년에 각각 IOC 위원직에서 사퇴했기 때문이다.

IOC의 그러한 결정에 미국 언론은 과민 반응을 보였고, IOC는 공산주의자의 압력으로 타이완을 제명하고 중국에게 재가입의 길을 열어 주었다는 등등, IOC와 브런디지에게 비난을 퍼부었다. 예컨대 「뉴욕타임스」는 다음과 같은 기사를 썼다.

"중화민국을 IOC로부터, 그리고 장차 올림픽에 참가하지 못하도록 내쫓음으로써 IOC는 노골적인 정치적 협박에 굴복했다. 미국 국무부의 말을 빌자면 이 행위는 '(올림픽의) 비정치적 전통과 완전히 배치되는' 것이다. 그런 행위는 비겁하고 나약하며 몰염치한 짓이다. …… 중화민국이 '더 이상 중국 전체의 스포츠를 대표하지 않는다'라는 IOC 위원장 브런디지의 말은 솔직한 미국인의 품성과는 어울리지 않는다."

(*New York Times*, May 30, 1959)

만일 타이완 선수가 참가를 승인받지 못하면 미국도 올림픽 참가를 거부해야 한다고 공화당의 프랜시스 돈

Francis Dorn 의원은 주장했다.[28] 드와이트 아이젠하워 Dwight Eisenhower 대통령 또한 '이러한 결정은 IOC가 정치에 개입해 왔음을 보여 주는 것이다', '타이완은 중화민국 정부의 일시적 소재지이며, 45개 국가가 이를 인정하고 있다'라고 하며 비난에 가세했다. 이듬해 1960년 2월에 개최 예정이던 미국 스퀴밸리Squaw Valley 동계올림픽 조직위원장은 일찌감치 '공산 중국은 스퀴밸리 동계올림픽에 참가할 자격이 없다고 판단한다'라고까지 선언하고 나섰다. 미국 국무부는 자국에서 개최되는 올림픽에 타이완이 참가하지 못할 경우의 정치적 의미를 고려해, 그때까지 취해 왔던 불간섭 태도를 바꿔서 적극적으로[다만 눈에 띄지 않게끔 막후에서] 타이완의 올림픽 참가를 실현시키기 위해 바쁘게 움직였다.[29]

한편 브런디지는 공산주의의 압력은 없었으며 타이완이 '중국'의 대표라는 사실이 인정되지 않은 것일 뿐, 타이완이 제명당한 것은 아니라고, 보도 자체가 잘못되었음을 역설했다. 훗날 브런디지는 자신의 저서에서 「크리

---

28) 공화당을 중심으로 한 미국 우익 세력은 브런디지를 비난하는 편지 쓰기 캠페인을 대대적으로 벌이기도 했다.
29) 그러나 이와는 반대로 모든 노력이 실패로 돌아가자, IOC의 명칭 변경 요구를 승복하는 것은 공산주의의 승리를 의미한다고 판단했던 미국 정부가 타이완에 대해서 명칭 변경 요구를 따르지 말고 올림픽을 보이콧하라고 촉구했다고 하는 일부 견해도 있다.

스천 사이언스 모니터Christian Science Monitor」지의 해당
논설을 인용해서 자신의 입장을 옹호하고 있다.

"정말 아이러니하게도 [미국] 국무부는 IOC가 공산권의
압력에 굴복했다고 비판했지만, 사실 그(러한 비판의) 이
면에는 서방의 정치적 압력을 통해 사태를 역전시키겠
다는 속셈도 있다. 이때까지 공산주의자들이 냉전의 확
대 도구로 올림픽을 이용해 왔던 것은 사실이다. 그러나
그렇다고 해서 워싱턴이 그들과 똑같은 짓을 벌인다면
결코 칭찬받을 일은 되지 못한다. 그동안 미국인 위원장
에이버리 브런디지는 어느 편에도 서지 않는다는 원칙
으로 일관하며 스포츠맨십에 의거해 행동해 왔다. IOC
는 1958년에 올림픽에 정치를 끌어들였다는 이유로 베
이징을 질타했었다. 그리고 이번에는 같은 이유로 워싱
턴을 질타하고 있다."

(에이버리 브런디지 저, 미야카와 쓰요시宮川毅 역

『근대 올림픽의 유산』 240쪽)

본래 친타이완파인 브런디지가 타이완에 대해 가혹한
결정을 내리는 데에 동의한 일은 페어플레이였을지도 모

른다. 이제 IOC에는 '중국'을 대표하는 NOC는 하나밖에 남지 않았으므로, 굳이 타이베이 NOC에 명칭 변경을 압박할 필요는 없었다. 그러나 IOC는 타이베이에게도 원칙을 적용하기를 원했다. 타이베이 NOC가 '중국' 전체의 스포츠를 관할하지 않는 이상 '중국'의 NOC로 인정할 수는 없었다. IOC로서는 쌍방 모두에게 '원칙대로 한다'는 선택지밖에 없었다고 보아야 한다.

중국과 타이완에게 있어서 IOC의 선택은 '두 개의 중국'을 만들려는 음모임이 분명했다. 「크리스천 사이언스 모니터」지가 소련과 미국 모두가 스포츠에 정치를 개입시켰다고 지적했던 점은 타당하지만, 베이징과 워싱턴을 질타하는 IOC의 행동 또한 정치적이라는 사실은 간과했다. 바로 그런 맥락에서 스포츠 비정치주의를 고집했던 브런디지는 이 기사에 공감했고, 자신의 저서에서까지 인용했던 것이다.

타이완으로서는 중국의 복귀를 저지하기 위해서라도 명칭 변경 요구에 응하며 올림픽에 머무르는 방법 외에 달리 도리가 없었다. 타이베이 올림픽위원회는 '중화민국올림픽위원회Republic of China Olympic Committee'라는 명칭으로 재가입 신청서를 제출했다. 1960년 2월 IOC 총회〔미국 스쿼밸리〕에서는 로마 하계올림픽에 타이완 선수가 참가하는 것은 승인했으나, 쟁점인 명칭 문제는 또다시 8월 로마에서 열리는 총회까지 논의를 미뤘다. 스쿼밸리 총회에서 바르가스는 '차이니즈 타이페이 올림픽위원회 Chinese Taipei Olympic Committee'라는 명칭을 제안했는데, 향후 이 명칭이 채택되기까지는 20년에 가까운 세월이 흘러야만 했다.

'타이완TAIWAN'과 '중화민국'

타이완은 IOC에서 존재감을 높일 목적으로 스쿼밸리 동계올림픽에 최초로 선수단을 파견했다. 그러나 국제 스키연맹〔FIS, Fédération internationale de ski〕이 고의적으로 절차를 지연시켰던 탓에 대회 직전 열렸던 회의에서도 타이완의 가입은 승인되지 않았다. 이미 현지 적응 훈련에 돌입한 타이완 선수단은 조직위원회와 교섭해, 본 경기 전에 시주試走[30]를 행할 수 있게 되었다. 청훙루程鴻路 선수는 중화민국 국기를 가슴에 달고서 빙상 트랙을

---

30) 육상·빙상 경주에서 정식으로 시합을 하기 전에 시험 삼아 달려 보는 것.

회주回走[31)]했다.

1960년 8월 타이완은 로마 올림픽에 73명의 선수단을 파견했다. 8월 22일 IOC 총회에서 타이완은 '타이완'이라는 이름으로 로마 올림픽에 참가하도록 결정되었다. 투표는 2차례 실시되었으나 2번 모두 찬반 동수여서 3번째 투표에서 가까스로 결판이 났다[찬성 35표, 반대 16표, 기권 2표]. IOC 위원들 사이에서도 저항이 심했음을 짐작하게 한다. '타이완TAIWAN' 또는 '포르모사FORMOSA'라는 명칭으로 대회에 참가해야만 할 경우에는 항의 의사를 밝히며 개막식에 입장한다는 방침에 좇아서, 타이완 선수단은 개막식에서 '마지못해 참가한다UNDER PROTEST'라고 커다랗게 적은 종이를 들고서 행진했다. 이러한 '정치적' 행위에 브런디지는 노발대발하면서, 마이어 사무총장과 연명으로 '이런 행위로 말미암아 당신들은 전 세계 체육인들이 당신들에게 품었을지도 모를 마지막 동정마저도 상실하고 말았다'라고 하며 타이완 선수단을 비판했다.

도쿄올림픽에 당면해서 타이완은 브런디지에 대해 집요한 설득 공작을 폈으나, 그의 입장은 요지부동 흔들림이 없었다. '타이완이라는 이름으로 참가시키는 것은 당

---

31) 육상·빙상 경기에서, 경기장을 한 바퀴 도는 일.

도판6. 로마올림픽 개막식에서 '마지못해 참가한다UNDER PROTEST'라고 커다랗게 적은 종이를 들고서 행진하는 타이완 선수단(Wikimedia Commons)

신들이 단독으로 (올림픽에) 참가할 기회를 가져다 주고, 서독과 한국이 당했던 곤란을 겪지 않도록 하기 위함이다. 만약 당신들이 타이완은 중국의 일부라는 입장을 견지한다면 결국 대륙과 통합해서 대회에 참가해야만 할 것이다.' 동서독이 단일팀 결성에 '성공'했던 사례는 분단국가의 참가 문제에 있어 여타의 해결책을 선택할 길을 원천적으로 차단해 버린 셈이었다.

1963년 10월 IOC 총회[서독 바덴바덴Baden-Baden]에서 타이완 선수가 유니폼과 개인 비품에 'ROC[Republic Of China, 중화민국의 약칭]'를 사용하는 것이 허락되었다. IOC가 이렇듯 양보했던 배경에는 타이완과 미국의 '정치 공작' 및 '일본 정부의 뜻을 따랐던 다카이시 신고로高石眞鳥郎·아즈마 료타로 두 IOC 위원의 응원'이 있었다. 1964년 1월 IOC 총회〔오스트리아 인스부르크Innsbruck〕에서는 바르가스가 '중화민국'의 사용을 허용하자고 제안해서 찬성 23표, 반대 21표로 가결되었으나, 그러한 결정이 향후 정치적 결과를 초래할 수 있다고 해서 또다시 비밀투표에 부쳐 찬성 19표, 반대 32표로 부결되기도 했다.

타이완은 도쿄올림픽에서는 '중화민국'이라는 이름으로 참가하기로 결정되었다. 올림픽 전해인 1963년 10월에 열렸던 도쿄 국제스포츠대회에서 타이완은 '타이완'이라는 명칭으로 참가토록 요청받은 데 항의하며 대회 참가를 취소했었다. 도쿄올림픽 개막 전 IOC 총회에서 다카이시 신고로·바르가스·휴 위어Hugh Weir〔호주〕 3명의 위원들이 타이완의 명칭을 변경할 것을 제안했다. 그러나 동서독과 남북한 등 긴급한 안건이 산적해 있다면서 소련 대표가 차기 총회에서 다룰 것을 제안해 결론이 미뤄지고 말았다.

도쿄올림픽 개막식〔10월 10일로 이날은 타이완의 국경일[32]

---

32) 쌍십절雙十節로 1911년 신해혁명과 1912년 중화민국 정부 수립을 기념하는 타이완의 국경일.

도판7. 도쿄올림픽 개막식에서 중화민국 선수단
(The Complete Tokyo 1964 Olympics Films: https://www.youtube.com/
watch?v=WHt0eAdCCns,17'19")

이기도 하다)에서 타이완 선수단의 손 팻말에는 '타이완
TAIWAN' 아래 '중화민국' 4글자가 한자로 표기되어 있었
다. 다카이시에 따르면 아즈마 료타로와 조직위원회 요
사노 시게루與謝野秀 위원장이 주도해 한자를 표기한 손
팻말을 들게 했다고 한다. 'IOC 합의 사항에 저촉되지도
않고, 무엇보다 개막식에 참석한 IOC 위원들 중 어느 누
구도 한자를 읽을 수 있는 사람은 없을 것'이라는 이유에
서였다. 이듬해 3월 다카이시가 타이완을 방문했을 적에
장제스 총통이 이 일에 대해서 감사의 뜻을 전했다고 한
다.

　타이완의 공작은 결실을 맺었다. 1968년 IOC 총회〔멕시
코 멕시코시티Mexico City〕에서 마침내 IOC는 '중화민국'으로

의 명칭 변경을 승인했던 것이다. 북한의 명칭 변경안이 가결[33]된 후에 바르가스가 타이완의 명칭 변경안을 제출, 소련 위원은 반대했으나 다수 위원의 찬성으로 가결되었다. 타이완의 올림픽위원회는 같은 해 11월 1일 이후로 '중화민국올림픽위원회'라는 명칭을 사용할 수 있게 되었다.[34]

친타이완파 브런디지는 1970년 IOC 총회〔네덜란드 암스테르담〕에서 타이완의 쉬헝徐亨〔헨리 슈Henry Hsu〕을 IOC 위원으로 임명했다.[35] 브런디지는 집행위원회의 강력한 반대를 무릅쓰고 총회에서 비밀투표에 부쳐 찬성 46표, 반대 20표, 백표白票[36] 3표, 기권 1표로 쉬헝의 IOC 위원 취임이 승인되었다. 1972년 IOC 위원장 자리에서 물러난 브런디지의 기념 선물이었다.

이렇듯 타이완에게 압도적으로 유리한 상황이 조성된 배경에는 1950년대 후반부터 시작된 중소 대립의 영향

---

33) 당시 총회에서 북한의 정식 국호인 'DPRK〔조선민주주의인민공화국, Democratic People's Republic of Korea〕가 승인되었으나, 북한이 1968년 멕시코시티올림픽에 불참했던 탓에 1969년 6월 폴란드 바르샤바 IOC 총회에서 북한의 명칭 문제가 다시 논의되었고, 표결을 통해 'DPRK'를 정식 국호로 결정했다. 이후로 북한은 본격적으로 올림픽을 비롯한 국제경기대회에 참가하기 시작했다.
34) 1979년까지 이 명칭을 사용했으나, 현재 타이완에서는 중화올림픽위원회〔中華奧林匹克委員會, Chinese Taipei Olympic Committee)라는 명칭을 사용하고 있다.(https://www.tpenoc.net/info/)
35) 쉬헝은 1970년부터 1988년까지 타이완의 IOC 위원으로 재임했다.
36) 기권한다는 뜻으로 아무것도 적지 않은 표.

이 있었다. 그동안 중국의 대변인 역할을 맡았던 소련의 IOC 위원은 중국 문제에 대해서는 입을 다물어 버렸다. 게다가 1966년 중국에서 문화대혁명이 시작되자 중국은 국제 스포츠계와의 연결고리를 완전히 잃게 되었다.

그러나 타이완에 유리한 상황은 그리 오래가지 않았다. 1971년 중국의 UN 복귀, 이듬해 이루어진 미중 접근과 중일 국교 정상화는 국제사회에서 타이완의 입지를 현저히 약화시켰다. 여기에 호응하듯 아시아 및 세계 스포츠계에서 중국의 복귀를 바라는 목소리가 높아지게 된다.

3. 2개국 간 교류의 향방

편향된 외교

전후 일본에서 최초로 개최된 대규모 국제경기대회는 1954년 1월 세계스피드스케이트선수권대회(삿포로)로 동아시아에서는 한국이 참가했다. 1956년 4월 세계탁구선수권대회(도쿄)에는 중국·한국, 1958년 5월 도쿄 아시안게임에는 타이완·한국이 참가했다. 아시아 각지에서 열린 각종 아시아선수권대회에도 일본·타이완·한국은 종종 서로 얼굴을 마주쳤다.

이렇게 보면 동아시아에서는 스포츠 교류가 활발했던 것처럼 보인다. 그러나 2개국 간의 교류는 극히 편중된 형태로만 이루어졌고, 냉전의 벽을 넘어선 교류는 일본과 중국 사이에서만 이루어졌다. 자유주의 진영 내부에서도 일본·한국 간의 교류는 1950년대를 통해 거의 이루어지지 않았다. 다음에서 1960년대 중반까지 일본·타이완, 한국·일본, 중국·일본의 2개국 간에 이루어졌던 교류를 살펴보기로 하자.

일본·타이완과 한국·일본 간의 교류

― '만일 시합에 패하면 현해탄에 몸을 던져라'

일본·타이완이 중일화평조약[37]에 조인한 것은 1952년 4월이었고, 스포츠 교류는 그 이후에 시작되었다. 1953년 5월 필리핀 원정 귀로에 가네보鐘紡 야구팀[38]이 타이완에서 시합을 치렀는데, 이것이 전후 최초의 일본·타이완 간의 스포츠 교류 행사였다. 같은 해 5월 타이완의 연식정구단이 일본을 방문해 각지에서 친선경기를 펼쳤다. 교토 도시샤同志社대학에서 열렸던 환영회에서 학우회 대표가 '우리는 스포츠 선수로서 일본에 온 여러분은 환영하지만 장제스 정부는 인정하지 않는다'라고 발언했던 탓에 한바탕 말썽이 나기도 했다.

전후 일본에서 타이완으로 원정했던 팀은 1953년 12월 와세다대학 야구부가 맨 처음일 것이다. 와세다대학 야구부로서는 1934년 12월 이래 첫 타이완 원정 시합이었다. 와세다대학과 맞서 싸우기 위해 조직된 전全 타이

---

37) 중일화평조약은 중화민국과 일본이 양국의 제2차 대전 전쟁 상태를 끝내기 위해 체결한 조약이다. 달리 타이베이 화약臺北和約으로도 불렸다. 일본에서는 일본과 중화민국과의 사이의 평화조약이라는 의미의 '일화日華조약'이라고 불렸다. 1952년 4월에 타이베이에서 조인되어 1952년 8월부터 정식 발효되었다.
38) 정식 명칭은 '젠카네보全鐘紡 경식硬式야구부'로 오사카에 본거지를 둔 사회인 야구팀으로 1968년에 해산했다.

완 야구팀에는 자이농림嘉義農林 야구부[39] 소속 선수로 전쟁 전 고시엔甲子園 대회[40]에도 출전했던 '타이완의 베이브 루스' 홍타이산洪太山도 포함되어 있었다. 그러나 전 타이완 야구팀은 와세다대학의 적수가 되지 못했다. 식민지 시대 대표적 인기 스포츠였던 야구가 대륙에서 건너온 국민당 정부하에서는 푸대접을 받으며 침체에 빠졌기 때문이었다. 이듬해 1954년에는 전 일본 선발 배구팀, 일본 대학 탁구팀이 타이완을 방문했고, 타이완에서는 농구 학생 선발팀이 일본을 방문하는 등, 이후로 일본·타이완 간의 스포츠 교류가 본격화되었다.

한국·일본 간의 교류는 양국 간의 사정을 반영해서 순조롭게는 진행되지 않았다. 1948년 한국 초대 대통령으로 선출된 이승만李承晩은 일본에 대해 냉담한 자세를 취했다. 한일 관계를 정상화하기 위해 양국 정부 간에 몇 차례 회담이 열렸으나 별다른 진전을 보지 못하고서 교착상태에 빠졌다. 1960년 이승만 대통령이 퇴진하고, 그 이듬해 박정희朴正熙 장군이 쿠데타로 정권을 잡고 나서 다시 한일 국교 정상화를 위한 협상이 재개되었고, 그 결

---

39) 일본 식민지 시대 타이완 자이嘉義농림학교(현재 국립 자이嘉義대학의 전신)의 야구부로 1931년에 타이완을 대표해서 제17회 고시엔 대회에 출전해서 준우승을 거둔 적이 있다.
40) 일본 간사이 지방의 효고兵庫현에 있는 야구장으로, 1915년부터 매년 이 구장에서 개최되는 전국고교야구대회를 일컫는 말이다.

과 1965년 6월 한일기본조약이 체결되었다.

그와 같은 상황 속에서 한일 간의 교류는 당초 국교가 없는 상황에서 추진되었다. 최초에는 한국 선수가 일본에서 개최되는 국제 대회에 참가하는 형식을 띠었다. 앞에서 언급했던 세계스피드스케이트선수권대회(1954년 1월)가 그 효시였다. 같은 해 3월에는 (스위스) 월드컵축구 아시아 지역 예선인 한일전이 일본에서 열렸다. 본래 홈 앤드 어웨이 방식으로 치러야 하는 예선전을 모두 일본에서 치렀던 것은 이승만 대통령이 일본 선수단의 한국 입국을 반대했기 때문이다. 그뿐 아니라 일본과의 대전 자체를 아예 반대하고 나섰다. 그는 대한축구협회 이사에게 '틀림없이 이길 수 있느냐'·'만일 시합에 패하면 현해탄[41])에 몸을 던져라'는 식으로 거듭 다짐한 뒤에야 비로소 허가를 내주었다. 결과적으로 한국은 1승1무로 월드컵 본선 출전권을 획득했다.[42])

1958년 9월 한국은행 여자농구선수팀이 일본을 방문한 것이 양국 간 교류의 물꼬를 텄다. 그렇다고 하더라

---

41) '대한해협大韓海峽'의 일본식 표현.

42) 1954년 스위스에서 열린 제5회 월드컵의 아시아 지역 예선에는 처음 한국·일본·중화민국이 출전했으나, 중화민국이 기권하면서 한국·일본만이 출전했고, 최초의 축구 한일전이 이루어지게 되었다. 예선을 통과했던 한국은 월드컵 본선에 진출한 최초의 아시아 국가가 되었다.

도판8. 이승만 대통령(앞줄 중앙)을 방문한
한국은행 여자농구팀(『한국농구 80년』 70쪽)

도 한편으로 1959년 1월 타이베이에서 열렸던 한국·일
본·타이완 친선 여자배구대회에서 한국의 경기京畿여자
대학 배구팀이 일본의 나카무라中村 클럽팀과 경기했다
는 이유[43]로 귀국하라는 명령을 받는 등, 양국 간 관계는
여전히 불안정했다.

일본 선수가 한국에 처음으로 발을 들였던 것은 이승
만 대통령이 퇴진한 후인 1960년 11월 월드컵 축구 예선

---

43) 국제배구연맹(FIVB, Fédération Internationale de Volleyball)이 주최하는 세계여자배구
선수권대회는 1952년부터 시작되어 4년 주기로 FIVB 가맹국의 여자배구팀이 참가하
는 방식으로 개최되고 있었다. 때마침 1959년 10월에 한국·타이완이 FIVB에 정식 가
입했고, 이를 기념하기 위해 타이베이에서 3국이 참가하는 친선경기대회가 개최되었
던 것으로 추정된다. 그런데 기록에 나타나는 이 당시 한국 여자대학 배구팀은 이화여
대·숙명여대·수도사대·경기대 등이 있는데, 배구 명문교 경기대는 1959년 무렵에는
경기초급대학(남녀공학)으로서 1950년부터 배구부를 창설·운영했다고 한다. 이러한 학
교사學校史의 기록에 근거하면, 이 책의 저자가 인용하는 한국의 '경기여자대학' 배구팀
은 아마도 경기초급대학의 여자배구팀을 지칭했을 가능성이 있다. 2016년 대한배구협
회가 간행한 『한국배구 100년:1926~2016』에도 이와 관련된 기술이 없으므로, 현재로
서는 분명한 사실을 확인할 자료가 없다.

전[44] 때였다. 이번에는 한국 측에서 예선 1차전을 서울에서 열겠다고 제의했는데, 시합 직전에 임박해서 돌연 한국 문교부가 경기 중지 명령을 내렸다. 그 이유는 '(일본이) 재일교포 북한 송환 협정을 1년 더 연장한 조치로 한국의 국민감정이 악화된 탓에 경기장에 일장기를 게양하거나 일본 국가를 연주하게 되면 예기치 못한 불상사가 발생할 우려가 있기' 때문이라는 것이었다. 이 결정에 대해 한국 국내에서도 격렬한 항의가 빗발쳤던 탓에 정부는 결국 문교부의 결정을 뒤집고서 시합을 허가했으나, 일장기 게양과 국가 연주는 하지 않도록 권고했다. 다케노고시 시게마루竹腰重丸 단장이 인솔했던 일본 대표팀은 11월 3일에 서울에 들어와 시합을 했고, 이후 한국과 모두 2경기를 치렀으나 1무1패의 성적으로 예선에서 탈락하고 말았다.[45] 이해에는 뒤이어서 리카RICCAR[46] 여자 농구팀이 방한했다.

이렇게 1953년 타이완, 1960년 한국과의 양국 간 교류

---

44) 11월 6일 칠레월드컵 아시아 지역 예선 1차전이 서울 효창운동장에서 열렸고, 한국이 일본을 2:1로 이김으로써 국내에서 치른 첫 한일전을 승리로 장식했다. 다음 해 1961년 11월 6일 도쿄에서 열린 2차전에서도 한국이 2:0으로 승리를 거두었다.

45) 일본을 이기고 아시아 지역 예선을 통과했던 한국은 본선 진출을 위한 대륙 간 플레이오프 시합에서 유고슬라비아에게 패함으로써 1962년 칠레월드컵 본선에는 결국 진출하지 못했다.

46) 일본의 가정용 재봉틀 브랜드로 '리카RICCAR주식회사'는 육상부를 비롯한 실업단 스포츠에 많은 힘을 쏟았던 것으로 알려져 있다.

가 본격적으로 시작되었으나, 중국과의 교류는 중국 쪽 정치 정세의 영향으로 인해서 파행적으로 진행되었다.

제1차 중일 교류 — 외교와 스포츠

　1956년 3월 29일 제23회 세계탁구선수권대회〔도쿄〕에 출전하는 중국 선수단이 일본에 도착했다. 전후에 중국 스포츠 선수가 일본에 온 것은 이때가 처음이었다. 중국 에서는 1952년에 탁구 국가대표팀〔國家隊〕이 결성되어 이 듬해 루마니아 부카레스트Bucharest에서 열렸던 세계선 수권 대회에 출전했고, 이것이 2번째 세계선수권 출전이 었다.

　중국 선수단장 룽가오탕은 일본탁구협회〔JTTA, Japan Table Tennis Association〕에게 일본 선수를 중국에 초청하고 싶다고 제의했다. 룽가오탕 자신은 '개인적 제의'라고 했 으나 그럴 리는 없었고, 당연히 ACSF로부터의 지시였다. 비용·비자 문제가 여의치 않을 것으로 보았던 일본 측은 중국의 갑작스런 제안에 당황했다. 시합 전주인 3월 23일 갓 설립된 일중문화교류협회는 룽가오탕 단장과 천셴陳

先 부단장을 초청해서 일본 스포츠 관계자와의 간담회를 주선했다. JASA에서는 아즈마 료타로·다바타 마사지·모리타 시게토시森田重利(JASA 국제부장)가 참석, 양국 간의 스포츠 교류를 활성화해 가기로 상호 간에 확약했다.

중국·일본 교류에 제일 앞장섰던 종목은 아이스하키였다(표4). 일본아이스하키연맹JIHF은 1957년 2월 소련 모스크바에서 개최되는 세계선수권대회에 참가하는 도중에 중국에서 시합을 하자고 ACSF에 제안했다. 오니쿠라 히로키鬼鞍弘起 단장에 따르면 중국 방문 목적은 '여비 마련'이었다. 대회가 열리는 소련 영내에서의 경비는 소련에게서 지급받았지만 사실은 소련까지 가야 하는 여비가 모자랐던 것이다. 일행은 1월 17일 베이징에 도착해 베이징·선양·창춘·하얼빈에서 시합을 벌였고, 모두 대승을 거두었다. 베이징에서는 전후에 최초로 일장기가 게양되어 중국 거주 일본인들은 눈물을 흘렸다. 아이스하키 선수단의 소련 원정은 일본·소련 간의 국교 회복[1956년 10월]이라는 배경하에 이루어졌으나, 중국과의 교류에 있어서는 '일본 정부는 결코 좋게 생각하지 않았다'고 전해진다.

아이스하키팀이 베이징을 방문하기 직전에 사회당 다

하라 하루지田原春次 의원이 일본·중국·체코슬로바키아 삼각무역에 관한 합의를 보기 위해 베이징에 와 있었다. 다하라 의원은 중국 체육 당국자와 회담을 갖고, 아이스하키·탁구·농구·역도·수영 종목 교류에 대해서도 중국 측과 합의했다.

5월 마쓰자와 잇가쿠松澤一鶴(JASA 감사)를 단장, 구리모토 요시히코栗本義彦(JASA 이사)·오다 미키오織田幹雄(일본육상연맹 상무이사)·다케노고시 시게루(JASA 이사, 축구협회 이사장)·가노코 기타케히코鹿子木健日子(농구협회 참여)·무라오카 규헤村岡久平(일중우호협회)를 단원으로 하는 일본 스포츠 대표단이 ACSF 초청으로 중국을 방문했다. 베이징에서는 룽가오탕·둥슈이 등 중국 측 스포츠 인사들과 협의해 3개 항목의 각서를 교환했다. 각서의 내용은 일본·중국 간의 스포츠 교류를 활성화하며, 교류 시에는 관련 단체들끼리 직접 연락을 취하며(당분간은 JASA와 ACSF의 동의가 필요함), 경비는 호혜 평등의 원칙에 따라 처리한다는 것으로, 정치적 내용은 포함되지 않았다.

6월에는 와세다대학 수영부와 여자배구팀이 방중했다. 멜버른올림픽에 출전했던 야마나카 쓰요시山中毅와 고가 마나부古賀學가 연습을 시작하자 중국 측은 물안경을 쓰고서 수영장 바닥에서 그들이 수영하는 모습을 관찰했다. 와세다대학 팀은 각지를 이동하는 기간에도 질문 공세에 시달렸다. 일본은 자유형 종목에서는 앞섰지만, 중국은 평영에서 뛰어난 실력을 선보였다. 와세다대학 야스이 도시오安井俊雄 감독이 실력을 높이 평가했던 치리에윈戚烈雲은 그보다 한 달 앞선 시기에 100m 평영 종목에서 세계신기록을 갱신했었다.

여자배구팀을 이끌었던 사토 겐키치佐藤賢吉는 과거에 만주에서 활약했던 선수였다. 베이징에서는 6인제로 시합을 벌여 일본팀이 대패했다. 왜냐 하면 당시 일본에서는 9인제 경기가 주류로, 이때는 기실 중국에게서 '6인제 방식을 전수받는' 실정이었다. 그로부터 불과 5년 만에 일본 여자배구는 세계선수권을 제패하게 된다. 일본이 중국에게서 얻은 것이 많았던 것이다.

이해의 마지막 방중 선수단은 다케노고시 시게루가 인솔했던 축구팀이었다. 첫 시합은 베이징 센능탄先農壇 경기장에서 81팀(중국인민해방군)[47]과 대전했으나 0:2로 패했다. 이 시합은 저우언라이 총리와 허룽賀龍 부총리 등도

47) 정식 명칭은 '중국인민해방군 81축구클럽八一足球俱樂部'으로, '81'은 인민해방군이 창건된 건군절建軍節인 8월 1일에서 유래된 명칭이다. 1951년에 창단된 이래 중국에서 가장 오랜 역사를 지닌 축구팀이었으나, 2003년에 해산되었다.

도판9. 저우언라이 총리와 허룽 부수상이 일본 축구대표를 환영하는 모습. 왼쪽부터 허룽, 저우언라이(『신체육新體育』1957년 22호)

참석해 관전을 했을 정도였다. 방문 기간 동안 일본팀이 거둔 성적은 2승4패1무였다.

중국은 건국 이래 국제 스포츠계 참여를 적극적으로 추진했으나, '향소向蘇 일변도'[48] 외교정책을 반영하듯이 어디까지나 소련·동구권과의 스포츠 교류가 주류였다. 소련·동구권 이외 지역과의 교류가 본격적으로 시작된 것은 바로 이해부터였다. 이 시기 일본·중국 간에는 '차곡차곡 쌓아 올리는 방식'의 문화·경제 교류가 진행되었

---

48) 중화인민공화국이 건국 이래 1950년대 초반까지 유지했던 외교의 기본 방침. 단순히 소련과 동맹을 맺는다는 차원에 그치지 않고, 공산권을 지지하고 제국주의와 미국 주도의 서방 진영에 대항한다는 의미를 지니고 있다. 그러나 1950년대 후반부터 중국·소련 사이에 상호 비판과 의견 불일치가 생겨나면서, 양국 관계는 차츰 대립하는 관계로 변화해 갔다.

표4. 중일 스포츠 교류(1956~1966)

연월	단체·대회	경기종목	방문
1956.4	세계선수권(도쿄)	탁구	중국→일본
1957.1	일본 아이스하키단	아이스하키	일본→중국
1957.5	일본 스포츠 대표단		일본→중국
1957.6	여자배구 일본 대표	배구	일본→중국
1957.6	와세다대학 수영팀	수영	일본→중국
1957.7	일본 역도팀	역도	일본→중국
1957.10	일본 축구팀	축구	일본→중국
1961.4	세계선수권(베이징)	탁구	일본→중국
1961.4	가와모토 노부마사, 모쿠다이 데쓰오 방중		일본→중국
1962.6	일본 탁구팀	탁구	일본→중국
1962.1	중국 탁구팀	탁구	중국→일본
1963.2	세계선수권(가루이자와)	스케이트	중국→일본
1963.8	일본 배구팀	배구	일본→중국
1964.3	중국 배구팀	배구	중국→일본
1964.5	중국 탁구팀	탁구	중국→일본
1964.5	가와사키 히데지 방중		일본→중국
1964.1	일본 탁구팀	탁구	일본→중국
1964.11	니치보가이즈카貝塚팀	배구	일본→중국
1965.4	일본 남자핸드볼 대표단	핸드볼	일본→중국
1965.4	다이마쓰 히로부미大松博文 방중	배구	일본→중국
1965.7	일본 탁구팀 대표단	탁구	일본→중국
1965.7	일본 스포츠 사절단		일본→중국
1965.9	다이마쓰 히로부미 방중	배구	일본→중국
1965.1	중국 체육 방일 대표단		중국→일본
1965.11	일본 배구 대표단	배구	일본→중국
1966.1	스피드스케이트 선수단	스케이트	일본→중국
1966.3	와세다대학 니치보히라노平野팀	농구	일본→중국
1966.3	중국 배구 방일 대표단	배구	중국→일본
1966.5	중국 탁구 대표단	탁구	중국→일본
1966.6	일본 스포츠 방중 대표단		일본→중국
1966.7	일본아마추어사이클연맹 대표단	사이클	일본→중국
1966.7	요코하마시 소년축구팀 대표단	축구	일본→중국
1966.8	일본 탁구팀 대표단	탁구	일본→중국
1966.8	일본 테니스 대표단	테니스	일본→중국
1966.8	하치다 이치로八田一朗 방중		일본→중국
1966.9	중국 핸드볼 선수단	핸드볼	중국→일본
1966.1	일본 레슬링 대표단	레슬링	일본→중국

는데, 스포츠 또한 그러한 흐름을 이었던 것이다. 그러던 도중 1958년에 교류가 갑자기 중단되어 버렸다. 직접적 계기는 5월에 발생했던 '나가사키長崎 국기 사건'(우익 청년이 게양된 중국의 오성홍기를 끌어내려 훼손했던 사건으로 재나가사키 타이완영사관이 관여했었다)의 영향으로, 이에 크게 반발한 중국이 일방적으로 스포츠 교류의 중단을 통보해 버렸던 것이다.

이러한 조치의 배후에는 중국 외교정책 전환이 있었다. 스탈린 사후 소련은 미국과의 평화공존을 중시했으나 중국은 변함없이 대미 강경 노선을 견지함으로써, 중소 양국의 대립은 마오쩌둥毛澤東이 참석했던 1957년 11월의 러시아혁명 40주년 기념식을 계기로 표면화되었다.[49] 소련을 향한 대항 의식도 하나의 요인으로 작용해 중국 국내에서는 대약진운동[50]이 시작되었다. 중국의 대

---

49) 1957년 러시아를 방문했던 마오쩌둥은 11월 17일 모스크바대학에 유학 중이던 중국 학생과의 면담에서 '동풍이 서풍을 제압한다'고 말하면서 소련의 서방에 대한 평화공존 노선을 강력하게 반대했고, 중국은 이를 계기로 소련과의 이념 논쟁을 시작해 점차 '중소논쟁'으로까지 발전하게 되었다. 이는 대체로 1960년을 전후해 공산주의 이념과 국제공산주의운동의 원칙을 두고서 양국 간에 벌어진 논쟁으로, 소련의 평화공존 노선에 대해 중국은 이를 수정주의로 비판하며 강력히 맞섰다.

50) 1958~1962년에 걸쳐서 마오쩌둥이 단기간에 중국을 공산주의 사회로 개혁하는 것을 목표로 삼아, 철강·곡물 증산을 포함한 농업·산업 생산량을 급격히 늘리고자 벌였던 경제·사회·정치 운동을 말한다. 그러나 결과적으로 수백만 명의 중국인이 사망하고 커다란 정치적 혼란이 일어나는 등 운동은 참담한 실패로 끝나고 말았다.

미 강경 노선은 1958년 8월의 제2차 타이완해협 위기[51)
로 현실화되었다. 앞서 언급했듯이 같은 달에 중국이 '미
제국주의의 앞잡이' 브런디지가 이끄는 IOC와의 관계를
단절했던 조치도 중국의 그와 같은 대미 강경 노선의 일
환으로 파악할 수 있다. IOC 탈퇴 후에 ACSF 장롄화張聯
華 비서장은 '국제 스포츠계에서 중국의 친구들과는 종
전대로 우호적 접촉을 강화하기를 희망하고 있다'고 발
언했는데, 사실상 그 후에도 소련·동구권을 중심으로 한
스포츠 교류는 계속되었지만[표5], 한편으로 일본과의 교
류는 사실상 단절되고 말았다.

제2차 중일 교류 ― 확대와 거듭되는 중단

대약진운동이 실패로 끝나고 중소 대립이 격화되는 가
운데 중국은 외교정책을 부득이하게 수정해야만 했다.
1960년 8월 저우언라이 총리가 대일 무역 3원칙을 제시
함으로써 정경분리를 원칙으로 하는 중일 무역[이른바 'LT

---

51) 제1차 타이완해협 위기[1954~1955]와 제2차 타이완해협 위기[1958]로 나뉜다.

무역[52])이 재개되었으며, 이와 병행하여 우호상사友好商社를 통한 이른바 '우호무역'이 실시되었다. 이러한 우호상사 중의 하나로 가네마쓰 고쇼兼松江商 주식회사가 있었다. 로스앤젤레스올림픽[1932년] 수영 금메달리스트였던 기요카와 마사지淸川正二[53]는 당시 이 회사 사원이었다가 이후 1976년에 사장으로 취임한다. 훗날 기요카와가 IOC 부위원장으로서 중국의 IOC 복귀에 힘썼던 일은 결코 우연이 아니었다.

1960년 12월 스포츠 교류 또한 경제 교류보다 조금 뒤늦게 재개되었고, 중국 측에서 스포츠 시찰단을 중국으로 초청하겠다는 연락이 일중문화교류협회에 전해졌다. 이듬해 1961년 4월 가와모토 노부마사川本信正[스포츠 평론가]와 모쿠다이 데쓰오杢代哲雄[올림픽청년협의회 이사장]가 중국을 방문해, 중국 관계자와 스포츠 교류를 재개하는 일에 합의했다. 구체적으로는 중국이 농구·체조를, 일본

---

52) 일본의 초대 경제기획청 장관을 역임한 재계 인사 다카사키 다쓰노스케高碕達之助가 1962년 중국을 방문해서, 중국의 대일 교섭 창구인 랴오청즈廖承志와 회담하고 나서 이른바 '중일종합무역'에 관한 각서에 조인했는데, 이후 이루어진 중일 무역을 두 사람 이름의 머리글자를 따서 'LT무역'이라고 불렀다.

53) 1913~1999. 일본의 스포츠 행정가. 일본을 대표하는 수영선수였던 그는 1969년에 IOC 위원이 되었고, 1975~1989년 기간에 IOC 집행위원회의 멤버였으며, 1979~1983년 기간 동안 아시아인으로서는 최초로 IOC 부위원장을 역임했다. 일본이 1980년 모스크바올림픽을 보이콧했을 당시에 IOC 부위원장 겸 JOC 이사로 있었으며, 나고야가 1988년 올림픽 유치를 신청할 당시에 주요한 역할을 맡기도 했다.

이 축구 및 체육 담당 간부를 각각 초대하기로 했고, 중국이 IF에 미가입한 종목은 친선경기 형태로 교류하기로 하였다.

가와모토 일행이 베이징을 방문한 시기에 때마침 제26회 세계탁구선수권대회가 개최되었던 관계로, 일본 탁구팀이 처음으로 중국에 와서 시합을 치르고 있었다. 남자 단체 5연패를 노리던 일본팀은 결승에서 중국에게 패했다. 이로써 일본 탁구의 황금기가 끝나고 뒤이어 중국 탁구의 전성기가 시작되었다.[54]

쌍방이 스포츠 교류를 재개하기로 확약했으나 곧바로 난관에 봉착하고 말았다. 5월 FIFA가 중국과의 시합에 제동을 걸고 나섰다. 중국은 일본에게 '중국이 IF에 가입하지 않았지만 용기를 내서 교류를 추진해 달라'고 요청했으나 일본은 IOC와 IF의 눈치를 보는 편이었다. 한편 중국과 교류하려고 안달하는 일본의 태도에 대해서 타이완도 불쾌한 기색이 역력했다. 결국 예정된 교류는 하나도 실현되지 못한 채 1961년도는 끝나고 말았다.

1962년 2월 일본육상연맹(JAAF, Japan Association of

---

54) 흔히 1950년대는 일본 남녀 탁구가 세계에 군림했던 시기로 불렸으나, 1961년을 분기점으로 중국 탁구에게 밀리기 시작했다.

Athletics Federations)은 국제연맹의 지시로 중국과의 교류를 중단하기로 결정했다. 결국 기존에 중국이 IF에 가입했던 탁구·배구·스케이트 3종목만 교류를 이어갔다.

1964년은 도쿄올림픽 개최 년으로, 일본은 중국의 올림픽 참가를 촉구했지만 중국은 이에 응하지 않았고, 오히려 아랍 국가들이 도쿄올림픽을 보이콧하는 성명을 발표하자 이를 지지하고 나섰다. 중국의 각 신문은 도쿄올림픽 개막을 보도하는 대신에 올림픽을 보이콧한 북한·인도네시아 등의 항의를 지지하는 취지의 사설을 게재했다. 중국에게 올림픽은 '미 제국주의의 앞잡이 브런디지에게 지배당하고, 신흥국의 인민을 억압하며, 「두 개의 중국」 또는 「하나의 중국과 하나의 타이완」을 조장하는 미 제국주의의 정치적 도구'와 진배없었다. 다음 절에서 상세히 논하겠지만, 때마침 중국은 반反올림픽 운동인 신흥국경기대회(가네포GANEFO)를 주도하던 입장이었으므로, 굳이 도쿄올림픽에 참가할 이유가 없었던 것이다. 뿐만 아니라 중국은 도쿄올림픽이 한창이던 10월 16일에 최초의 핵실험에 성공을 거둠으로써, '평화의 제전'에 강력한 견제구를 날렸다.[55]

---

55) 중국은 건국 이래로 핵 기술 및 우주 관련 기술의 동시 개발을 추진하는 '양탄일성

1965년이 되어서도 교류 확대는 이루어지지 않았으나, 향후 동향과 연결되는 몇 가지 주목할 만한 움직임이 나타났다. 우선 다이마쓰 히로부미大松博文[56]가 저우언라이 총리의 초청으로 2차례 중국을 방문해서 배구팀을 지도했던 사실도 눈길을 끌지만, 중일 교류 관점에서 중요한 사실은 양국의 스포츠계 임원들이 상호 간에 방문을 했다는 점이다.

5월에 방중했던 일본핸드볼협회 다카시마 기요시高島淸理 이사장은 ACSF 장롄화 비서장과 회담하면서, 스피드스케이트·축구·농구 및 스포츠 임원 교류에 대해 의견을 나눴다. 당시까지 실적이 없었던 경기 종목에서도 양국 사이에 교류가 시작된 것이었다. 7월 호사카 슈스케保坂周助〔JASA 이사. 가나가와현 체육협회〕·다케노고시 시게루·야마구치 히사타山口久太〔JASA 이사, 지바현 체육협회〕·마키야마 요시히데牧山圭秀〔일본농구협회 상임이사〕 등 4명이 방

兩彈─星' 프로젝트를 추진했는데, '양탄兩彈'은 원자폭탄(수소폭탄)과 대륙간탄도미사일〔ICBM〕, '일성─星'은 인공위성을 가리킨다. 지속적인 기술 개발의 결과 1964년에 최초의 원폭 실험, 뒤이어 1967년에 최초의 수폭 실험을 성공시켰다. 우주 개발 방면에서는 1970년에 최초의 인공위성 둥팡훙東方紅 1호 발사에 성공했고, 1971년에는 최초의 ICBM인 둥펑東風 5호를 성공리에 발사했다.

56) 1921~1978. 일본의 배구 지도자·정치가. 체육인으로 1기 참의원을 역임했다. 니치보 가이즈카日紡貝塚 여자배구팀 감독 시절 258연승의 대기록을 세웠고, 이어서 도쿄 올림픽에서 금메달을 획득하며 국제적으로 '동양의 마녀Oriental Witches'로 불렸던 일본 여자배구팀을 이끌었던 일로 유명하다.

중했고, 10월에는 장롄화를 단장으로 하는 중국 체육 대표단이 일본에 왔다. 중국 측이 '전 종목의 전면적 교류'를 희망하며 일본에서 스케이트·탁구·사이클팀을 중국에, 중국에서는 배구팀이 일본에 원정하기로 결정했고, 농구·핸드볼·배드민턴·축구에서도 교류 계획이 추진되었다. 대표단 일행은 일본 기후현岐阜縣에서 개최된 국민체육대회[57] 개막식을 참관했는데, 때마침 IOC 브런디지 위원장도 개막식에 와 있는 바람에 분위기가 어색했다고 한다. 도쿄올림픽 다음 해에 열린 기후 국민체육대회에서는 이른바 '기후 방식'으로 일컬어지는 선수 강화책으로 성적 향상을 꾀하고, '일왕폐하 만세삼창'을 프로그램으로 채택했으며, 수많은 인원을 동원해 매스게임 등에 참가시키는 한편 경기 시설과 도로 정비에 막대한 세금을 투입하는 등 이후의 국민체육대회 모델을 구축했다고 일컬어지고 있다. 중국 대표단이 그 같은 '강력한 조직력에 깊은 감명'을 받은 것은 당연지사라 하겠다. 한편 브런디지 위원장은 그러한 국민체육대회에서 '일본의 방방곡곡까지 올림픽 정신이 스며들고 있다'는 사실을 발견

---

57) 일본에서 매년 개최되는 최대·최고의 국민 스포츠 제전. 전후 혼란기였던 1946년에 시작되어 기후에서는 1965년에 처음 개최되었다.

했다.

이렇게 해서 중일 스포츠 교류는 1966년도에 이르러 활짝 꽃을 피웠다. 농구·사이클·축구·레슬링 등 다양한 종목에서 상호 교류가 이루어졌다. IF가 미가맹국과의 교류를 엄금했던 육상·수영 종목에서도 진전을 보았다. 6월말 일본육상연맹·수영연맹의 간부들이 중국을 방문했다. 일행은 육상연맹 고노 겐조河野謙三 회장·아오키 한지青木半治 이사장과 수영연맹 다바타 마사지 명예회장·오쿠노 료奧野良 회장 등이었다. 고노 회장은 중국과의 교류에 다음과 같은 2가지 의미를 발견했다. ①이웃나라와는 친선을 도모해야 하는데, 교류 수단으로 스포츠가 적합하다. ②일본 스포츠를 발전시키기 위해서라도 가까이에 강력한 경쟁자가 있어야 한다. 다른 한편으로 다바타 회장은 '중국을 고립시켜서는 국제 스포츠 갈등은 해결될 수 없다'고 생각해 '국제' 스포츠계가 중국을 다시금 포용할 방법을 모색했다. 중일 대표는 기록교환 통신경기회通信競技會〔각자 경기대회를 개최하여 기록을 서로 간에 통지함〕[58] 및 합동연습회를 개최하는 것에 의견 일치를 보

---

58) 상호 간에 통보된 경기 결과를 정해진 기준대로 점수화해서 순위를 정하는 것을 가리킨다.

았다. 교류가 이렇듯 변칙적으로 이루어졌던 이유는 국제육상연맹IAAF·국제수영연맹FINA이 미가입국과의 경기를 인정하지 않았기 때문이다. 일본 측은 이와 같은 IF 규정이 양국 간의 스포츠 교류에 방해물이 된다고 판단해 해당 규정 개정에 노력할 것을 약속했다.

일본 참의원 부의장이었던 고노는 귀국 후 사토 에이사쿠佐藤榮作 총리를 찾아가, 스포츠 교류가 미국·소련의 국교 정상화 요인이 되었던 사례를 들어서 '일중 국교 정상화를 위해서도 우선 스포츠 교류를 추진하는 일이 바람직하다'고 건의했다. 사토 에이사쿠 정권은 친미·친타이완 성향으로 알려져서, 베이징에서 고노가 저우언라이 총리와 만났을 때 그가 사토를 비난한 일도 그런 맥락에서였다. 그러나 사토 총리는 미일무역경제합동위원회 〔US-Japan Joint Committee on Trade and Economic Problems〕를 둘러싸고 벌어진 대미 교섭에서 중국을 봉쇄하려는 미국에 대해 정치·경제를 분리하고, 일중 무역 확대를 통해 중국을 고립 상태에서 공존의 길로 끌어내리려고 노력했다. 그렇다면 사토 총리는 스포츠를 통한 교류 확대에도 굳이 반대하지는 않았을 것이다.

이리하여 수영·육상 두 경기에서도 중국과 교류할 길

이 열려 1966년 9월에는 중국의 핸드볼팀이 일본에 왔고, 10월에는 일본의 레슬링팀이 중국에 갔다. 게다가 1967년 봄에는 육상통신경기회를 거행하기로 합의했다. 그러나 교류는 끝내 실현되지 않았다. 이미 문화대혁명이 시작되었기 때문이다.[59] 1967년 1월 일본에서 일중 대항 스케이트 경기가 예정되어 있었으나 중국과의 연락이 끊겨 부득이 중지되고 말았다. 비슷한 시기 육상연맹 오시마 겐키치大島鎌吉, 수영연맹 후루하시 히로노신 등의 방중도 어쩔 수 없이 연기되었다. 2월에 중국 측에서 중일 문화 교류를 중단한다는 통보가 있었고, 이후 1970년에 이르기까지 중국은 국제 스포츠 무대에서 자취를 감추어 버렸다.

중국은 고립되어 있었나

문화대혁명 기간 중 일본 스포츠 관계자는 중국이 국제 스포츠계에서 철저히 고립된 것으로 파악했다. 예를

---

59) 1966년부터 시작된 문화대혁명 기간 중에 중국 스포츠계 인사들은, 마오쩌둥의 정적이었던 국가주석 류사오치劉少奇파로 간주되었기 때문에 박해를 입게 되었다.

들어 고노 겐조 회장은 방중 후에 중국 스포츠에 대해 이렇게 말하고 있다.

"현재 중국은 마오쩌둥 사상이라는 종교에 따라 움직이고 있는데 신앙 단체라는 것은 아무래도 배타적이 되기 쉽습니다. 자신들이 믿는 종교가 아니면 종교가 아니라고 말하는 것처럼 말이죠, …… 그것이 외교상으로도 나타난다고 생각합니다. 그래서 지금의 중국은 어느 나라도 상대해 주지 않습니다. 스포츠계에서도 마찬가지입니다. …… 이대로라면 중국은 스포츠계에서도 고립되고 말 것입니다. …… 세계 스포츠계가 좀 더 넓은 아량으로 중국을 봐 주는 것, 그리고 중국 스포츠계의 자기반성, 이런 것들이 세계 평화로 이어지는 길일는지도 모릅니다."

(「중국은 일본의 이웃, 일중 스포츠 교류를 권장하는 고노 겐조 씨가 큰 목소리로 말하다」『육상경기 매거진』 16권 15호, 1966년 12월 20일)

'마오쩌둥의 스포츠를 말한다'라는 좌담회에서는 스포츠 평론가 가와모토 노부마사와 마이니치신문 운동부 야노 히로카즈矢野博一와의 사이에서 다음과 같은 질의응답이 이루어졌다.

"야마모토: 곤란한 상황은 중국이 미국·소련과 사이가
틀어졌고 국제적으로 봉쇄된 상태라는 점입니다. 이 상
황이 언제쯤 해소될까요. 이런 쪽도 중국 스포츠의 장래
와 관련해 문제가 될 것입니다. 아무래도 국제 교류에
힘쓰지 않으면 성장하지 않는 경기 종목도 있으니까요.
　야노: 결국 돌파구는 일본밖에 없다는 결론이 내려지
네요.
　야마모토: 바로 그 점에 일중 스포츠 교류의 의의가 있
다고 할 수 있습니다."

「마오쩌둥의 스포츠를 말한다」『육상경기 매거진』 16권 15호, 1966년
12월 20일)

그들의 상황 인식은 틀리지 않았다. 종래의 반미 노선
에 더해 1960년대에는 소련과도 대립이 심화되는 와중
에 중국은 AA〔아시아·아프리카〕 국가와의 교류에서 활로를
모색했다. 그러한 시도의 일환이 다음 절에 다루게 될 신
흥국경기대회〔가네포GANEFO〕였다. 그러나 동맹국 인도네

시아가 국내 정변[60]의 여파로 이반해 버렸고, 중국이 추진하던 AA회의도 무산되는[61] 등, 문화대혁명을 앞두었던 시기에 중국의 국제적 고립은 더욱 심화되어 갔다.

그러나 중국 측의 시각은 달랐다. ACSF의 장롄화 비서장은 '금년도만 예를 들어도 올여름에 80회의 국제 교류를 실시했다. 그뿐만 아니라 중국은 세계 60개국 이상의 나라와 수시로 스포츠 교류를 행하고 있으며, 올림픽에 출전치 않아도 전혀 문제될 것이 없다'라고 발언하고 있었다. 표5를 살펴보면 그러한 견해가 결코 잘못된 것이 아님을 알 수 있게 한다.

---

60) 1965년 9월 30일 심야에 일어났던, 인도네시아 국군 내부의 친공親共 세력에 의한 쿠데타 미수 사건(9·30사건)을 말한다. 인도네시아에서 이 사건은 공식적으로 'G30S'(Gerakan 30 September)/PKI(Partai Komunis Indonesia), 곧 '인도네시아 공산당이 일으킨 9월 30일 운동'으로 불리고 있다. 이 사건의 진상은 현재까지도 여전히 오리무중이지만, 사건을 신속하게 진압했던 육군 장성 수하르토Suharto의 주도하에 공산당 세력에 대한 가혹한 토벌이 행해졌고, 그로 인해 공산당 조직은 와해되었다. 인도네시아 각 지역에서 공산주의자로 처형·살해당했던 이들이 50만 내지 100만 명에 이른다고 알려져 있다. 9·30사건과 관련해서 인도네시아 공산당 배후에 중국 정부가 있다고 의심했던 인도네시아는 1967년 10월에 중국대사관 폐쇄 및 외교관을 철수할 것을 통지했다. 이로써 수카르노Soekarno 정권 시절 동맹으로까지 일컬어졌던 양국 관계는 단절되었고, 수카르노의 몰락에 뒤이어 등장한 수하르토 정권은 이후에 철저한 반공·반중 노선으로 돌아서게 되었다.
61) 중국이 인도, 인도네시아와 손잡고 주도적으로 추진했던 아시아·아프리카회의(AA회의)는 1955년 4월 인도네시아 반둥에서 제1회 AA회의(반둥회의)를 개최함으로써 커다란 결실을 맺었다. 그러나 반둥회의로부터 10년째 되는 해인 1965년 6월 아프리카 알제리 수도 알제Alger에서 개최키로 예정되었던 제2회 AA회의는 회의 개최 직전(인도네시아 9·30사건 발생 3개월 전)에 발생한 쿠데타로 회의 자체가 무산되었다. 이로써 AA회의의 결속을 통해 외교적 고립에서 벗어나는 한편 UN을 대체할 새로운 국제기구인 신흥세력회의, 곧 코네포(CONEFO, Conference of the New Emerging Forces)를 결성하려던 중국의 야심찬 외교 전략은 물거품이 되고 말았다.

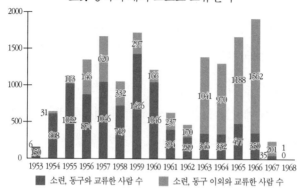

표5. 중국의 대외 스포츠 교류인 수

소련, 동구와 교류한 사람 수 ■ 소련, 동구 이외와 교류한 사람 수 ■

문제는 일본이 생각하는 '국제' 스포츠계와 중국이 생각하는 그것 사이에 상당한 인식의 차가 있었다는 사실이다. 중국이 언급하는 '국제' 스포츠계는 일본이 생각하는 경우보다 경기 수준이 상당히 낮았을 것으로 보인다. 그러한 점은 가네포(1963년)와 아시아 가네포(1966년)에서 중국이 압도적인 성적을 거두었다는 사실에서도 알 수 있다. 만일 중국이 좀 더 수준 높은 경기를 하고자 했다면 일본은 안성맞춤의 상대였을 것이다. 중일 교류에서 중국 측이 일본을 초청하는 사례가 많았다는 점도 그러한 중국 측 수요를 반영한 것이었다. 1957년에서 1966년 사이에 중국이 아시아 국가와의 사이에 행했던 2개국 간의 스포츠 교류는 총 244회에 달하는데, 최다 교류국은 일본으로 35회, 다음이 북한·북베트남으로 각각 32회에 이른다. 중국에게 있어 일본은 아시아에서 가장 중요한 교류 상대국이었다.

냉전으로 인한 분단 이후, 도쿄올림픽 전후 시기까지 동아시아에서는 2개국 간의 교류가 서서히 확립되었다. 자국 내에서 별다른 이견이 허용되지 않았던 중국·한국·타이완·북한과는 달리 일본 사회에서는 외교에 관해서도 자유로운 논의가 이루어져, 동아시아 국가들 대부분과 어떤 형태로든 연결 통로를 유지했던 편이었다. 정치학자 미야기 다이조宮城大藏는 전후 일본 외교와 관련해서 '아시아냐, 서구냐' 또는 '자유 진영이냐, 공산 진영이냐'의 이항 대립 사이에서 가교 역할을 맡는 일이야말로 일본 자신의 외교적 사명이라고 인식하고 있었다고 주장하는데, 이는 참으로 전후 아시아 스포츠계에서 일본이 맡았던 역할에 그대로 해당된다고 보아야 하겠다. 냉전의 장벽을 뛰어넘는 교류는 중일 간에만 이루어졌고, 게다가 극도로 불안정한 상태였음에도 불구하고, 이때 구축되었던 양국 간 연결 통로는 이윽고 1970년대 중국이 국제 스포츠계에 다시 복귀할 즈음에 중요한 밑거름이 되었다.

4. 아시아 스포츠계의 정치화
—— 신흥국경기대회GANEFO의 파문

제3회 아시안게임 — 도쿄올림픽 예행연습

　문화대혁명 이전에 중국이 일본과의 교류를 시작했던 것은 사실 훨씬 더 거대한 흐름의 한 부분에 불과했다. 이 시기에 중국은 적극적으로 제3세계 국가와의 관계 구축에 나섰으며, 그 목적은 미국·소련을 정점으로 하는 국제 질서를 뒤흔들려는 것이었다. 그러한 시도는 스포츠 세계에서는 신흥국경기대회, 곧 가네포GANEFO〔Games of the New Emerging Forces〕라는 형태로 나타나게 된다. 가네포 창설의 직접적 계기가 되었던 것은 제4회 아시안게임이었다.

　냉전이 진행됨에 따라 아시안게임은 자유주의국가의 대회라는 성격이 농후해졌다. 1951년 제1회 아시안게임〔인도 뉴델리New Delhi〕 참가국은 11개국이었으나, 3년 뒤 제2회 아시안게임〔필리핀 마닐라〕에서는 총 18개국으로 늘어났다. 새로 참가한 나라는 한국·이스라엘·파키스탄 등 친미 서방권 국가로, 분단국의 경우는 예외 없이 남측 =반공국가들〔한국·타이완·남베트남〕이 참가했다〔표6〕. 그러한 아시안게임의 지역 구도야말로 자유세계에 속해 있던 필

표6. 아시안게임 참가국(1951~1962)

참가국명	①1951	②1954	③1958	④1962
아프가니스탄	○	○	○	○
이란	○		○	
인도	○	○	○	○
인도네시아	○	○	○	○
싱가포르	○	○	○	○
실론	○	○	○	○
타이	○	○	○	○
일본	○	○	○	○
네팔	○		○	
버마	○	○	○	○
필리핀	○	○	○	○
이스라엘		○	○	
한국		○	○	○
캄보디아		○	○	○
북보르네오		○	○	○
타이완		○	○	
파키스탄		○	○	○
홍콩		○	○	○
말라야연방		○	○	○
남베트남		○	○	○
사라왁				○
참가국 수	11	18	16	12
참가자 수	489	970	1,820	1,460
경기 수	6	8	13	13

리핀에게는 '아시아'와 다름없었다.

제3회 아시안게임은 1958년 도쿄에서 개최되었다. 주최 측 일본은 아시안게임의 지역 구도를 바꾸어 보려는 노력을 거의 하지 않았다. 북한이 대회 참가를 희망했을 때 조직위원회는 북한이 IOC 미가입국이라는 이유로 냉담한 반응을 나타냈다. 반면 중국에 대해서는 초청장을 보내는 등 적극적인 유치 노력을 기울였다(중국은 아직 IOC와 관계를 단절하지 않고 있었다). 중국 측은 타이완과 단일팀을 결성해 참가하겠다고 일본에 역제안을 해 왔으나, 타이완이 그러한 제안에 결코 응할 리가 없었으므로 보기 좋게 거절을 했던 셈이다. 그러나 1964년 도쿄올림픽에서의 일본의 대응은 그와는 전혀 반대였다. 1958년 8월에 IOC와 관계를 끊었던 중국에게는 적극적인 유치 노력을 하지 않았던 반면에, 다음 제5절에서 상세히 다룰 여러 경위로 말미암아 IOC 가입이 잠정 승인되었던 북한의 참가에는 최후의 순간까지도 노력을 아끼지 않았다. 요컨대 일본의 대응은 IOC가 정한 틀 안에서 민족·정치·종교 등의 차별을 인정치 않는 올림픽 정신을 실천하는 것이었다. 그러한 일본의 자세는 1957년 기시 노부스케 내각이 천명했던 외교 3원칙, 곧 'UN 중심'·'자유주의국가와의 협력'·'아시아의 일원이라는 입장 견지'라는 방침을 기본으로 삼아 그대로 모방한 것이었다.

그런데 아시안게임은 주최국 일본의 최종 목표가 아니었고 도쿄올림픽이야말로 그들이 진정 지향하는 목표였다. 아시안게임 기간에 아시아 최초의 IOC 총회를 도쿄에 유치했던 이유도 바로 그 때문이었다. 도쿄 아시안게임 참가국 수는 이전 대회보다 약간 줄었으나, 경기 수는 8종목에서 13종목으로 늘었으며 참가 선수도 970명에서 1,820명으로 거의 2배 정도 증가했다. 규모는 멜버른올림픽[67개국, 3,178명]에 못 미쳤지만 '도쿄 아시안게임이 멜버른올림픽 다음에 열려서 다행이다'라고 솔직히 토로했던 멜버른올림픽 조직위원장의 발언에서 보듯이, 기술·조직 수준에서 이전 올림픽에 결코 뒤지지 않았다. 도쿄 아시안게임은 일본이 올림픽을 훌륭하게 개최할 수 있음을 세계에 과시했던 것이다. 도쿄가 1964년 올림픽 개최지로 선정된 것은 그로부터 1년 뒤의 일이었다.

이렇듯 도쿄 아시안게임을 올림픽 수준으로, 게다가 올림픽 정신에 충실한 형태로 치렀던 경험은 일본 정부와 국민에게 올림픽에 대한 일종의 환상을 심어 주는 계기가 되었던 것은 아니었을까? 민족·정치·종교의 차이를 뛰어넘어 개최되는 평화의 제전 —— 그것은 어디까지나 이상이다. 자유주의국가 중심의 아시안게임에서 '정치'는 공식적으로 등장하지는 않았다. 그러나 스포츠의 세계에서도 정치 문제의 심각성이 서서히 감지되기 시작했다. 멜버른올림픽에서는 영국·프랑스군의 이집트 침공[62]에 항의해 이라크·리비아가, 소련군의 헝가리 침공[63]에 항의해 스페인·스위스·네덜란드가 대회를 보이콧했다(타이완의 참가를 문제 삼아 중국이 불참한 일도 여기에 포함시킬 수 있을 것이다). 1960년부터 1963년 사이에 NATO 가맹국의 간섭으로 동독이 대회에 참가하지 못하는 사태가 몇 차례나 발생했다.[64] 그러나 이러한 일들을 일본 정부나 국민은 그다지 심각하게 받아들이지 않았다.

---

62) 1956년 10월 이스라엘이 이집트의 시나이반도를 침공하면서 제2차 중동전쟁이 발발했고, 뒤이어 11월에 영국·프랑스 공수부대가 이집트의 수에즈운하를 점령함으로써 '수에즈 위기' 사태가 일어났다.

63) 1956년 10월 23일 헝가리 수도 부다페스트에서 스탈린주의 관료와 공포정치에 반대하는 반정부 집회를 계기로 시민들의 헝가리 혁명이 시작됐다. 소련은 이러한 사태를 '소련 간섭으로부터의 이탈'로 판단하고, 11월 4일에 탱크와 군대를 투입해 헝가리를 침공했다. 한편 올림픽에 참가했던 헝가리는 남자수구 경기에서 자국을 침공한 소련 선수들과 난투극을 벌인 끝에 우승했고, 대회 기간 중 헝가리 대표단의 선수·코치·기자 임원 가운데 상당수가 정치적 망명을 했었다.

64) 1960년 스퀘밸리 동계올림픽 주최국 미국은 동독 선수단에게 비자를 발급하지 않았다. 뒤이어 1961년 8월에 세워진 베를린장벽 등의 영향으로, 1961년 런던 FIFA 총회에서 영국 정부가 동독 대표에게 비자 발급을 거부했고, 1962년 이탈리아에서 개최된 세계사이클선수권대회에도 역대 빠짐없이 참가했던 동독 대표팀은 비자 문제로 참가하지 못했다.

제4회 아시안게임 — 배제의 정치

'정치와 스포츠는 별개'라는 아마추어 스포츠 및 올림픽 운동 이념과는 모순되게 1962년 제4회 아시안게임에서 정치와 스포츠는 불가분의 관계에 놓여 있었다. 당초이 대회는 반제국주의·반식민주의·반신식민주의[65]라는 인도네시아 수카르노Soekarno[66] 대통령의 정치적 목표를 달성하기 위해 마련되었던 장으로, 정치에 대한 봉사가 대회의 기본 전제이기도 했다. 인도네시아는 이스라엘·타이완·한국과는 애초에 수교하지 않았고 중국·북한을 외교적으로 승인하고 있었다. 이렇듯 국교가 없던세 나라 가운데, 인도네시아는 종교적 유대가 강한 아랍국가와의 관계[67]를 배려해 이스라엘을, 또한 동맹 관계를 강화해 가던 중국의 압력으로 타이완을 각각 대회에서 배제하려고 시도했다. 그러나 아랍 국가들을 끌어들이는 일은 실패했다. 인도네시아는 대회 직전에 개최된 AGF 평의원회에서 아랍연합공화국[이집트]의 가입을 제

---

65) 신식민주의(新植民主義, neocolonialism)는 정치적 독립을 이룩한 후에도 경제원조 등을 통해 구 종주국이 구 식민지에 대해 경제적 실권을 장악하고, 나아가 종래의 지배적 관계를 유지하고자 하는 식민지주의 새로운 형태를 지칭하는 용어이다.

66) 1901~1970. 인도네시아 정치가로 수라바야 출신. 인도네시아 국민당을 결성하는 등 식민지 시대부터 민족주의 운동과 독립운동에 커다란 족적을 남겼다. 독립 이후 초대 대통령을 지냈으며 1965년 일어난 9·30사건의 여파로 권좌에서 실각한 뒤 불우한만년을 보냈으나, 현재도 인도네시아 국민들에게는 건국의 국부로 추앙받고 있다.

67) 인도네시아는 세계 최대의 이슬람 국가로 아랍 국가들과 돈독한 관계에 있었다.

안했으나 근소한 표차로 부결되었다. 이스라엘을 배제시켰던 일에 대한 반감이 주된 원인이었다.

그런데 이스라엘·타이완을 배제시키려는 공작은 교묘하게 진행되었다. 두 나라가 배제될 것이라는 소문[68]은, 1958년 자까르따가 아시안게임 개최지로 선정된 직후부터 나돌기 시작했다. 1962년 1월 JOC는 인도네시아가 한국·타이완·이스라엘을 대회에 초청하지 않고 중국·북한을 부를 것이라는 정보를 접하고서는 인도네시아에 그러한 정보의 진위 여부를 확인했다. 차기 올림픽 개최국으로 일본은 IOC 규정을 준수하는 일에 민감했던 편이다. 인도네시아 체육부장관 라덴 말라디Raden Maladi는 그러한 소문을 수차례 부정하면서 이스라엘·타이완을 결코 배제시키지 않는다는 정부의 의향을 밝혀야만 했다.

타이완에서는 8월 1일 108명의 선수로 구성된 아시안게임 대표단이 결성되었다. 그로부터 3일 후에 인도네시아에서 소포가 도착했는데 그 안에는 초청 비자가 아닌 대량의 백지가 들어 있었다. 초청 비자가 오지 않았다는

---

68) 타이완·이스라엘이 모두 AGF의 정식 회원국이므로, 이들 국가를 배제하는 행위는 자칫하면 신생독립국 인도네시아의 주권 행사와 기존 국제기구 사이의 마찰 내지 분쟁으로 비화될 가능성이 있었다.

타이완 측의 항의에 대해, 인도네시아 조직위원회는 '현재 조사 중이지만 설사 신분증명서가 없더라도 타이완이 참가하기를 기대한다. 그러나 타이완 선수단이 현지에 도착하더라도 새로이 신분증명서가 발급될지 여부는 알 수가 없다'며 애매한 회답을 보내왔다. 타이완 선수단은 14일에 출발할 예정이었으므로 시간이 그다지 남아 있지 않았다. 아시안게임 실행위원인 하오경성 앞으로는 22일 자까르따에서 열리는 AGF 평의원회 참가를 재촉하는 전보가 도착했지만 정작 초청장·비자는 도착하지 않았다. 10일에 하오경성은 홍콩을 경유해 방콕으로 가서, 인도네시아 영사관에서 비자를 신청했으나 비자는 발급되지 않았다. 타이완 선수단은 부득이 출발을 연기했다. 일단 타이베이로 되돌아온 하오경성은 18일 방콕으로 날아가, 20일에 태국·홍콩 선수단의 전세기를 얻어 타고서 자까르따로 향했다. 그러나 하오경성의 정보를 중국에게서 입수했던 인도네시아는 하오경성의 입국을 허가하지 않았다. 하오경성이 이렇듯 인도네시아에 잠입을 시도한 행위는 인도네시아가 타이완을 배제하려 했던 공작의 결과였으나, 인도네시아는 도리어 이 문제를 타이완을 배제하는 이유로 제기하고 나섰다. 아시안게임 개막식 다음 날에 타이완은 선수단 해산을 발표했다.

일본 스포츠 관계자가 타이완이 곤경에 처했다는 사실을 알게 된 것은 8월 17일의 일이었다. 외무성으로부터 그 같은 정보를 접한 JASA 쓰시마 쥬이치津島壽一 회장은 '이 건은 개회까지 아직 일주일 여유가 있으니 앞으로 상황을 살피면서 현지에서 대화하면 된다고 생각하는데, 나로서는 일본이 앞장서서 문제를 거론하지는 않을 작정'이라며 사태를 관망하는 자세를 보였다. 도쿄올림픽조직위원장이기도 한 쓰시마는 인도네시아가 AGF 헌장에 위반하는 행위를 할 리가 없다고 낙관하면서, 그와 같은 다툼에 관여하는 조치를 명백히 기피했다. 타이완으로부터 도움의 요청을 받았던 외무성도 스포츠계에서의 자율적 해결을 희망하며, 정부가 개입한다는 인상을 주지 않으려고 노력했다〔나중에 일본 외무성 정보문화국장은 '상담도 받지 않았다'며 시미치를 떼었다〕. 이렇듯 '스포츠와 정치는 별개'라는 이념은 정치인과 관료 사이에도 공유되었으며, 아울러 스포츠계가 그런 문제를 자체적으로 해결하거나, 또는 해결해야만 한다고 생각했던 것이다.

자까르따의 혼란

8월 19일 일본 선수단 제1진이 자까르따를 향해 출발했다. 그날 일본의 조간신문들은 타이완·이스라엘의 대회 참가가 절망적이라는 사실을 보도했다. 같은 날 국제육상연맹IAAF 옵서버로 아시안게임에 참석하는 아사노 긴이치 앞으로 IAAF에서 '타이완·이스라엘의 입국을 위해 노력하라. 입국이 불가능해지면 올림픽헌장과 아시안게임 헌장에도 위반되므로 중대한 사태가 초래된다'라는 내용의 전보가 도착했다. 게다가 아사노는 아시안게임에 참가하는 선수는 제명하겠다는 취지의 IAAF의 전보를 받았었다는 이야기도 전해지고 있다. 이 같은 정보는 관계 당사자들에게 커다란 충격을 주었다. 도쿄올림픽에 커다란 영향을 주리라는 것은 필지의 사실이었기 때문이다.

22일 AGF 평의원회, 그리고 다음 날인 23일 총회가 개최되었다. 인도의 손디 등은 타이완·이스라엘을 배제하는 인도네시아의 행위는 AGF 헌장 위반이라며, 양국이 참가하지 않은 상태에서 대회를 개최할 경우에는 대회 명칭을 변경해야 한다고 주장했다. 총회는 24일 오전 4시 반까지 속행하면서, 인도네시아 정부에 양국 선수단

도판10. 제4회 아시안게임 개막식에서 관중에게 손을 흔드는
수카르노(『제4회 아시안게임 보고서』권두의 사진)

이 입국할 수 있게끔 요청할 것을 의결했지만, 대회 명칭 문제에 대해서는 흐지부지되고 말았다. 그날 오후의 개막식은 예정대로 실시되었다. 인도네시아 정부는 이미 불참하기로 결정한 이스라엘에 대해 입국 편의를 봐주도록 조직위원회에 명령했지만, 대기 중인 타이완에 대해서는 결국 아무런 지시도 내리지 않았다. 두 나라의 참가가 사실상 불가능해질 때까지 시간을 끌었던 인도네시아 정부와 조직위원회의 합동작전에 각국 대표들은 감쪽같이 속고 말았던 것이다.

대회의 합법성에 대해 결론을 내릴 수 없었던 일본 선

수단은 일단 개막식에 참석하고 난 뒤에 경기 참가 여부를 검토하기로 했다. 그사이 도쿄 JOC로부터 '아시안게임에는 정식으로 참가하라. 책임은 JOC가 진다'는 연락을 받았다. 육상 임원 오다 미키오와 다지마 나오토田島直人도 IAAF가 향후 아시안게임에 참가한 모든 국가를 제명할 수 없으리라고 판단했다. 무엇보다 성대한 개막식이 끝나고 나서 선수들이 부쩍 열의를 내는 모습을 보면서 이제 와서 이 대회는 아시안게임이 아니라고 말할 수 없어서, 육상경기도 정식 대회로 판단하고 참가하기로 결정했다.

25일 정오에 일본의 요청으로 각국 육상팀의 감독회의가 열려 파키스탄·홍콩·인도네시아·필리핀 등 11개국 대표가 모였다. 일본 선수단장 노즈 유즈루野津謙는 '우리는 서로 손을 맞잡고 당당하게 대회에 참가하자'며 열변을 토했고, 각국 대표는 대회 참가를 확인했다. 무엇보다 실론·싱가포르 등의 입장은 '우리 소국에게는 올림픽보다 아시안게임 쪽이 훨씬 중요하다'고 하면서 일본의 태도에 관계없이 경기에 참가할 것임을 재다짐했다. 오후 4시부터 경기가 시작되자 회의에 참석지 않았던 국가 선수들도 모습을 보였다. 한국의 남승룡南昇龍 감독은 시합 참가를 희망했으나 한국 선수단 본부의 결정에 의해 출전하지 않았다.

25일 저녁, 도쿄에 남아 있던 JAAF 임원은 가스가 히로무春日弘 회장 명의로 아오키 한지 육상연맹 이사장 앞으로 '임원회가 국내에서 수집한 정보에 근거해 판단한 결과, 대회에 참가해서는 안 된다. 적절히 대처해 주기 바란다'며 사실상 경기 불참가를 요구하는 전보를 타전했다. 일본 국내의 여론과 정부 또한 참가에 반대한다는 정황도 현지에 전해졌다. 이날 저녁 회의에서는 일본 선수단의 전원 철수가 결정되었고, 이튿날 정오에 쓰지마 쥬이치가 이를 발표하는 절차를 밟기로 했다.

26일 낮까지 일본 선수단에서는 노즈 선수단장과 각 경기 대표로부터 대회에 계속 참가하겠다는 강력한 요구가 제기되었다. 이날 오후부터 12시간 동안 계속된 회의에서는 대회에 계속 참가하겠다는 방침이 결정되었다. 27일 오전 3시, 일본 선수단은 아시안게임이 아닌 국제친선경기대회라는 명목으로 참가한다고 발표했다. 도쿄신문의 이토 오사무伊藤修는 다바타 마사지에게 '일본 선수단장이 다 함께 대회에 참가하자고 아시아 각국을 독려해 분위기를 무르익게 해 놓고서 가장 중요한 일본 선수단이 대회 자체를 인정할 수 없다고 포기해 버리면 대체 어떻게 되겠는가. 아시아 각국에게 단번에 신뢰가 실추되지 않겠느냐'고 하며 재고를 촉구했다. 다바타는 25일에 있었던 각국 육상 감독회의에 대해서 알지 못한 듯했으며, 1시간 후에 앞서의 성명을 철회하고 정식 경기 대회로서 일본이 참가할 것임을 새롭게 표명했다.

IAAF와 일본 국내의 압력, 인도네시아 측의 불성실한 대응에도 불구하고, 현지 선수단이 대회 정식 참가를 결정했던 이유는 '아시아'와의 연대감 때문이 아니었을까? '타이완·이스라엘에 대한 의리를 지키려고 여타 11개국과의 우정을 해칠 필요가 있겠느냐'라는 발언에서 그와 같은 연대감을 알아차릴 수 있다. 올림픽과는 달리 아시안게임에서 일본은 언제나 주역이자 신뢰할 수 있는 존재였다. 그런 일본 선수단 임원들에 대해 아사히신문은 전전·전중戰中에 일본이 주창했던 '맹주론'에 사로잡혀, '남쪽 섬나라에 가서 "맹주론"을 과시하는 사람들이 의외로 많다'[69]는 식으로 비꼬았다.

---

69) 일본에서 후쿠자와 유키치福澤諭吉 이래 이른바 줄곧 '아시아 맹주론盟主論'이 주창되어 오다가, 1930년대 이후로 '일본은 동남아시아 등 남방 지역으로 진출해야 한다'는 이른바 '맹주론적 남진론南進論'이 성행했다. 한편으로 아시아·태평양전쟁 기간에, 일본은 석유·고무 등의 자원을 확보키 위해 1942년 3월에 당시 네덜란드령 동인도, 곧 인도네시아를 침공해 네덜란드의 식민 통치를 끝내고 '해방군'으로 진주했다. 이후

일본 국내의 여론

(차기 올림픽 개최지인) 도쿄의 도지사로 아시안게임을 시찰하고 한발 앞서 귀국했던 아즈마 료타로는 일본 국내의 압력에도 불구하고 대회에 참가한 경위에 대해 다음과 같이 변명했다.

"상대는 독재국가라서 섣불리 철수했다가는 뜻하지 않은 변을 당할지 모른다는 염려가 있었고, 철수는 결정했으나 한편으로 귀국하지도 못하는 '엄벙통에 실수'[70]를 범할지 모른다는 걱정도 있었다. 또한 자까르따 사람들은 대회를 손꼽아 기다렸기 때문에 무심코 분위기에 휩쓸리면 곤란을 겪으리라는 우려에서 늘쩡거리다가 참가하고 말았다. 현지 상황으로 보자면 불가피한 조치였다."

(「마이니치신문」 1962년 8월 29일)

나중에 언급하겠지만 인도의 손디가 폭도에게 습격당했던 사실을 감안하면, '뜻하지 않은 변을 당할지 모른다'

1945년 8월까지 3년 반에 걸쳐 인도네시아 '군도'에는 일본군의 군정이 실시되었다. 아사히신문의 논조는 그러한 역사적 사실에 빗대어 비판한 것으로 보인다.
70) 본문에 '이사미아시勇み足'라고 하는데, 일본 씨름에서 상대를 떠밀다가 자신이 씨름판 밖으로 발을 내딛어 패배하게 되는 경우를 가리킨다. 여기서는 지나치게 덤벙거리다가 아차 실수한다는 뜻이다.

는 말이 단순한 기우는 아니었다. 한편 아즈마의 해명을 들어 보면 일본 선수단이 자까르따 시민들의 기대에 부응하려 했다는 사실도 알 수 있다. 어차피 참가한 이상 시합에 출전하고 싶은 선수들과 임원들의 소박한 심정, 그에 더불어 '아시아'(타이완·이스라엘은 제외되었다)와의 연대 의식도 확인할 수 있다.

일본 국내에서도 그러한 '현지 사정'에 이해를 보였던 인사도 있었다. 전 벨기에 대사이자 오랫동안 일본테니스협회장을 지낸 아라카와 쇼지荒川昌二이다.

"아시아·아프리카 국가를 여러 군데 다녀 본 경험을 통해 보더라도, 이들 국가는 강렬한 정치적 요구와 독특한 종교를 갖고 있으며, 기질도 제각각 천차만별이라 대단히 상대하기 어려운 나라들이다. 정치·문화 등이 아직 충분히 성숙되지 않은 국가에서는 으레껏 이번과 같은 문제가 발생하기 마련이다. 그러나 바로 그런 이유 때문에 해당 국가의 정세 파악이 쉽지 않았고, 일본의 스포츠 관계자로서 인도네시아 측의 대응 태도를 적확히 예측하지 못했다고 한들 어느 정도 불가피한 측면이 있었다고 여겨진다. 서로가 껄끄러운 사이인 아시아 국가들이기에 더더욱 스포츠를 통해 관계를 개선하려는 것이 대회의 목적이었을 텐데 이런 결과가 되어 버린 것이 참으로 유감스럽다. 일본이 육상경기에 참가하기로 결정한 데에는 현지에 가 있던 임원들 사이에서도 충분한 논의를 거친 뒤에 내렸던 결정으로 보이며 막다른 골목에서 짜낸 최후의 결정이었을 것이다. 따라서 현지의 분위기를 알지 못하는 사람으로서는 경솔하게 비판할 수 없다. 어쨌든 인도네시아가 그토록 공력을 쏟아서 준비해 왔던 대회를 엉망으로 만드는 일은 상식적으로 있을 수 없는 일이다. 대회 명칭이나 성격이 어떻든 달리 방법이 없었으므로 어쨌든 경기를 하자고 판단한 것도 일리가 있다.”

(「아사히신문」 1962년 8월 25일)

아사히신문 특파원으로 자까르따에서 사태의 자초지종을 목격했던 미야모토 요시타다宮本義忠는 이 발언에 대해, ‘스포츠에 국경은 없다’·‘스포츠는 정치와 별개다’라는 “스포츠 신성론” 시대에 사태를 ‘정확히 파악했던’ 인물이 아라카와이며, ‘아시아의 사정을 꿰뚫고 있던 베테랑 외교관다운 발언’이었다고 훗날 평가하고 있다.

그러나 아라카와는 예외적 경우였고, 일본 언론은 일

제히 일본 선수단의 대응 태도를 비판했다. 아사히신문은 「납득할 수 없는 일본 대표단의 태도」라는 기사에서 '이번 행동은 올바른 도리에서 보자면, 전통적 스포츠 정신을 규정하는 원칙에 대해 결코 충실했다고 할 수 없는 부분이 있는 듯하다. 실은 그와 같은 근본정신이야말로 도쿄올림픽을 주최하는 당사자들이 견지해 나가야만 하는 것이다'라고 지적했다. 또한 마이니치신문은 사설 「스포츠의 원칙으로 돌아가라」에서 '도쿄올림픽을 위태롭게 만드는, 제명을 각오하고서 참가했던 일은 일시적 판단력 상실이 아니었다면, 문제를 어물쩍 넘기면서 결국 훗날 도쿄올림픽이 있는데 설마 제명까지는 못할 것이라는 교활한 공리주의적 계산과, 나중 일이야 어떻게든 되겠지 하는 즉흥적인 편의주의로 그들이 움직였다고 볼 수밖에 없다. 참으로 무원칙·무절조의 극치라 하겠다'라고 하며, 두 신문 모두 도쿄올림픽과 스포츠 원칙이라는 관점에서 선수단을 호되게 비판하고 나섰다.

요미우리讀賣신문 사설은 한걸음 더 나아가 스포츠에 있어 정치의 역할을 어느 정도 인정하고서, 스포츠에 정치 개입을 막기 위해서라도 정치 개입을 방지하기 위한 정치 개입, 즉 고도의 정치적 배려가 필요하지 않겠느냐고 지적했다. 그러나 그렇더라도 역시 일본 선수단은 '스포츠의 관점에서도, 또한 정치적으로도 어설픈 실수를 저질렀다. 이에 반해 한국은 북한 또는 타이완을 고려해 경기 출전을 포기했다. 훌륭한 결정이었다'라며 비판의 화살을 겨눴다. 이런 여론으로 인해서 쓰지마 단장과 다바타 회장은 귀국한 후에 도쿄올림픽 조직위원회 임원직에서 사퇴할 수밖에 없게 되었다.

자까르따 사태의 여파

아시안게임 폐막 전날인 9월 3일, 자까르따 인도 대사관에 다수의 시위대가 '인도인은 돌아가라, 손디는 돌아가라'라고 외치며 난입했다. 그들이 들고 있던 현수막에는 '손디는 수카르노 대통령과 인도네시아 인민을 모욕했다'라고 쓰여 있었다. 손디는 인도네시아 정부의 권고를 수용해서 급히 자까르따를 떠났다. 그날 밤에 개최된 AGF 총회에서는 손디가 제출했던 대회 명칭 변경 결의안은 철회되었고, 문제를 조사할 특별위원회를 설치하기로 의결했다. 이렇게 하여 일련의 사태가 종연終演되었

도판11. 손디의 출국을 요구하는 인도네시아 시위대
(『제4회 아시안게임 보고서』 231쪽)

던 것이다[조사위원회는 이듬해 6월 인도네시아에 문제가 있었다는 조사 결과를 보고했다].

9월 11일 국제육상연맹IAAF 평의원회가 유고슬라비아 베오그라드Beograd에서 개최되어, 제4회 아시안게임은 존재하지 않으며 단순한 국제친선경기대회로만 인정하고, 참가한 팀에게는 책임은 묻지 않기로 했다. 뒤이어 열린 IAAF 총회에서는 인도네시아육상연맹의 자격을 6개월간 정지한다는 평의원회 안건은 채택되지 않았고, 대신 엄중한 경고 처분을 내린다는 안건이 찬성 105표, 반대 72표로 가결·채택되었다.

JOC는 2년 후 개최될 도쿄올림픽에 파급될 영향을 우려해, 인도네시아의 행위가 올림픽헌장을 위반한 것으로 제4회 아시안게임이 단순한 국제친선경기였다는 사실을 승인하도록 AGF에 요구하기로 의결했다. 이러한 결정은 인도네시아 국민의 격렬한 분노를 불러일으켰고, 연일 일본 대사관 앞에서 시위가 벌어졌다. 시위대는 JOC의 결정을 '아시아의 단결을 분열시키려는 제국주의자의 조직적 책동의 일환으로, 제4회 아시안게임의 성과를 무효화하려는 시도는 인도네시아 정부와 국민에 대한 비우호적 행위이며, 지금은 아시아·아프리카의 단결을 보여주어야 할 시기로 새로운 힘을 반영한 아시아·아프리카 경기연맹을 즉각 결성해야 한다'며 비판의 목소리를 드높였다. AA 국가의 경기대회라는 발상은 시위가 일어나기 직전에 인도네시아 의회의 외교위원 라티프 헨드라닌그랏Latief Hendraningrat 준장이 제안했던 것이다.

1963년 2월 7일의 IOC 집행위원회는 인도네시아의 올림픽 참가 자격을 무기한 정지한다는 처분을 내렸다. 한 국가의 NOC가 IOC에게서 올림픽 출전 정지를 받았던 일은 이때가 IOC 최초의 사례였다.[71] IOC는 정치적 차별

---

71) 이 날 개최된 IOC 집행위원회는 개회하자마자 곧바로 인도네시아의 올림픽 출전 금지와 함께 인도네시아를 IOC로부터 제명하는 조치를 내렸는데, 회원국이 제명되었던 경우도 IOC 최초의 사례였다. 그런데 자격정지 표결에는 집행위원회 가운데 미국·영국·인도·소련의 4개국만이 찬성했고, 나머지 4개국인 일본·프랑스·브라질·서독은 참석조차 하지 않았고, 중화민국의 하오경성이 AGF 부회장 자격으로 회의를 참

에 레드카드를 내밀었으나, 비슷한 시기에 NATO 국가들이 동독을 배제했던 일에 대해서는 별다른 징계를 내리지 않았으며 결국 인도네시아만 '희생양'이 되어 버렸던 것이다. 이처럼 불공평한 IOC의 태도가 인도네시아를 더욱더 IOC로부터 멀어지게 만들었다.

가네포GANEFO 구상 — 대항과 타협

1963년 2월 13일에 수카르노 대통령은 IOC로부터 탈퇴하겠으며, 새로운 국제경기대회를 창설하겠다고 발표했다.

"인도네시아는 압력을 받고 있다. 작년 8월 자까르따 아시안게임은 자유·반제국주의·반식민주의를 바탕으로 열렸으나, 인도 손디 씨의 도전을 받았다. IOC는 인도네시아의 사죄를 요구하며 인도네시아에게 올림픽

관했다고 한다. 흥미로운 것은 중국과 동맹 관계에 있던 인도네시아에 대해서 과거의 우호국인 인도·소련이 제명에 찬성하는 표를 던진 것인데, 소련의 경우 그와 같은 결정의 배후에 '두 개의 중국'과 '중소논쟁'과 같은 복잡한 문제들이 잠복해 있었다. 한편으로 인도의 경우 네루 수상이 외교적으로 비동맹운동의 주도권을 놓고서 수카르노 대통령과 경쟁을 벌였던 관계로 IOC 위원 손디의 행위에서 잘 나타나듯이, GANEFO에 대해 노골적으로 반대하고 나섰던 것이다.

무기한 출전 금지라는 처분을 내렸다. 그들은 대체 우리를 무엇이라고 생각하는가? 우리는 두부나 솜으로 만들어지지 않았다. 나는 인도네시아가 IOC로부터 탈퇴할 것을 명령한다."

(「아사히신문」 1963년 2월 14일)

　수카르노의 이러한 발언에서 인도네시아가 아시안게임을 개최한 것은 반제국주의·반식민주의·민족자결 정신 아래 열렸던 반둥회의(AA회의)[72] 정신에 근거했으며, 그 자신이 추진하는 비동맹운동의 일환이었다는 사실을 알 수 있다. 수카르노는 1961년 6월에 제2회 AA회의를 향후 개최할 것을 제창했으며, 관련 준비를 추진하고 있었다. 아울러 제4회 아시안게임의 개최 시점에서는, 그해 12월에 (AA회의) 준비회의를 개최할 예정이었다. 그런 입장의 인도네시아가 주최하는 아시안게임에 미 제국주

---

72) 1955년 4월 18일~24일에 인도네시아 자바섬 서부의 고원 도시 반둥에서 아시아·아프리카 29개국(당시 세계 인구의 54퍼센트를 차지) 정상들이 모여서 아시아·아프리카회의Asian-African Conference를 개최했다. 일련의 회의를 주도했던 이들은 인도의 네루 수상과 중국의 저우언라이 총리, 그리고 회의 주최국 인도네시아의 수카르노 대통령이었다. 이 회의에서는 반제국주의·반식민주의·민족자결 정신 등에 근거해 '세계 평화와 협력 추진에 관한 선언'(평화 10원칙)을 채택·선언하기도 했다. 이러한 선언은 중립주의·협력을 기본으로 기본적 인권과 주권의 존중, 인종 평등, 내정 불간섭, 분쟁의 평화적 해결 등을 강조하는 '반둥정신'을 표방하고 있다. 참고로 역사상 비백인 국가만으로 이루어진 최초의 국제회의였던 반둥회의에 일본 및 남북 베트남은 초청을 받았으나, 중국과 적대 관계인 타이완, 그리고 한국·북한 및 소련 위성국으로 간주된 몽골인민공화국은 초대를 받지 못했다.

의의 앞잡이인 타이완·이스라엘을 초청했다가는 자칫
AA회의 주최국의 자격을 의심받을 수도 있었다. 그러나
결국 타이완·이스라엘을 배제했던 탓에 인도네시아는
국제 스포츠계의 비판을 받았고, 제4회 아시안게임은 무
효화될 판국이었다. 궁극적으로 아시안게임은 인도네시
아의 정치 목표를 실현하는 데 적절한 플랫폼은 아니었
던 셈이다.

그런 이유로 인도네시아 체육부장관 말라디는 아시안
게임 폐막으로부터 일주일도 지나지 않은 시점에서 '인
도네시아는 1963년에 "아시아·아프리카·라틴아메리카
대회"를 개최하겠다. 이 대회는 "신흥 세력new emerging
forces"에 속한 국가들의 스포츠 제전이 될 것이다'라고
명언明言하고 있다. 이 대회가 다름 아닌 1963년에 개최
되는 신흥국경기대회(가네포)였다.[73]

인도네시아가 새로운 대회 창설을 서둘렀던 이유는 일
반적으로 알려진 사실과는 달리, 도쿄올림픽에 앞서려고
했다기보다는 AA회의와 시기를 맞추려 했기 때문이었
다. 가네포와 AA회의는 이를테면 신체와 정신의 두 방

---

73) 인도네시아가 주도한 GANEFO의 참가 자격은 다음과 같이 규정되었다. ①반둥
원칙에 충실한 국가. ②1964년 4월 준비회의에 참석한 국가. ③가네포 정신을 지지한
국가. ④사회주의국가. ⑤아시아·아프리카·라틴아메리카 그리고 유럽의 신흥 세력 국
가와 공동체.

면에서 수카르노가 지향하는 새로운 세계를 구체화하는 것이었다.

AA국가로부터 지지 확대를 꾀하던 중국은 가네포와 AA회의를 강력히 지지하고 나섰다(AA국가의 지지는 1971년 중국의 UN 가입에 큰 역할을 하게 된다). 천이陳毅 외상은 1962년 8월 17일에 '중국은 제2회 AA회의 개최에 전적으로 찬성한다'고 언명했다. 9월 26일에는 ACSF가 인도네시아가 주도하는 새로운 국제 대회 창설에 찬성을 나타냈고, 11월에는 중국 체육 대표단이 인도네시아를 방문했다. 이 듬해 4월 류사오치劉少奇 국가주석이 인도네시아를 방문해 수카르노와 회담하고서 공동성명을 발표했다. 그 성명에서 중국은 인도네시아가 제안한 AA회의를 지지함과 동시에 인도네시아의 올림픽 참가를 금지했던 IOC의 조치를 비난하고, 아울러 수카르노가 제안한 신흥국가 중심의 국제 대회를 지지하는 입장을 밝혔다.

인도네시아에게 IOC가 내렸던 가혹한 조치는 차기 올림픽 주최국인 일본 역시 곤혹스럽게 만들었다. 아시아에서 열리는 최초의 올림픽에 되도록 많은 아시아 국가를 참가시키려는 것이 일본의 희망이었기 때문이다. 게다가 가와시마 쇼지로川島次郎 올림픽 담당상이 말했듯이

'올림픽이 앞으로 자유세계 올림픽과 공산권 올림픽으로 분열될 가능성이 있다'라고 언급했던 의미에서도 인도네시아를 IOC에 포용하는 일이 매우 중요한 과제였다.

1963년 5월 말, 수카르노 대통령과 말라디 체육부장관이 잇따라 일본을 방문, 일본 측에 도쿄올림픽 참가를 희망한다는 의사를 전했다. IOC 위원 아즈마 료타로는 'IOC와 인도네시아 NOC 양측이 만족할 방안이 있다면 기꺼이 도쿄올림픽에 참가하겠다'는 수카르노 대통령의 의향을 6월 5일부터 개최된 IOC 집행위원회에서 보고했고, 소련의 안드리아노프 IOC 위원이 중재역을 맡게 되었다.

인도네시아는 겉과 속이 다른 이중적 입장을 취하면서 가네포 개최와 도쿄올림픽을 모두 준비하고 있었다. 일본을 향해서는 도쿄올림픽 참가와 관련한 협조를 요청했고, 중국에 대해서는 '인도네시아를 도쿄올림픽에 참가시키려고 하는 쪽은 일본이지 인도네시아가 아니다'라고 서슴없이 말했던 것이다.

가네포를 어떤 대회로 자리매김할지에 대해서는 수많은 의견이 있었다. 1963년 4월 싱가포르에서 개최된 제1회 준비회의[74]에서 수카르노 대통령은 '올림픽은 제국주

---

74) 인도네시아·중국·소련을 포함한 11개국이 정식 회원으로 참가하고, 실론·유고슬라비아는 옵서버로 회의에 참가했다.

의자와 식민지주의자의 도구이므로, 신흥국가경기대회는 그들에 대항해서 개최되어야 한다'고 역설하며, 새로운 국제 대회를 올림픽에 대항하는 존재로 명확하게 규정했다. 그런데 준비회의가 마련한 성명에는 '경기대회는 올림픽 이상의 정신에 바탕을 두며, 모든 신흥국의 스포츠 진흥과 국민의 신체 단련을 목적으로 한다'고 되어 있었다. 이 회의에 참석했던 중국의 허전량에 의하면 새 경기대회가 너무나 과도하게 IOC와 대립하는 사태를 염려했던 소련이 올림픽의 이상을 헌장에 삽입하자고 요구했고 중국은 이에 반대했으나, 올림픽의 이상과 반둥회의 정신을 병기하는 것에는 동의했다는 것이다. 그와 같은 타협이 가네포의 성격을 모호하게 만들었다는 사실은 부인할 수 없다.

10월 20일 IOC 총회[서독 바덴바덴]는 인도네시아가 '올림픽 규정을 준수할 용의가 있다'고 선언하기만 한다면 인도네시아 NOC를 IOC에 복귀시킨다는 안을 결의했다. 얼마 후에 가네포가 개최될 예정이었기 때문에 IOC로서는 크게 양보한 셈이었다. 문제는 인도네시아가 과연 양보할지의 여부였다.

"수카르노 대통령이 고분고분 IOC에게 '헌장을 준수하겠다'고 말할 수 있겠는가. 국민 대중 앞에서 'IOC는 썩은 두부'라고까지 연설하지 않았나(웃음). 국민에게는 'IOC 측이 인도네시아에 사죄했다' 정도로 말하지 않으면 국민들이 분노할 것이다. 어쨌든 인도네시아가 참가할 수 있는가의 여부는 수카르노 대통령 손에 달려 있다."

(『아사히신문』 1963년 10월 23일)

아사히신문 기자가 어느 좌담회에서 했던 발언으로, 실로 문제의 핵심을 꿰뚫고 있다. 당연히 수카르노는 IOC에 양보할 생각이 추호도 없었기 때문이다.

가네포GANEFO 개최 — 스포츠와 정치의 일체화

일본은 인도네시아를 도쿄올림픽에 참가시키는 일에는 열심이었지만 가네포에 대해서는 냉담한 편이었다.

7월 23일에 주일 인도네시아 대사관 공사가 일본 외무성 쪽에 일본의 가네포 참가 의사에 대해 타진해 왔다. 곧 가네포는 IOC에 대항할 의도는 없으며, IOC와의 관계를 고려해 일본에서 '주니어팀'이 참가해도 상관없다는 내용이었다. 8월 13일에는 예의 그 인도네시아 공사를 통해 정식 초대장이 외무성에 전달되었다. 일본 외무성은 '정치와 스포츠는 명확히 구별해야 한다'는 여론에 비추어서 스포츠계의 자율적 판단에 맡기면서도 한편으로 물밑에서 다양한 외교적 노력을 기울였다.

8월 28일에 개최된 JOC 총회에서 가네포 참가 문제가 거론되었다. 대회 출전이라는 선택지는 없었으나 조만간 이케다 하야토池田勇人 총리가 동남아시아·오세아니아를 순방할 예정도 있었던 참이라 곧바로 판단을 내리지 않고 유보했다.[75] 이케다 총리가 출발한 다음 날인 9월 4일에 JASA 집행위원회는 가네포 불참을 공식 결정했다.

주일 인도네시아 대사 스겡Sugeng은 일찍이 인도네시아 독립전쟁에 협력했던 야나카와 무네시게柳川宗成를 통해서 가네포 참가자를 모집했다. 일본 아시아·아프리카연대위원회와 일본공산당 등의 조직들도 가네포 참가를 지원키 위해 나섰고, 도야마 다쓰쿠니頭山立國(전쟁

---

75) 결국 JOC는 가네포에 불참하는 것으로 방침을 정했고, 가네포에 참가하는 선수는 국제 대회 참가 자격은 물론 국내의 국민체육대회 참가 자격도 박탈하기로 결정했다. 따라서 가네포에 출전했던 일본 선수단은 JASA와는 아무런 관계가 없는 단체 출신으로 이루어졌다.

전 대표적 아시아주의자였던 도야마 미쓰루頭山滿[76]의 손자)를 선수
단장으로 추대하는 한편 93명으로 구성된 선수단이 결
성되었다. 일본은 공식 선수단을 파견하지 않음으로써
IOC의 체면을 살리는 동시에, 비공식 선수단을 파견함
으로써 인도네시아의 체면을 세워 주었다. 대회에 파견
된 이들은 무명 선수였고 향후 올림픽에 출전하지 못할
까 걱정할 필요는 없었다.

소련 등의 대다수 국가도 유사한 조치를 취했다. IOC
권위에 정면으로 도전하는 행위의 곤란함을 인도네시
아도 절감하고 있었다. 그래서 선수단 수준보다는 규모
를 우선시했던 것이다. 이에 반해 IOC와 관계를 단절했
던 중국은 건국 이래 최초로 출전하는 대규모 국제 대회
인 가네포에 질과 양에 있어 최상급의 선수단을 파견했
다.[77] 북한도 일류급 선수들을 파견했다.[78] 1963년 제3

---

76) 1855~1944. 아시아주의를 주창했던 일본 제국의 국가주의 사상가. 1881년 일본
최초의 우익 단체이자 정치단체인 겐요샤玄洋社를 결성·활동했다. 대외적으로는 아시
아 각국의 독립을 지원하고 그 나라와의 동맹을 통해 서양 열국과 맞서는 범아시아주
의를 주창했다. 일본에 망명했던 조선의 김옥균金玉均·박영효朴泳孝와 중국의 쑨원孫文
등을 원조하기도 했다.
77) 중국은 260명에 달하는 대규모 선수단을 파견하는 동시에 가네포 대회 경비의 3
분의 1에 해당하는 1,800만 달러를 부담하면서 대회에 참가하는 모든 국가의 경비를
지원했다. 대회 성적 역시 중국이 금 68, 은 58, 동 45개를 획득함으로써 금 27, 은 21,
동 9개에 그쳤던 소련에 비해 압도적 우위를 보였다. 참고로 일본은 금 4, 은 10, 동 14
개의 성적을 거두었다.
78) 북한은 육상·복싱·역도 등을 중심으로 금 13, 은 15, 동 24개의 호성적을 거두었
다. 특히 육상에서 신금단은 200m·400m에서 세계신기록, 800m에서 최초로 2분대

도판12. 중국과 북한 선수들. 오른쪽에서 두 번째가 신금단辛金丹〔신금단에 대해서는 제1장 5절 참고. 『중국체육 백년도지百年圖志』360쪽〕

회 동남아시아반도경기대회SEAP Games[79]를 개최할 예정이던 캄보디아는 같은 대회를 취소하고 가네포에 참가했다. 캄보디아는 1965년에 친미적인 성향의 동 대회에서 탈퇴했고,[80] 그 이듬해에 제1회 아시아 가네포를 주최하기에 이르렀다.

가네포는 1963년 11월 10일부터 22일까지 자까르따에서 열렸으며 51개 국가와 지역으로부터 2,700명의 선

를 돌파하는 1분 52.1의 경이로운 기록을 수립해 화제가 되었고, 마라톤에서도 전만홍이 우승했다. 또한 남자 역도의 리형욱이 세계기록을 수립했던 것으로 알려져 있다.

79) SEAP(South East Asian Peninsular) Games, 곧 '시압 게임즈SEAP Games'는 1959~1975년 사이에 2년마다 개최되었다가, 1977년부터는 동남아시아경기대회(South East Asian Games), 곧 '시 게임즈SEA Games'로 대회 명칭이 바뀌어 개최되고 있다.

80) 캄보디아는 1965년 '시압 게임즈SEAP Games 연맹'에서 탈퇴했다.

수·임원이 참가했다.[81] 대부분 아시아·아프리카·라틴 아메리카, 사회주의권 국가였지만 프랑스·네덜란드 같은 '제국주의' 국가에서도 선수단을 파견했다. 중국 인민일보에 따르면 참가한 나라와 지역은 세계 총인구의 70% 이상을 차지했다고 한다. 미참가국 중에는 인도네시아와 갈등을 빚었던 이웃 말레이시아가 포함되어 있었다.[82] 가네포의 구호 'Onward! No Retreat(계속 전진! 후퇴는 없다)'[83]가 인도네시아의 반反말레이시아 대결 정책〔Konfrontasi)[84]의 구호가 되었던 일은 다름 아니라 스포츠와 정치의 일체화를 웅변으로 말해 주고 있다.

대회 종료 후 열린 평의원회에서 가네포 헌장이 채택되었다. 그 전문에는 가네포의 이념이 다음과 같이 명시되어 있다.

---

81) 중국올림픽위원회 공식 사이트에는 48개국 2,404명이 참석한 것으로 되어 있다.
82) 같은 동남아시아에서도 캄보디아·버마·라오스·필리핀은 참가했고, 북베트남 역시 최초로 국제 대회에 참가하게 되었다.
83) 인도네시아어로 'Maju Terus! Pantang Mundur'라고 되어 있다.
84) 1963~1966년 사이에 인도네시아가 말레이시아 연방의 확장을 반대하면서 양국 간에 벌어진 군사적 갈등을 가리킨다. 1961년 5월에 말라야연방의 라만Rahman 수상 정부가 말라야·싱가포르·영국령 보르네오(브루나이를 포함)를 단일한 정치체제로 편입시키는 말레이시아 연방 구상을 표명한 것에 대해, 인도네시아 수카르노 정부는 1963년 1월부터 말라야연방의 행위를 신식민주의로 규정하고, 말레이시아 연방을 형성하려는 일체의 구상에 대해 그를 반대하는 '대결 정책Confrontation policy'에 돌입할 것임을 선언했다. '반反말레이시아 대결 정책konfrontasi'은 달리 '인도네시아-말레이시아 분쟁' 또는 '보르네오 분쟁'으로도 불린다.

"우리 신흥 세력new emerging forces의 인민은 스포츠란 인간과 민족을 형성하고, 국제적 이해와 선의를 창출하는 도구 역할을 한다는 것을 의식하고, 모든 형태와 표현에서 식민지주의와 제국주의로부터 자유로운 이 세계를 새롭게 구축하기를 열망하며, 상호 간의 민족 정체성과 국민주권에 대한 존중을 보장하는 동시에 우호를 증대하며, 모든 민족 간의 지속적 평화와 인류의 형제애를 향한 협력을 촉진코자 했던, 1955년 반둥에서 개최된 AA회의 정신에 기초한 모든 민족의 공동체를 발전시킬 것을 갈망하며, 여기에 이런 모든 이상을 달성하기 위해 새로운 국제 스포츠 운동을 발전시키는 데에 동의했다."[85]

(가와모토 노부마사川本信正 『스포츠의 현대사』

다이슈칸쇼텐大修館書店, 1976년, 24쪽)

---

85) 가네포 헌장의 영어 원문은 다음과 같다.

"WE PEOPLES OF THE NEW EMERGING FORCES conscious that sports mean to serve as an instrument to build Man and Nations, to create international understanding and goodwill, desirous to build this world anew, free from colonialism and imperialism in all their forms and manifestations, aspiring to develop a community of nations imbued with the spirit of the Asian-African Conference held in Bandung 1955 which ensures respect for each other's national identity and national souvereignty [sic], strengthens friendship, fosters cooperation towards lasting peace among nations, and towards Brotherhood of Man, have agreed to develop a new international sports movement, to secure the achievement of these ideals."

아시아 가네포 개최 — 패권의 향방

가네포의 성공은 IOC에 커다란 위협을 주었다. 그것
은 이윽고 아프리카에서의 주도권 다툼이라는 형태로 나
타나게 되었다. 가네포에는 아프리카에서 8개국이 참가
했다. 아프리카 국가들에게 반식민주의·반제국주의, 그
리고 스포츠와 정치는 불가분의 관계라는 가네포의 주장
은 IOC가 소리높이 외치는 스포츠의 비정치주의보다 수
용하기 쉬웠던 것이다. 아랍연합공화국(이집트)[86]의 아흐
메드 투니Ahmed Touny[87]는 가네포의 임원인 동시에 IOC
위원이었는데, 그는 아프리카 국가들을 가네포로 끌어들
이는 공작을 담당했다.[88] 1965년 7월로 예정되었던 아프
리칸 게임African Games[89]을 둘러싸고 IOC는 남아프리카
공화국을 배제시킨 방침을 인정한다는 양보까지 허용하

---

86) 아랍연합공화국(UAR, United Arab Republic)은 1958년 이집트 공화국과 시리아 공화
국이 연합하여 결성되었으나, 1961년 시리아가 연합공화국에서 이탈했다. 이후 이집
트가 1971년까지 국명으로 계속 사용했으나, 현재는 이집트 아랍공화국Arab Republic
of Egypt으로 불리고 있다.
87) 1960~1992년에 걸쳐 이집트의 IOC 위원을 지냈고, 가네포의 임원으로 활약했다.
또한 1953년에 시작된 팬아랍 게임Pan Arab Games의 창설 멤버로도 잘 알려져 있다.
88) 그의 이러한 이중적 행태를 두고서 IOC 사무총장 오토 마이어는 그를 '첩자spy'라
고 비난했다.
89) 4년마다 열리는 아프리카 국가들을 위한 종합 스포츠 경기대회로, 제1회 대회는
콩고공화국République du Congo의 브라자빌Brazzaville에서 개최되었다. 1978년 알제리
의 알제 대회로 중단되었다가 1987년에 케냐 나이로비 대회로 재개되었다. 아프리칸
게임은 아시안게임·팬아메리칸 게임Pan American Games과 함께 IOC의 공인을 받은 대
회가 되었다.

면서 대회를 공인했다. '만일 우리가 올림픽 세계를 단결시키려면 우리는 이들 아프리카 37개국을 가네포 진영에 가담하게 해서는 안 된다' —— 브런디지의 이런 발언에는 IOC 측이 느꼈던 강한 위기감이 자기도 모르게 나타나고 있다. 그렇게도 완고하던 브런디지도 현실적 요청을 앞에 두고서 IOC 헌장의 자구만을 고집할 수는 없었던 것이다. 그런데 IOC의 승리를 확정지었던 것은 아프리칸 게임 폐막 2달 후에 인도네시아를 뒤흔든 정변[90]이었다.

제2회 가네포는 비동맹운동non-alignment movement을 주도하는 국가 중 하나인 아랍연합공화국의 수도 카이로Cairo에서 개최키로 했다. 아랍연합공화국은 중국에게 경기장 건설에 대한 원조를 요청했으나, 구체적 금액에 대한 합의에는 도달하지 못했다. 1965년 4월 반둥회의 10주년 기념식이 개최되는 시점에 때맞춰 가네포 집행위원회가 열렸다. 이때 아랍연합공화국에 대한 원조금 문제도 검토되었으나 결론이 도출되지 않았다. 아랍연합공화국은 중국 측에 제2회 AA회의 개최국인 알제리에 회의센터를 건설했던 금액에 맞먹는 거액의 원조를 요청

---

90) 앞의 인도네시아의 9·30사건을 가리킨다. 주석 (1장 60) 참조.

했다.

중국 등이 추진하던 제2회 AA회의는 6월 29일 (알제리의 수도) 알제에서 개최될 예정이었으나, 그 직전에 알제리에서 쿠데타[91]가 발생했다. 나세르Nasser 대통령, 수카르노, 저우언라이 등은 카이로에서 회담을 열고 AA회의를 연기하기로 결정했다. 이에 때맞춰 열렸던 가네포 연맹 회장단 회의에서 아랍연합공화국이 제2회 가네포를 개최하지 못할 경우에는 중국이 대신 개최하기로 합의가 이루어졌다.

1965년 9월 11일부터 28일까지 중국 베이징에서 제2회 전국체육대회[92]가 개최되었다. 이 대회에 초청된 아시아·아프리카·라틴아메리카 각국의 스포츠 관계자가

---

91) 1965년 5월 이집트 카이로에서 나세르 대통령, 저우언라이, 수카르노, 그리고 파키스탄의 아유브 칸Ayub Khan 네 나라 수뇌부가 모여서 상호 간의 단결을 과시하면서, 얼마 후에 알제리 알제에서 제2회 AA회의가 개최되는 시기를 기다리고 있었다. 그런데 개최 예정일 직전인 6월 19일 AA회의 개최국인 알제리에서 벤 벨라Ben Bella 대통령을 축출하려는, 부메디엔Boumediène 육군참모총장이 주도하는 쿠데타가 발생했다.
92) 중화인민공화국에서 가장 중요한 국내 체육대회로 중국어로는 '전국운동회全國運動會', 약칭으로 '전운회全運會'라고 한다. 이 대회의 전신에 해당하는 최초의 전국경기대회는 청조清朝 말기인 1904년에 난징에서 YMCA 주최로 열렸던 대회로 알려져 있다. 이후 중화민국 시대에 접어들어 제2회 대회(1914)부터 제7회 대회(1937)에 이르기까지 6회 정도 개최되었다. 이윽고 1949년 중화인민공화국 수립 이후 1958년 6월에 중국체육운동위원회가 개최, 「중화인민공화국 체육운동경기제도」가 공포되었다. 이에 따라 '복수의 경기 종목을 포함한 대규모 체육대회일 것'·'4년마다 1회 개최'·'전국 성省·자치구·중앙직할시·해방군을 참가단위로 함'이라는 규정에 근거해, 1959년 9월 13일 베이징에서 제1회 대회가 개최되었다. 그 후 문화대혁명의 여파로 1975년에 3회 대회가 개최되었고, 2021년에 이르기까지 14차례 대회가 개최되었다. 영어로는 'National Games of China'·'All China Games'로 부르고 있다.

참석한 가네포 집행위원회가 열렸다. 이와는 별도로 25일에는 아시아 각국 관계자가 모여 가네포 아시아위원회를 조직해 팔레스타인·캄보디아·실론·중국·인도네시아·북한·이라크·파키스탄·북베트남 등이 집행위원회를 구성하는 한편, 1966년 11월 25일에서 12월 6일까지 캄보디아에서 제1회 아시아신흥국경기대회(아시아 가네포)를 개최키로 결정했다.[93] 이 대회는 개최 시기를 12월 9일부터 방콕에서 열릴 예정이던 제5회 아시안게임 직전으로 잡으며, 아시아에서의 스포츠 패권을 아시안게임으로부터 빼앗는 것을 목표로 삼았다.

중국 베이징에서 제2회 전국체육대회가 폐막된 직후인 1965년 9월 30일에 인도네시아에서 정변이 발생했다. 수카르노는 대통령 권좌에서 쫓겨났고, 반공 친미 성향의 수하르토[94]가 실권을 장악했다. 이로써 중국과 인도네시아의 밀월기는 종말을 고했고, 가네포의 앞날에는 시계를 가리는 짙은 안개가 드리우기 시작했다.

---

93) 당시 캄보디아는 친중파인 노로돔 시하누크Norodom Sihanouk 국왕이 다스리고 있었다. 그는 1941년 18세 나이로 국왕에 즉위, 1954년 2월 프랑스의 인도차이나 연방에서 탈퇴하여 독립을 쟁취하면서 신생 '캄보디아왕국Kingdom of Cambodia'을 수립, 이후 '독립의 아버지'로 불리면서 1970년까지 실질적으로 캄보디아를 통치했다.
94) 1921~2008. 인도네시아의 군인·정치가. 9·30사건 이후 수카르노 대통령에게서 정권을 이양받아 1966년부터 1998년까지 32년간에 걸쳐 독재정치를 펼쳤다.

1966년에 잇달아 개최된 제1회 아시아 가네포와 제5회 아시안게임. 아시아 스포츠계의 패권 다툼 속에서 제4회 아시안게임과 제1회 가네포 개최국이었던 인도네시아의 정세는 커다란 의미를 지니고 있었다. 정변 이후 한동안 인도네시아의 스포츠 정책은 커다란 변화가 없었다. 말라디 체육부장관은 스포츠의 정치는 불가분성을 주장하며 AGF의 잘못을 비난하는 한편, 아시아 가네포 참가를 일찍이 표명했다. 그러나 1966년 8월 31일에 애덤 말릭Adam Malik[95] 외상은 아시안게임 참가 의사를 밝혔고, 다음 달인 9월 1일에 수카르노 대통령이 국내 가네포 위원회의 해산을 명했다. 사실상의 방침 전환이었다. 말라디의 후임인 수깜또Sukamto[96] 체육부장관은 가네포 위원회를 국내 스포츠 위원회로 이관했을 뿐으로, 인도네시아의 아시아 가네포 참가 방침에는 변함이 없다고 해명했으나 가네포의 위상이 추락했다는 점만은 분명한 사실이었다. 인도네시아는 가네포보다 아시안게임 쪽에

---

95) 1917~1984. 인도네시아 정치인·언론인. 수카르노 정권하에서 통산성 대신·외상 등을 지냈고, 이후 수하르토 정권에서도 외상·부통령, 그리고 국민자문회의MPR 의장 등을 역임했다. 1971년에 UN 총회 의장을 지내기도 했다.

96) 현역 육군 중령으로 9·30사건 이후 1966년 7월 28일 출범한 암쁘라Ampera 내각 (수카르노가 대통령 권좌에 있었으나 실권은 수하르토가 장악했다)에 입각해 말라디 체육부장관의 후임자로 스포츠 정책을 담당했다.

수준이 높은 선수들을 출전시켰다.

제5회 아시안게임 참가국은 18개국[약 2,000명]으로 AGF 회원국 가운데 참가하지 않은 국가는 캄보디아뿐이었다. 한편 아시아 가네포에는 17개국으로부터 약 2,000명의 선수가 참가했다. *중국·북한·*캄보디아·몽골·이라크·*라오스·레바논·*팔레스타인·시리아·*북베트남·예멘은 가네포에만 참가했고[*은 IOC 미가입국], 나머지 일본·인도네시아·실론·싱가포르·네팔·파키스탄은 아시아 가네포 및 아시안게임 양쪽 모두 참가했다. 규모 면에서는 서로 호각지세였지만 경기 수준은 분명히 아시안게임이 한 수 위였던 것이다.

JASA에는 아시아 가네포에 적극적으로 참가해야 한다는 견해가 있었다. '아시아 스포츠계의 특수성을 고려해, JASA가 참가를 허용해도 좋지 않을까. 적어도 IF에게서 처벌 받을 염려가 없는 가맹단체 선수만이라도 묵인하고, 그 승인 여부는 경기단체에 맡겨야 한다.'·'아시아 스포츠계를 통일시키기 위해서라도 일본이 참가……아시안게임과 합류하도록 이끌고 나가야 한다.' 제4회 아시안게임과 제1회 가네포 때에는 일본 스포츠계가 스포츠 정치화에 거부반응으로 일관했지만, 이번에는 한층 유연하게 대응해야 한다는 의견이 나왔다는 점은 주목할 만하다. 그만큼 가네포의 영향력이 컸다는 뜻이다.

일본 언론도 제1회 가네포 때에 비해 아시아 가네포를 크게 보도했다. 그럴 만한 다른 이유도 있었다. 인접한 프놈펜과 방콕에서 아시아 가네포와 아시안게임이 잇따라 열렸으므로 일본 언론은 특파원들에게 이 두 대회를 모두 취재하도록 했기 때문이다.

아시아 가네포는 정치색이 농후한 대회였다. 요미우리신문 기자에 따르면 '가네포는 스포츠 대회의 형식을 빌린 일대 정치 시위'였던 것이다. 특히 개막식에서는 미군에 의한 북폭北爆을 계기로 시작된 베트남전97)을 배경으로 북베트남 지원과 미국에 대한 비판을 전면에 내세웠다. IOC에 대한 대항 의식도 선명해졌다. 캄보디아의 론놀Lon Nol 수상은 개회사에서, IOC가 일부 국가에 내렸던 제재 수단이야말로 제국주의자가 우리의 제1회 아시아 가네포를 개최하기 위해 기울였던 노력을 파괴하려고 시도한다는 사실을 분명히 드러냈다고 말하며 언성을 높였다.

---

97) 1965년 2월에 미국은 북베트남에 대한 상시적 폭격(北爆)을 개시했고, 같은 해 3월에는 남베트남에 미군 전투부대의 투입을 단행했다.

아시아 가네포 참가국은 대회 기간 중에 공동성명을 발표하면서 '제국주의·식민지주의 및 미국을 비롯한 각국의 신식민주의를 맹비난하는 동시에 향후 가네포를 발전시킬 것을 결의했다.' 중국·북베트남이 공동성명서에 미 제국주의라는 말을 넣자고 강하게 주장하고 다른 나라들은 반대했다고 한다. 결국 이 단어가 포함되었던 사실로 미루어 보아 중국의 영향력이 어느 정도였는가를 미루어 짐작하게 한다.

폐막식 후에 가네포 집행위원회가 열려 아랍연합공화국에서 자금 부족으로 인해 제2회 가네포를 개최할 수 없다는 보고가 있었고, 카이로를 대신해 베이징에서 제2회 가네포를 개최하기로 했다. 그러나 이미 중국에서는 문화대혁명이 시작되었던 관계로 제2회 가네포도 개최되지 못하는 운명을 맞았다.

가네포의 의의

정치와 스포츠의 불가분성을 전면에 내세웠던 가네포는 스포츠의 비정치주의를 표방하는 올림픽에 대항하는

운동이었다. [98] 서구에 대한 대항, 아시아의 해방을 지향
한다는 점에서 그것은 또한 제2차 대전 중의 대동아공영
권 구상과도 닮았다. 실제로 서구권에서는 반둥회의를
'제2의 대동아회의'로 간주하는 시각조차 있었으므로, 그
러한 반둥회의 정신을 내세웠던 가네포는 전쟁 전 동아
대회東亞大會의 계보를 잇는 것으로 볼 수도 있었다. 한편
으로 가네포는 올림픽과 타협을 꾀했으므로 이념과 실
천 사이에는 간극이 생기게 되었다. 그러한 타협은 참가
국 수의 확대라는 효과를 가져왔지만, 이념의 공유를 가
로막는 동시에 운동을 약화시키는 요인으로 작용하기도

98) 스포츠 역사에서 보면 IOC와 올림픽의 가장 강력한 경쟁 상대는 중부 유럽의 사
회민주주의 세력이 주축이 되어 1920년에 창설한 사회주의노동자스포츠인터내셔널
Socialist Workers' Sport International(SASI, Sozialistische Arbeitersport Internationale)과 이 단체
가 주최하던 '노동자 올림픽Worker's Olympiad'이었다. 이 단체는 이른바 '부르주아 올림
픽bourgeois' Olympic'에 대항한다는 명분으로 1920~30년대에 비정기적으로 3차례 '국
제 노동자 올림픽' 대회를 개최했는데, 제1회 대회는 1925년 독일 프랑크푸르트, 제
2회는 1931년 오스트리아의 비엔나, 제3회는 1937년 벨기에 앤트워프에서 개최되
었다. 특히 1931년 제2회 비엔나 대회는 23개국에서 8만 명의 선수가 참가, 이듬해
인 1932년 로스앤젤레스올림픽보다 훨씬 규모가 컸다고 한다. 하지만 중부 유럽에서
의 파시즘의 위협으로 말미암아 1937년 이후로 단체가 정상적인 활동을 하지 못했고,
1943년 헬싱키에서 개최될 예정이던 제4회 노동자 올림픽 대회는 무산되고 말았다.
1946년 사회민주주의 스포츠인터내셔널이 재건되기는 했지만 그 규모 또한 이전보
다 훨씬 축소되었다. 이후 SASI를 계승하는 조직으로 1946년에 국제노동자아마추어
스포츠연맹International Labour and Amateur Sports Confederation(CSIT, Confédération Sportive
Internationale Travailliste et Amateur)이 설립되었는데, 이 단체는 1973년 국제경기연맹총
연합회GAISF의 회원국이 되었고, 1986년에 IOC의 공인을 받은 산하 단체로 편입되었
다. 한편 IOC와 올림픽에 대항해 등장했던 또 하나의 국제경기대회는 소련에서 '자본
주의적 근대 올림픽'에 대항해 1928년 창설·개최했던 '스파르타키아드Spartakiada' 국
제 대회가 있었다. 그러나 소련이 1952년 헬싱키올림픽에 참가하면서, 국제 대회는 중
단되었다. 이후 '소련 인민의 스파르타키아드Spartakiada narodov SSSR'라는 이름의 국내
대회로 1956년에 시작되어 소련이 해체되던 1991년까지 계속되었다고 한다.

했다.

국제 정세의 변화도 가네포에 커다란 영향을 끼쳤다. 중소 대립은 가네포의 단결에 커다란 제약을 가했다. 반공화反共化로 돌아선 인도네시아는 가네포에 대한 열의를 상실하고 말았다. 아시아 가네포가 내세웠던 강렬한 반미 성향은 소수의 회원국 안에서도 널리 공유되었다고는 할 수 없었다. 1972년 중국과 미국이 서로 접근하기에 이르러 가네포는 완전 어릿광대극이 되고 말았다. 하기는 그때에 가네포는 이미 과거의 유물로 전락해 있었다. 그렇다고는 해도 일본을 포함한 국제 스포츠계에 제3세계 목소리의 중요성을 각성시켜 주었다는 점은 가네포의 커다란 성과였다.

1970년대에 국제 스포츠계로 복귀했던 중국은 탁구 종목에서 아시아·아프리카·라틴아메리카 대회를 개최하거나, 국제 스포츠계에서 IOC의 패권에 도전했던 유네스코에 협력하기도 했지만, 기본적으로 국제 스포츠계로의 편입을 지향했다. 다음 장에서 다루겠지만 1979년 중국은 IOC에 복귀했고, 그 전후로 서아시아·동남아시아·아프리카 12개국이 IOC에 가입하게 되면서, IOC는 지구 대부분의 국가와 지역을 포괄하기에 이르렀다. 그것은 제3세계 스포츠 정치화의 원동력이던 독립운동이 잦아들었던 정세를 반영하는 것이기도 했다. 그리하여 1980년대 이후는 올림픽에 대한 대항 운동이 확산될 여지가 지극히 축소되었다. 그런 맥락에서 가네포는 최후의 대규모 반올림픽 운동이었다.

그 후에 스포츠와 정치를 적극적으로 결부시키는 주장이 광범위한 지지를 받은 일은 없었다. 그러나 그렇다고 해서 스포츠 세계가 정치로부터 독립했음을 의미하지는 않는다. 올림픽 자체가 정치적인 싸움 혹은 정치와의 다툼에서 점차 주된 싸움터로 변모해 갔기 때문이다.

5. 북한의 배제와 포용

올림픽 참가로 가는 여정

한반도의 남북한 문제는 두 곳의 공인된 NOC가 '중국' 대표권을 놓고 경쟁했던 '두 개의 중국' 문제와는 다소 위상을 달리했다. 이 장 마지막 부분에서 북한에 초점을 맞춰 문제의 전개를 살펴보고자 한다.

한반도에서는 서울의 조선올림픽위원회(KOC, 이후 대한올림픽위원회)가 IOC 공인을 얻었고, 북한은 IOC가 공인한 NOC가 존재하지 않았다.[99] 따라서 1952년 북한이 헬싱키올림픽에 단독 참가를 희망했지만 NOC가 없다는 이유로 인해 거부되었던 일에 대해서는 앞에서 언급했다.

1950년대 후반에 북한은 국제 스포츠계 참여를 확대한다. 1956년 2월 국제배구연맹FIVB에 가입해 8월 파리에서 열린 세계선수권대회에 참가한 것을 시작으로 1958년까지 사격·농구·탁구·복싱·스케이트·핸드볼·축구·체조·레슬링 등의 IF에 가입했으나 실질적인 교류는 공산권 진영 내부에 머물렀다.

---

99) 대한민국 정부 이전 미군정 치하였던 1947년 6월 조선올림픽위원회(KOC, Korean Olympic Committee)가 설립되어 IOC에 가입했다. 이후에 한반도의 대표로 승인받은 KOC는 올림픽 참가 권리가 있었으나, IOC의 승인을 받지 못한 북한은 올림픽 참가를 위해서는 '1국가 1NOC' 원칙에 의해 KOC와의 단일팀 구성이 필요하게 되었다. 주석 (1장 17)(58쪽) 참조.

다른 한편으로 북한의 IOC 가입은 더없이 힘들었다. 올림픽헌장은 한 나라·한 지역에 하나의 NOC만 허용하고 있었다. 따라서 중국·독일 같은 분단국에 대해서는 단일팀을 결성하도록 권고했다. 1957년 9월의 IOC 총회〔불가리아 소피아Sofia〕에서 북한 가입 문제가 논의되었다. IOC는 북한올림픽위원회의 북한 내 활동은 인정했지만, 대외적인 사업은 KOC 소관이라며 남한과의 단일팀 구성을 권유했다. 이 시점에서 북한 선수가 올림픽에 참가하려면 남한과 단일팀을 결성해야만 했던 것이다.

1958년 12월에 북한올림픽위원회는 1960년 로마올림픽 참가를 위해서 남북 단일팀 결성을 협의하자고 KOC에 제안했다.[100] 이듬해 5월 IOC 총회〔서독 뮌헨München〕에서 단일팀 문제를 논의키로 했으나, (서독과는 국교가 없던) 북한 대표는 서독에 입국할 수가 없었다. IOC는 홍콩에서 회담을 다시 열 것을 제안했으나 한국 측은 '국제범죄 조직으로 딱지가 붙은 집단을 신성한 스포츠맨의 전당에

---

100) 북한은 올림픽 참가를 위해서는 남북 단일팀을 구성해야 한다는 IOC의 권고를 수용해, 로마올림픽에 대비해 '조선 유일팀'을 구성하자고 남한 KOC에 공식적으로 제안했다. 당시 남한 KOC 위원장 겸 IOC 위원인 이기붕에게 그와 관련한 제안을 했던 북한올림픽위원회 위원장은, 소설 『임꺽정』의 작가로 해방 후 월북해 내각 부수상이 된 홍명희洪命憙였다. 기록에 따르면 그는 해방 후 월북하기 이전인 1946년 무렵 서울에서 조선체육회 고문으로 활동했다고 한다. 이후 홍명희는 1963년 북한이 독립된 NOC로 승인받을 때까지 전 기간에 걸쳐 IOC와 연락·소통하고 수많은 성명을 내는 등, 당시 북한 체육계에서 주도적인 역할을 수행했다. 주석 (1장 17)(58쪽) 참조.

들이는 것을 허락하는 행위와 마찬가지'라며 단호히 반대하고 나섰다. 단일팀 결성으로 별달리 이점이 없다고 여겼던 한국은 비협조적인 태도로 일관했다. 북한은 일본 쪽에 협조를 구했지만 일본도 북한을 위해서 갈등을 중재하는 모험을 하려고 들지는 않았다.

1962년 6월 IOC 총회(소련 모스크바)는 한국에 대해 북한과 단일팀[101]을 결성할 것을 권유하고 9월 1일까지 회답하도록 요구했다. 만일 KOC가 이를 수용치 않을 경우에는 북한이 단독으로 참가하는 것으로 해서, 북한의 잠정적인 IOC 가입을 승인했다. 한국 측의 비협조적 태도에 답답해하던 IOC가 부아가 치민 형국이었다.[102] 8월 14일에 이르러서야 한국은 단일팀 결성에 동의한다는 서한을 IOC에게 보냈다. IOC 오토 마이어 사무총장은 '이러한 협정의 성립은 올림픽이 정치에 우선함을 보여 주는 새로운 성공이다'라며 성과를 자랑했다. 하지만 IOC가 기뻐하기에는 때가 아직 일렀다. 한국은 그 후에도 북한 측의 협의 신청을 죄다 무시했다. 12월에 접어들어 오토 마이어 사무총장도 '더 이상의 조정 노력을 해봤자 시간 낭

---

101) 남한에서는 '단일팀', 북한에서는 '유일팀'이라고 불렀다.
102) 이로 인해 IOC 내에서는 단일팀 구성에 비협조적인 남한 측의 입장을 성토하며 KOC를 IOC에서 제명해야 한다는 여론이 일기도 했다.

비'라며 단념하고 말았다.

1963년 1월 24일에 (도쿄올림픽 단일팀 구성을 위해) 스위스 로잔에서 남북한 양측 대표가 만나서 협의 끝에 원칙적인 의견 일치를 보았지만, 그다음 날 한국 대표는 일방적으로 철수하고 말았다. 쟁점이 되었던 사항은 국기 문제였다. 한국은 자국기인 태극기의 사용을 주장했다. 태극기는 과거 올림픽에서도 사용되어 세계적으로 널리 알려졌으며, 남북 분단 이전부터 사용했다는 것이 한국 측 주장의 근거였다. 단일팀에 한쪽의 국기를 사용하는 것을 상대방이 받아들일 리가 없었다. IOC는 올림픽 마크 아래 'KOREA'라고 적은 디자인을 제안했다.[103]

2월 20일부터 일본 (나가노長野) 가루이자와輕井澤에서 개최된 스피드스케이팅세계선수권대회는 국기·국가를 사용하지 않는 이례적인 대회였다.[104] 이 대회는 남북한이 동시에 참가한다는 사실로 많은 주목을 받았는데, 2

---

103) 국가 문제는 남한이 제안한 '아리랑'을 북한이 수용함으로써 해결되었다(당시 남북한 단일팀의 국가로 합의를 본 '아리랑'이 공식적으로 단일팀 단가로 사용되었던 것은, 그로부터 27년 후인 1991년의 일본 지바 세계탁구선수권대회에서 단일팀이 결성되었을 때였다). 그런데 국기 문제에서 말썽이 생겼다. 북한은 파격적 제안을 내놓았는데, 1번째 안은 앞면은 태극기이고 뒷면은 인공기로 하자는 안이었다. 2번째 안은 한반도 지도를 넣고 중심부에 오륜 마크 표시를 하자는 안이었는데, 여기에 IOC가 'KOREA' 표기를 넣자고 제안하여 남북한이 모두 동의했으나, KOC의 갑작스런 태도 변화로 그 깃발은 쓰이지 못하고 말았다.
104) 대회의 공식 명칭은 '세계올라운드스피드스케이팅선수권대회World Allround Speed Skating Championships'로 사상 최초로 남자와 여자 대회가 같은 날 같은 경기장에서 열리기 시작한 대회로 알려져 있다.

월 12일에 한국 정부가 돌연 참가를 취소한다고 발표했다. 이미 일본 나가노에 도착했던 한국 선수단에게는 '청천벽력' 같은 소식이었다. 그 후에도 한국 측의 태도는 여러 번 바뀌었다가 18일에 이르러 '북한이 출전하는 이상 한국은 이 대회에 참가할 수는 없다'라고 정식으로 대회 불참 성명을 냈다. 한편 북한은 명칭을 '조선민주주의인민공화국(DPRK, Democratic People's Republic of Korea)'으로 변경해 줄 것을 요구했다. 스웨덴 출신의 국제빙상연맹(ISU, International Skating Union) 스벤 라프트만Sven Låftman 부회장은 정치적 문제에는 즉답할 수 없다며 그러한 요구를 거절했다. IOC는 북한을 국가가 아닌 지역을 대표하는 NOC로 간주했지만, 북한은 그와 같은 대우에 만족하지 않았다.

4월 KOC의 이상백 부위원장이 로잔에서 IOC 측과 회담하고, IOC가 제안한 깃발을 채택하는 데에 동의했다. 그에 따라 5월 17일부터 홍콩에서 남북한 간의 직접 회담[105]이 시작되었으나 여전히 양측 주장의 간극을 좁히지는 못했다. 7월 26일부터 홍콩에서 재차 남북 회담이

---

105) 이 회담은 IOC가 빠지고 남북한 당사자끼리 직접 만나 단일팀 구성을 논의한 첫 사례였다.

열렸으나, 한국 측은 북한 측이 지난번 회담 이후에 왜
곡 선전을 했다며 사과를 요구했고, 그러한 요구가 거절
되자 회담을 취소해 버렸다.[106) 8월에 브런디지 위원장
은 로잔에서 양국 대표를 소집했지만, 한국 대표는 IOC
관계자와 회담한 후에 북한 측 대표를 만나지도 않고서
귀국해 버렸다. 브런디지는 한국 측에 단일팀 결성의 의
지가 있는지의 여부를 8월 말까지 보고할 것과, 그렇지
않으면 북한의 단독 참가를 승인하겠다는 사실을 통보
했다. 8월말이 되어서야 한국 KOC는 IOC에 '단일팀 문
제를 더 이상 토의하고 싶지 않다'는 의사를 전해 왔다.
이로써 남북 단일팀 구성은 결국 무산되었고, 10월의
IOC 총회(서독 바덴바덴)에서 북한의 단독 참가가 승인되었
다.[107)

---

106) 7월 26일의 3차 홍콩 회담에서 남측 대표가 일방적 기자회견과 성명을 발표한
후에 회담 결렬을 선언하고 회담장을 빠져나갔다. 이로써 올림픽 참가를 위해 북한이
1958년 12월 남한 KOC와 단일팀 구성을 위한 공식 협상을 제안한 이래, 6년 만에 어렵
사리 성사되었던 분단 이후 최초의 남북 체육 회담은 아무런 성과 없이 끝나고 말았다.
107) 북한은 1963년 10월 19일 바덴바덴 IOC 총회에서 독립 NOC로서 정식으로 자
격을 인정받았다. 이후 북한은 1964년 오스트리아 인스부르크 동계올림픽부터 독자
적으로 참가할 수 있게 되었다(북한은 처음 참가한 동계올림픽에서 여자스피드스케이팅 한필화韓弼
花 선수가 은메달을 땄는데, 동계올림픽에서 남북한뿐만이 아니라 아시아인 최초로 스케이팅 종목에서 획득한 메
달이었다). 그러나 한편으로 국호에 관해서 IOC는 관례에 따라 남한은 'Korea', 북한은
'North Korea'로 규정함으로써 북한의 국호 논쟁이 본격화된다. 북한은 '북한北韓'에서
'한韓'이 대한민국의 '한'을 의미하기 때문에 '북한North Korea'이라는 명칭을 강하게 거
부했다. 그러한 국호 문제는 1964년 도쿄올림픽을 기점으로 새롭게 쟁점화 되었고, 국
호를 둘러싼 논쟁은 1968년 멕시코시티 IOC 총회와 1969년 바르샤바 IOC 총회에서
북한 국호인 'DPRK'가 승인될 때까지 계속 전개되었다.

도쿄올림픽 보이콧

1964년 1월에 북한은 (오스트리아) 인스부르크Innsbruck 동계올림픽에 참가했다. 하계·동계를 통틀어 북한으로서는 최초의 올림픽 참가였다.[108] 그런데 10월 도쿄올림픽을 앞두고 북한의 참가 자격 문제가 불거졌다. 국제육상연맹IAAF과 국제수영연맹FINA이 전해 11월에 열렸던 가네포 대회에 출전하는 선수의 올림픽 참가를 불허하겠다고 대회 전부터 경고했음에도 불구하고, 북한이 가네포에 주전 선수들을 보냈던 것이 문제가 되었다. 여자 400m 종목에서 우승했던 신금단辛金丹[109]도 가네포에 참

---

108) 북한이 하계올림픽에 처음으로 참가한 것은 1972년 서독 뮌헨올림픽이었다.

109) 1938~현재. 북한의 육상선수. 영문명은 Sin Kim-dan 또는 Shin Keum-dan. 1960년대 단거리·중거리 세계 육상의 최강자로 군림했다. 함경남도 이원군 출신으로 그녀의 부친 신문준辛文濬은 6.25 전쟁 중 1.4 후퇴 때 가족을 두고서 홀로 월남했다. 성장한 후 그녀는 희천熙川 공작기계 공장에서 선반공으로 일하다가 육상의 재능을 인정받아 1958년부터 선수로 활동하게 되었다. 이후 그녀는 1960년대 초중반 국내외 각종 육상대회의 400m·800m 종목에서 11번의 공인·비공인 세계신기록을 수립·경신하며 금메달 28개, 은메달 1개를 획득했다. 이 책에서 다루는 1963년 11월 자까르따의 가네포 대회에서 육상 200m·400m·800m를 석권하며 3관왕을 차지했는데, 400m에서는 51초 4, 800m에서는 사상 최초로 2분대를 돌파하는 1분 52.1의 경이로운 세계신기록을 달성하기도 했다. 그녀의 공인기록은 400m에서 1964년에 수립한 51초 2, 800m에서 역시 같은 해에 수립한 1분 59.F로 알려졌는데, 이들 기록은 이후 30년 이상 깨지지 않았다. 참고로 1986년 아시안게임에서 육상 3관왕을 달성하며, 제2의 신금단으로 불렸던 임춘애 선수의 800m 최고 기록이 2분 05.72였으니, 신금단이 수립한 당시 기록들이 얼마나 대단했는가를 새삼 느끼게 한다. 이후 1966년 프놈펜의 아시아 가네포 대회에서도 육상 200m·400m·800m를 석권했으나 기록은 저조했다. 여러 기록에 따르면 그녀는 1965년을 제외하고, 400m에서 1959~1967년, 800m에서 1960~1967년 동안 최강자로 군림했던 것을 알 수 있다. 이 책에서 다루는 1964년 도쿄올림픽을 앞두고 가네포와 관련된 정치적 이유로 그녀의 올림픽 출전 자격이 박탈되었고, 이에 반발한 북한 선수단은 전원 철수를 결정했다. 그런 과정에서, 일찍이 월남했다가 신문에 실린 딸의 사진을 보고서 도쿄로 달려온 부친 신문준과 그녀는 도쿄 시

가한 주전 선수들 중 하나였다. 신금단은 도쿄올림픽에서도 금메달 기대주로 유력시되었으나 IAAF가 징계처분을 철회하지 않는 한 올림픽 본선에 출전할 수 없게 되었다. 북한은 여러 차례 제재 철회를 요청했지만 IAAF는 한사코 거부했다.

개최국 일본으로서도 두고 볼 수만은 없는 문제였다. JAAF 아오키 한지 이사장은 '이 문제는 IF의 문제다. 그렇다고 해서 일본이 팔짱을 끼고만 있어서는 안 될 일이다. 개최국으로서, 아시아 속의 일본이라는 입장과 세계 속의 일본이라는 입장을 여러 가지로 종합해서 JAAF의 방침을 정하고자 한다'라고 말했다. 그 후에 북한은 제재가 철회되지 않으면 대회를 보이콧하겠다는 말까지 꺼냈다. 아시아에서 처음 열리는 올림픽에 아시아의 가까운 이웃 나라가 참가하지 않게 된다면 일본의 체면은 말이 아니게 될 판국이었다. JAAF는 '재일조선인과 인도네시

내의 조총련계 조선회관에서 7분 동안의 극적 상봉을 하기에 이르렀다. 뒤이어 철수하는 북한 선수단이 기차를 타는 우에노上野 역에서 다시 짧게 해후한 뒤에 신씨 부녀는 다시는 서로 만날 수 없었고, 부친 신문준 또한 1983년에 사망하게 된다. 부녀가 헤어지는 마지막 순간에 그녀가 외쳤다는 '아바이 잘 가오'라는 말에 영감을 받아 만들어졌다는 '눈물의 신금단', 「부녀의 슬픔」 등의 노래 및 관련 영화가 한때 유행하는 등, 남북 분단 이후 최초의 공식적 이산가족 상봉으로 기록되었던 부녀의 슬픈 만남은 당시 우리 사회에 분단의 아픔을 나타내는 상징적 사건으로 숱한 화제를 뿌렸었다. 그녀는 결국 올림픽 본선에서 메달을 따지는 못했으나, 이후 북한에서 체육인으로 최고의 명예인 '인민체육인' 칭호를 수여받았고, 현재까지도 체육 지도자로 활동하고 있다고 알려져 있다.

아인의 불만을 누그러뜨리기 위해서라도 최후까지 성의를 보이고자' 아사노 긴이치를 (IAAF 본부가 있는) 런던으로 파견했다. 앞서 가네포 때도 그랬지만, 아사노는 어디까지나 IAAF의 입장에 서 있는 인물로 당시의 영국 방문에 임해서도 북한의 도쿄올림픽 출전 금지 해제를 요청하러 가는 것은 아니라며 매우 소극적인 태도를 보였다. 그런 아사노를 선택했던 시점에서 보면 일본이 말하는 '성의'가 어느 정도였는지를 짐작할 수 있게 한다. 국제 스포츠계에 대항하면서까지 아시아의 연대를 옹호할 생각은 애초부터 없었던 셈이다.

일본 조직위원회는 가네포에 출전했던 선수를 참가시키지 말라고 북한에게 호소했지만, 북한 측이 제출했던 선수 명단에는 신금단 등 가네포에 출전했던 선수들이 포함되어 있었다.

10월 3일에 IOC와 각국 NOC의 합동회의가 열렸다. 소련의 알렉세이 로마노프Aleksey Romanov 위원이 가네포 참가 선수의 제재를 해제하자고 호소했다. 그러나 인도의 손디는 1962년 아시안게임에서 타이완·이스라엘이 참가할 수 없었던 것은 문제 삼지도 않으면서, 이번에 북한·인도네시아의 문제를 다루는 것은 이상하다며 반대 의사를 나타냈다. 브런디지 위원장은 IF의 결정을 존중한다고 의견을 밝혔다.

10월 5일 북한 선수단이 일본에 도착했다.[110] 7일에 FINA, 8일에 IAAF가 제재를 철회하지 않겠다고 발표하자(아사노는 처분 취소에 반대하는 쪽에 표를 던졌다), 북한의 김종항金鍾恒 단장은 선수단 전원의 철수를 통보하고, 이어서 인도네시아의 말라디 체육부장관도 인도네시아 선수단의 철수를 발표했다. 중국은 북한·인도네시아의 올림픽 보이콧을 지지한다는 성명을 발표했다.

올림픽을 보이콧하기까지에 이르는 과정에서 규칙 rules 지상주의를 내세우는 IF의 강경한 자세가 눈에 띄었다. 그런 IF를 좌지우지한 세력은, 가네포가 공격의 창끝을 겨눴던 서구인이었다. 그들은 '규칙을 지킨다'는 이유를 내세워 정치적 스포츠 대회에 반대했으나, 도리어 그런 행위야말로 참으로 정치적인 것이었다. 물론 북한·인도네시아로서는 가네포에 출전치 않은 선수만을 참가시키는 선택을 할 수도 있었다. 실제로 브런디지 위원장은 '규칙을 어겼던 몇몇 선수를 위해 170여 명의 선

---

110) 북한은 올림픽 시작 일주일 전쯤 170여 명의 선수단을 일본에 파견했는데, 이는 가네포 대회와 비슷한 규모였다. 한편 남한 쪽도 1960년 로마올림픽의 34명에 비해 4배 이상 늘어난 160여 명 규모의 선수단을 파견했다.

도판13. 눈물을 흘리며 귀국하는 북한 선수단(마이니치 포토뱅크)

수들이 희생되어서는 안 된다'고 북한 측에 충고하며 설
득했다. 북한·인도네시아가 올림픽 보이콧 방침을 발표
한 날, IOC 총회는 '정치 배제'를 다시금 확인했다. 아사
히신문은 보이콧 사태에 대해 다음과 같이 논평했다.

"근본적으로는 지금까지 선진국 위주였던 스포츠 판도
가, 신흥국가들의 등장으로 변화를 겪을 수밖에 없는 과
도기에서 다툼의 양상으로 나타났으며, 좋든 싫든 스포
츠계를 뒤흔드는 정치 문제이기도 하다."

(「아사히신문」 1964년 10월 9일)

가네포가 세계에 보여 주었던 것은 스포츠와 정치는 불가분의 관계에 있다는 사실이었다. 올림픽이라고 해서 그로부터 벗어날 수는 없었다.

정식 명칭을 쟁취하기까지

북한은 도쿄올림픽에 (정식 국호가 아닌) '북한North Korea'이라는 명칭으로 참가할 생각이었다.[111] 그러나 이후에 북한은 정식 국호만을 고집하는 쪽으로 방침을 전환했다. 그 첫 사례가 1967년 1월에 열린 세계여자배구선수권대회(도쿄)였다.

이 대회는 동독·북한과 관련해 일어날 말썽에 대비해서 시상식에서 국기·국가를 사용하지 않는다는 방침이

---

111) 따지고 보면 도쿄올림픽에 신금단 선수가 참가하는 문제는, 자신들이 주장하는 '조선민주주의인민공화국DPRK'이라는 정식 국호를 포기하고서 '북한North Korea'이라는 명칭을 사용할지라도 북한이 올림픽에 참가해야 할 유일한 명분이었다. 당시 남북한은 국제사회에서 국가 정통성을 둘러싼 시비로 치열한 체제 경쟁을 벌이던 시기였으므로, 만약 신금단 선수가 도쿄올림픽에서 금메달을 땄다면 남한의 입장에서는 매우 곤혹스런 상황이 벌어지는 판국이었다. 따라서 남한은 신금단 선수를 포함한 북한의 올림픽 참가 자체를 저지하기 위한 방해 공작을 물밑에서 치열하게 진행했다(신금단 선수의 부녀 상봉에 남한의 중앙정보부가 조직적으로 개입했다는 것은 널리 알려진 사실이었다). 이처럼 남한은 1950년대 말부터 북한이 국제 스포츠계에 진출하는 것을 적극 견제했고, 또한 국제 스포츠계에서 두각을 나타내는 북한의 경기력에 민감하게 반응·경계했음을 알 수 있다. 남북한의 스포츠 경쟁이 본격화하면서 1966년 6월에 태릉선수촌이 개장하기에 이르렀다.

었다. 그런데 북한은 국기·국가를 사용하지 않는 방침에
도 반대했다. 정치와 스포츠는 불가분의 관계라고 생각
하는 북한에게 국기·국가는 대회에 참가하는 의의와도
관련된 중대한 문제였다. 일본 측은 국기·국가를 사용
치 않는 것은 IF가 결정한 것이고, 또한 국명은 도쿄올림
픽의 예에 따른 것으로 변경할 수 없다는 입장이었다. 하
지만 북한 측에게는 IF나 IOC의 권위는 통하지 않았다.
1966년 12월 23일에 북한은 정식 국호를 사용하지 못할
경우에는 참가를 거부한다고 강력히 항의했다. 이듬해
인 1967년 1월 2일에 폴란드가 국기·국가·국명과 관련
해 FIVB에 항의, 11일에는 체코슬로바키아가 불참을 표
명하고, 북한·중국·헝가리·폴란드·동독·소련이 잇따
라 대회 불참을 밝히면서 세계선수권은 한국·일본·미
국·페루 4개국만으로 대회를 치렀다.

　1967년 8월 유니버시아드Universiade[112](도쿄)에서도
국호 문제로 실랑이가 벌어졌다. 그해 3월에 조직위원
회는 '북한' 명칭을 사용하겠다고 발표했다. 일본 정부
가 조선민주주의인민공화국을 승인하지 않고 있고, 그

---

112) 국제대학스포츠연맹이 주최하는 종합 스포츠 대회이다. 대회명은 대학을 의미하
는 영어 유니버시티University와 올림피아드Olympiad의 합성어이다. 세계대학경기대회
(World University Games, World Student Games)라고도 부른다.

도판14. 한국에서는 '북괴北傀'가 당당히 '조선대학체협朝鮮大學體協'이라는 이름을 대고 나섰다면서, '외교적 대실패'라고 보도했다(「조선일보」 1967년 7월 20일)

와 같은 '국'명으로는 입국이 불허되며(북한은 '지역'명임), 국제대학스포츠연맹(FISU, Fédération internationale du sport universitaire)은 올림픽 방식의 국호를 채택한다는 사실 등이 그 주된 이유였다. 북한은 '국교가 없다는 이유로 타국의 국호를 멋대로 날조해도 상관없다는 권리를 누가 일본에게 주었는가. 일본의 책동을 절대 용서하지 않겠다'며 강한 어조로 일본 측을 비난했다.

7월 17·18일의 국제대학스포츠연맹 집행위원회는 각국의 학생스포츠단체 약칭을 사용하기로 결정, 북한은 KSSA(조선대학생스포츠협회)로 부르기로 했다. 그러나 이는 학생스포츠단체의 정식 명칭인 '조선민주주의인민공화국 대학생스포츠협회'의 약칭 'SSDPRK'가 아니었다. 한편 한국은 해당 협회의 약칭인 KUSB[113]의 사용이 허용되었다. 북한은 그러한 결정은 부당하다고 항의하며 대회를 보이콧했고, 소련·동유럽의 7개국이 북한에 동조했다. 보이콧 사태로 요동치던 유니버시아드를 스포츠평론가 가와모토 노부마사는 '스포츠와 정치의 골짜기에 활짝 핀 꽃'이라고 평했다.

1968년 2월 IOC 총회(프랑스 그르노블Grenoble)에서 북한의 명칭을 '북한'과 '조선민주주의인민공화국'의 어느 쪽으로 정할 것인가를 두고서 투표가 실시되었다. 결과는 31표 대 21표(기권 2표)로 '북한' 쪽으로 결정되었다. 북한 대표는 그르노블 동계올림픽 보이콧을 선언했으나, 이번에는 공산권 국가들이 동조하지 않았다. 아사히신문은 'IOC의 역사가 오래되었고, 조직이 튼튼해서 각국에 있어서 차지하는 비중이 크다'는 점이 원인으로 작용했을 것으로 추측했다. 같은 총회에서 남아프리카공화국의 멕시코시티올림픽 참가를 승인한 일과 조선민주주의인

---

113) 대한대학스포츠위원회(KUSB, Korea University Sports Board)는 대한체육회 산하 위원회 가운데 하나로 2년마다 개최되는 동·하계유니버시아드에 선수단을 구성·파견하는 역할을 담당한다.

민공화국의 명칭이 허용되지 않은 사태에 대해 항의하며 북한은 다음 달에 개최되는 멕시코시티올림픽에도 참가하지 않겠다고 선언했다.

그러나 1968년 10월 8일에 멕시코시티올림픽을 목전에 두고서 북한 문제가 극적인 타결을 보았다. 북한이 멕시코시티올림픽에는 '북한'으로 출전하고, 다음 대회부터는 '조선민주주의인민공화국'의 국호로 출전한다는 데에 동의했기 때문이다. 현지에서 열린 IOC 총회에서 남북한 대표 간에 서로 호통을 치며 회의장이 어수선해지자, 브런디지 위원장이 중재안을 내놓은 것이었다. 북한이 그런 중재안에 응했던 이유는 가네포가 이미 유명무실해졌고 그르노블 동계올림픽 보이콧에 동조하는 국가들이 나타나지 않는 등, 국제 스포츠계에서 북한의 고립이 심화되었다는 사실이 배경에서 작용했을 것으로 추측되었다. 그렇다 하더라도 차기 대회부터 정식 국호를 사용한다는 방안을 한국 측 위원의 면전에서 통과시켰던 일은 북한 측으로는 값진 '승리'였던 셈이다.

모두가 이로써 현안이 해결되었다고 생각했으나, 그로부터 4일 후에 북한은 대회 보이콧을 선언해 버렸다.

"IOC의 결정은 IOC의 반동적 지배층이 미 제국주의자와 공모해 올림픽 이념과 헌장 정신을 난폭하게 짓밟고, 우리나라 선수단의 명칭을 제멋대로 날조했던 지금까지의 모든 결정을 더욱 교활하고 그럴싸하게 꾸며 내놓은 것으로, 올림픽 역사에 일찍이 유례가 없는 수치스런 음모이다. 우리나라의 정당한 요구 수용을 거부하는 한 멕시코 올림픽 대회에는 절대 참가하지 않을 것이다."

「아사히신문」1968년 10월 13일)

한국의 체육학자로 북한과 협상했던 경험을 지닌 이학래李學來에 따르면, 북한은 국제 대회에서 한국과의 대결을 매우 중시해서 승산이 있는 대회나 종목에 한해서만 참가했다고 한다. 스포츠 저널리스트 오시마 히로시大島裕史가 예로 들었던 한국인 기자의 발언, 곧 '신금단도 이미 노장 선수고, 그녀가 출전해도 성적이 잘 안 나올 것이므로 호칭을 구실로 삼았다고 생각한다. 결국 자신감이 있으면 나오고, 아니면 온갖 구실을 대고서 나오지 않는다. 그런 특성이 있는 것이다'라는 언급은 멕시코시티 올림픽에서 북한이 보인 불가해한 행동을 잘 설명해 주고 있다.

멕시코시티에서 개최한 IOC 총회에서는 '타이완'을 '중화민국'으로, '동독'을 '독일민주공화국'으로 각각 명칭을 변경하는 안이 승인되었다(그르노블 동계올림픽에서 동서독 단일팀은 해체되었다). 북한의 명칭 변경은 해당 국가가 요구하는 명칭을 채택한다는 IOC의 새로운 방침의 일환이었던 셈이다.

북한이 올림픽을 보이콧했던 까닭에 명칭 변경 문제는 애매한 상태로 남게 되었다. 1969년 6월 IOC 총회(폴란드 바르샤바Warszawa)에서는 북한의 명칭 문제를 둘러싸고 격렬한 논쟁이 예상되었다. 한국 IOC 위원 장기영張基榮[114]은 '격렬한 논쟁이 벌어지겠지만 정의가 이길 것'이라며 비장한 마음가짐으로 총회에 임했다. 그러나 '조선민주주의인민공화국'으로 명칭을 바꾸자는 투표에서는 찬성 28표, 반대 15표, 기권 2표로 손쉽게 결론이 나 버렸다. 이로써 국제 스포츠계가 북한을 수용할 준비는 갖추어졌다. 이제 남은 곳은 중국뿐이었다. 국제 스포츠계에 있어서, 문화대혁명으로 인해 외부로부터 완전히 고립되고 말았던 중국을 포용하는 문제는 1970년대의 커다란 과제가 되었다.

---

114) 언론인으로 부총리를 역임한 장기영은 1967~1977년 기간 동안 IOC 위원에 재임했다.

제2장
중국의 포용
—— 1970년대

제7회 아시안게임 개막식에 참가한 중국 선수단
(https://www.icswb.com/h/163/20180818/554400.html)

1. 탁구와 아시아 —— 또 하나의 핑퐁외교

탁구계의 중일 패권 다툼

가네포는 아시안게임과 올림픽을 정점으로 하는 아시아 및 세계의 기존 스포츠계에 대한 강력한 도전이었다. 그 도전은 결국 실패로 끝났으나 가네포가 제기한 문제, 즉 스포츠가 정치와 밀접하게 관련되어 있다는 사실을 계속 도외시하는 일은 곤란해졌다. 그 결과 IOC는 브런디지 위원장 시대[1]의 교조적 스타일의 스포츠 비정치주의를 포기하고, 정치와의 관계에 더욱 유연한 자세를 취하게 되었다. 1979년 중국의 IOC 복귀는 그러한 정치와 스포츠의 관계 변화에서 비롯되었다. 그 돌파구를 열었던 것은 탁구였다. 1975년 이후 중국은 IOC 및 IF와는 관계를 단절했으나, 타이완이 가입하지 않았던 탁구·배구·스케이트의 개별 IF와는 관계를 유지하고 있었다. 그중에서 탁구는 국제탁구연맹(ITTF, International Table Tennis Federation)[2]에 중국이 가입하고, 아시아탁구연맹

---

1) 1952~1972년까지 IOC 위원장으로 있었다.

2) 1926년 창설된 국제탁구연맹은 회원국 수가 2017년 현재 227개국으로 205개국이 가입한 IOC를 능가하며, 세계 최다 가맹국을 보유한 국제 스포츠 단체로 알려져 있다. ITTF 산하에는 6개 대륙별 연맹이 있는데, 아시아탁구연합·아프리카탁구연맹ATTF·유럽탁구연맹ETTU라틴아메리카탁구연맹UTLM·북아메리카탁구연맹NATTU·오세아니아탁구연맹OTTF이 그것이다.

〔TTFA, Table Tennis Federation of Asia〕[3]에는 타이완이 가입해 있는 복잡한 상황이었다.

1952년 2월 세계탁구선수권대회〔인도 봄베이Bombay[4]〕는 스케이트에 뒤이어 일본이 제2차 대전 이후 2번째로 참가했던 세계선수권이었다. 일본은 남자 단복식, 여자 단체·복식에서 우승을 거두며 세계 무대에 선명하고 강렬하게 데뷔했다. [5] 아이보 몬테규Ivor Montagu[6] ITTF 회장〔공산주의자였다〕은 이 대회에 중국을 참가시키려 했으나 중국으로부터 응답이 없었다. 그해 가을에 몬테큐 회장은 중국을 방문했고, 이듬해 3월에 중국은 ITTF에 가입했다. [7]

이러한 봄베이 대회에서 아시아 참가국 관계자들이 모

---

3) 1952년 2월 인도 봄베이(뭄바이)에서 창설되었다가, 1972년 5월 중국 베이징에서 창설된 아시아탁구연합(ATTU, Asian Table Tennis Union)이 ITTF의 공인을 받음에 따라 해체되었다.

4) 현재는 뭄바이Munbai로 이름이 바뀌었다.

5) 국제 무대의 첫 데뷔전에서 일본팀은 대회 7종목 가운데 4종목을 제패해 세계를 놀라게 했다. 특히 대회 이전까지도 무명이었던 남자 선수 사토 히로지佐藤博治는 스펀지 러버를 이용한 새로운 탁구 라켓을 들고 출전해 대회 전승을 거두어 버렸다. 그의 이러한 승리는 이후 탁구 경기를 완전히 탈바꿈시켜 본격적인 기술 전쟁이 벌어지는 계기가 되었다고 알려져 있다.

6) 영국인으로 제1대 회장을 지냈으며 1926~1937년까지 11년 동안 Chairman, 1937~ 1967년까지 30년 동안은 President로 총 41년 동안 재임했다.

7) 여타 IF와는 달리, ITTF는 분쟁 지역·국가의 탁구연맹도 회원국으로 인정하는 방침을 채택해 왔다. 그래서 1953년에 당시 서방권과 비우호적 관계이던 중화인민공화국을 공식 회원국으로 포용했는데, 이것이 훗날 1970년대 미중 간의 핑퐁외교의 단초를 제공하게 되었다. 곧 1949년 이후 관계가 단절되어 서로 접촉이 불가능했던 미국과 중국이 함께 속했던 유일한 국제조직이 바로 ITTF였던 것이다. 이윽고 두 나라의 탁구팀은 1971년 나고야에서 ITTF 주최로 개최되었던 세계선수권대회에서 서로 조우하게 되었다.

여서, 새롭게 아시아탁구연맹을 결성, 제1회 아시아선수권대회를 1952년 11월 싱가포르에서 열기로 했다. 대회 개최 1달 전에 중국은 아시아탁구연맹 회원국이 되었으나, 싱가포르 정부가 중국 선수의 입국을 거부했던 탓에 대회에는 참가하지 못했다. 더욱이 1953년 9월에 도쿄에서 열린 제2회 아시아선수권에 타이완이 참가하게 되자 중국은 TTFA를 탈퇴했다.

1953년의 세계선수권(루마니아 부카레스트Bucharest)은 일본 정부가 출국 허가를 내주지 않았으므로 일본 선수는 참가할 수가 없었다. 이듬해 런던 근교 웸블리Wembley에서 열린 세계선수권에서 오기무라 이치로荻村智朗는 일본인으로서 2번째 단식 우승을 차지했다. 이때 오기무라는 영국인이 일본인에 대해 아직 강한 증오심을 가지고 있음을 느꼈다고 한다. 관객뿐만 아니라 심판도 적이었다. 만일 1948년 런던올림픽에 일본팀이 참가했다면 대단히 힘들었을 것이다. 이 대회를 시작으로 일본은 남자 단식 4연패를 달성한다.

1956년의 도쿄대회를 시작으로 세계선수권에 참가했던 중국은 1975년 스웨덴 스톡홀름대회에서 남녀가 모두 단체 3위에 입상했고, 1959년 서독 도르트문트Dortmund

대회에서 마침내 룽궈투안容國團이 남자 단식에서 우승을 차지하며[8] 일본팀의 5연패를 저지했다. 이때 차기 세계선수권 개최지가 중국 베이징으로 결정되었다. 사전에 몬테규가 그에 대한 의견을 물어보자, 하세가와 기요타로長谷川代太郎 감독은 앞서 (일본 정부가 출국을 허가하지 않았던) 부카레스트 대회의 경우를 떠올리면서, '만일 베이징으로 정해지면 일본·한국·미국·남베트남 등은 정치적 관계로 인해 불참할 수도 있을 것이다'라고 대답했다.

1961년 베이징 대회에 즈음해서 미국팀은 국무부의 허가가 나지 않아 출전할 수 없었으나, 일본팀은 출전하는 데에 문제가 없었다. 일본은 남자 복식, 여자 단체, 혼합복식에서 우승, 중국은 남자 단체에서 우승, 개인전에서는 단식에서 남녀 모두 중국 선수가 우승을 차지했다. 남자 단식에서는 준결승에 오른 4명이 모두 중국 선수였다. 이후 문화대혁명으로 참가하지 못하게 되는 1967년에 이르기까지 남자 탁구에서는 중국팀의 패권이 지속되었다(여자는 일본이 연달아 우승했다).

---

8) 공산주의 혁명 이전에 탁구는 중국에서 별달리 인기 있는 스포츠는 아니었다. 그러나 마오쩌둥이 탁구를 중국의 스포츠로 찬양하고, ITTF가 1953년 힘써 노력해서 중국 탁구를 세계 무대로 끌어들이자, 중국 대륙에서는 탁구 붐이 서서히 불기 시작했다. 이윽고 중국이 ITTF에 가입한 지 6년 만에 룽궈투안이 세계선수권대회 우승을 차지했는데, 이것은 중국 선수로는 최초로 세계선수권을 획득한 쾌거였다. 이후 중국 대륙은 탁구 광풍에 휩싸이게 되었다.

표면화하는 대립

세계 무대에서 일본·중국이 탁구 경기의 패권을 다투고 있을 즈음 아시아에서는 중국과 타이완을 둘러싼 물밑 싸움이 치열하게 벌어지고 있었다. 아시아탁구연맹TTFA에서는 한국·필리핀을 필두로 하여 타이완의 국제탁구연맹ITTF 가입을 추진했는데, 그러한 지지세에 힘입은 타이완탁구협회는 1963년 3월에 가입 신청서를 제출했다(이후 1975년에 다시금 2번째로 제출). 그러나 ITTF는 '중화민국'의 국명으로 가입하는 것을 허락하지 않았다. 다음 달에 열린 세계선수권대회 기간 중에, TTFA 내부에서 중국이 배제당하는 상황에 맞서 북한·중국·북베트남·인도네시아·뉴질랜드·인도·싱가포르·일본으로 결성되는 새로운 탁구연맹 창설이 추진되었다. 일본의 기도 히사오城戸尚夫 단장이 TTFA가 분열하는 것을 반대했으므로 새로운 조직이 설립되지는 않았지만, 중국 문제를 둘러싸고 아시아 탁구계에 심각한 대립이 있음을 새삼 부각시켰던 사건이었다.

1964년 9월 서울에서 아시아 탁구선수권이 열렸다. ITTF는 비가맹국인 타이완의 참가를 반대했으나, 타이완은 '이번 대회는 아시아에서 열리는 시합으로 우리가 출전하지 못할 이유가 없다'며 참가를 강행했다. TTFA 총회는 타이완 측에게 ITTF 가입 신청을 할 것을 요구했다.

1967년 아이치愛知공업대학 학장으로 JTTA 부회장인 고토 고지後藤鉀二가 TTFA 회장에 선출되었다. 이듬해 3월 고토는 회장 취임 피로회[9]를 겸해서 TTFA의 주요 회원국을 자비로 나고야에 초대했다. 이때 타이완의 국제연맹 가입이 화제에 올랐다. 중국의 신화통신은 'TTFA는 미 제국주의와 그 앞잡이 사토 정부의 사주를 받고서…… 국제 스포츠계에 두 개의 중국을 만들려는 음모를 진행하고 있다'고 고토 회장을 맹렬하게 비난했다.

타이완 제명을 둘러싼 갈등

1970년 4월 나고야에서 아시아탁구선수권대회가 열렸다. JTTA는 아시아탁구연맹 가입국인 타이완을 초청했다(타이완은 지난번, 저지난번 대회에도 모두 초청받지 못했다). 이에 대해 ITTF의 로이 에반즈Roy Evans 회장은 '타이완 문제에 대해 선처해 주기 바란다'라고 JTTA에 요청했다. 이

---

9) 피로회披露會는 어떤 사실을 발표해 널리 알리기 위해 가지는 모임의 뜻이다.

것이 직접적 계기였는지는 확실치 않지만 5월에 고토는 이듬해인 1971년 4월 나고야에서 열릴 예정인 세계선수권대회에, 1966년 (문화대혁명) 이래 국제 스포츠계로부터 단절되어 있던 중국을 참가시키기로 했다.[10] 이러한 방침은 6월 JTTA 상임집행위원회에서 승인되었다. 네팔에서 열리는 국제탁구대회에 중국이 참가한다는 정보가 입수된 시점이 바로 그 무렵으로, 고토 회장은 '중국·북한이 양국 이외의 나라에 가서 경기를 하리라고는 생각지 못했다. 그런 만큼 이것을 기회로 (두 나라가) 내년 (나고야) 세계선수권에도 참가토록 노력하겠다'라며 갑자기 적극성을 보였다.

6월 네팔 국제탁구대회에 참가했던 나라는 일본·중국·네팔 세 나라였다. 오래간만에 모습을 드러낸 중국팀은 일본팀을 압도했다. 일본 선수단장 가사이 겐지笠井賢二〔아이치공업대학 출신〕는 중국 선수단장 자오시우趙希武에게 나고야대회에도 참가해 줄 것을 요청하자, 그는 '일본을 방문해 선수권대회에 참가하고 싶지만, 참가 여부는

---

10) 1966년부터 시작된 문화대혁명의 영향으로 중국 탁구는 1967·1969년의 세계선수권대회에 불참했을 뿐 아니라, 홍위병들의 박해 속에서 룽궈투안을 비롯한 최고의 선수들이 자살하는 등 불운이 계속되었다. 그러나 국제 정세의 변화와 마오쩌둥의 정치적 득실 판단에 따라 중국 탁구팀은 국제 무대에서 사라진 지 6년 만에 다시 재등장하는 기회를 맞게 되었다.

귀국한 뒤에 중국 정부가 결정할 일이다'라며 즉답을 피했다. 하지만 중국이 참가할 가능성은 매우 큰 편이라며 일본 측의 기대감은 높아져 갔다.

한편으로 고토 회장은 중국으로부터의 압력에 시달리고 있었다. 6월 베이징에 주재하는 사이온지 긴카즈西園寺公一[11]가 일중문화교류협회에 보낸 서한에는 'JTTA는 앞장서 타이완의 ITTF 가입을 촉진하려 하고 있다. 이러한 태도는 나고야대회에 중국의 참가를 촉진하기는커녕 오히려 저지하는 일이다. 중국의 참가를 진정 원한다면 고토 JTTA 회장[TTFA 회장 겸임]은 진정성 있는 태도를 보여야 한다'라는 문구가 있었다. 그 후 12년 만에 귀국했던 사이엔지 긴카즈는 아사히신문과의 인터뷰에서 어떻게 하면 중국이 세계선수권대회에 참가하겠는가라는 질문을 받자 다음과 같이 대답했다.

"우선 중국의 정치 3원칙[중국 적대시 정책을 포기한다, 두 개

11) 1906~1993. 일본의 정치가. 메이지·다이쇼 시기에 내각총리를 지낸 사이온지 긴모치西園寺公望의 손자. 영국 옥스퍼드대학을 졸업하고 34년 외무성 촉탁으로 있으면서 고노에 후미마로近衛文麿 내각의 브레인 역할을 담당했다. 41년 유명한 스파이 사건인 독일인 조르게Sorge 사건에 연루·체포되었다. 58년부터 가족을 데리고 중국으로 이주, 이후 중국 측의 의뢰로 '민간 대사'로 불리며, 일중 간의 우호·교섭 창구 역할을 수행했다. 이후 중국공산당으로부터 '일중문화교류협회 상임이사'의 직책에 임명되어, 베이징에 주재하면서 일중 간 국교가 성립될 때까지 '민간외교'를 책임졌을 정도로 일중 관계에 있어 차지하는 역할과 비중이 매우 컸다.

의 중국을 만드는 음모에 가담하지 않는다, 중일 양국의 국교 정상화를 방해하지 않는다)[12]을 이해하는 일이다. 이러한 원칙조차 알지 못하고서 중국에 호소한들 소용없는 짓이다. 요컨 대 중국은 모든 방면에서 정치가 우선시되는 곳이다. 경 제·문화·스포츠 등 모든 방면에서의 교류는 정치를 떠 나서는 생각할 수도 없다. 그런 사고방식에 입각하면 구체적으로는 타이완과 동석하지 않는 일이다. 따라서 〔TTFA의 고토 회장이 ITTF에〕 타이완의 가입을 추진했던 일 은 잘못된 행위이다. 일본은 자신들이 잘못했다는 사실 을 명백히 밝혀야 한다. 그래야만 협의〔중국의 대회 참가〕의 실마리가 풀릴 것으로 본다." (『아사히신문』 1970년 9월 3일)

이어서 어떤 식으로 잘못했다는 사실을 표명해야 좋을 지에 대해서 질문하자, 그는 '노력한다는 자세를 보여 주 는 것이다'라고 대답했다. 고토 회장은 그의 충고에 따라 일을 추진했다.

9월 25일 고토 회장은 중국을 참가시키기 위해 TTFA

---

12) 일중 관계를 정상화하고 국교를 회복하기 위한 조건으로 1958년 중국 측이 일본 에 원형을 제시, 1959년 3월에 정식화된 원칙이다. 이후 이러한 3원칙은 양국의 국교 정상화를 위한 기본 원칙으로 자리 잡았고, 이를 기초로 해서 무역 3원칙〔경제 3원칙〕이 중국 측으로부터 일본에 제시되었다. 주석 (1장52)(104쪽) 참조.

에서 타이완을 제명하겠다고 발표했다. ITTF는 여러 차례에 걸쳐 'ITTF에 가입하지 않은 국가는 지역 연맹의 회원이 될 수 없다'라는 규약을 준수토록 TTFA에 요청한 바 있는데, 고토는 그러한 요구에 부응함으로써 중국에 성의를 보여 주려 했던 것이다.

12월 5·6일 ITTF 집행위원회는 타이완의 제명을 재확인했고, JTTA에 그러한 취지를 권고했다. 3월·6월에 뒤이어 그해에만 3번째 권고였다. TTFA의 덩더화鄧德華 명예전무이사는 ITTF에 반론을 제기하는 것이 도리에 맞는다면서 고토 회장에게 반대했다. 덩더화의 반론에 따르면 'ITTF에 가입하지 않은 국가는 지역 연맹의 회원이 될 수 없다'는 규약은 1968년에 생긴 규정으로, 타이완은 그보다 훨씬 이전부터 TTFA 회원국이었기 때문이었다.

12월 30일 세계선수권대회에 국고보조금 1,000만 엔을 지급하기로 결정했다. 그날 밤 고토 회장은 사이엔지 긴카지의 중개를 통해, 중국 쪽에 직접 참가를 촉구하겠다는 의사를 표명했다. '중국팀이 참가하지 않는 세계선수권은 의미가 없다. 근래 기술 향상이 두드러진 유럽, 과거 세계 1위였던 중국과 현재 세계 챔피언인 일본이 다투는, 100% 내용이 충실한 세계선수권대회를 개최하고 싶다' —— 이것이 고토 회장의 희망이었다. 그를 위해 정치 3원칙을 받아들이고 TTFA에서 타이완을 제명할 방침임을 확인했다.

1971년 1월 15일에 중국 쪽에서 초대장을 받았던 고토 회장은 곧바로 베이징을 방문했다. 고토 회장 일행은 29일 저우언라이 총리 등과 회견, 2월 1일 중국 쪽 스포츠 관계자와의 회담에 임했다. 회담 벽두부터 중국 측은 '타이완을 제외한다'는 문구를 넣으라는 등의 가혹한 주문사항을 제시했다. 고토 회장은 '이것은 정치경제 교류와는 성격이 다르다. 스포츠 분야의 교류이므로 스포츠맨십과 페어플레이에 근거해 협의하고 싶다'고 주장했고, 정치와 스포츠를 분리한다는 일본 측 사정에 중국 측은 이해를 나타냈다. 최종적으로 중일 양국 대표는 중국의 세계선수권대회 참가와 중일 탁구 교류에 합의했던 다음과 같은 회담 요록要錄에 서명했다.

1. 일본탁구협회JTTA는 국제탁구연맹ITTF 헌장을 준수하며, 국제 탁구 활동의 발전을 도모한다. 특히 아시아탁구연맹TTFA을 ITTF 헌장에 따라서 정돈한다.
2. JTTA은 중국 관계 정치 3원칙에 근거해서 중일 양국

도판15. 중국을 방문해 저우언라이 총리와 악수하는 고토 고지
(학교법인 나고야전기학원電氣學園 제공)

탁구계의 우호 교류를 발전시킨다. 중국탁구협회는
이에 대해서 찬양과 지지의 뜻을 표명했다.

'정돈'이란 TTFA에서 타이완을 제명한다는 조치를 의
미한다. 일본 측이 타이완의 제명에 힘쓰고 정치 3원칙
을 수용하는 행위와 맞바꿔서 중국 측은 세계선수권대회
에 참가하고, 중일 탁구 교류를 추진한다는 것이 회담 요
록의 핵심 내용이었다.

일본에서는 중국의 대회 참가를 반기는 목소리가 많
았다. 친타이완파 이시이 미쓰지로石井光次郎가 회장을
맡았던 JASA에서도 다바타 마사지·고노 겐조·야마구
치 히사타·다케노코시 시게마루 등 친중파 이사들이 포

진해 있어서 이러한 움직임을 환영했다. 반면 스포츠에 정치가 개입되는 것을 달가워하지 않는 인사도 있었다. JOC의 오시마 겐키치는 '타이완의 제명은 불속의 밤을 줍는 것과 같다.[13] 중국을 세계대회에 참가시키기 위해, 아시아를 분열시키는 결과가 되고 말 것이다. 그보다는 타이완이 IF에 가입하도록 일본이 노력해야 한다'라고 생각했다. 문부성 체육국의 기다 히로시木田宏 국장도 '스포츠를 일중 간의 정치 문제와 연계시키고 있다는 인상을 주는 점은 어떻게 하느냐'라며 몹시 못마땅히 여겼다. 자민당 의원들에게서는 스포츠가 정치에 개입했다는 비판까지 나왔다. 그러나 중국과 교류하려면 정치를 회피할 수는 없는 노릇이었다. 스포츠 평론가 가와모토 노부마사가 '중국은 정치가 우선. 일본이 스포츠와 정치를 분리해서 스포츠에 국경은 없다는 식의 안이한 관념적 이상론을 펼치는 것만으로는 아무 일도 할 수 없다는 사실을 우선 알아야 한다'라고 평하는 말이 맞다고 해야겠다.

'극심한 정치 알레르기'를 지녔던 일본 스포츠계가 그때까지 정치로부터 초연할 수 있었던 것은, 어려운 판단

---

13) 위험을 무릅쓰고 남을 위해 애쓴다는 뜻으로 '화중취율火中取栗'이라고도 한다. 우리 속담에 '죽 쑤어 개 준다'에 해당한다. 여기서는 중국의 꾀임에 넘어가 일본은 아무런 이익도 보지 못하고 중국에게 이용만 당하는 꼴이라는 뜻이다.

을 IOC나 IF에 맡기거나 혹은 '불속의 밤을 줍는' 일을 극력 피해 왔기 때문이었다. '스포츠에는 국경이 있고 정치가 깊게 연관되어 있다는 것이 세계의 현실'이며, 이번에 JTTA가 '과감히 하나의 선택을 행하고, 하나의 결단을 단행한' 일은 높이 평가받아야 한다고 아사히신문은 논평했다. 그러한 결단은 일중 우호와 일중 교류 확대라는 조류를 반영한 것이기도 하거니와, 중국의 높아진 국제적 위상을 반영한 것이기도 했다(이해 10월에 중국은 UN 가입을 달성했다).

2월 3일에 고토 회장은 베이징에서 싱가포르로 향했다. 그가 타이완 제명의 시비를 묻기 위해 소집한 TTFA 총회는 7일에 열렸다. 참가국은 일본·타이완 등 12개국이었다. 회장의 인사 후에 말레이시아 대표가 'JTTA가 인정했다는 중국의 정치 3원칙과 일본의 관계를 설명하라'며 고토 회장을 추궁했다. 고토 회장은 '이번 총회는 ITTF가 권고한 타이완을 제명하라는 안을 수용할지의 여부를 결정하는 자리이지 중국의 정치 3원칙에 대한 설명회가 아니다'라고 설명을 거부했으나, 한국·타이완 대표가 말레이시아를 지지하고 나섰고, 고토 회장에 대한 비판이 계속 잇달았다. 고토 회장은 훗날 '내 발언에는 비난이 쏟아졌던 반면 타이완 대표의 발언에는 박수가 터지는 형편으로 내내 피고인 취급을 당했다. 65년 내 인생에서 그토록 궁지에 몰렸던 적은 처음이었다'라고 회고하고 있다. 말레이시아 대표가 '회장의 설명을 듣지 않는 한 본론으로 들어갈 수가 없다. 또한 설명을 하지 못하는 회장은 마땅히 사임해야 한다'라고 발언한 뒤에 고토 회장은 미리 준비했던 사표를 제출하고서 회의장을 떠났다.

고토 회장이 자리를 뜬 후에 한국 대표가 타이완의 IT-TF 가입을 요청하는 취지의 안건을 제출하자 일본이 반대, 싱가포르가 기권했으나 여타 10개국이 찬성해서 가결되었다. 결국 총회는 ITTF에서 제기했던 타이완의 TTFA 제명 요구의 시비를 따지는 대신에 타이완의 ITTF 가입 신청으로 의제를 바꿔치기했다. 아이러니하게도 그런 일련의 과정에서 친타이완파는 일본·중국이 스포츠에 정치를 끌어들였다고 비판했고, 고토 회장은 '스톱 고토'라는 구호로 결속했던 친타이완파를 도리어 정치적이라고 비판했다.

분단국가의 갈등 ── 세계탁구선수권 나고야대회

중국의 세계선수권대회 참가는 이윽고 동남아시아 분단국가 문제를 수면 위로 끌어올렸다. 캄보디아에서는 중국의 대회 참가 전해인 1970년에 쿠데타가 발생해 론 놀 장군이 대통령에 취임, 외유 중이던 시하누크 국가원수를 권좌에서 추방했다.[14] 시하누크는 망명지 베이징에서 '캄푸치아민족연합왕실정부Kampuchea Royal Government of National Unity'를 수립했다.[15] 또한 남베트남에서는 반정부 조직인 남베트남해방민족전선National Liberation Front for South Vietnam이 1969년 6월 임시혁명정부를 수립했는데, 이는 북베트남(베트남민주주의공화국Democratic Republic of Vietnam)의 괴뢰정권이었다.[16]

1971년 3월에 개최되었던 세계탁구선수권 나고야대회에는 이들 분단국가에서 반공 진영에 속한 캄보디아(론

14) 1970년 3월에 수상 겸 국방상이었던 론 놀 장군을 중심으로 한 군부 쿠데타가 일어나 크메르공화국Khmer Republic이 수립되었다.

15) 시하누크는 론 놀 정권의 크메르공화국에 대항해, 망명지 중국에서 '캄푸치아민족연합왕실정부'를 수립하고, 당시까지 서로 적대시해 왔던 캄푸치아공산당(크메르루주Khmer Rouge) 등 좌파 세력과도 연대했다.

16) 베트남전 중 미국과 연합한 응오 딘 지엠Ngo Dinh Diem의 남베트남공화국(사이공 정권)에 대항키 위해 1960년 12월에 결성된 무장투쟁 조직으로, 베트남어 정식 명칭은 '베트남남부해방민족전선'이었다. 우리나라에서는 흔히 '베트콩Việt Cộng'(Việt Nam Cộng Sản, 越南共産)이라는 호칭으로 친숙한 편이다. 이 조직은 1968년 뗏(구정) 대공세를 주도했고, 1969년 6월에 '남베트남공화국 임시혁명정부(越南南方共和國臨時革命政府)'를 수립하기도 했다. 1976년 7월에 해산되어 기능이 정지되었고, 이후 '베트남조국전선'에 흡수·합병되었다.

놀 정권의 크메르 공화국(Khmer Republic)와 **남베트남**(베트남공화국Republic of Vietnam)이 참가했다.

상황이 이렇게 되자 반대편의 '캄푸치아민족연합왕실정부'와 '남베트남공화국 임시혁명정부'는 대회에 참가하는 대표팀이 자국의 진정한 대표가 아니라고 비난하고 나섰다. 중국·북한의 체육 당국도 이를 지지했고, 일본에 와 있던 북한·중국 선수단도 그에 동조했다. ITTF의 에반즈 회장은 당시 베이징에 머물면서 저우언라이 총리에게 사정을 설명, 저우언라이는 ITTF의 입장을 이해했지만 쌍방의 견해는 일치하지 않았다고 한다.

3월 26일에 ITTF 자문위원회가 열려 캄보디아·남베트남의 대회 참가가 승인되었다. 반면에 타이완의 ITTF 가입 문제는 뒤로 미뤄졌다. 다음 날 중국 선수단은 자문위원회가 캄보디아·남베트남의 출전 거부 안건을 심의도 하지 않았고, 일부 국가가 타이완을 끌어들여 '두 개의 중국'·'하나의 중국, 하나의 타이완'을 만들려고 했다고 비난했다. 중국팀은 일본 방문 이래로 우호 제일의 자세를 보여 왔으나, '정치적 원칙의 문제만큼은 단호히 관철한다는 자세를 재차 강조했다.'

3월 30일 ITTF 총회에서는 남베트남 대표가 타이완의 가입 신청을 긴급동의로 상정하자고 요구했고 말레이시아·한국·페루 대표가 그에 찬성했다. 중국 대표는 '이는 미 제국주의 앞잡이에 의한 ITTF에 대한 음모이다. 중화민국이라는 국가는 1949년 중화인민공화국 탄생 이후에 존재하지 않는다. 중국을 대표하는 국가는 중화인민공화국뿐이다'라고 반론했고, 북한·루마니아·소련의 지지를 얻었다. 결국 인도 대표가 이 문제는 자문위원회에서 이미 논의되었다면서 토론을 중단시켜 버렸다.

스포츠 경기도 정치와는 무관하지 않았다. 나고야대회 단체전에서는 남녀 모두 중국·일본이 결승에 진출, 4월 1일에 두 나라가 대전해 여자는 일본, 남자는 중국이 우승을 차지했다. 이튿날 중국 선수단 왕샤오윈王曉雲 부단장(외교부 아시아국 차장)이 중국 선수가 만일 남베트남·캄보디아 선수와 대전할 경우에는 시합을 거부하겠다고 선언했다. 실제로 중국의 최고 선수인 쫭쩌둥莊則棟은 캄보디아 선수와의 대전을 거부했다. 오기무라 이치로는 '중국은 처음부터 정치적 입장에서 참가했으므로 정치를 우선시하는 행위는 중국으로서는 당연한 일이다'라며 쫭쩌둥의 시합 거부에 이해를 표시했으나, 선수와 관중 쪽에서는 '스포츠와 정치는 구별해야 한다'·'당치도 않다'·'정상이 아니다'와 같은 비판적 의견들이 많이 들렸다.

중국의 강경한 자세는 그러나 제스처에 불과했을 것으로 보인다. 그도 그럴 것이 다른 한편에서는 '미 제국주의'와 화합을 도모하고 있었기 때문이다.

미국의 글렌 코원Glenn Cowan 선수가 (자신이 타야 할 버스를 놓치고) 중국팀 버스에 올라탄 것은 4월 4일에 일어난 일이었다. 통역을 통해서 싹싹하게 말을 걸었던 코원에 대해 중국 선수들은 아무 말 없이 잠자코 있었다. 그때 코원에게 다가가 선물을 건넸던 선수가 쫭쩌둥이었다. [17] 중국 선수단이 마오쩌둥에게서 긴급 메시지를 받은 것은 7일 오전이었다. 거기에는 '미국팀을 중국에 초대하라'는 지시가 쓰여 있었다. [18] 이렇게 해서 '핑퐁외교'의 막이 올

---

17) 쫭쩌둥은 코원에게 황산黃山이 그려진 실크 스크린 그림 한 장을 선물로 주었고, 코원은 다음 날 답례로 '렛 잇 비Let It Be'라는 문구가 새겨진 티셔츠를 선물했다고 알려져 있다.
18) 코원의 실수로 중국·미국의 탁구 선수가 우연히 조우했던 세기의 만남을 취재하려고 세계의 미디어가 몰려들었다. 그 와중에 한 기자가 코원에게 중국을 방문해 보고 싶으냐고 물었더니, 코원은 '중국에 가 보고 싶다'고 대답했다. 이틀도 채 지나지 않아 마오쩌둥은 중국팀에게 미국 선수들을 베이징에 초청하라는 지시를 내렸다. 4월 7일 오후 그러한 중국의 움직임에 대해 미국 백악관 대변인은 중국이 미국 탁구팀을 초청하는 조치를 환영한다는 성명을 발표했다. 버스에서 선물 교환이 있은 지 채 일주일도 되지 않아서, 미국 탁구팀은 홍콩을 경유해 1971년 4월 10일 베이징으로 입국해 일주일 동안 전국 투어를 했다. 당시의 상황을 저우언라이 총리는 '작은 공(탁구공)이 큰 공(지구)을 움직였다小球轉動大球'라는 유명한 말로 표현하고, 향후 '중미 관계는 새롭게 한 페이지를 열었다中美關係打開了新的一頁'고 단언하기도 했다. 이후 저우언라이 자신이 직접 이들을 맞이해서 인민대회당에서 환영 행사와 만찬을 진행했고, 이들이 떠나는 4월 17일까지 상하이·광저우까지 함께 다니며 극진한 대접을 펼쳤다. 그로부터 며칠 후에 미국 정부는 중국 대륙에 대한 20년간의 수출 금지 조치를 폐기했다.

도판16. 쫭쩌둥에게서 선물을 받아든 코원(『중국체육 백년도지』 374쪽)

랐고, 이듬해에는 닉슨 대통령의 중국 방문이 실현되었다.[19] 그 같은 시나리오가 어디까지 본래부터 계획된 것이었는지는 알 길이 없으나, 중국으로서는 특히 중국 국내와 우방국을 대상으로, 미국과 접근하기 전에 미국에 대해 강경한 자세를 보여 주어야 할 필요가 있었을 것이다.[20] 이로써 그때까지 대회를 뒤덮었던 정치적 긴장감은 단숨에 사라져 버렸다.

---

19) 전 세계의 주목을 끌었던 '핑퐁외교' 사절단의 중국 방문이 있은 지 3개월 뒤에, 당시 미국 닉슨 행정부의 키신저Kissinger 국무장관이 1971년 7월 8일 파키스탄을 방문하던 도중인 7월 9일에 파키스탄 대통령 전용기를 타고 베이징을 전격 방문했다. 이윽고 그와 저우언라이 총리의 비밀 회담이 있었고, 이후 일련의 과정을 거쳐, 마침내 1972년 2월 닉슨 대통령의 역사적 중국 방문이 실현되었다. 결국 작은 탁구공 하나로부터 시작된 양국의 접촉은 결과적으로 30년간의 적대적 관계를 청산하고 양국의 수교로까지 이어지게 되었다.

20) 일설에는 저우언라이 총리가 나고야 세계선수권대회가 시작되기 이전 시점에 미국 측에게 비밀 고위급 회담을 베이징에서 열자고 제의를 했었고, 한편으로 미국 탁구팀을 베이징에 초청할 가능성까지도 내비쳤다고 이야기되고 있다.

아시아탁구연합〔ATTU, Asian Table Tennis Union〕 창설

고토 회장은 나고야대회 당시 중국에 AA〔아시아·아프리카〕 탁구선수권대회 개최를 제안했다. 반공 세력이 다수를 점했던 TTFA 개혁을 포기하고서, 중국을 포함한 아시아 전체가 참여할 수 있는 새로운 조직의 결성을 전제로 구상했던 방안이었다. AA국가와의 연대를 중시했던 중국 외교정책에도 부합했으므로 계획은 순조롭게 진행되었다.

AA대회는 1971년 11월에 개최되어 나고야대회의 58개국에 육박하는 51개국이 참가해 열전을 벌였다. 참가 팀의 수준 차이는 컸으나, '단결과 우호'야말로 대회의 진정한 목표였다. 마지막 날에는 저우언라이를 비롯한 장칭江青·장춘차오張春橋야오원위안姚文元[21] 등 공산당의 주요 인사들이 참관해, 중국 쪽이 이 대회를 얼마나 중시했는지를 엿볼 수 있게 해 주었다. 중국 측은 이 대회에 라틴아메리카를 더하여 AAA대회로 만들 것을 제안했다.

AA대회의 막후에서는 중국을 중심으로 TTFA를 대체할 새로운 조직 결성이 추진되고 있었다. 고토 회장은 일

---

21) 문화대혁명 시기 이들 세 사람에 왕홍원王洪文이 가세한 이른바 '4인방'이 문화대혁명을 주도했던 세력으로 알려졌는데, 이들이 정식으로 결성된 시점은 1973년 8월경이라고 일컬어진다.

관되게 새 조직 창설에는 신중을 기했으나, ITTF의 에반즈 회장에게서 새 조직을 창설하면 ITTF가 이를 공인하겠다는 언질을 받고서 점차 TTFA로부터 탈퇴해서 새로운 조직인 '아시아탁구연합'을 창설하기로 결심했다. 그러나 고토 회장은 새로운 조직의 탄생을 보지 못한 채로 이듬해인 1972년 1월 22일에 사망했다.

AA대회의 성공은 TTFA에 커다란 압박감을 주었다. AA대회에 맞서려고 1972년 2월에 개최할 예정이던 아시아탁구선수권은 9월로 연기되었고, 궁지에 내몰린 TTFA는 3월 8일에 임시총회를 개최했다. 필리핀·태국·인도·남베트남·캄보디아·한국·타이완·호주·인도네시아 대표가 참가했으며, 인도가 타이완의 제명을 요구하는 동의 안건을 제출, 타이완 이외의 모든 국가가 이 동의 안건을 지지했다.

TTFA는 타이완을 제명함으로써 일본의 탈퇴를 막고자 했으나 이미 때가 늦어 버렸다. 3월 11일에 일본, 다음 날에 북한 탁구 관계자가 베이징에 도착해 중국을 포함한 3개국 대표가 새로운 탁구 조직의 창설을 촉구하는 성명을 발표했다. 5월 베이징에서 16개국 대표가 모여서 정식으로 아시아탁구연합ATTU을 설립하고 제1회 아시아선수권대회를 9월 베이징에서 개최하기로 결정했다.

기존의 아시아탁구연맹TTFA 가입국들은 차례차례 아시아탁구연합ATTU이 주최하는 아시아선수권 대회에 참가하겠다는 의사를 밝혔다. 최종적으로는 30개 국가 및 지역이 참가하였으며 그 가운데는 기존의 TTFA의 중심적 존재였던 인도·태국·필리핀이 포함되어 있었다. TTFA에는 인도네시아·캄보디아·남베트남·한국·뉴질랜드만 잔류하게 되었다. 1973년 4월 ITTF 총회에서 TTFA 공인이 취소됨에 따라 대세는 결판이 나 버렸다.

1973년 9월에는 베이징에서 제1회 아시아·아프리카·라틴아메리카 탁구우호 초청대회〔AAA대회〕가 개최되었다. 중국은 AA대회·AAA대회·아시아선수권대회를 통해서 국교가 없던 국가들과 처음 접촉함으로써 국교수립을 위한 발판으로 삼고자 했다. 그런 의미에서 이들 대회는 요컨대 중국 핑퐁외교의 연장이자 확대였다.

'탁구는 아시아를 잇는다?' — 제2회 아시아선수권 요코하마대회

새로운 아시아탁구연합ATTU이 주관하는 제2회 선수

권대회는 1974년 4월 일본 요코하마에서 개최되었다. 3년 전의 세계선수권대회와는 대조적으로 이 대회에는 캄보디아(민족통일전선)[22]·남베트남(해방민족전선)·라오스(애국전선)[23] 등 동남아시아 분단국가 중 공산권 국가들이 참가했다. 요코하마시가 이와 같은 대회를 받아들였던 이유는 아스카타 이치오飛鳥田一雄 시장(훗날 사회당 위원장)에 의한 혁신 시정[24]이 이루어졌던 사실과도 매우 깊은 관련이 있다.

그러나 일본 법무성은 '캄푸치아민족연합왕실정부'·'남베트남임시혁명정부'·'라오스애국전선' 대표의 입국에 난색을 표했고, 이윽고 타협의 결과로 정식 국호가 아닌 '캄보디아(민족통일전선)'·'남베트남(해방전선)'·'라오스

---

22) 캄푸치아민족통일전선National United Front of Kampuchea을 가리킨다. 1970년 5월 쿠데타로 국가원수 지위에서 쫓겨났던 시하누크가 주도해 베이징에서 결성한 조직으로 '미 제국주의와 론 놀 반동파'를 타도하기 위한 민족해방투쟁을 목표로 내걸었다. 민족통일전선의 지도하에 캄푸치아민족연합왕실정부와 해방군이 있었는데, 1975년 봄에 론 놀 정권을 타도하는 데 성공했다.

23) 라오스애국전선, 곧 내우 라오 학쌋(NLHX, Neo Lao Hak Xat)은 1956년에 결성되었는데, 그 전신은 1945년 프랑스로부터 라오스 독립을 위해 결성된 '자유라오스'(라오 이싸라Lao Issara)였다. 1950년 프랑스가 라오스 왕국의 형식적 독립을 인정하자, 그에 반발해 완전 자유 독립을 주장했던 좌파 그룹 '자유라오스전선'(내우 라오 이싸라Neo Lao Issara)의 군사 조직인 '빠텟 라오Pathet Lao(라오스 국)'가 '자유라오스'와 연대하여 발전했던 조직이 '라오스애국전선'이다. 1972년에는 당명을 라오 인민혁명당(LPRP, Lao People's Revolutionary Party)으로 바꾸고, 라오스의 지배 정당으로 이후 정권을 장악했다.

24) 1960년 후반 이후에 등장했던 혁신자치제革新自治體는 일본공산당·일본사회당 등의 이른바 '혁신 세력'이 자치단체장을 맡았던 지방자치체를 가리킨다. 이들 시장이 펼치는 행정을 '혁신 시정市政'이라고 일컬었다.

(애국전선)'라는 명칭으로 입국하는 것을 허가했다. 3개국 모두가 그러한 조건을 수용했는데, 그 같은 결정에는 중국의 입김이 크게 작용했던 것으로 보였다. 그런데 '캄푸치아민족연합왕실정부'는 대회에 임박해서 정식 국호로 입국하겠다고 요구했고, 그러한 요구가 거부되자 대회 불참을 통보했다. 나머지 '남베트남임시혁명정부'·'라오스애국전선'의 대표는 3월 30일에 베이징에서 중국 항공기 편으로 중국팀과 함께 일본에 도착했다

개막식 손 팻말을 어떻게 할지는 대회 하루 전까지도 방침이 정해지지 않았다. 남베트남 대표가 '베트남남방공화국'25)을 주장하면서 '남베트남(해방전선)'이라는 명칭에 반대했기 때문이다. 그들이 결국 개막식에서 들었던 것은 'REPUBLIC OF SOUTH VIETNAM·TTAD'라고 쓰인 손 팻말이었다. 의미를 해석하면 '베트남남방공화국·탁구협회 대표단'이다. 정식 국호 사용을 고집하는 남베트남 대표와 사용을 불허하는 법무성 사이에 끼여 난처해진 대회조직위원회가 밤샘 협의 끝에 정했던 기발한 아이디어였다. 그러나 사실은 조직위원회의 해명으

---

25) 본문에는 '베트남남방공화'라고 되어 있다. 베트남어 정식 국호는 '꽁 화 미엔 남 비엣 남Cộng hòa Miền Nam Việt Nam'[共和河南越南]으로 '베트남남방공화국'[越南南方共和國]이라는 뜻이다.

도판17. '남베트남공화국REPUBLIC OF SOUTH VIETNAM'이라는 손
팻말을 든 남베트남 선수단(「요미우리신문」 1974년 4월 3일)

로 미루어 보면 그것이 본래 '기정방침'이었던 것으로, 입
국 허가를 받기 위해 법무성을 속였다는 사실을 알 수 있
다.

북한과도 말썽이 일어났다. 북한은 새로운 아시아탁구
연합 창설 회원국으로 제3회 대회는 평양에서 개최될 예
정이었다. 그런데 3월 26일이 되어서 돌연 불참을 통보
해 왔다. 그 이유는 '제반 정세로 인해'·'체육 부문에서의
이유로'였다고는 하나, 정치적 배경이 있으리라는 것을
추측할 수 있었다. 중소 대립이 격화되는 가운데 북한은

양국 사이에서 방향을 정하는 일이 쉽지 않았다. 북한은 전년도 모스크바에서 열린 유니버시아드를 한국의 참가를 구실로 보이콧했는데, 이제 중국이 주도·개최하는 아시아선수권에 참가한다면 형평성을 잃게 된다고 판단했던 것은 아닐까? 그게 아니라면 출발 직전 소련으로부터 압력을 받았던 것은 아닐까(당시에는 비자 문제로 북한에서 일본으로 오려면 모스크바를 경유해야만 했다)라는 등의 추측이 난무했다. 결국 북한은 임원 3명만 일본에 왔다.

4월 4일에 북한 대표는 도중에 대회 참가를 신청했는데, 남베트남의 약속 위반 문제 등으로 조직위원회에 강한 불신을 품었던 일본 법무성은 북한 선수단 입국에 난색을 표했다. 8일 오전이 되어서야 가까스로 법무성으로부터 북한 선수 입국 허가를 받아 냈고, 9일에 북한 선수단은 일본에 도착했다. 이렇듯 북한이 대회 도중에 참가했던 이면에는 단체전 불참으로 소련의 체면을 세워 주고, 개인전 참가로 대회를 발족시킨 국가로서 책임을 다하는 한편, 중국에게 의리를 지키면서 개최국 일본도 배려한다는 식의 고도의 정치적 판단이 있었다는 것이 아사히신문의 분석이었다.

제2회 아시아선수권대회에는 '탁구는 아시아를 잇는

다'라는 구호 아래 아시아 30개국과 지역에서 400명의
선수가 참가했다. 북한·남베트남임시혁명정부·팔레스
타인 선수단 등 일본과 수교하지 않은 미승인국이 이 정
도로 한곳에 모인 일은 유례가 없었다(라오스는 대회 기간 중
에 연합정부가 수립되었다[26]). '이번 대회가 「분열된 아시아」에
서 「단결된 아시아」를 향한 하나의 발판이 되었다'라고
평가했던 아스카타 요코하마 시장에 따르면, '나고야에
서의 탁구대회가 미중 외교의 길을 열었듯이 요코하마대
회는 일본에게 새로운 아시아 외교의 길을 열었다'는 것
이다.

한편으로 기존의 TTFA에 머물렀던 한국·인도네시아
대표 등의 모습은 대회에서 찾아볼 수 없었다. 중소 갈등
의 영향으로 몽골 대표는 참가하지 않았고, 북한·캄보디
아·남베트남의 행태는 조직위원회의 골치를 아프게 만
들었다.

요컨대 이 모든 것들이 '아시아'이자, '아시아의 스포츠'
였다.

1975년 2월에 인도 캘커타Calcutta[27]에서 세계선수권

---

26) 1974년에 이르러 우파·중립파·좌파(빠텟 라오)의 세 파벌이 연합해 라오스민족연
합정부를 수립했다.
27) 현재는 콜카타Kolkata로 이름이 바뀌었다.

이 개최되었다. 인도 정부는 이스라엘·남아프리카 선수단을 정치적 이유로 대회에서 배제시켰다. 중국은 그동안 대립했던 인도·인도네시아에 접근하는 새로운 '핑퐁외교'를 펼쳤다. 대회 기간 중 열렸던 ITTF 총회에서는 '스포츠가 지배할 수 없는 이유', 곧 스포츠 관계자가 상황을 바꾸지 못하는 이유에 의해 어느 국가의 협회가 지리적으로 속한 대륙의 연맹에 가입하지 못하는 상황이 발생해도, ITTF는 해당 대륙 연맹을 공인할 수 있다는 취지의 조문이 헌장에 추가되었다. 총회에 출석했던 오기무라 이치로에 따르면 '스포츠가 지배할 수 없는 이유'란 '정치·종교·인종 등의 이유'를 뜻한다. 이것은 '스포츠에 정치가 개입하지 않는다'라는 스포츠계의 기존 상식을 근본적으로 부정하는 내용이었다. 이에 대해 ITTF 회장 대리인 기도 히사오城戶尙夫는 다음과 같이 평가하고 있다.

"이상과 현실 사이에 끼여 곤란했던 ITTF가 일찌감치 스포츠 순수주의에서 벗어나 새로운 방향을 제시한 것은 향후 스포츠 발전에 기여하는 일이라고 자부한다. IOC를 비롯해 각종 국제 스포츠 단체들도 언젠가는 이러한 탁구계의 방식을 이해하고 받아들일 때가 오리라고 생각한다. 지금은 비판의 대상이 되더라도, 스포츠는 정치로부터 동떨어져서 존재할 수 없다는 사실을 모두가 인식하게 되는 날이 올 것이라고 확신한다."

(『마이니치신문』 1975년 2월 21일)

탁구계는 아시아 세력이 강하다. IOC의 구속도 크게 받지 않는다. 따라서 스포츠에 대한 정치의 역할을 직시하고, '정치와 스포츠는 별개'라는 허상을 일찌감치 내버렸던 것이다. 같은 총회에서 새로운 아시아탁구연합 ATTU이 마침내 공인되었고, 이로써 아시아 탁구계가 통일로 향하는 길이 열리게 되었다.

2. 중국·북한의 아시안게임 참가

제3차 중일 교류

1971년 4월 나고야에서 세계탁구선수권대회가 열렸을 때 JASA의 주요 인사들은 경기장에 모습을 나타내지 않았다. JASA 이시이 미쓰지로石井光次郎 회장은 친타이완파 자민당 의원이었으므로 중국과의 접근을 달가워하지 않았을 것이다. 이에 반해 4월 새롭게 JASA 부회장에 취임한 고노 겐조와 다바타 마사지는 중국과의 교류에 열성이었다. 두 사람이 1966년 여름에 중국을 방문한 일에 대해서는 앞서 언급했다. 다바타는 부회장이 된 이후 첫 집행위원회에서 중국에 대해서는 '당분간 할 수 있는 일부터 해 나가다가, 실적이 쌓이면 전면적으로 교류하는 길을 열도록 노력해야 한다'고 포부를 밝혔고, 동남아시아에 대해서는 '경제 진출이 야기한 반발과 불신을, 스포츠 협력의 강력한 추진을 통해 완화·해소함으로써 아시아의 마음을 사로잡아야 한다'고 인사말에서 강조했다.

1971년 8월에 이란이 중국과 수교했고, 1974년 제7회 아시안게임 개최국이었던 이란은 아시안게임에 중국을 참가시키려는 협의를 시작했다. JASA 집행위원회에서도 이 문제가 거론되었는데, 야나기타 히데카즈柳田秀一

이사(일본국회 스포츠의원연맹 상임이사, 사회당)가 'JASA와 JOC
가 중국의 국제 스포츠계 복귀에 주도권을 가지자'라고
발언했고, 다케다 쓰네요시竹田恒德 IOC 이사도 그에 찬
성하는 장면이 연출되었다. 그러나 그 후에 열렸던 JOC
상임집행위원회에서는 'AGF 헌장에 근거해 처리한다'는
방침이 확인되면서, 중국의 참가를 적극적으로 추진하지
않는 입장을 취하게 되었다. 삿포로 동계올림픽을 앞두
고 있다는 사정도 감안해서인지 신중파가 회의장을 압도
하는 모양새였다.

개별 경기단체 중에서는 앞 절에서 살펴본 탁구에 이
어 배구·스케이트가 중국과의 교류를 재개했다. 일본배
구협회는 중국과의 '회담 요록'에 서명, 중국의 정치 3원
칙을 인정하는 것 이외에 중국배구협회의 국제배구연맹
FIVB 복귀에 협조할 것을 약속했다(중국은 1970년 9월 타이완
이 FIVB에 가입한 것에 항의해 연맹 탈퇴를 통지했다). 빙상은 중국
이 이미 국제빙상연맹ISU에 가입한 상태라 유사한 문제
는 없었으나, 어쨌든 정치 3원칙의 승인은 필요했다. 이
렇게 정치적 장애물이 제거되자 일본·중국의 교류는 활
발해졌다. 문화대혁명 기간(1966년~1976년) 중에도 중국과
아시아 국가 사이의 교류 가운데 일본과의 교류가 단연

많았던 편이다(일본 36회에 비해 북한 14회, 이란 13회 정도이다).

JOC의 중국 문제에 관한 방침

1971년 10월 UN에서 중화인민공화국의 '중국' 대표권이 승인되자, 타이완은 UN에서 탈퇴했다. 이런 추세를 이어받아 1972년 뮌헨올림픽에 즈음하여 개최된 IOC 및 개별 IF 총회에서 아프리카 및 동구권 국가들로부터 '중국 초청, 타이완 축출'이라는 안건이 제기될 가능성이 높아졌다. 실제로 1972년 4월에는 아프리카스포츠최고평의회(SCSA, Supreme Council for Sport in Africa)가 국제 스포츠계에서 타이완을 배제하고 중국을 참가시키자고 요구하는 결의를 제출했고, 중국에서는 이를 계기로 국제 스포츠 기구에서 중국의 합법적 지위를 회복하기 위한 투쟁을 개시하기로 방침을 세웠다.

JOC 및 일본 각 경기단체도 중국 문제에 대한 기본 방침을 정할 필요성을 느꼈고, JOC 국제문제위원회(위원장은 히라사와 가즈시게平澤和重)가 1972년 3월부터 중국 문제에 대한 검토를 실시했다. 동 위원회는 6월 9일에 '한 국가에 하나의 NOC라는 입장이 본질적 자세이며, 이런 입장에서 보자면 중국을 대표하는 스포츠 단체는 중화인민공화국의 스포츠 단체이다'라는 통일된 견해를 발표했다. 이것은 JOC가 중국 문제에 관해서 밝혔던 최초의 공식 견해이기도 했다.

뮌헨올림픽에서는 흑인을 차별하는 로디지아Rhodesia〔현 짐바브웨Zimbabwe〕 참가를 IOC가 허용한 조치에 대해 아프리카 국가들이 반발하며 집단 보이콧을 예고한 탓에, 대회 직전의 IOC 총회에서 방침을 변경해 로디지아 참가를 불허하기로 했다. 중국은 아프리카 국가들이 '반인종주의 투쟁'·'반식민지 투쟁'에 승리했다고 찬양하면서도 자국의 참가 문제에 대해서는 침묵을 지켰다. 올림픽 개막식 전날 이탈리아 NOC 줄리오 오네스티Giulio Onesti 위원장이 중국의 올림픽 참가를 요청하는 성명을 발표했다. 이러한 성명은 중국 리셴녠李先念 부총리와 신임 IOC 위원장 킬라닌Killanin 경[28]의 승낙을 얻었던 것으

---

28) 1914~1999. 아일랜드의 작가·언론인. 본명은 마이클 모리스Michael Morris로 21세에 숙부의 뒤를 이어 제3대 킬라닌 남작Baron Killanin이 되었는데, 일반적으로 '킬라닌 경Lord Killanin'으로 알려져 있다. 1972년 5대 브런디지의 후임으로 6대 IOC 위원장이 되어 1980년까지 위원장 자리에 있었다. 그의 재임 중에 올림픽은 여러 차례 위기를 맞았다. 1976년 몬트리올올림픽은 커다란 적자를 기록하는 등 대실패로 끝났고, 냉전의 절정기에 치렀던 모스크바올림픽은 미국이 보이콧했던 탓에 IOC는 그에 대응하느라 많은 어려움을 겪었으며, 모스크바올림픽이 폐막한 직후에 킬라닌 위원장은 사임했다. 한편 그의 재임 기간 중에 올림픽헌장에서 '아마추어'라는 단어가 삭제되었다. 그것

로, 타이완에 대해서는 중국의 한 개의 성省 자격으로 참가할 것을 요구했다. 중국의 IOC 복귀를 위한 커다란 첫걸음이었으나, 이후 구체적 조치는 아무것도 취해지지 않았다.

11월 22일 JOC 총회는 앞서 국제문제위원회가 제출한 '중국 문제에 관한 일본 NOC의 자세'를 결의했는데, 그 내용은 다음과 같았다.

①타이완은 중국 영토의 일부이며, 중국을 대표하는 유일한 합법 정부는 중화인민공화국 정부라는 사실이 국제 상식으로 정착한 현재, 중국 대표권 문제에 관한 논의는 사실상 종결된 것으로 보아야 한다.

②IOC 헌장은 '지역'도 인정하지만, 원래 '한 국가에 하나의 NOC'가 원칙이다. 만약 하나의 NOC가 중국을 대표한다고 하면 그것은 중화인민공화국의 스포츠 단체이다.

③IOC를 비롯해 대다수 IF가 중국에 '문호는 항상 열려 있다'라는 식의 소극적 원칙 표명에 그치지 않고, 스스

은 이미 사실상 '프로 대회'로 변질해 버린 올림픽의 현실을 추인한 조치로, 훗날 올림픽의 상업화로 가는 첫걸음으로 평가되고 있다.

로 주도권을 쥐고서 문제를 현실적으로 해결하는 데 적극적으로 나설 것을 강력히 요망한다.

④중화인민공화국 스포츠 단체도 국제 스포츠계에 복귀하려는 의사를 스스로 표명함으로써 비로소 복귀 문제가 구체화되기 시작할 것이라는 점을 이해하기를 희망한다.

⑤JOC는 일중 스포츠 교류를 크게 활성화하고자 하는데, 만일 각 경기단체가 속해 있는 IF의 규칙이 장애가 될 경우에는 우선 그러한 장애 제거에 노력을 기울이도록 관계 경기단체에 간절히 희망한다.

12월 20일에는 JASA도 '중화인민공화국의 중화전국체육총회ACSF를 중국의 스포츠계를 대표하는 유일한 총괄 단체로 인정한다'는 사실을 결정했다. 이렇게 해서 일본은 중국의 복귀를 국제 스포츠계에 촉구하는 처지가 되었다. 일본이 이렇듯 중국을 적극 지지하고 나섰던 배경에는, 1972년 9월 일중 국교 정상화[29]라는 정세 변화가

---

29) 일중 국교 정상화는 1972년 9월 발표된 일중 공동성명을 계기로 일본과 중국이 국교를 수립한 일을 말한다. 1949년 중화인민공화국 수립 이래로 일중은 외교 관계가 없었는데, 1972년 9월 25일 다나카 가쿠에이田中角榮 일본 총리가 중국을 방문, 일중 공동성명에 조인하여 기존의 대립 관계를 청산하고 국교를 맺은 동시에 일본은 중화민국(타이완)과 단교했다.

있었다는 사실은 두말할 나위가 없다.

국제 스포츠계의 중국 포용 기류에 대해 중국 측은 어디까지나 '타이완 축출이 전제'되어야 하며 '중국의 복귀는 당연한 권리 회복으로, 중국 측에서 필히 요청해야 할 사안은 아니다'라며 조용히 관망하는 자세를 이어갔다. 1973년 2월 IOC 집행위원회에서 일본의 다케다 쓰네요시가 중국 문제를 제기했지만, 앞서 나왔던 JOC의 결의에 대해서는 부정적인 반응밖에 얻지 못했다. JASA 가맹 단체와도 서로 손발이 맞지 않았다. 개중에는 타이완과 교류를 계속하는 단체도 있어서 '결의의 권위에 흠집이 났다.' JOC 내부로부터 '앞서 행했던 결의는 약간 조급했다'라는 자성의 목소리마저 터져 나왔다.

1973년 4월 JOC 위원장에 취임한 다바타 마사지는 곧바로 국제스포츠연락협의회를 설치, 일중 교류에 적극적인 경기단체 대표들을 위원으로 추대하는 한편 중국 문제에 대한 대응을 한층 강화하기로 했다. 5월에 아시안 게임 조직위원장인 이란의 알리 호자트 카샤니Ali Hojjat Kashani가 한국·일본·중국을 연쇄 방문해서 중국의 대회 참가를 위한 사전 교섭을 벌였다. 7월 JASA는 고노 겐조를 단장으로 하는 방중단을 파견, 중국 측에 '중국 자신이 좀 더 적극적인 자세를 보여야 하는 것 아니냐고 의견을 개진했다. 한편 중국 측은 7월 2일에 이미 주이란 중국대사관을 통해 제7회 아시안게임 참가 의사를 정식으로 제기했다는 사실을 전해 주었다. 중국이 그때까지 쉽사리 신청하지 않았던 이유는 우선 타이완을 배제한 뒤에라야 신청할 수 있다는 내부 의견이 뿌리 깊었기 때문에, 저우언라이 총리의 결단으로 비로소 신청하기에 이르렀다는 것이다. 고노 단장 일행은 저우언라이 총리와의 회담에서 일본이 중국의 대회 참가에 적극 협력하기로 약속했다.

중국의 AGF 가입, 그리고 타이완 축출

1973년 9월 17일 방콕에서 AGF 집행위원회가 개최되어 태국·일본·이란·타이완·파키스탄·이스라엘 위원과 말레이시아·아프가니스탄·인도네시아의 위원대리가 참석했다.

중국 문제는 이튿날의 토의 안건으로 상정되었다. 먼저 AGF 회장으로 의장을 맡았던 이란의 골람 레자 팔라비Gholam Reza Pahlavi가 AGF에서 '중국'을 대표하는 단체는 중화전국체육총회ACSF라는 사실을 확인하자는 제안을 했고, 같은 이란의 아미르 알라이Amir Alai 위원이 아시안게임에 중국을 초청하자는 동의 안건을 내놓았다. 말레이시아·태국·인도네시아 대표는 중국의 초청에는 찬성했으나 타이완을 축출하는 데에는 반대했고, 말레이시아 대표는 '이렇게 중요한 사항은 평의원회에서 다루어야 한다'고 거듭 주장했다. 2시간 남짓 논의한 후에 의장이 거수로 표결할 것을 요청하자, 타이완·태국·말레이시아·인도네시아 대표가 '거칠게 문을 열고서 퇴장'하는 가운데 이란·일본파키스탄의 찬성으로 안건이 통과되었다[이스라엘은 기권]. 팔라비 의장의 무리한 의사 진행 방식에 대해, '테헤란 아시안게임은 중국·일본·이란의 불도저 대회다'라는 등의 비판이 쏟아졌다.

동남아시아 국가들이 중국의 초청에 찬성하면서도 타이완의 축출에 반대했던 이유는 자국의 화교들에 대한 배려가 있었기 때문으로 보인다. 아사히신문은 이러한 '심모원려深謀遠慮'를 '스포츠와 정치는 별개라고 주장하는 말레이시아·태국이야말로 실상은 정부 수뇌부의 훈령을 받고서 이번 AGF 집행위원회에 임했다'고 비판했다. 우격다짐의 무리한 방식에 대한 반발을 누그러뜨리기 위해 중국 초청에 관한 최종 결정은 2개월 후에 열리는 평의원회로 미뤄졌다.

이러한 결정에 대한 국제 스포츠계의 반응은 냉담했다. 10월에 개최된 올림픽 콩그레스Olympic Congress[30][불가리아 바르나Varna]에서, JOC의 히라사와 가즈시게는 세계 인구의 4분의 1을 차지하는 중국을 세계 스포츠에서 제외시켜서는 안 된다는 점과, '중국'을 대표하는 것은 중화인민공화국임을 주장하고, '장래 중국과 타이완이 하나로 단결해 전 중국 청년들이 세계 스포츠에 참가하게 되기를 희망한다'고 발언했다. 뒤이어 발언했던 타이완 대표는 'IOC가 스포츠에 정치의 개입을 허용하면 올림픽의 미래는 어둡다'고 지적하며, 히라사와의 의견에 격렬히 반발했다. 킬라닌 IOC 위원장도 '작년 5월 한 국가의 NOC가 타이완을 제외하고서 중국을 가입시키자고 주장하는 서한을 각국의 NOC 및 IOC에 보냈는데, 이런 행동은 한 국가의 NOC가 해야 할 일이 아니다'라며 직접 거론하지는 않았으나 에둘러서 JOC를 비판했다. 폐회 후

---

30) 올림픽 콩그레스는 IOC · (각국)NOC · IF · 올림픽경기대회 조직위원회 등 올림픽 관련 기구 대표와 IOC가 초청한 단체 · 개인들이 모여서 행하는 전체 회의를 가리킨다. 올림픽 의회의 기능은 자문하는 것으로 1894년에 첫 번째 의회가 개최된 이래 지금까지 총 13차례 개최되었다.

도판18. AGF 평의원회 後에 다케다竹田(왼쪽)와 허전량(오른쪽)이 대화를 나누고 있다(『체협시보體協時報』 244호)

의 기자회견에서도 '일본의 방식은 현재의 매우 민감한 외교 상황하에서 건설적이지 않다고 생각한다. 일본과 같은 견해는 IOC·NOC·IF 가운데서 절반이 되지 않는다'라며 강한 어조로 비난했고, 심지어 'AGF가 11월에 열릴 평의원회에서 타이완 제외를 최종적으로 결정할 경우에는 아시안게임에 제공하는 지원을 재고하겠다'라고 AGF에 경고를 주었다.

JOC는 커다란 충격을 받았다. JOC 다바타 위원장은 'IOC 위원장에게서 이런 반응이 나왔다는 사실은 조금 뜻밖이다. 결국 아시아 문제에 대한 서양인의 인식은 우리와는 다르다.'·'당분간 이란·중국에 주도권을 넘기고 일본은 조용히 관망, 관망한다'고 신문기자들에게 대답했다.

중국 문제를 결정짓는 AGF 평의원회는 1973년 11월 테헤란에서 개최될 예정이었다. 집행위원회의 결정이 승인될지와 관련해 정세는 미묘한 편이었다. 국제육상연맹IAAF은 비가맹국인 중국이 참가하는 대회는 공인할 수 없다고 경고했다. 중국 참가 여론을 주도해 왔던 일본은 IOC 킬라닌 위원장의 비난에 질겁하여 완전히 엉거주춤한 처지가 되고 말았다. 개막 일주일 전의 시점에서 집행위원회의 결정을 명확히 지지했던 국가는 인도·네팔뿐이었다. 이란은 어떤 형태로든 대회를 개최할 심산이었으므로, 자칫 아시안게임의 분열 사태까지도 염려되었다.

역사 연구자 슈테판 휘브너에 따르면 이때의 평의원회에서 친중파는 '아시아의 단결'을, 친타이완파는 아마추어 스포츠의 이상을 지키자고 호소했다. 친중파에서는 중국의 참가에 대해서, '하나의 중국'을 놓고 벌어지는 중국과 타이완의 다툼이 아니라, 중국을 배제하려는 국제 스포츠계와 아시아 스포츠계의 대립, 신식민주의와 반식민주의의 대립으로 해석했다. 'IOC가 우리에게 무엇을 해 주었나? 회원국 수를 늘려 IOC의 권위를 높이는 일에만 이용하지 않았는가! 중국 문제에 있어서 왜 우리 아시아인이 서구 세력이 지배한 스포츠 조직에게 협박당해야만 하는가?'라고 외쳤던 네팔 대표가 그 전형적 예이다. 반면에 친타이완파는 타이완 축출이 올림픽헌장 위반이며, 스포츠에 정치를 개입시킨 것이라고 주장했다. 과실이 없는 회원국을 제명할 수는 없다는 것이, 다름아닌 IOC 및 IF 같은 국제 스포츠계가 타이완 축출을 전제로 삼은 중국의 참가에 반대하는 이유였다.

이 회의에 참석했던 기요카와 마사지는 회의 분위기에 대해 '아시아의 문제이니 아시아인끼리 정하자는 의사가 회의에서 강하게 표출되었다'라고 증언했다. 창설 이래 아시아의 언설이 힘을 발휘해 왔던 아시안게임에서는, 아시아의 감정에 호소하는 편이 효과적이었다. 투표 결과 찬성 38표, 반대 12표, 기권 5표라는 예상 밖의 표차로 '중국 초청, 타이완 축출'이라는 집행위원회의 결정이 승인되었다. 반대표를 던졌던 국가는 캄보디아·인도네시아·필리핀·남베트남 등이었고 한국·이스라엘은 기권했다(각국 3표). 친타이완파로 분류되던 태국은 회의에 불참했다. 애초 타이완 제명에 반대했다가 찬성으로 입장을 바꿨던 어느 대표는 정부의 압력이 있었다는 점을 내비쳤다. 한국은 처음에는 반대했으나, '일본의 입장을 더 이상 곤란하게 만들고 싶지 않다'며 기권하는 쪽을 택했다. 결국 스포츠의 이상보다도 정치를 우선시했던 것이다.

국제 스포츠계의 반응

AGF에서 타이완 축출이 결정되던 날에 IOC 킬라닌 위원장은 즉각 성명을 내고서 IOC가 아시안게임을 공인하지 않을 가능성까지도 언급했다. IAAF와 FINA도 AGF의 그러한 결정을 비난했다. 12월에 열린 IOC 임원 및 각 IF 대표들과의 논의에서도 대부분의 IF가 AGF의 결정에 대해 비난의 목소리를 높였다. 1974년 1월에 아사히신문은 만일 AGF가 국제 스포츠 조직과 대결하는 자세를 취할 경우, 전년도 11월의 테헤란 회의에서 과시되었던 '아시아의 일체성'을 과연 유지할 수 있을까라는 의문을 제기했다. 아시아 각국은 'AGF인가, 아니면 IF인가'라는 양자택일을 강요받게 되고, 아시아의 입장(정치)과 스포츠의 이상

사이에서 계속 갈팡질팡하게 될 것이다, 그것이 아시아 스포츠계의 숙명이라고 아사히신문의 기사는 논평했다.

그러나 상황은 계속 변하고 있었다. 중국의 대회 참가 결정 이후, 북한·이라크·사우디아라비아·몽골이 AGF 가입을 신청해 2월 14일에 승인을 받았다. 중국도 스포츠 관료를 유럽에 파견해, IOC 및 IF 관계자들과 회담을 거듭했다. 아프리카스포츠최고평의회SCSA와 쿠바·페루의 NOC가 중국 지지를 표명했다. IOC 위원 다케다 쓰네요시는 2월 로잔에서 열리는 IOC 집행위원회를 앞두고서 '중국을 둘러싼 상황은 상당히 호전되고 있다'라며 자신감을 내비쳤다. '부쩍 지지층을 넓혀 가는 AGF를 IOC가 마냥 무시할 수는 없게 되었다'는 것이다.

그러한 IOC 집행위원회가 아시안게임의 공인을 만장일치로 결정했다. 다바타 마사지는 '이러한 결정은 IOC가 아시아의 중량감에 굴복했다는 것을 뜻하며, 「스포츠는 서구의 전유물」로 여겨 왔던 IOC가 더 이상 아시아를 무시할 수 없게 되었던 것이다. 이것은 매우 기분 좋은 일이다'라고 평하고 있다. IOC의 공인을 획득함으로써 최대의 난관은 돌파했으나 여전히 문제는 산적해 있었다. 곧 개별 IF의 동향이었다.

아시안게임에 참가하려면 해당 경기 IF에 가입하거나, 아니면 IF가 비가맹국과의 시합을 허가해야만 한다. 그렇지 않으면 시합에 출전한 선수는 이후 IF 공인의 경기대회에 나가지 못하는 등의 벌칙이 부과된다.

중국은 최종적으로 14경기에 참가하기로 했다. 이 가운데 아시안게임 참가가 결정된 시점에서 중국이 가입했던 IF는 탁구·배구뿐이었다〔표7〕. 앞서도 언급했듯이 배구는 타이완의 국제배구연맹FIVB 가입에 항의해서 탈퇴를 통보했으나, FIVB 측은 정식 통보가 없었다는 이유로 탈퇴를 인정하지 않았다. 그러므로 FIVB는 중국·타이완이 동시에 가입했던 유일한 국제 스포츠 기구가 되었다.

비가맹국과의 교류를 허가하고 있는 IF는 농구·레슬링·테니스·사격·체조·배드민턴이었다. 이 가운데 농구는 7월의 집행위원회에서, 레슬링은 8월의 총회에서 각각 타이완의 축출과 중국의 가입을 승인했다. 한편 국제체조연맹〔FIG, Fédération Internationale de Gymnastique〕은 1973년 11월 총회에서 중국의 아시안게임 출전을 승인하지 않았다. 그 후에 IOC가 아시안게임을 승인함에 따라 중국의 체조 관계자가 적극적으로 교섭하고, 일본이 강력히 지지함으로써 1974년 4월의 집행위원회에서 중

표7. 중국의 IF 가입 상황(1974)

지위	연맹	1974년의 움직임	
가입만	국제탁구연맹		
가입만	국제배구연맹		
교류 가능	국제아마추어농구연맹	7월 10일	가입
교류 가능	국제아마추어레슬링연맹	8월 28일	가입
교류 가능	국제테니스연맹		
교류 가능	국제사격연맹		
교류 가능	국제체조연맹		
교류 가능	국제배드민턴연맹		
교류 불가	국제역도연맹	5월 6일	가입 〔정식 가입은 10월〕
교류 불가	국제펜싱연맹	5월 16일	가입 〔정식 가입은 9월〕
교류 불가	국제축구연맹	7월 6일	허가
교류 불가	국제육상경기연맹	7월 18일	허가
교류 불가	국제아마추어 사이클경기연맹	8월 21일	허가
교류 불가	국제수영연맹	8월30일	허가

국의 참가가 승인되었다.

비가맹국과의 교류를 금지했던 종목은 역도·펜싱·축구·육상·사이클·수영이었다. 이 가운데 역도가 5월 집행위원회에서 중국 가입과 타이완 축출을 승인함으로써 최초로 타이완의 축출을 승인한 IF가 되었다. 이어서 국제펜싱연맹〔FIE, Fédération Internationale d'Escrime〕이 중국의 가입을 승인했다. 타이완도 동시에 가입을 신청했으나 FIE는 서식 미비를 이유로 타이완의 신청을 거부했다.

국제축구연맹FIFA은 1월에 중국의 가입 신청을 각하해 버렸다. '타이완을 제명하고서'라는 전제 조건은 어떤 경우라도 용인할 수 없으며, 아시안게임도 중국이 참가한다면 정식 대회로 간주하지 않겠다는 엄한 자세를 보였다. 2월에 쿠웨이트가 타이완의 제명 및 중국의 복귀를 요구하는 제안을 FIFA에 제출했고, 그에 뒤이어 3월에 중국은 또다시 가입을 신청했다. 그러나 6월의 집행위원회는 쿠웨이트의 제안을 부결시켰고, 나아가 '타이완의 회원 자격은 자동으로 소멸되고 중국이 이를 승계한다'는 에티오피아의 수정안도 찬성 58표, 반대 48표로 부결되었다(가결에는 회원국 4분의 3의 찬성이 필요하다). 일본은 FIFA에게 중국의 아시안게임 참가를 허가하는 특별조치를 요구했고, 7월에 이르러 FIFA는 결국 그러한 요구를 승인했다. 다바타 마사지는 '뜻밖의 희소식이다. 아시아가 하나로 뭉쳐 중국의 복귀를 호소해 온 열의가 통했다고 생각한다'라며 그러한 결정을 반겼다. 중국에 대해 엄격한 자세를 취해 왔던 '국제 스포츠계의 빅3', 곧 육상·수영·축구의 한 귀퉁이가 무너졌던 셈이었다.

7월 13일에 국제육상연맹IAAF의 중국문제소위원회가 '가맹국과 비가맹국 간의 교류를 조건부로 인정한다'는 규약 개정안을 평의원회에 권고했다. 그러한 개정안은 평의원에 의한 전보 투표로 채택됨으로써 중국의 대회 참가가 사실상 허용되었다. JAAF의 아오키 한지 전무이사는 '아무리 강경한 IAAF라도 세계의 흐름에는 맞설 수 없었을 것이다. 잘된 일이다.'·'축구와 달리 중국과의 교류뿐만 아니라 '비가맹국'과의 교류라고 했던 이유는 아프리카에 미가맹국이 많은 상황에서 이 문제를 고려했기 때문일 것이다'라고 언급했다. 아사히신문은 아오키가 말하는 '세계의 흐름'을 「8억 인구의 중국을 국제 스포츠계에 받아들여야 한다」는 아시아 각국의 주장과 이를 지지하는 제3세계 여론에, 규칙 지상주의를 내세웠던 IOC와 IF가 더 이상 저항하지 못하게 된 결과'라고 논평했다.

대회 개막까지 한 달 반 정도 남은 시점에서 해결되지 않은 것은 사이클·수영 종목뿐이었다. 8월 21일에 국제아마추어사이클경기연맹〔FIAC, International Amateur Cycling Federation〕[31]은 긴급회의를 열어 중국의 아시안게

---

31) 국제사이클경기연맹(UCI, Union Cycliste Internationale)은 일찍이 1900년에 창설된, 세계 사이클 경기단체를 총괄하는 국제적 조직이다. 그러나 1965년에 프로와 아마추어 사이에 분열이 일어나, IOC의 권고를 받아들여 국제아마추어사이클경기연맹(FIAC,

임 참가를 승인했다.

FINA에서는 그때까지 3차례 중국의 가입이 제안되었으나, 타이완 제명이라는 전제가 장애가 되어 승인이 나지 않았다. 6월에 중국은 FINA의 헤럴드 헤닝Harold Henning 회장을 베이징에 초청했고, 아울러 FINA에 가입 신청서를 제출했다. 헤닝 회장은 중국의 특별 참가를 허용키 위한 우편투표를 실시하기로 약속했다. 8월 3일에 발표된 투표 결과는 '부결'이었다. FINA는 비가맹국과의 교류를 검토하는 위원회를 9월 중순에 이집트 카이로에서 열려고 했으나, 그렇게 되면 아시안게임에 시간을 맞출 수가 없었다.

중국은 예정대로 대회에 수영선수를 파견할 생각이었다. 이는 일본에게 커다란 난제를 안겨 주었다. IF의 공인 없이 시합에 나갈 경우에는 2년 후의 몬트리올 Montreal올림픽에 일본 선수가 출전하지 못하게 될 가능성이 생겨났다. 일본수영연맹은 대회에 중국이 참가할 경우에는 일본은 수영 경기에 출전하지 않는다는 방침을 결정했다.

International Amateur Cycling Federation)과 국제프로사이클경기연맹(FICP, International Professional Cycling Federation)으로 분리되었다. 이후 아마추어와 프로의 구분이 철폐됨에 따라 1992년에 다시 UCI로 통합되었다.

8월 16일에 중국이 외국의 선수단 중 가장 먼저 테헤란에 도착했다. 20일에 중국 선수단장 자오정훙趙正洪〔ACSF 부주석〕도 도착, 'FINA 수장이 내렸던 부당한 결정에 굴복할 수 없다. …… 그러나 아시아의 수영계, 특히 주최국 이란의 입장을 고려하고, 아시아 인민의 단결을 지키기 위해 이번 대회 수영 종목에는 참가하지 않기로 했다'라고 발표했다. 그러한 '용기 있는 결단'에 일본 측은 안도의 숨을 내쉬었을 것이다. 다바타 JOC 위원장은 '규칙을 지키겠다고 일본과도 약속했고, 약속대로 중국이 보여 준 신사적 태도에 새삼 감사한다'고 말하며, 중국의 FINA 복귀에 모든 노력을 기울이겠다고 다짐했다. 아사히신문은 '규칙을 존중하는 자세를 보임으로써 FINA 재가입 신청에 좋은 인상을 남기는 효과'가 있으며, 더 나아가 중국의 본격적인 국제 무대 복귀〔IOC 복귀〕를 향한 길이 열릴 것으로 기대한다고 설명했다.

그렇다고는 해도 중국이 수영 경기 참가를 아주 포기했던 것은 아니었다. 28일 밤에 FINA 헤닝 회장이 테헤란에 도착했다. '규칙에 따르자면 연습도 불가능하다'며 완강한 태도를 고수했던 헤닝을 상대로, 아시안게임 조직위원회 위원장 팔라비, 중국 선수단장 자오정훙, AGF 부회장 다케다 쓰네요시 등이 30시간에 걸쳐 설득 작업을 펼쳤다. 대회 개막 전날에 헤닝 회장은 '아시아와 그 밖의 지역을 포함한 우호 및 스포츠 발전을 위해서 중국의 아시안게임 수영 경기 참가를 허가한다'고 발표했다. 아시아의 단결이 세계의 압력에 승리를 거둔 순간이었다.

삿포로 동계올림픽과 일본·북한 교류

테헤란 아시안게임에는 북한의 참가도 실현되었다. 거기에 이르는 과정은 IOC와 IF의 동향에 좌우되었던 중국의 경우와 또 달랐다.

1969년 6월 IOC 총회에서 북한이 '조선민주주의인민공화국'이라는 국호를 사용하는 것이 승인되었다. 그러한 결정으로 인해 삿포로올림픽위원회에게는 골칫거리가 생기게 되었다. '조선민주주의인민공화국'의 국호로는 일본 정부가 입국을 허가하지 않으리라고 예상했기 때문이다. 그러나 1970년 9월에 일본 정부는 이듬해 3월 세계탁구선수권대회〔나고야〕를 염두에 두고 미승인국에게도 정식 명칭 사용을 허가하기로 방침을 전환했다. 그

도판19. 삿포로 동계올림픽에서 입장하는 북한 선수단.
손 팻말은 'D.P.R.K.' (마이니치 포토뱅크)

러한 조치가 처음 적용된 것은 1971년 2월 삿포로 프레
올림픽Pre-Olympic[32] 때였다. 이 대회에서는 국명과 관련
된 분쟁을 피하기 위해, 손 팻말에는 영어로만 국명을 표
기하도록 했다. 북한은 'D·P·R·KOREA'였다. 그런데 관
중들로부터 영어 표기로는 '어느 나라인지 전혀 모르겠
다'는 불만이 제기되었던 탓에 조직위원회는 다음 해 올
림픽 개막식 때는 일본어를 병기하는 쪽으로 일단 방침
을 정했다. 다만 남북한은 영어 명칭으로만 표기하도록

---

32) 올림픽대회가 열리기 1년 전에 개최 예정지 도시의 올림픽 관련 경기 시설이나 운
영 등을 점검하는 의미로 개최되는 비공식 경기대회를 말한다. 1964년 도쿄올림픽을 맞
이해 올림픽조직위원회가 1963년에 개최했던 도쿄 프레올림픽이 그 시초였다고 한다.

했는데, 북한 측이 이를 '부당한 차별'이라며 항의하는 사태가 벌어졌다. 결국 조직위원회는 모든 국명 표기를 영어로만 하는 쪽으로 방침을 정했다.

1972년 8월 북한은 하계올림픽[서독 뮌헨]에 처음 출전해 사격에서 이호준이 금메달을 획득했다. 당시까지 올림픽에서 금메달을 딴 적이 없었던 한국에게는 커다란 충격이었다.[33] 게다가 '나는 원쑤의 심장을 겨누는 심정으로 쐈습니다. 수령님[김일성]은 적을 대하는 심정으로 싸우라고 교시하셨습니다'라는 이호준의 우승 소감 발언에도 충격을 받았다.[34] 그가 언급하는 '적'이란 다름아닌 한국을 가리키는 것임이 명백했기 때문이다.

이렇듯 격렬한 적대 의식은 분단된 남북한이 경기장에서 서로 맞붙게 되었다는 사실을 증명하는 것이기도 했

---

33) 북한은 처음으로 참가한 뮌헨올림픽에 10개 종목 65명의 선수를 출전시켰다. 북한의 성적은 금메달 1개[사격]·은메달 1개[복싱]·동메달 3개[유도·여자배구·레슬링]로 종합순위 22위를 차지했다. 반면에 남한은 8개 종목 46명이 참가했는데, 은메달 1개[남자 유도]에 그쳐 종합순위 33위를 기록했다. 이렇듯 동계올림픽[북한은 처음 참가한 1964년 인스부르크 동계올림픽에서 여자 스피드스케이팅 한필화韓弼花 선수가 은메달을 땄는데, 아시아인 최초로 동계올림픽 스케이팅 종목에서 획득한 메달이었다]과 하계올림픽에서 모두 북한이 먼저 메달을 획득하자, 이에 자극을 받은 남한 정부는 엘리트 스포츠 육성에 적극적으로 나서며, 스포츠 분야에서의 남북한 체제 경쟁이 본격화되기 시작했다.
34) 사격 소구경 복사 50m 종목에서 이호준은 세계신기록을 세우며 북한 선수로는 올림픽 첫 금메달을 땄는데, 올림픽 후에는 김정일의 직속 호위군관이 되었다고 한다. 아울러 그의 수상 소감은 북한 측 자료에는 '저는 과녁을 조선인민의 철천지 원쑤인 미국놈의 틸가슴으로 보고 쏘았습니다'라고 되어 있는데, 과격한 내용으로 인해 올림픽 정신에 위배되는 발언이라며, 미국사격연맹이 거세게 항의하는 등 수많은 논란을 불러일으켰다.

다. 뮌헨올림픽 기간 동안 남북한 대표는 남북통일을 추진하려는 정신에 근거해 상호 간 스포츠 교류를 촉진하기로 합의했다. '남북통일을 추진하려는 정신'이란 뮌헨올림픽 한 달쯤 전인 7월 4일, 서울과 평양에서 동시 발표했던 남북공동성명[35]을 가리킨다.

한편 북한은 UN 가입 및 핑퐁외교를 통해 이루어진 중국의 국제적 지위 향상과 연동하여, 적극적인 외교 공세를 폈고[북한과 외교 관계를 수립한 나라는 1970년에 33개국이었으나, 1976년에는 88개국이 되었다], 이를 통해 자국의 국제적 지위 향상을 꾀하는 한편 한국을 외교적으로 고립·봉쇄하려는 전략을 폈다. 아시아탁구연합 창설에 적극적으로 관여했던 일은 그 같은 북한 외교의 가장 대표적인 사례였다. 일본과의 스포츠 교류 또한 그러한 문맥에서 전면으로 부상하게 되었다.

1971년 8월말부터 JASA의 야마구치 히사타山口久太와 이치가와 교이치로市川恭一朗[지바현 나라시노習志野고교 교사]가 북한을 방문했다. 2월에 치렀던 삿포로 프레올림픽

---

35) 1972년 7월 4일 서울·평양에서 동시에 발표된 남북 간 최초의 공식 합의 문서를 말한다. '7·4공동성명'은 전문과 7개 항으로 이루어져 있는데, 조국통일 3대 원칙, 상호 비방·중상 중지 등 긴장 상태 완화 및 신뢰 분위기 조성 조치, 다방면적 제반 교류 실시, 남북적십자회담 성사 협조, 서울·평양 사이에 상설 직통전화 설치, 남북조절위원회 구성·운영, 합의 사항의 성실 이행 등을 그 내용으로 하고 있다.

기간에 북한 선수단장 손길천孫吉川이 초청을 약속했고, 그에 응했던 북한 방문이었다. 다음 달 고토 모토後藤基夫 아사히신문 편집국장은 김일성과 5시간에 걸쳐 회견을 했는데, 김일성은 일본과의 경제·문화·예술 방면 교류를 추진할 준비가 되었다고 역설했다. 11월에는 일본 측에서 초당파 의원들이 주도한 일조日朝우호촉진의원연맹이 결성되었고, 1972년 7월에 출범한 다나카 가쿠에이 정권도 북한과의 교류 확대에 힘을 쏟았다. 스포츠계에서도 1972년 5월에 나라시노 고교 축구팀이 북한·중국에서 원정 시합을 행했고, 이듬해 1월에는 북한 고교 축구팀이 일본에 오기도 했다.

북한은 이후 1974년 테헤란 아시안게임에 대비해 이란과의 교류에도 적극적으로 나섰다. 1972년 9월에 북한은 이란 탁구팀을 평양에 초청했고, 1973년 9월에는 북한 선수가 이란에서 열리는 국제레슬링대회에 참가했다. 같은 해 12월에 북한은 AGF에 가입을 신청, 이듬해 2월 가입이 승인되어(22개국 가운데 14개국이 찬성), 아시안게임 참가가 실현되었다. [36)]

---

36) 북한은 또한 1974년 8월 30일 아시아역도연맹 가입을 시작으로 그해 한 달 동안 무려 8개 종목의 산하 경기연맹에 가입했다.

이에 반해서 한국과의 관계는 악화 일로를 치달았다. 1973년 8월 북한은 유니버시아드[모스크바]에 선수 파견을 하지 않기로 했다.[37] 그동안의 사정에 대해 아사히신문은 북한 관계자의 말을 인용해 다음과 같이 전하고 있다.

"최근 남조선 당국자는 조선의 자주적 평화통일[남북공동성명을 가리킨다] 대신에 민족 분열을 고착화하고 '두 개의 조선'을 조작하려 획책하는데, 이번 유니버시아드까지도 '두 개의 조선' 조작을 위한 정치적 목적으로 이용하고자 책동하고 있다." 『아사히신문』 1973년 8월 16일)

'두 개의 조선을 조작'하는 것이란 남북한의 UN 동시 가입 방안을 일컫는다. 한국의 박정희朴正熙 대통령은 6월에 「평화통일 외교 선언」(6·23선언)[38]을 발표, 남북한의

37) 한국은 건국 후 처음으로 소련에서 개최되는 스포츠 대회에 참석했는데, 한국의 대회 참가를 허용한 주최국 소련에 대한 항의의 표시로 북한은 대회에 참석하지 않았다.
38) 박정희 정권이 「평화통일 외교정책에 관한 특별 선언」(6·23선언)을 천명한 이유는 국제 정세의 변화와 관련이 있었다. 1960년대 이후 비동맹 국가가 늘어나고 UN에서 이들의 발언권이 강화되었으며, 세계적인 데탕트 물결 속에 중국이 UN에 가입하자 UN의 분위기가 달라지기 시작했다. 특히 북한의 UN 외교가 강화되고 상주대표부 개설, UN 산하기구 및 전문기구 가입 등이 예상되었다. 한반도 문제가 한국에 일방적으로 유리한 방향으로 흘러갈 수 없게 된 현실에서 박정희 정권은 이에 능동적으로 대처키 위해 친미 서방권 일변도의 외교정책을 전면적으로 조정할 필요가 있었다. 선언의 주된 내용은 ①남북 간 상호 내정불간섭과 상호 불가침, ②북한의 국제기구 참여 불반대, ③통일에 장애가 되지 않는다는 전제하에 남북한이 함께 UN에 가입, ④모든 국가에 문호를 개방하며 이념·체제를 달리하는 국가도 한국에 문호를 개방할 것을 촉구한

UN 동시 가입과 소련 등의 공산권 국가에 대한 문호 개방을 선언했다. 모스크바에서 개최된 유니버시아드 참가는 그와 같은 한국의 새로운 외교정책의 일환으로, 한국 선수단이 소련에서 열리는 스포츠 대회에 참가한 것은 사상 최초였다. 북한의 대회 보이콧은 한국·소련의 접근에 대한 불만의 표출이었다. 다행히 UN 가입 문제가 일단 해결을 보았으므로,[39] 한국은 북한의 AGF 가입을 환영하며 '양국 스포츠 외교의 실마리가 되기'를 희망했던 것이다.

다'는 것이다. '6·23선언'은 북한의 김일성이 발표한 「조국통일 5대 방침」(5대 방침)에 대한 반론적 성격을 가지는 것으로, 김일성은 '5대 방침'을 통해 '고려연방공화국'이란 단일국호에 의한 연방국가 창설과 UN 가입을 주장했다.

39) '6·23선언' 이후 한국은 북한에 대해 UN 동시 가입을 지속적으로 촉구했다. 그러나 북한은 '6·23선언'이 '2개 조선' 조작 책동으로 분열주의 노선이라고 격렬하게 비난했다. 이후 남북한은 'UN 동시 가입'과 '단일 의석 가입'의 두 방안을 놓고서 대립하는 양상을 빚게 되었다. 이윽고 노태우 정부가 출범, 1980년대 후반부터 급속히 진행된 동서 데탕트와 냉전 체제 와해를 적극 활용한 북방 외교의 추진으로 소련을 위시한 사회주의국가와의 국교 수립에 박차를 가하게 되었다. 한편으로 남북고위급 회담 등에서 한국의 남북한 UN 동시 가입 방안에 호응토록 북한을 설득했고, 이윽고 북한은 종전의 '통일 전 가입 불가', '단독 의석 가입' 입장을 변경하게 되었다. 그 결과 1991년 9월 17일 제46차 UN 총회에서 한국은 161번째, 북한은 160번째 UN 회원국이 되었다. 그런데 저자가 '다행히 UN 가입 문제가 일단 해결을 보았다'라고 한 것은, '6·23선언'으로 남북한 UN 동시 가입을 주장하게 된 남한의 입장에서는 굳이 북한의 AGF 가입을 반대할 이유가 없으므로 환영하게 되었다는 의미로 이해할 수 있겠다.

아시아 단결의 향방 — 테헤란 아시안게임

1974년 9월 1일부터 시작된 아시안게임은 주최국 이란의 입장에서는 대성공을 거두었다.[40] 그러나 대회에서는 이란에 유리한 판정 및 도핑doping[41]이 문제가 되었다. 이스라엘과의 대전 거부는 아랍권 국가 선수뿐만 아니라 중국 선수들에게까지 확산되었다. 남북한의 대립도 심각했다.[42]

"38도선을 사이에 둔 남북한의 삼엄한 정세는 그대로 테헤란으로 옮겨졌다. 개막 전 호텔과 프레스센터에서 몇 차례 남북 기자들이 서로 웃는 얼굴로 대화를 나누는 장면과 마주쳤다. '역시 같은 민족이구나. 어쩌면 대회를 통해서 대화가 재개될 수도 있겠지……' 이런 기대감을

---

40) 테헤란대회는 북한을 포함해 중국·몽골 등 아시아 공산권 국가가 처음 출전했던 아시안게임이다. 한편 북베트남은 참가치 않았고, 남베트남이 최후로 참가했던 아시안게임이기도 하다.

41) '도핑'은 운동선수가 좋은 성적을 올리려고 금지된 약물을 복용·주사하는 일을 말하는데, 경기에서는 부정행위로 엄격히 금지하고 있다. 그런데 역도 3관왕에 올랐던 북한 김중일 선수가 도핑 사실이 발각되어 메달 3개를 모두 박탈당했다. 아시안게임에서 금지약물 복용, 곧 도핑이 문제가 되어 메달이 박탈된 최초의 사례였다. 이렇게 되자 북한이 획득한 금메달은 15개로 줄어서, 금메달 16개를 땄던 한국에게 종합순위에서 뒤지는 결과가 되고 말았다.

42) 당시 한국에서는 8·15 광복절 기념식에서 대통령 부인 육영수 여사 저격 사건이 발생했고, 그로부터 불과 16일 뒤에 아시안게임이 개막되었던 관계로 대회에 임하는 남북한 선수들의 긴장감과 경쟁심은 극에 달했다. 결과적으로 남북한 간 종합순위 메달 경쟁 또한 매우 치열하게 전개되었고, 결과는 한국이 종합순위 4위, 북한이 5위를 차지했다.

막연히 품게 되었다. 그러나 경기가 시작되자 대립은 모습을 드러내었다…… 복싱 경기장에서 있었던 일. 한국을 꺾고 우승한 북한 선수의 시상식에서 북한 국가가 연주되자 한국 측 응원단은 손으로 귀를 틀어막았다. 아이들까지도 같은 행동을 하는 것을 보고서 마음이 아팠다."

(「아사히신문」 1974년 9월 18일)

방콕에서 개최되었던 제5회·제6회 아시안게임에서 별로 두드러지지 않았던 스포츠와 정치의 문제는 아랍권과 중국·북한 등의 사회주의국가가 새롭게 참가함으로써 또다시 정면에 등장하게 되었다. 아시안게임의 분열까지도 우려되는 상황에서 일본 선수단장 다지마 나오토田島直人는 이렇게 기록했다.

"아시아는 하나여야 한다. 그러나 이 광대한 아시아가 하나가 되는 일은 쉽지 않다. 개막식에서 평화를 상징하는 새하얀 비둘기가 날아오를 때 대립이 없는 아시아 실현을 염원했다. 유감스럽게도 그러한 바람은 요원한 일인 듯하다. 아랍 문제, 남북문제, 스포츠 세계에도 인종·정치는 뿌리 깊이 뒤얽혀 있다. 그러나 우리는 절망

해서는 안 된다. 다행히 완전 중립의 입장에 있는 일본이 아시아 스포츠계에서 해내야 할 역할은 더욱 막중하다 하겠다."

(다지마 나오토 「임무를 끝내고」, 『체협시보』 253호, 1974년 9월)

대회를 앞두고 단결했던 아시아는 대회 기간 중 정치로 인해 분열될 위기에 직면했다. 다지마 나오토는 비정치주의의 관철을 통해서 정치가 초래했던 위기를 극복하자고 제안했다. 그러나 일본의 그와 같은 자세는 정치화가 강화되는 아시아 스포츠계에서 결과적으로 일본의 위상을 저하시키는 결과를 가져오게 되었다.

3. 고립되는 일본

대회 개최 위기 —— 한국의 아시안게임 반납

1960년대부터 1970년대에 걸쳐서 아시아, 특히 동남 아시아는 경제 대국의 길로 치닫고 있던 일본의 해외 시 장으로 변해 간다. 아시아에서 일본의 위상은 높아졌으 나 그에 비례해 반발도 커져 갔다.

이 시기에 아시안게임은 개최 예정지가 개최권을 반납 하면서 대회 개최가 위태로워지는 사태를 두 차례 경험 했다. 그때마다 아시아 국가들은 일본이 대신 개최해 주 기를 기대했지만 일본은 그런 역할을 떠맡으려 하지 않 았다. 반면에 일본은 도쿄와 삿포로에서 올림픽을 개최 했다. 올림픽 중시와 아시안게임 경시 —— 일본의 이러 한 자세는 일본을 아시아로부터 고립시키는 결과를 초래 하게 되었다.

대한올림픽위원회KOC가 아시안게임을 서울에 유치키 로 결정했던 것은 1966년 3월의 일이었다.[43] 1970년 제

---

43) 기록에 따르면 제6회 아시안게임 서울 유치가 공식 거론된 것은 1966년 3월 28일 의 KOC 정기총회였다고 한다. 한국은 AGF 창설 멤버로 제2회 마닐라대회 이후 줄곧 선수를 파견·참가해 왔으며, 한국이 인도·필리핀·일본·태국에 이어서 대회를 유치하 는 것이 좋겠다는 여론이 AGF 회원국 사이에서도 설득력을 얻고 있었다. 그러나 1966 년 4월에 당시까지 아시안게임 서울 유치를 주도하던 KOC 이상백 위원장이 사망하자, 유치 운동은 잠시 표류하게 되었다. 6월에 후임 KOC 위원장에 취임한 장기영은 아시 안게임을 반드시 유치하겠다는 공약을 내세워, 7월 19일 아시안게임 유치위원회를 발 족, 8월 8일에 정식 개최 신청서를 AGF에 제출했다. 이후 12월까지 유치위원회는 활 발한 유치 활동을 벌이게 되었다.

6회 아시안게임 개최지는 1966년 12월 방콕에서 열리는 제5회 아시안게임에서 결정하기로 예정되어 있었다. 한국의 유치 관계자가 방콕으로 떠난 뒤에 산업 개발 정책을 우선시하는 한국 정부는 아시안게임 유치를 포기하기로 결정했다.[44] 그러나 현지에서는 유치 활동이 계속되었고, 경쟁 상대인 실론이 신청을 취소했기 때문에 서울이 자동으로 개최지로 선정되었다.[45] 서울 아시안게임은 개최지 결정 시점에서 이미 빨간불이 켜졌던 셈이었다.

1968년 1월 21일 북한 특수부대원들이 박정희 대통령을 살해할 목적으로 서울에 침투해 한국 측과 총격전을 벌였다〔청와대 습격 미수 사건〕.[46] 뒤이어서 미 해군의 푸에블

---

44) 제6회 아시안게임 유치 활동이 국내외에서 활발히 전개되고 경기장 건설 계획 등이 구체적으로 논의되는 가운데, 한국 정부는 12월 2일 국무회의에서 아시안게임 유치를 포기한다는 결정을 내렸다. 1965년 당시 국민총생산GNP은 3,413억 원, 1인당 소득은 110달러에 불과했던 한국의 경제 사정에 비추어서, 대회 운영 경비를 60억 원으로 예상할 때 제2차 경제개발 5개년 계획에 커다란 부담이 되므로 대회 유치를 포기한다는 것이다(1966년의 1년 예산이 1,219억 원, 개최년도 1970년의 1년 예산이 4,327억 원이었다). 기록에 따르면 아시안게임 유치가 확정된 이후에 다시 대회 반납을 둘러싸고 KOC가 엉거주춤하는 사이, 1967년 7월 13일에 KOC 장기영 위원장 앞으로 '제2차 경제개발 5개년 계획의 완수를 위해 비생산적인 투자를 할 수 없으니 70년도 아시안게임의 서울 개최는 포기하라'는 박정희 대통령의 특별 지시가 전달되었다고 한다.
45) 1966년 12월 15일 개최된 IOC 총회에서 서울은 만장일치로 제6회 아시안게임 개최지로 결정되었다.
46) 보통 '1·21사태'로 불리는 이 사건은 1968년 1월 21일 북한 민족보위성民族保衛省 정찰국 소속 124군부대 무장 게릴라 31명이 청와대를 기습, 대통령을 살해하기 위해 서울에 침투했던 사건을 가리킨다. 1970년대 이후 남북대화가 시작되자 김일성은 이 사태가 좌경 극렬분자의 행동이었음을 시인했다. 이 사건을 계기로 한국 정부는 북한의 비정규전에 대비하기 위한 향토예비군을 창설하기에 이르렀다.

도판20. 제5회 아시안게임 폐막식 전광판에 표시된 '서울에서 만납시다'라는 메시지 (『한국체육 백년사』 99쪽)

로호가 북한 해군에 나포되는 사건이 발생했다.[47] 심각한 안보 불안은 서울이 대회를 반납하는 좋은 구실로 작용했다. 2월 14일에 KOC는 총회를 열어 아시안게임 반납을 결정했고, 3월 27일에 그러한 사실을 AGF에 통보

---

47) '1·21사태'의 발생 이틀 뒤인 1월 23일에는 북한 원산항 앞 공해상에서 미 해군 정보수집함 푸에블로Pueblo호가 북한 초계정과 미그기의 위협을 받고 납치되는 사건이 일어났다. 해군 함정이 공해상에 납치되기는 미 해군 역사상 106년 만에 처음 있던 일로서, 사건 발생 후 11개월이 지난 1968년 12월에 승무원들은 송환되었으나, 선체와 장비는 북한에 의해 몰수되었다. 그 후에도 북한의 도발은 이어져, 1969년 4월에 미 해군 정찰기가 북한 영공에서 격추당해 승무원 31명이 전원 사망한 사건이 발생하기도 했다. 후일담이지만 북한은 몰수한 푸에블로호를 원산항에서 1995년부터 일반에 공개하다가, 1999년에 동해로부터 서해까지 공해상을 통해서 평양 대동강변 근처로 옮겼다가, 2013년부터는 대동강 지류 보통강변에 있는 전승기념관에 전시해 놓고 있다고 한다.

했다.[48]

일본 쪽의 대응은 냉담했다. JOC는 삿포로 동계올림픽을 준비해야 한다는 이유를 내세워 개최를 떠맡을 수 없다는 방침을 일찌감치 정했다. 그런 와중에 후쿠오카福岡 시장이 갑작스레 1974년 아시안게임 유치 의사를 표명하고 나섰다. 1970년 대회의 개최 여부가 불투명한 상황에서 그와 같은 발표가 나오자 일본 스포츠 관계자들은 당황스럽기 그지없었다.

1970년도 대회 개최지 반납에 대한 수습책을 논의할 AGF 총회가 4월 30일부터 열릴 예정이었다.[49] 그에 앞서 JOC는 AGF 가맹국들에게 삿포로 동계올림픽〔1972년〕, 삿포로 프레올림픽〔1971년〕, 오사카 엑스포Expo[50]〔1970년〕

48) 아시안게임의 유치 과정에서 기존 체육계 간 반목과 갈등이 점차 심화되는데, 그 이유는 유치 활동이 대한체육회(회장 민관식閔寬植)가 아닌, KOC(위원장 장기영)에 의해 주도되던 탓이었다. 국내의 어려운 재정 상황으로 아시안게임 개최권을 포기하는 쪽으로 분위기가 굳어지자, 개최권 포기를 위한 사전 포석으로 우선 1968년 3월에 대한체육회·대한올림픽위원회KOC·대한학교체육회의 세 단체를 합쳐 통합 대한체육회(회장 민관식)로 다시 출범시켰다. 마침내 3월 22일 통합 대한체육회 상임이사회에서 공식적으로 1970년 아시안게임 개최권을 반납하기로 결의했다. 서울은 그로부터 18년이 지난 1986년에 이르러서야 비로소 아시안게임을 개최하게 된다.
49) 4월 30일 서울에서 개최된 AGF 집행위원회는 북한의 안보 위협 행위를 규탄했지만, 한국 쪽 사정에 관계없이 제6회 대회의 서울 개최를 고집하다가 결국 개최권 반납을 승인했다. 하루 뒤인 5월 1일에 13개국이 참가한 AGF 총회가 열렸는데, 여기서 지난번 대회 개최국인 태국이 아시안게임을 한 번 더 개최하자는 방안이 제시되었다.
50) 공식 명칭은 일본만국박람회萬國博覽會로 흔히 줄여서 '오사카 만박' 또는 '오사카 엑스포'라고 불렀다. 1964년 도쿄올림픽과 함께 1960년대 일본의 고도성장을 상징하는 행사로 일본이 선진국 대열에 합류했음을 과시하는 행사이기도 했다.

개최 등을 이유로 내세우며 일본은 아시안게임을 개최할 수 없다고 알렸다.

AGF 임시총회는 말레이시아 대표의 제안을 받아들여, 지난번 대회 개최국인 태국에게 한 번 더 개최를 요청하자는 결의안을 만장일치로 가결했다. 그러나 태국은 난색을 나타냈다. JOC 내에서는 '아시아 스포츠계의 리더로서 아시안게임을 넘겨받으면 어떻겠는가. 일본의 태도는 지나치게 소극적이다.'〔이와타 유키아키岩田幸彰〕라는 의견도 있었으나, '일본이 개최를 떠맡아서 북한이 AGF에 가입하게 되면 일본 정부의 입국 거부 및 한국·타이완 등의 보이콧으로 대회가 혼란해질 것은 불 보듯 뻔하다. 아시안게임을 받아들이는 이상 아시아 스포츠계를 통합하는 일이 전제 조건인데, 도리어 분열되는 결과가 되고 만다.'〔다바타 마사지〕, '북한은 AGF 가입 조건을 갖추고 있어, 신청할 경우에 AGF로서는 이를 거부할 도리가 없다. 북한이 가입 기회를 엿본다는 사실을 충분히 예상할 수 있다.'〔스즈키 요시노리鈴木良德〕 등 신중파 의견이 우세한 편이었다. 북한에 대한 우려는 전년도 도쿄 유니버시아드 대회의 혼란에서 비롯되었다. 일본 스포츠 관계자는 북한이 참가할 경우 국명을 둘러싸고 도쿄 유니버

표8. 제6회 아시안게임 각국 지원액

국가명	지원액($)
한국	250,000
일본	75,000
이스라엘	25,000
타이완	25,000
말레이시아	10,000
아프가니스탄	6,000
파키스탄	5,000
홍콩	5,000
필리핀	5,000
이란	5,000
인도네시아	5,000
네팔	1,000
합계	417,000

시아드와 같은 소동이 재연될 것을 염려했기 때문이다.

7월에 이르러서야 겨우 태국이 대회 경비를 아시아 각국이 분담한다는 조건으로 대회를 넘겨받기로 했다. 그 후에 경비 및 분담 문제와 관련된 교섭이 이어져서 태국은 12월에 들어서서 비로소 정식으로 대회 개최에 동의했다. 대회 경비의 부족분 40만 달러 가운데 대회를 반납했던 한국이 20만 달러,[51] 개최국 태국이 10만 달러를

---

51) 1970년 당시 한국의 외화보유고는 6억 달러 정도였다.

부담하고, 나머지 10만 달러를 일본 등이 나누어 부담키로 했다. 최종 분담액은 표8과 같다(태국은 제외). 대회를 반납했던 한국은 별개로 치고 3번째로 금액이 많은 타이완·이스라엘보다도 3배 많은 액수를 일본이 분담한다는 사실로부터도, 아시아 스포츠계에서의 일본이 차지하는 경제적 위상을 짐작할 수 있을 것이다.

일본의 '기회주의적 행태' —— 싱가포르의 아시안게임 반납

제6회 아시안게임 기간에 개최된 AGF 총회에서 제7회 아시안게임 개최지는 테헤란으로 결정되었다. 이전부터 제7회 아시안게임 유치를 추진해 왔던 후쿠오카는, 다시 1978년의 제8회 대회 유치를 목표로 삼았고, 1971년 1월에 아시안게임 유치 기성회期成會[52]를 조직했다. 경쟁 상대는 싱가포르였는데, '가맹국 순회 개최'라는 아시안게임 원칙에서 본다면 후쿠오카 쪽이 명백히 불리한 상황이었다. 1972년 8월 뮌헨올림픽 기간에 개최된 AGF 평의원회에서 '일본은 아시안게임뿐만 아니라 올림픽도 개

---

52) 어떤 일을 이루기 위하여 뜻을 같이하는 사람들이 조직한 모임.

최했다. 다른 나라에게도 꼭 기회를 주었으면 한다'고 호소한 싱가포르가 20 대 15로 후쿠오카를 물리치고 아시안게임 개최권을 획득했다. 그런데 이듬해 10월에 싱가포르는 경제상의 이유로 인해 개최권을 반납해 버렸다.

1974년 8월에 파키스탄의 이슬라마바드Islamabad가 개최지로 결정되었지만, 파키스탄 또한 재정난을 이유로 1975년 6월에 이르러 대회 개최권을 반납했다. 그로부터 약 1년의 세월이 흘러도 개최지가 결정되지 않자, 1976년 4월 26일에 열린 AGF 집행위원회는 일본 쪽에 개최를 요청하기로 결정했다. 집행위원회에서는 대회를 간소화하고, 개최국에게 대회 참가국을 선별하는 권리까지도 부여하는 방안을 결정했다. 그러한 모든 결정은 대회 개최의 문턱을 낮추기 위한 방편이었다. 특히 후자의 (참가국 선별) 방안은 뮌헨올림픽에서 이스라엘 선수 학살 〔1972년〕,[53] 테헤란 아시안게임에서 이스라엘 선수와의 대전 거부〔1974년〕 등 이스라엘을 둘러싼 문제가 첨예화되자, 아랍 국가가 가맹국의 다수를 점하는 아시안게임을 분열로 내몰 수도 있는 상황에 처했다는 사실을 감안해,

---

53) 뮌헨올림픽 당시 이스라엘 선수 11명이 대회 기간 중에 테러 단체인 팔레스타인의 검은9월단에게 살해당했다.

이스라엘의 배제까지도 허용하려는 의도였다. 2년이라는 짧은 기간 내에 대회를 조직·운영할 역량을 가진 나라는 일본뿐이었고, 일본이 떠맡지 않으면 대회가 무산될지도 모를 형편 속에서 개최를 거부해 왔던 JOC도 대회 개최의 가부를 재검토해야 하는 상황에 직면했다.

5월 28일에 열린 JOC 총회에서는 '이스라엘·중국 문제는 불속의 밤을 줍는 것과 같은 짓이다. 재정 면에서도 운영에 돈이 많이 들고, 〔개최 연도인 1978년은〕 모스크바 올림픽을 2년 앞둔 시기라서 선수 역량 강화에도 지장이 생긴다.'〔스즈키 요시노리〕라는 반대 의견도 있었으나 수적으로는 소수파였다. 반면에 '일본이 떠맡지 않으면 아시안게임은 무산된다. 대對아시아 외교, 국제정치의 측면에서도 마이너스가 아니겠는가'〔다바타 마사지〕라며 일본 개최를 허용하자는 의견이 다수를 차지했다. 그러나 JOC는 5월 말에 갑자기 태도를 바꾸어 일본 개최를 거부한다는 판단을 내리고 말았다.

그동안 이스라엘은 아시안게임 참가를 선언하고서, 만약 대회에서 배제당하는 경우에는 IOC에 제소도 불사하겠다는 자세를 취했다. 차별을 금지한 AGF 헌장에 어긋나는 결정을 실행하면, JOC가 IOC로부터 자격정지를 당할 위험성이 있었다. JOC는 제4회 아시안게임의 주최국이었던 인도네시아의 전철을 밟는 일은 피하려고 했다. 그리하여 일본은 또다시 아시아를 저버렸던 것이다.

1976년 12월에 제8회 아시안게임이 방콕에서 열리는 것으로 결정되었다. 일본이 보였던 소극적 자세를 아사히신문은 다음과 같이 비판했다.

"일본은 지금껏 아시아 스포츠계의 맹주라고 자부하면서도, 그 시선은 올림픽 쪽을 향해 있고 아시안게임을 경시해 왔는데, 지금이야말로 아시안게임을 현실에 맞는 규모와 내용으로 간소화하고, 분쟁의 싹을 도려내기 위해 적극적인 역할을 맡아야 할 것이다. 기회주의적인 행태의 일본 스포츠계를 향해 주변의 비난이 거세지고 있다." （『아사히신문』 1976년 12월 11일）

JOC 임시총회에서는 AGF에 대해서, '조직·운영이 미숙하고 수준이 낮다. 한 줌도 안 되는 국가들의 기회주의적 행태로 운영되는 측면도 있다'라는 비판도 제기되었지만, 대회마다 금메달을 모조리 휩쓸어 가면서도, 위기에 처한 대회를 살리려고 하지 않는 일본 스포츠계의 행태 또한 '기회주의'와 다를 바 없었다.

방콕은 제6회 아시안게임을 떠맡았을 때와 마찬가지로 대회 소요 경비를 AGF 각국이 분담하는 것을 조건으로 내걸었다. 소요 예상 경비 250만 달러 가운데 80%를 사우디아라비아 등의 아랍 국가들이 부담하고, 나머지 50만 달러를 일본 등이 분담하기로 결정했다[표9]. '오일달러oil dollar[54] 대회'라고 조롱당할 정도로 당시 아시안게임은 아랍권의 오일 머니oil money에 의존했다. 아랍 국가들이 그토록 열의를 쏟았던 이유는 물론 이스라엘을 배제하려는 정치적 목적 때문이었다.

AGF 회의에 참석했던 다케다 쓰네요시에 따르면 대회 간소화를 외쳤던 일본의 주장과는 상반되는 분담금 협상이 선행되었고, 사우디아라비아 대표는 아프리카 국가에게도 분담금을 갹출하자고 제안해, 하마터면 AAA대회〔아시아·아랍·아프리카〕가 될 뻔했다고 증언하고 있다. 그러한 사정의 배경에는 아시안게임을 IOC에 대항하는 제3세력의 결집의 장으로 만들려는 움직임이 있었고, 중국 역시 그러한 분위기에 솔깃이 동참하려는 분위기였다.

---

54) 산유국이 원유를 팔아서 벌어들인 잉여 외화. 달러 이외의 외화를 포함하여 '오일 머니'라고도 한다.

표9. 제8회 아시안게임 각국 지원액

국가명	지원액($)
사우디아라비아	1,500,000
쿠웨이트	250,000
일본	200,000
중국	200,000
이라크	150,311
카타르	150,000
이란	75,000
한국	50,000
북한	49,875
싱가포르	15,000
홍콩	13,000
말레이시아	10,000
인도네시아	10,000
필리핀	10,000
네팔	1,000
합계	2,684,186

신출내기 아랍 국가들은 목적을 위해 수단 방법을 가리지 않았으며, AGF 헌장과 이념 따위에는 신경도 쓰지 않았다. 아시안게임이 정치적 도구로 이용당하는 사태 속에서 JOC 시바타 가쓰지紫田勝治 위원장은 아시아 스포츠계에서 일본의 역할은 '종래의 리더 자리에서 조정자 역할로의 후퇴를 강요받을 것이다'라고 예상했다. 따지

고 보면 그것은 AGF의 요청을 한사코 거절했던 일본이 치러야만 할 대가이기도 했다.

1977년 6월에 JOC는 솔리다리티solidarity[연대=기술지원 활동] 위원회를 설치했다. 아시아 각국에 코치를 파견하고 스포츠 용구를 지원하기 위한 조직이었다. 1974년 3월에도 JOC는 히라사와 가즈시게의 주도로 아시아스포츠협력위원회를 설치하려고 했으나, 자금난으로 계획이 무산된 바 있었다. 솔리다리티 위원회는 자금 부족에 시달리는 NOC를 지원하기 위해서, 1971년에 IOC와 각국 NOC의 협력 조직으로 설립되었던 '올림픽 솔리다리티 위원회Olympic Solidarity Commission[55]'를 본떠 만든 것으로 제8회 아시안게임 개최를 거부했던 일에 대한 보상이었다고 생각할 수 있다.

때마침 후쿠다 다케오福田赳夫 일본 총리가 아세안 국가를 순방해 각지에서 환대받았고, 마닐라에서 '마음과 마음이 서로 통하는 상호 신뢰 관계'를 포함한 이른바 '후

55) 일반적으로 '올림픽 연대'[OS, Olympic Solidarity]라고 불린다. IOC의 관련 홈페이지(https://olympics.com/ioc/olympic-solidarity)에 따르면 '올림픽 연대OS'는 체육인 육성, 코치와 스포츠 실무자의 훈련을 우선하고, 올림픽의 이상을 실현하는 다면적 프로그램multi-faceted programmes을 통해 모든 NOC[특히 가장 지원을 필요로 하는 NOC]에 대한 지원 활동이라고 규정되어 있다. 이러한 '올림픽 연대'에는 '세계프로그램'·'대륙프로그램'·'올림픽 경기대회 출전에 관한 지원금subsidies'의 3분야가 있고, 각 NOC는 연관 프로그램을 통해 각각의 분야의 발전을 지향하는 동시에 자율성과 독립성을 신장시켜야 한다고 규정하고 있다.

쿠다 독트린Fukuda Doctrine'56)을 표명하기도 했다. 3년
전인 1974년에 전임 다나카 가쿠에이 총리가 방콕 및 자
까르따에서 반일 폭동과 마주했던 사실57)을 생각하면 그
같은 성과는 특필할 만한 일이었다. 그렇지만 그러한 반
일 폭동의 기억은 쉽사리 잊히지 않는 법이다. 동남아시
아에 주재하는 일본인이 스포츠를 통한 민간외교에 커다
란 기대를 걸었던 이유도 바로 그 때문이었다.

　이렇듯 아시아 경시가 문제시되었던 이유는 아시아와
의 연대가 중요성을 더해 가고 있다는 사실이 배경에 있
었기 때문이다. 그리고 그와 같은 연대를 요청했던 근본
적 이유는 아시아로의 경제 진출을 위한 것이라고 보아
야 한다. 따라서 JOC의 솔리다리티 사업은 일본과 아시
아의 관계 변화를 반영했던 것으로, 스포츠계는 차라리

---

56) '후쿠다 독트린'은 ①일본의 군사대국화를 지양止揚한다, ② '마음과 마음이 서로
통하는' 우호 관계를 수립한다, ③ 대등한 파트너로서 동남아시아의 지역적 공존과 안
정에 기여한다라는 3원칙으로 이루어졌다. 제2차 대전 이후 '정치적 역할의 회피'라는
특징을 보여 주던 일본의 동남아시아 지역 외교에 있어 방침의 일대 전환으로 평가받
고 있다.
57) 1973년 10월의 '학생혁명'으로 불리는 유혈 사태로 군정인 타념Thanom 정권이 붕
괴된 지 3개월 후인 1974년 1월 9일 다나카 가쿠에이 일본 총리가 태국의 방콕을 방
문했을 적에, 1972년 이후로 반일 감정이 높아가던 상황에서 태국 국민은 다나카 총리
에 대해 대규모 항의 시위를 벌였다. 방콕의 학생 시위대를 피해서 도망치듯 1월 14일
에 인도네시아 쟈까르타를 방문한 다나카 총리는 태국보다도 더욱 격렬한 반일 시위에
또 다시 직면했다. 처음 일본 기업의 현지 진출에 반발한 인도네시아 학생 시위는 수많
은 시민이 가세하여 반일 폭동으로 발전했고, 마침내 도요타의 합작회사인 도요타아스
트라 본사 빌딩이 시위대의 방화로 불타고 말았다. 그 같은 반일 폭동으로 인해 8명이
사망하고 수많은 시민들이 체포되었다.

그러한 변화를 뒤쫓아 갔던 데에 불과했다. 따지고 보면 JOC의 모델이 되었던 IOC와 각국 NOC에 의한 솔리다리티 위원회도 점차 (신흥 세력으로) 대두하는 제3세계 국가와의 관계 변화에 대응하고자 했던 것이었다.

올림픽이냐, 아시안게임이냐 ── 이스라엘 배제 문제

1978년 5월 이스라엘 NOC는 제8회 방콕 아시안게임에 참가하겠다는 의사를 거듭 밝혔다. 6월에 AGF는 '경비상의 배려' 차원에서 이스라엘을 대회에 참가시키지 않기로 결정했으나, 이러한 결정에 대해 국제육상연맹 IAAF은 그럴 경우 아시안게임을 공인하지 않겠다고 맞불을 놓았다. 만일 그렇게 되면 아시안게임에 참가한 선수는 향후에 올림픽 등 IAAF가 공인하는 대회의 출전 자격을 잃게 될 수도 있었다.

IAAF가 뭐라고 하던 반反서구 성향이 강했던 AGF에서는, 아시아의 문제는 아시아에서 결정한다는 의견이 압도적이었다. 올림픽에서의 활약을 그다지 기대할 수 없었던 아시아 국가에게 올림픽은 '그림의 떡'에 불과했던 것이다. 반면 올림픽 지상주의였던 일본은 아시안게임에 참가함으로써 차기 올림픽에 출전하지 못하는 사태는 되도록 피하고자 했다. '아시아와의 연대는 무엇보다 중요하다. 그러나 올림픽 같은 세계 무대를 목표로 훈련에 힘쓰는 선수의 앞날을 육상연맹이 가로막는 사태는 절대로 피했으면 한다'는 것이 일본육상연맹JAAF 간부의 속내였다. JAAF 나오키 한지靑木半治 회장은 이스라엘과 AGF 사이에서 조정자 역할을 떠맡고 나섰다. 나오키 회장은 개막식에 이스라엘 임원 두 명 정도를 형식적으로 참가시키면 어떻겠냐고 제안했으나, 이스라엘 측은 이 같은 방안에 전적으로 반대했고, 결국 이스라엘을 배제하는 쪽으로 결정되었다.

　JAAF는 올림픽을 택할지, 아시안게임을 택할지 양자택일의 궁지에 몰리게 되었다. JAAF로서는 당연히 올림픽이 중요했다. 그러나 '문제는 일본 육상이 아시아에서 고립되는 것만으로 사태가 끝나지 않을 염려'가 있다는 점이었다. 왜냐 하면 대일 감정에 미묘한 변화를 보이던 동남아시아에서 태국이 '아시안게임을 위기에서 구하기 위해서', 게다가 경제적 부담을 떠안아 가면서까지 어렵사리 3번째 대회 개최를 떠맡았던 사정을 생각하면,

JAAF의 (아시안게임) 불참은 '일본이 아시아의 전체 뜻을 저버렸다'라는 반발을 불러일으킬 수 있었기 때문이다. 일본 문부성 당국자에게서도 '참가 여부는 JAAF가 판단할 일이지만, 불참할 경우 파생될 사회적 영향이 육상이나 스포츠 선에서 끝나지 않는다. 자칫 잘못 판단했다가는 아시아의 대일 감정 등 중대한 문제로도 파급될 수가 있으니, JASA·JOC 등 관계자는 신중히 대처해 달라'는 요청을 전해 왔다.

11월 28일에 JAAF는 '아시안게임 개최에 노력하는 태국과 아시아 육상경기 분야의 우호를 위해서, 아울러 일본의 불참으로 예상되는 문제를 피하고자 감히 출전을 결심하게 되었다'고 발표했다. 아시아와의 연대 쪽을 선택한 결정이었다. 한편 JAAF는 IAAF의 처분은 가벼울 것으로 전망하고 있었다. 22일에 IAAF 사무총장 존 홀트 John Holt가 '경기에 참가한 선수는 자동적으로 1980년 모스크바올림픽에 출전하지 못하는 것은 아니다. 복권을 신청하는 것도 가능하다'고 발언했기 때문이다.

3번째 방콕 아시안게임

1978년 12월 9일부터 방콕에서 제8회 아시안게임이 개최되었다. 중동 산유국의 막대한 자금 지원으로 개최되어 '오일달러 대회'라고까지 불렸던 이 대회에서 가장 주목을 끌었던 대상은 중국 선수단이었다. 중국은 대회에 일본과 똑같은 금액을 부담했을 뿐만 아니라, 태국이 일본에 지원을 요청했다가 거절당한 수천만 엔 상당의 스포츠 용구도 제공해 주었다. 방콕에 거주하는 일본교민회가 '어째서 우리와 상의하지 않았는가'라며 아쉬워했지만 행차 뒤에 나팔인 셈이었다. 경기 방면에서의 활약도 두드러졌다. 중국은 금메달을 51개를 획득하며 일본의 70개에 육박했다〔지난번 대회는 중국 33개, 일본 75개〕.

아시안게임 기간 중에 아시아올림픽평의회OCA・아시아경기연맹총연합회〔GAASF, General Association of Asian Sports Federations〕・아시아수영연맹〔AASF, Asia Swimming Federation〕 등 서구권에 대항해 아시아의 단결을 도모키 위한 조직 설립을 향해, 수많은 움직임이 급속히 진행되었으나 일본 쪽은 그저 어리둥절하니 상황을 지켜만 볼 뿐이었다. 아시아 스포츠계에서 일본의 위상은 더 이상 중요치 않게 되었다. '너는 있으나 없으나 매한가지야'—

— 일본은 그런 존재가 되고 말았다.

일본이 아시아에서 이렇듯 고립된 원인은 무엇일까?

"'아시아는 졸업했다'는 식의 생각은 경기단체에도 강한 편이다. 이래저래 말썽만 많은 아시아 스포츠계에서, 불속의 밤을 주우면서까지 해결에 나서려고 하지 않는다. 이번에도 개최지가 허공에 떠 버렸다. 개최 후보지는 어디나 재정난을 겪고 있다. 그래서 일본이 떠맡아 주었으면 하고 각국에서는 기대가 높았다. 그러나 삿포로 동계올림픽 재유치 때만큼 어느 누구도 열심히 움직여 주지 않았다. 선수나 경기단체를 질책하는 것은 아니다. 외교도 경제도 우리의 평소 언동에도 '아시아의 졸업생'이라고 으스대는 생각이 자리 잡았던 것은 아닐까? 아시아인들은 그런 점을 민감하게 알아챈다. 지난 11월 UN 안보리 비상임이사국 선거에서 일본은 예상만큼 아시아권의 지지를 얻지 못했고 방글라데시에게 완패했다. 올림픽에서 일본 선수의 활약상에 아시아 어느 나라 응원단도 아낌없이 박수를 보낸다. 장차 그렇게 되기를 바란다." (「마이니치신문」 1978년 12월 22일)

요컨대 아시아로부터 고립되었던 현상은 일본 스포츠
계에만 한정된 문제가 아니라 일본 자체의 문제이기도
했다. 경제적 진출을 꾀하는 일본이 아시아에 바랐던 것
은 비정치적인 아시아였다. 그러나 현실의 아시아는 결
코 일본의 생각대로는 되지 않았다.

일본 육상계가 우려했던 IAAF의 처분은 결국 흐지부
지한 형태로 마무리되었다. 하지만 이스라엘을 배제했
던 아시안게임에 대한 국제 스포츠계의 태도는 여전히
냉엄했다. 아사히신문이 IOC 위원 44명을 상대로 실시
했던 설문 조사에서 '작년〔1978년〕 12월의 아시안게임은
가맹국 이스라엘을 경비상의 이유를 내세워 배제한 채로
대회를 강행했다. IOC는 끝내 후원을 유보했는데 AGF
의 조치를 어떻게 생각하는가?'라는 질문에 대해 다음과
같은 응답 결과가 나왔다.

· 옳지 않다. 명백히 AGF는 규정을 위반했다. (15명)
· 경비상의 문제만은 아닐 것이다. 대회 운영비를 지원
  한 아랍 국가 등의 압력도 있었다고 들었다. 재조사가
  필요하다. (22명)
· 경비상, 이스라엘의 참가로 개최에 어려움이 생긴다면

어쩔 수 없었다. (5명)

· 기타 의견 (3명)

아시안게임에 대한 IOC의 반감은 훗날 중국의 IOC 복귀에도 상당한 영향을 미치게 된다.

4. 중국의 IOC 복귀

테헤란 아시안게임의 후폭풍

일본의 고립이 심화되는 가운데 중국은 IOC에 복귀하게 된다. 이 두 가지 움직임 사이에는 실은 밀접한 연관성이 있다. 시곗바늘을 되돌려서 복귀 과정을 쫓아가 보기로 하자. 1971년 10월에 UN은 중국의 합법적 권리를 회복시키고 타이완을 축출키로 결정하자, 타이완은 이에 반발해 UN을 탈퇴했다. 타이완이 UN에서 '중국'을 대표했던 사실은 IOC에서도 타이완에게 '중국' 대표권을 인정하는 근거의 하나가 되어 왔다. 그러한 상황 변화에 따라 중국은 기존 국제 스포츠계 안에서 타이완을 배제시키고 중국의 권리를 되찾는다는 기본 방침을 세웠다. 1973년 1월 나이지리아 라고스Lagos에서 개최된 제2회 아프리칸 게임에 초대받은 쑹중宋中과 허전량은 같은 대회에 참석한 신임 IOC 킬라닌 위원장과 접촉하면서, 그가 전임 브런디지 위원장과는 달리 중국 문제에 이해가 있다는 사실을 확인했다.

1974년의 테헤란 아시안게임을 앞두고 국제 스포츠계는 중국 포섭에 적극적이었고, 중국의 IOC 복귀 또한 시간문제로 여기는 분위기였다. 단지 국제 스포츠계는 타이완 배제에는 여전히 소극적이었던 탓에 중국이 '하나의 중국' 정책을 수정하지 않는 한 IOC에 순조롭게 복귀하기는 어려웠다.

아시안게임에서 중국 선수가 이스라엘 선수와의 대전을 거부했던 일은 국제 스포츠계에 더욱 나쁜 인상을 주었다. 아시안게임 한 달 뒤에 열린 IOC 총회에서 킬라닌 위원장은 '시합을 거부하려면 차라리 처음부터 경기에 참가하지 말아야 한다.'·'올림픽에서 대전을 거부하면 제명하겠다'고 하며 중국과 아랍 국가들을 암암리에 비판했다.

1975년 3월부터 중국은 스포츠 관료를 라틴아메리카·아프리카·유럽 등지에 파견, 중국의 IOC 복귀에 대한 지지세를 넓힌 뒤 4월 9일 IOC에 복귀를 신청했다. 게다가 4월 중순에는 중화전국체육총회ACSF 국제부의 주쩌朱仄 등이 일본을 방문해 JOC 수뇌부에게 IOC 복귀를 위한 지지를 호소했다. JOC 측은 지지를 약속하면서도, '전체 78명의 IOC 위원 가운데 과반을 차지하는 서구권 위원들 상당수가 하나의 중국론에 대한 이해가 부족하여, 상황이 매우 어렵다'라며 타이완 축출을 전제로 내세우는 한 복귀는 곤란할 것임을 알렸다.

중국의 복귀는 다음 달 5월 로마에서 열린 IOC와 각국 NOC 합동 회의에서 논의되었다. 약 40개국의 NOC 대표가 발언했는데, 라틴아메리카 모든 국가와 미국·영국·호주·북유럽이 타이완 축출에 반대했고, 반면 아시아·아프리카 국가들은 타이완 축출에 찬성했다. 중국이 제출한 신청서에 대해서는 'ACSF가 정부로부터 독립한 기관인지의 여부가 분명치 않다.'·'위원 선출에 대해서도 충분한 소명 자료가 부족하다' 등의 문제점이 지적되었던 결과 신청서 미비를 이유로 결론을 유보하기로 했다. 물론 신청서 미비에 관한 지적은 핑곗거리였고, 문제의 핵심은 타이완을 축출한다는 전제 조건이었다.

몬트리올올림픽[58]에서의 타이완 문제

1976년 7월에 몬트리올올림픽이 개최되었다. 캐나다 정부는 1970년에 국교를 수립한 중국의 요청에 따라 5월 28일 자 서한에서, 타이완 선수가 'CHINA'라는 국호 및

---

58) 몬트리올올림픽은 대규모 적자를 기록하며 실패한 올림픽으로 유명한데, 몬트리올은 2006년에 이르러서야 올림픽으로 생긴 빚을 비로소 청산했다고 한다.

중화민국 깃발을 사용하지 않으면 참가를 허용하겠다고 IOC 킬라닌 위원장에게 통지했다. 킬라닌 위원장은 6월 6일 자로 캐나다 정부에게 보낸 서한에서 캐나다 정부의 조치가 IOC 헌장에 위배된다고 경고했다. 캐나다 정부의 행위는 그 스스로 1969년에 'IOC가 요구했던 모든 NOC, 스포츠 단체의 입국'을 캐나다 NOC에게 보장했던 약속까지도 깨뜨린 행위였다. 7월에 접어들어 문제가 표면화되자 타이완의 올림픽위원회는 중화민국 국호와 국기를 사용하여 올림픽에 참가하겠다고 선언했다. 한편 베이징의 ACSF는 IOC에 대해 ACSF만이 '중국'을 대표한다고 다시금 선언했다.

캐나다 NOC는 캐나다 정부의 조치를 '중대하고도 용인할 수 없는 배신'이라고 비판했다. 미국 측에서도 타이완을 배제하면 대회 보이콧도 불사하겠다는 미국올림픽위원회USOC와 '타이완 문제와 관계없이 미국 선수단은 참가해야 한다'며 미국 정부가 대립했다(4년 후 모스크바올림픽에서는 입장이 뒤바뀌게 된다).

7월 10일에 킬라닌 위원장과 캐나다 정부 사이에 첫 회담이 열렸다. IOC와 각 IF 및 각국 NOC는 '타이완 문제를 매듭짓지 못하면 올림픽 개최를 중지할 수밖에 없다'는 공동성명을 발표했다. AP 통신의 조사에 따르면 올림픽에 관여하는 26개 IF 가운데 타이완의 참가를 지지하지 않는 종목은 농구·역도뿐이었다. IOC가 대회 중단 카드를 꺼내 들었으나 캐나다 정부는 설득에 응하지 않았다. 스포츠계와 캐나다 정부 사이에 끼여 난처해진 IOC는 'REPUBLIC OF CHINA'라는 국호를 'TAIWAN'으로 바꾸고, IOC 깃발 아래 올림픽에 참가하도록 타이완에 권고했다. 타이완 측은 그에 대해서 어리석기 짝이 없는 행위라며 거들떠보지도 않았다.

11일에 IOC 집행위원회는 타이완 문제 해결 여부와 상관없이 올림픽을 개최하기로 결정했다. 이는 캐나다 정부의 정치적 차별을 용인한다는 의미였다. 아사히신문은 '올림픽, 끝내 정치에 패배'라고 보도했다. 킬라닌 위원장에게 있어 '오늘은 올림픽 역사상 가장 불행한 날'이 되었다. 고집불통이었던 전임자와는 달리 킬라닌 위원장은 '타협하는 사람'·'현실주의자'였다. 13일 IOC 총회에서 집행위원회의 결정을 추인했고 이튿날 타이완은 올림픽 불참을 통보했다.

뉴욕타임스는 캐나다 정부가 올림픽을 악용했다며 비판했고, 나아가 4년 후 모스크바올림픽에서 '소련은 이

제 (자국이) 기피하는 국가나 미승인국을 1980년의 올림픽에서 쫓아낼 수 있는, 좋은 본보기를 가지게 되었다. 올림픽 정신은 허울뿐이고, 이념 투쟁의 장으로 변해 버린 올림픽. 이런 상태라면 미국은 올림픽에 참가해야 할지의 여부를 재검토해야 할 것이다'라고 논평했다. 아이러니하게도 소련은 모스크바올림픽에 모든 국가의 NOC를 초청했음에도 불구하고, 이번에는 미국 정부가 대회 보이콧을 촉구하며 올림픽을 악용하게 되었다.

15일 킬라닌 위원장은 캐나다 수상 피에르 트뤼도 Pierre Trudeau와의 전화 회담을 통해서, 명칭은 어쨌든 간에 깃발과 노래는 종래의 것을 사용해도 된다는 양보를 이끌어 냈다. IOC는 새로운 타협안을 제시하며 타이완과 교섭을 벌이는 한편 개막식에서 가맹국 또는 지역 이름을 손 팻말로 게시하도록 규정했던 헌장을 임시 개정할 준비를 갖추었다. 강경한 자세를 보였던 미국올림픽위원회USOC는 그와 같은 타협안을 긍정적으로 여기고서 타이완의 설득에 나섰다. IOC는 개막식 손 팻말 상단에 'TAIWAN', 하단에 'ROC-OC[59]'(중화민국올림픽위원회)'로

---

59) '중화민국올림픽위원회(ROC-OC, Republic Of China-Olympic Committee)'는 1979년 이전까지 사용되었다.

표시하는 방안을 제시했다. 대다수 관계자는 이렇게 하면 문제가 해결되리라고 생각했다. 16일의 IOC 총회에서는 이번에 한해서 타이완 선수단이 타이완이라는 명칭, 중화민국의 깃발과 노래를 사용해 참가토록 한다는 결의안이 찬성 58표, 반대 2표, 기권 6표로 가결·승인되었다.

그러나 타이완 측은 그러한 결정이 정치 개입을 금지한 IOC 헌장에 부합하지 않는다며 올림픽 불참을 발표했다. 타이완의 IOC 위원 쉬헝은 명칭 변경에 동의했으나, 중화민국 NOC의 선자밍沈家銘 위원장이 본국에 지시를 요청할 적에 미국도 지지한다는 사실을 전하지 않았던 탓에 '삼결일불가三缺一不可(국호·국기·국가 가운데 하나라도 빠져서는 안 된다)'라는 회답이 왔던 것으로 알려졌다. 개막식에는 타이완 선수단의 모습은 보이지 않았고 손 팻말만이 행진했다. 거기에는 'CHINE REP. DE[60](중화민국)'라고 쓰여 있었다. IOC가 끝까지 고집을 부린 것이다.

캐나다 정부는 '캐나다가 하나의 중국 정책을 굽히지

---

60) 몬트리올(프랑스 지명, 몽레알Montréal)은 본래 캐나다 연방에서도 프랑스어 권역인 퀘벡Québec 주의 도시이므로 영어와 함께 공용어로 프랑스어를 사용한다. 프랑스어로는 '중화민국République de Chine'과 '중화인민공화국République populaire de Chine'을 구별해서 표기하므로, 타이완의 국호를 '중화민국'을 뜻하는 'CHINE REP. DE'로 표기한 것이다.

않는 것은 당연한 일로서 스포츠에 정치를 개입시킨 나쁜 전례가 되었다고는 생각하지 않는다. 오히려 국명을 고집하는 민족주의를 배제한 일은 올림픽에서 좋은 선례가 되었던 셈이다'라며 IOC와 타이완의 대응을 꼬집어 비판했다.

타이완이 당시에 완강하게 '중화민국'이라는 명칭에 집착했던 이유는 무엇이었을까? 아사히신문의 분석은 바야흐로 장제스 사후에 처음으로 국민당 대회가 개최될 예정이었고, 따라서 장제스의 후계자인 장징궈蔣經國가 우익 성향 장로파를 의식해 강경한 자세를 취할 수밖에 없었으며, 동시에 미국 대통령 선거 후에 예상되는 미중 국교 정상화 움직임을 견제할 필요가 있었다는 점 등을 그 주된 요인으로 거론했다.

1년 뒤에 아사히신문이 '대회 개막 막바지에 「중국이냐 타이완이냐」의 양자택일에 내몰렸던 IOC 내부에, 비로소 중국 문제에 대한 이해가 차츰 퍼지기 시작했다고 할 수 있다'라고 회고하듯이, 몬트리올올림픽은 IOC 위원들에게 중국 문제를 해결할 필요성을 절감케 하는 계기가 되었다.

중국의 국제연맹 복귀

1976년 9월 9일에 마오쩌둥이 사망했다. 10년 동안 계속된 문화대혁명은 종말을 고했고 이듬해 7월에 소집된 제10기 삼중전회三中全會[61]에서 덩샤오핑鄧小平이 복권하게 되었다.[62] 1977년 9월에 커다란 전환점을 맞이했던 중국을 IOC 킬라닌 위원장, 기요카와 마사지 부위원장 등이 방문했다. 킬라닌 위원장은 중국과 타이완에 제삼자를 끼워 넣어서 양국이 함께 참가할 수 있는 방법을 협의하면 어떻겠냐고 제안했으나, 중국 측은 '타이완은 중국의 내정 문제이며 외국인의 간섭은 용납하지 않는다'며 거부했다. 문화대혁명이 끝났다고는 해도, '장제스 집단'과의 '대화'는 여전히 논외였던 것이다. 킬라닌 위원장은 중국의 복귀 문제는 아직은 시간이 좀 더 걸리겠다는 인식을 가지게 되었다. 킬라닌 위원장의 방문을 전후해

---

61) '삼중전회'란 중국공산당 중앙위원회 전체회의의 3번째 회의를 가리키는데, 이 회의에서 중국의 향후 5년간 주요 경제정책 방향이 제시된다고 알려져 있다.

62) 1966년 문화대혁명으로 실각했던 덩샤오핑은 73년 부총리로 복권되었고, 이후 74년부터 당부주석·중앙군사위부주석·군총참모장을 겸직, 병색이 완연했던 저우언라이 총리를 대신해 문화대혁명으로 혼란이 극에 달한 중국의 경제·당·군 조직의 정비·재건에 착수했다. 그러나 4인방과의 권력투쟁이 점차 심화되는 가운데, 76년 1월 저우언라이의 사망으로 인해 사실상의 실각 위기에 내몰렸고, 4월에 발생한 제1차 톈안먼天安門 사건의 책임을 지고서 직무 해임되어 또다시 실각하고 말았다. 이윽고 마오쩌둥이 사망하고 4인방이 몰락함으로써, 덩샤오핑은 77년 5월에 직무 복귀되었고, 7월에 복권·부활하게 되었다. 이렇게 실권을 장악한 덩샤오핑은 1978년 12월의 삼중전회에서 '개혁개방改革開放'을 제안, 그 후에 시작된 국내 체제의 개혁 및 대외 개방 정책을 총지휘하며, '최고 지도자'로 새로운 중국을 이끌어 가게 되었다.

서 IAAF 회장 아드리안 폴렌Adriaan Paulen도 중국을 방문했다. 폴렌 회장은 이듬해 8월 총회에서 결론을 내겠다면서 중국 복귀에 자신감을 내비쳤다.

사태가 다시금 급전개되기 시작한 것은 1978년에 접어들면서부터였다. 4월의 IAAF 평의원회는 중국 문제를 토의, '타이완의 명칭을「CHINA」로 하지 않는다.'·'중국에 가입 신청을 촉구한다'라는 2가지 권고안을 만장일치로 가결했다. 타이완의 제명에 대해서는 찬성 7표, 반대 5표, 기권 2표로 표가 나뉘었다. 그러한 권고를 받아들여 중국은 7월 22일에 IAAF에 복귀 신청을 했다. 10월의 평의원회는 ①중국을 대표하는 것은 중화인민공화국 하나이며 중화인민공화국이 IAAF에 재가입한다, ②베이징의 '중국'과 '타이완' 양쪽 모두 IAAF의 회원이 된다는 2가지 안으로 정리했고, 이어서 10 대 9라는 불과 1표의 차이로 ①안이 채택되었다. 다음 날 총회는 4시간에 걸친 마라톤 협의 끝에 찬성 200표, 반대 153표로 중국 복귀 및 타이완 제명이 결정되었다. 마찬가지로 10월에는 국제체조연맹FIG이 찬성 다수로 중국의 복귀를 승인했다.

유력한 IF가 타이완 제명 조치를 단행했던 일은 IOC에 어떤 영향을 주었을까? 그 무렵에 IOC 위원 44명을 상대

로 실시한 조사에 따르면, 중국 문제의 해결책으로 IAAF
와 같이 타이완 제명 및 중국 가입을 주장하는 이는 7명
에 불과했다. 한편으로 타이완 제명이라는 중국의 요구
를 수용해서는 안 된다는 안에 찬성하는 위원도 5명에
지나지 않았다. '양측을 설득해 타협점을 찾도록 노력한
다'에 찬성하는 쪽이 16명으로 가장 많았고, 타이완의 명
칭 변경을 요구하는 위원은 6명이었다. 그와 같은 설문
조사 결과를 보고서 스포츠 평론가 가와모토 노부마사는
'타이완을 옹호하는 감정이 여전히 저변에 강하게 흐르
고 있음을 확인할 수 있다'라고 평했다.

미중 국교 수립의 충격

위와 같은 설문 조사를 실시한 뒤 결과가 발표되기 전
시점에서, 중국 문제를 둘러싸고 거대한 변화가 일어나
고 있었다. 제8회 아시안게임 개최 중인 1978년 12월 15
일에 미중 국교 정상화가 발표된 것이다.[63] 킬라닌 위원

---

63) 1972년 2월에 닉슨 대통령의 역사적인 중국 방문이 이루어지고 나서, 73년 5월
에 양국은 공식적인 외교 관계를 구축하기 위해 상호 연락사무소를 설치했다. 78년
12월 15일에 마침내 양국 정부는 79년 1월 1일을 기해 공식적으로 국교를 수립한다

장이 '중국 복귀 문제와 관련되어 있는 사람들의 생각을 분명히 새롭게 바꾸어 줄 것이다'라고 언명했듯이, 미국이 타이완과 단교를 단행했다는 사실은 국제 스포츠계에도 중대한 영향을 미칠 것으로 여겨졌다. 아사히신문은 빈정거리는 어투로 '정치로부터의 독립을 기본 이념으로 하는 올림픽이라고 하면서도, 현실적으로 올림픽을 이끄는 IOC 위원이 결국 국제정치 동향에 무관심할 수는 없음을 IOC 위원장 스스로가 인정한 셈이다'라고 논평하고 있다.

1979년 1월 1일에 미중 국교가 정식으로 수립됨에 따라서 국제사회에서 중국의 입장은 타이완에 비해서 압도적으로 유리해졌다. 이날 중국 전국인민대표대회 상무위원회는 「타이완 동포에 고하는 글」을 발표하고서 타이완의 평화적 통일을 호소했다. 이 호소문에는 '학술·문화·스포츠·기술의 상호 연구'를 위한 교통·통신 개방을 요구하는 내용도 담겨 있었다. 1월 말에 덩샤오핑이 미국을 방문해 지미 카터Jimmy Carter 미국 대통령과 회담하며 또다시 타이완 문제의 평화적 해결 방침을 확인했

고 발표했다. 곧이어 79년 1월 28일에 덩샤오핑이 중국의 지도자로서는 처음으로 미국을 방문했고, 3월 1일에 양국은 공식적으로 상대방의 수도에 대사관을 개설하기에 이르렀다.

다. 열세에 놓이게 된 타이완은 중국 측 호소를 무시했고, 타이완의 장징궈 총통은 이른바 '3불 정책〔중국과 접촉·담판·타협을 하지 않음〕[64]으로 응수하게 되었다.

중국·타이완의 관계 변화는 중국의 IOC 복귀를 가속화시켰다. 1월 시점에서는 4월 IOC 총회〔우루과이 몬테비데오Montevideo〕에서 중국 복귀를 승인할 것으로 예상되었다. 그 관건이 되는 것이 1월 말의 IOC 집행위원회〔로잔〕였다. 중국에서는 ACSF의 쑹중 비서장이 로잔을 방문했다. 쑹중은 IOC 집행위원회에 참석할 자격이 없었으나, 관계자에게 IOC 복귀에 대한 중국 측의 열의를 전했다. 집행위원회에서는 중국문제소위원회가 타이완에서 실시했던 조사의 보고가 이루어졌으나, 긴급한 안건들이 빽빽이 쌓여 있는 통에 중국 문제 토의는 3월 IOC 집행위원회로 연기되었다.

2월 20일에 ACSF는 IOC에 가입 신청서를 제출했다. 신청서에는 '중국을 대표하는 유일한 단체는 ACSF이며 타이완은 그 일부이다'라고 쓰여 있었으나, '타이완 축출'

---

64) 장징궈 총통은 '중국공산당과 접촉·담판하는 것은 곧 자살행위다與中國共産黨接觸(談判), 就是自殺行爲'라고 하면서, '불접촉不接觸'·'불담판不談判'·'불타협不妥協'의 3불 정책을 제시했다.

이라는 문구는 없었다. 2월에 나온 공산당중앙[65]의 타이완에 관한 새 방침으로, 국제조직에서의 전략이 '驅蔣〔타이완을 축출한다〕[66]'에서 '徹銷臺灣當局會籍〔타이완의 회원 자격을 박탈한다〕[67]'로 변경되었던 데 따라서 수정했던 것이다. 쑹중에 따르면 '타이완 선수가 타이완에서 직접 올림픽 개최지로 가서, 함께 참가할 길을 열어 주는 동시에 IOC에서 쉽게 수용하도록 문구를 수정한' 것이었다.

3월 9일부터 이틀 동안, 로잔에서 IOC 집행위원회가 열렸다. 중국에서는 쑹중이 초청을 받아 특별히 참석했다. 우선 중국문제소위원회 보고가 있었는데, 그 내용은 중국·타이완 양측을 모두 인정한다는 '두 개의 중국'론으로서, 킬라닌 위원장은 '두 개의 중국을 다시 문제로 삼는 것은 현실적인 해결책이 되지 못한다'라며 반대했다. 반면에 그동안 중국의 IOC 복귀를 지지해 왔던 소련의 비탈리 스미르노프Vitaly Smirnov 위원이 '중대한 문제이므로 신중하게 검토해야 한다'라고 발언하며 중국 지지파를 견제했다. 쑹중이 중국 측 견해를 발표했으나 심의

---

65) 중국공산당의 최고 권력기관인 '중국공산당 중앙위원회'는 약칭으로 '공산당중앙'·'중공중앙中共中央'·'당중앙' 등으로 불린다.
66) '장제스蔣介石'와 '구축驅逐〔쫓아내다〕을 줄인 말이다.
67) '철소徹銷'는 '박탈·파기하다', '회적會籍'은 '회원 명부 또는 자격'을 뜻한다.

는 교착상태에 빠지고 말았다. 타이완의 올림픽위원회는 IOC 조사원을 통해 중국 측과 대화할 용의가 있다는 뜻을 전달했고, 집행위원회에 참석했던 쑹중도 타이완 측과의 대화에 동의했다. 이것을 기화로 기요카와 마사지는 중국·타이완 양측의 직접 대화를 제안해서 지지를 받았다. 사실상 문제를 뒤로 미룬 셈이었다.

중국·타이완 '공존'의 방식 —— 나고야 결의

중국에 유리했던 국제 정세도 그 후에는 변화가 생겼다. 2월 17일에 중국군이 베트남을 침공해 이른바 중월中越전쟁[68]이 시작되었다. 이 전쟁을 둘러싸고 베트남을 지원해 왔던 소련과 중국의 관계가 더욱 악화되었다. 소련의 스미르노프 위원이 IOC 집행위원회에서 중국 지지의 흐름에 견제를 했던 일도 이러한 정세 변화가 영향을 미쳤기 때문이다. 중국·타이완의 직접 대화는 타이완 측

---

68) 중월전쟁 또는 중국·베트남 전쟁으로 불린다. 1979년 2월 17일 국경분쟁을 시작으로 중국과 베트남 사이에서 벌어졌던 전쟁이다. 베트남전 이후 베트남의 소련 편향 외교와 크메르루즈의 캄보디아에 대한 침공 등이 원인이 되어 중국의 침공으로 시작되었으나, 1개월 정도의 짧은 기간에 종료되었다. 달리 제3차 인도차이나 전쟁이라고도 한다.

의 거부로 실현되지 못했다.

또한 한편에서 전년 10월 국제육상연맹IAAF(본부는 런던에 있다)의 타이완 축출은 위법이라며 2월에 타이완 측이 런던 고등법원에 제소했던 소송 판결의 선고가 4월 2일에 내려졌는데, 결과는 IAAF의 결정이 무효라는 것이었다(IAAF는 곧바로 '판결에 따르겠다'는 입장을 발표했다). 게다가 이튿날 3일에 중국이 '중소우호동맹상호원조조약Sino-Soviet Treaty of Friendship, Alliance and Mutual Assistance'의 파기를 소련 측에 통보했는데,[69] 쑹중은 취재하는 요미우리신문 기자의 질문에 대해 '중국은 정치와 스포츠는 별개라는 것이 기본 입장이다'라고 괴로운 듯이 답변을 토로했다.

이처럼 사태가 시시각각 변하는 가운데 4월 4일에 중국의 IOC 복귀를 토의하는 IOC 집행위원회가 몬테비데오에서 열렸다. 집행위원회에서는 단일팀 결성을 호소하는 중국과는 달리, 타이완 측은 타이완은 공식 석상에서 중국(대륙)과 접촉하는 것을 금지하는 법률이 있으므

---

69) 중국과 소련 사이의 우호 동맹 및 상호원조에 관한 조약으로 1950년 2월에 마오쩌둥과 스탈린 사이에 조인·체결되어 1950년 4월 11일에 발효되었다. 중국은 1979년 4월 3일에 1980년 4월 11일로 만기가 되는 이 조약에 대해 더 이상 연장할 의사가 없다는 입장을 통고했다.

로 단일팀을 결성할 경우 타이완은 올림픽에 참가하는 길이 막힌다고 호소했다. 그와 같은 새로운 주장에 집행위원회는 당황했다. 킬라닌 위원장은 집행위원회를 설득해 〔베이징에 본부를 둔〕 중국올림픽위원회를 재승인하고, 타이베이에 있는 올림픽위원회를 계속 승인하되, 명칭·노래·깃발에 관한 수속은 검토한 후에 다시 협의한다'는 결의안을 총회에 제출하는 방안을 승인토록 했다. 타이베이의 올림픽위원회는 더 이상 '중국'을 대표하는 조직으로 보지 않겠다는 IOC의 메시지였다.

4월 5일부터 사흘간 열린 IOC 총회〔우루과이 몬테비데오〕에서 중국은 유연한 자세를 보였다. '두 개의 중국'·'하나의 중국, 하나의 타이완'은 수용할 수 없지만 잠정적 조치로 '중국타이완올림픽위원회'·'중국올림픽위원회 타이완분회'로 명칭을 변경한다면, 독립된 타이완의 올림픽위원회의 존재를 인정하겠다고 발언한 것이다. 허전량에 따르면 중국 측으로서는 '마지막 카드'를 던졌던 셈이었다.

격론 끝에 결의안 앞부분을 '베이징에 있는 중국올림픽위원회와 타이베이에 있는 중국올림픽위원회를 승인한다'로 수정하고, 명칭·깃발·노래를 다시금 복수형으로 고친 결의안이 찬성 36표, 반대 28표로 가결·승인되었다. 이는 기존의 '두 개의 중국' 노선을 그대로 답습한 것으로 중국과 타이완 양측 모두 명칭·깃발·노래를 검토 대상으로 삼는다는 것을 의미했다. 타이완은 그 같은 결의안을 환영했지만, 중국으로서는 도저히 받아들일 수 없었다.

6월 26일부터 푸에르토리코 산후안San Juan에서 IOC 집행위원회가 개최되었고, 여기서도 중국 문제에 대한 논의는 계속되었다. 집행위원회는 베이징의 올림픽위원회를 '중국올림픽위원회[COC, Chinese Olympic Committee]'로 승인하고 타이베이의 올림픽위원회는 종래의 국가·국기와 다른 것을 사용한다는 조건으로 '중화타이베이올림픽위원회[CTOC, Chinese Taipei Olympic Committee]'로 승인한다는 권고안을 결의했다. IOC 헌장은 국가·지역의 참가를 인정하고 있으므로 타이완을 지역 올림픽위원회로 간주함으로써, 명목상 '하나의 중국'을 유지한 채 중국·타이완이 함께 참가할 수 있도록 한 제안이었다. 중국은 그러한 방안을 환영했으나, 이번에는 명칭 변경을 강요받게 된 타이완 측이 받아들이기를 거부했다.

타이완은 거부했지만, 중국·타이완의 공존을 가능케

했던 산후안 방식은 중국의 IF 가입에도 영향을 주었다. 8월 20일에 국제아마추어사이클경기연맹FIAC은 찬성 26표, 반대 25표라는 근소한 차이로 산후안 방식에 따라 중국의 가입을 승인했다. 여타의 경기 종목도 같은 방식을 따랐다.

8월 30일에 국제수영연맹FINA은 IOC 복귀가 이루어지면 모스크바올림픽에 중국이 참가하게끔 특별 조치를 취하겠다고 발표했다. 같은 날 베이징을 방문했던 FIFA의 주앙 아벨란제João Havelange 회장은 차기 집행위원회에서 중국 가입을 승인하겠다는 전망을 내비쳤다(10월 13일 FIFA 집행위원회에서 중국 가입을 승인했다). 10월 3일에는 국제사격연맹(ISSF, International Shooting Sport Federation)이 중국 가입을 승인했다.

10월의 시점에서 중국과 타이완의 올림픽과 관련된 IF 가입 상황은 표10과 같다. 산후안 방식으로 사이클·사격·축구 종목에서 중국의 가입을 승인함으로써 판세가 단숨에 뒤바뀌었음을 알 수 있다.

10월 23일부터 열리는 IOC 집행위원회(일본 나고야)에 앞서 킬라닌 위원장은 타이완을 방문했다. 그때까지도 타이완 측은 끝끝내 종래의 명칭·국가·국기 사용을 고

표10. 중국과 타이완의 IF 가입 상황(1979)

중국만 가입	타이완만 가입	모두 가입	모두 미가입
육상경기	수영	양궁	하키
체조	요트	사이클	근대 5종· 바이애슬론
펜싱	복싱	사격	봅슬레이
농구	핸드볼	축구	루지
배구	승마		
역도	유도		
레슬링	스키		
보트	사이클		
카누	사격		
스케이트	축구		
아이스하키			

집했다. 킬라닌 위원장은 '타이베이에 있는 올림픽위원회가 타이완 정부로부터 상당한 압력을 받고 있다는 사실을, 이제는 의문의 여지가 없을 만큼 분명히 알게 되었다'라는 인상을 받았다고 한다.

타이완은 IOC 집행위원회에 임해서도, 개막식 등에서의 국기·국가 사용을 규정했던 헌장을 근거로 내세워 깃발·노래의 변경을 거부했다. 국가·국기가 아닌 노래·깃발을 사용하는 것은 명백히 헌장에 위배되며, 헌장을 고치는 절차는 총회에서의 승인을 필요하므로 그러한 문제

도판21. IOC 집행위원회[나고야]. 가운데 킬라닌 IOC 위원장, 왼쪽에 모니크 베를리우Monique Berlioux*) 사무총장, 기요카와 부위원장이 나란히 앉아 있다. (『체협시보』363호)

는 별도로 다루기로 했다. 그러한 상황에 즈음해서 이미 킬라닌 위원장의 생각은 확고해졌고 그러한 사실을 위원들도 잘 알고 있었다.

IOC 집행위원회는 최종적으로 '중국올림픽위원회[COC, Chinese Olympic Committee]'의 명칭으로 중국이 가입하는 것을 승인했다. 타이완은 깃발·노래를 변경하고, '중화타이베이올림픽위원회[CTOC, Chinese Taipei Olympic Committee]'라는 명칭을 사용한다는 조건으로 승인받게 되었다. 국기·국가의 변경이 아니라 깃발·노래의 변경

---

*) 1923~2015. 프랑스의 체육인·언론인. 젊은 시절 프랑스 수영 대표선수였고, 이후 언론인으로 종사하다가 1960년대부터 IOC와 인연을 맺었다. 브런디지·킬라닌·사마란치 등 3명의 위원장과 함께 일을 했던 그녀는 1971년 여성으로서는 최초로 '사무총장director'이 되었고, 2004년까지 여러 직책을 수행하면서 IOC 역사상 최고위직에 올랐던 여성 체육인으로 알려져 있다.

이라는 문구를 쓰게 된 것은 타이완 측의 요구에 부응했던 것이다[국기와 다른 깃발을 사용하더라도 국기(=국가國家)는 포기할 수 없다].

헌장 변경과 관련한 집행위원회의 그와 같은 결의는 전체 IOC 위원이 참여하는 우편투표에 부치기로 했다. 그렇게 하지 않으면 레이크플래시드Lake Placid 동계올림픽에 때를 맞출 수가 없었기 때문이었다. 11월 26일에 개표가 이루어져 찬성 62표, 반대 17표, 백표 1표, 무효 1표, 기권 8표로, 1958년 이후로 관계가 단절되었던 중국의 IOC 복귀가 정식으로 결정되었다. 국제조직에서 중국·타이완의 공존을 가능케 했던 나고야 결의 방식은 이후 '올림픽 방식Olympic model'으로 불리며 올림픽 이외의 국제조직에도 적용되었다. [70)]

'두 개의 중국' 문제는 '스포츠와 정치는 별개'라는 사고

---

70) '중화민국Republic of China'이 아닌 '중화타이베이[中華臺北, Chinese Taipei]'라는 명칭을 사용하고, 국기인 '청천백일기'를 사용치 않고서 국제적 행사에 참가하는 것을 '올림픽 방식' 또는 '올림픽위원회 프로토콜Olympic Protocol'이라고 일컫게 되었다. 올림픽에 참가할 경우에는 국기 대신 올림픽위원회 깃발을 사용, 개막식 입장 순서는 NOC 명부 배열과 IOC 코드 'TPE'에 근거해 'T' 그룹으로 분류된다. 이렇게 함으로써 'C' 그룹으로 분류되는 중국과는 자연스럽게 분리되고 있다. 그 후에 이러한 '올림픽 모델'은 아시아태평양경제협력체APEC·관세 및 무역에 관한 일반협정GATT에의 옵서버 참가, 세계무역기구WTO에서의 가입 명칭의 약칭, 경제협력개발기구OECD의 일부 위원회에의 참가, 타이완이 참가하는 국제기구 등에서도 널리 채택·사용되고 있다. 올림픽 이외의 국제경기대회나 국제적인 민간 기구에도 타이완은 '올림픽 방식'으로 참가하고 있는 경우가 많다.

방식이 여전히 뿌리 깊었던 IOC와 일부 IF에게는 계속해서 난제로 남아 있었다. 그러나 정치적 문제를 해결하기 위해서는, 정치를 회피하는 방식은 효과가 없으며 결국 정치적 수단을 동원해 해결하는 수밖에 없는 것이다. IOC가 그러한 결론에 도달하기까지 약 30년의 세월이 소요되었던 셈이다.

스포츠와 정치는 따로 분리할 수는 없다. 그렇지만 스포츠는 어디까지 정치와 관계해야 하는가? 이듬해 모스크바올림픽은 스포츠계에 커다란 시련을 안겨 주게 되었다.

제3장

통합을 향하여
—— 1980년대

1. 아시아의 연대?──모스크바올림픽 보이콧

카터 미국 대통령의 보이콧 발언

중국은 1980년 레이크플래시드Lake Placid 동계올림픽[1]으로 올림픽에 복귀한다. 하계올림픽 복귀는 1984년까지 기다려야만 했다. (중국 또한) 모스크바올림픽을 보이콧했기 때문이다.[2]

1979년 12월 24일 소련군은 아프가니스탄을 침공하여 이후 약 10년 동안 계속 주둔했다. 데탕트Détente(긴장 완화)의 붕괴, 신냉전New Cold War[3]의 시작이었다.

1980년 1월 1일에 벨기에 브뤼셀Brussel에서 NATO 긴급회의가 소집되어 소련에 대한 제재의 일환으로 모스크바올림픽을 보이콧하자는 의안이 발의되었다. 이에 대해 IOC 및 서방권 올림픽위원회 관계자는 '올림픽에 대한 정치 개입'이라며 일제히 반발했다.

---

1) 미국 레이크플래시드는 1932년에 제3회 동계올림픽을 치렀고, 이후 2번째의 동계올림픽 개최지가 되었다.
2) 모스크바올림픽에는 초대받은 국가·지역 가운데 미중을 비롯한 66개국이 불참했다.
3) 일반적으로 제2차 대전 이후 1946년부터 1991년까지의 시기에 걸쳐 동서 냉전, 곧 '미소 냉전'이 지속되었다고 보고 있다. 그러던 중에 1979년 소련의 아프가니스탄 침공으로 말미암아 미소 대립이 재연되었는데, 이를 특히 '신냉전'으로 부르는 견해도 있다. 이렇듯 1979~1985년 동안의 '신냉전' 체제를 포함한 '동서 냉전'은 이후 1989년의 베를린장벽 붕괴, 몰타 회담Malta Summit에서 미소의 냉전 종식 선언, 아울러 1991년 소련의 해체 등으로 종언을 고하게 되었다. 소련이 1952년 헬싱키올림픽에 처음 참가한 후부터 매 대회마다 냉전의 분위기는 여전했으나, 1980년에 이르러 올림픽을 뒤덮은 냉전의 분위기가 최절정에 달했다.

1월 4일 밤에, 지미 카터 미국 대통령은 TV 연설에서 소련이 군사행동을 지속한다면 미국은 올림픽 참가를 취소하겠다고 경고했다. 미국의 부름에 맨 먼저 호응했던 나라는 사우디아라비아로 1월 6일에 불참을 선언했고 여타 국가들에게도 올림픽 보이콧을 촉구했다. 1월 15일에는 UN이 긴급 총회를 열었고 아프가니스탄에서 외국 군대가 즉시 철수할 것을 결의했다.

미국은 급히 일본에 대응 의사를 타진했으나, 일본 정부는 상황 판단을 미루며 사태를 관망했다. 1월 20일에 카터 대통령은 '소련군이 앞으로 한 달 안에 철수하지 않을 경우, 올림픽 개최지를 모스크바가 아닌 다른 장소로 바꾸거나 연기 내지 중지해야 한다'며 올림픽 보이콧을 정식으로 표명하고, '다른 국가의 동조를 희망'했다. 차기 대통령 선거의 출발점이 되는 아이오와 코커스Iowa Caucus[4]를 하루 앞두고서, 또다시 여론조사에서 올림픽 보이콧 찬성이 압도적 우위를 보이자, 그것을 의식해서 더욱더 강경한 자세를 내보인 것이다. 시한을 2월 20일

---

4) '아이오와주Iowa 당원 집회'라는 의미의 '아이오와 코커스'는 미국 대통령 예비선거 과정 중 아이오와 주의 각 군에서 당원 대회caucas 형식으로 대의원을 선출하는 행사를 말한다. 1972년부터 미국 전역에서 최초로 열리는 대통령 예비선거로 아이오와 코커스에 대한 언론의 관심은 대단한데, 비록 후보 지명을 위한 전체 대의원의 1% 정도를 결정하는 행사이나, 최종적으로 누가 대통령 후보로 지명될 것인가에 대한 풍향계 역할을 톡톡히 해내는 것으로 유명하다.

로 못 박았던 이유는 2월 13부터 미국 레이크플래시드에서 개최되는 동계올림픽을 염두에 두었기 때문이다. 그때까지 시한을 정하고서 미국이 일찌감치 보이콧을 결정하게 되면, 동구권 국가들이 그에 반발해 동계올림픽을 보이콧할 가능성까지도 계산했던 것이다.

애초에 카터 대통령은 미국이 올림픽을 보이콧한다 해도 소련이 아프가니스탄에서 철수하리라고 생각하지는 않았고, 단지 그해 본선을 앞두고 있던 대통령 선거를 위한 일종의 퍼포먼스였던 것으로 생각할 수 있다. 강대국의 국내 사정에 전 세계가 휘말려 들었던 셈이다.

1월 26일에 미국올림픽위원회USOC가 개최지를 변경하거나, 그렇지 않으면 연기 또는 중지하는 방안을 IOC에 제안하자고 결의했다. 미국은 제2차 대전 이전에 쓰라린 경험을 가지고 있었다. 나치스Nazis의 유대인 탄압을 비판하면서, 미국 내에서 독일 베를린올림픽에 대한 보이콧 운동5)이 일어났지만, 결국은 참가함으로써 스포츠를 활용한 나치스의 선전에 이용당하고 말았던 것이다. 따

---

5) 1933년부터 미국 내에서는 베를린올림픽 참가를 둘러싸고, 참가 거부를 주장하는 쪽과 반대로 브런디지 미국올림픽위원회USOC 위원장을 중심으로 '스포츠에 정치가 개입되어서는 안 된다'고 하면서 참가해야 한다는 입장이 팽팽히 맞서는 양상이었다. 1935년에 이르러 참가 논쟁이 한층 가열되었으나, 이윽고 1935년 12월 미국아마추어 경기연맹이 투표를 통해 올림픽 참가를 결정함으로써, 베를린올림픽 보이콧 운동은 실패로 돌아가고 말았다.

라서 그 당시의 전철을 밟을 수는 없는 노릇이었다.

1월 28일, 이슬람 국가 긴급 외무장관 회의에서도 올림픽 보이콧 문제가 거론되었고, 회원국들에게 불참을 검토할 것을 요청하게 되었다.

사태를 관망하는 일본

호주 등을 방문 중이던 오히라 마사요시大平正芳 총리는 1월 20일 오후에 귀국, 이튿날 오전 카터 대통령의 발언에 대해 기자들로부터 질문을 받았다. 오히라 총리는 '근본적으로는 NOC가 결정할 문제이다. 여론의 반응을 지켜보고자 한다. 미국의 생각도 이해 못할 바는 아니지만 일본으로서는 좀 더 숙고하겠다'라며 신중한 태도를 보였다. 같은 날 오히라 총리·오키타 사부로大來佐武郎 외상·다니가키 센이치谷垣專一 문부상·이토 마사요시伊東正義 관방장관 등이 회담을 열고서, 오히라 총리는 '미국이 참가하지 않게 되면 한쪽 엔진만으로 비행하는 것이나 마찬가지다. 일본이 참가하기 어려울지도 모르겠다'라고 발언하며, 대회를 보이콧할 수밖에 없다는 견해를 내비쳤다. 정부 방침은 관망에서 이윽고 불참하는 방향으로 돌아섰지만, 표면상으로는 '각국의 NOC와 정부의 움직임을 보고서, JOC와 연락을 취하면서 대처하는 것 말고는 방법이 없다'라며 명확한 언급을 회피했다. 다음 날에 자민당은 정부에 올림픽 보이콧을 건의했고, 요미우리신문도 1월 23일에 올림픽 보이콧에 찬성하는 사설을 실었다. 23일 오후에 열린 JOC 총회에서는 '올림픽 참가를 전제로 당분간 사태의 추이를 지켜보겠다'는 기존 방침을 재확인했다.

여기서 잠시 일체협JASA과 JOC의 관계를 설명해 두는 편이 좋겠다. 일체협의 전신인 대일본체육협회는 전시 중이던 1942년 대일본체육회[6]로 개편되어 정부의 외곽 단체가 되었다. 전쟁 직후에 대일본체육회는 민간 조직으로 탈바꿈하여, 1948년 규약 개정을 거쳐 재단법인 일본체육협회[일체협]로 개칭했다[나아가 2018년에 일본스포츠협회 Japan Sport Association가 된다]. 규약 개정에 즈음하여 일본올림픽위원회를 별도 조직으로 할지, JASA의 내부 조직으로 할지가 논의되었는데, 결국 JASA 내부의 국제스포츠위원회가 NOC 역할을 맡기로 했다. 국제스포츠위원

---

6) 주석 (서장 38)(38쪽) 참고.

회는 헬싱키올림픽 이후 일본올림픽위원회(JOC, Japanese Olympic Committee)로 개편되었고, JASA 아즈마 료타로東龍太郞 회장이 JOC 위원장에 취임했다. JASA는 1989년까지 역대 회장직을 자민당 관계자가 계속 맡았으며, 1970년대부터는 문부성 체육국의 낙하산 인사 자리가 되는 등 정관계와의 관계가 깊었다. 1979년도 예산을 살펴보면 수입 총액 37억 엔 가운데 국고 보조가 14억 엔을 차지한다. '일체협 사업은 정부에 협조하며 이루어지는 것이다'라는 일체협 이자와 쥬이치飯澤重一 전무이사의 말은 양자 사이의 관계를 단적으로 말해 주고 있는 것이다. IOC는 회원국의 NOC가 정부 간섭을 받지 않는 자주독립적 단체이기를 희망했지만, 일본의 경우 JOC는 일체협과 정부 어느 쪽으로부터도 독립된 조직이 아니었다.

미국에게서 조속히 태도를 결정하라고 채근을 당한 일본 정부는 1월 28일 밤, JOC와 비밀 회동을 하고 나서 양측이 각자의 견해를 발표하기로 했다. 마이니치신문의 오노 아키라大野晃에 따르면 그 시점에서 양측은 '불참이 불가피하다'는 쪽으로 의견 일치를 보았지만, 국민에 대해 '정치로부터 스포츠의 독립'과 '관민 일체[7]'를 견지한

---

7) 공적 기관과 민간 조직이 연대·협력하여 어떤 사업을 해 나간다는 뜻.

다는 인상을 주기 위해서, '결정 방식'을 두고서 실랑이가 시작되었다고 한다. JOC 수뇌부는 그러한 사실을 숨긴 채 '참가하는 것이 전제다'라는 말을 반복하며 선수들의 동요를 막았다.

2월 1일 저녁, 정부와 JOC가 각각의 입장을 발표했다. 양측 모두 올림픽은 평화로운 상태에서 개최되어야 한다면서 정부는 외국의 NOC와 연계해 적절히 대처할 것을 JOC쪽에 요구하고, JOC는 각국 NOC와 연계해서 올림픽 취지를 관철하도록 IOC에게 요청하겠다고 발표했다. 정부의 견해는 '정부의 진의가 어디에 있는지 알 수가 없다'는 것이었지만, '불참이라는 단어를 사용하지 않고'·'현 상황에서는 참가가 어렵다는 점을 교묘하게 표명'하고 있다. 그러한 두 가지 견해는 사전에 충분히 조율되었던 것임이 명백했다.

보이콧을 반대하는 쪽에서는 그러한 정부와 JOC의 연계 플레이를 어떻게 바라보았을까? 기요카와 마사지는 그다음 IOC 총회에서 올림픽이 '평화의 스포츠 제전'으로 개최될 수 있게끔, 각국 NOC와 모스크바조직위원회가 노력해 주기를 바란다고 제안한 것으로 보건대, 일본이 향후 참가할 가능성이 있는 것으로 생각한 듯하다. 기요카와 부위원장의 그러한 제안은 IOC 결의에도 반영되었다. 그러나 그것으로 해결의 실마리가 풀렸다고 판단한 것은 너무나도 낙관적인 생각이었다. 킬라닌 위원장은 훗날 당시 상황을 이렇게 회고하고 있다.

> "우리와 같은 하나의 국제조직이 스스로 옳다고 판단한 길을 가려고 하는데, 세계에서 가장 위대한 민주주의 국가로 일컬어지는 나라가 그토록 막강한 권력과 압력을 행사하며 체면이고 나발이고 없이 방해하러 나서리라고는 솔직히 말해 꿈에도 생각지 못했다."
>
> (로드 킬라닌Lord Killanin
> 『올림픽 격동의 세월My Olympic Years』261쪽)

2월 6일의 요미우리신문은 JOC 관계자들의 의견을 게재했다. 그 가운데 야스다 세이코安田誠克가 '정부의 견해는 JOC가 판단에 활용한 근거 가운데 수십 분의 일 정도 요소에 불과하다. 그밖에 IOC의 결론, 이슬람 국가와 유럽 국가의 견해 등 고려해야 할 요소는 얼마든지 있다'라고 했던 발언에 주의를 기울이고자 한다. 이슬람 국가는 언급하면서도 정작 아시아는 거론하지 않았기 때문이다. 그도 그럴 것이 외무성이 파악한 바로는 그 시점에서 정부가 불참 의사를 표명한 국가 가운데 아시아권은 중국·이란·카타르·이스라엘 4개국 정도인데 반해, 이슬람권은 불참 국가가 '20여 개국'이나 되었기 때문이다. 그렇게 하는 이슬람권의 목적이 무엇인지는 분명치 않지만, 아시아의 연대를 거론할 만한 상황이 아니었음은 분명하다. 또한 그 시점에서 올림픽 불참을 표명한 NOC는 미국·사우디아라비아·노르웨이·호주 4개국에 불과했다.

일본 정부와 JOC가 신경 쓰는 일은 달리 또 있었다. 바로 여론의 향배였다. 요미우리신문은 2월 23~24일 올림픽에 관한 개별 면접 조사를 실시했다. 올림픽 보이콧에 관해서는 '소련이 아프가니스탄에서 철수하지 않는 한 참가를 중지해야 한다'가 19.8%, '5월 신청 기일까지 각국의 동향을 보고 미국을 비롯한 우방국 대부분이 불참할 경우 참가해서는 안 된다'가 20.2%, '아프가니스탄 사태 등 국제분쟁 전개 여부와 관계없이 참가해야 한다'가 34.3%, '어느 쪽이라 말할 수 없다'가 21.3%, '무응답' 4.3%였다. 그러한 조사 결과를 어떻게 해석할지는 사람마다 다르겠지만, 이토 마사요시 관방장관의 논평은, 참가하지 말아야 한다는 의견이 '상당히 비중이 높다'라고 평가하고 있다는 것이다. 그에 반해 3월 5~6일 아사히신문이 실시한 개별 면접 조사에서는 올림픽 보이콧 가부를 묻는 질문에 22%가 찬성, 55%가 반대, 기타 및 무응답이 23%였다. 두 신문의 결과를 종합하면, 올림픽 보이콧에는 원칙적으로 반대하지만 현재 상황에서는 달리 방법이 없다고 판단했을 수도 있다는 것이다.

일본 여론과 관련해서 아사히신문은 참가, 요미우리신문은 불참이 우세하다고 보도했던 사실에 대해, 마이니치신문의 오노 아키라는 요미우리의 설문이 '국제정치에서 현실적 선택으로 올림픽을 어떻게 생각하는지에 중점을 두었고', 아사히의 설문이 '보이콧의 찬반'을 물었다고 하면서, 요미우리신문 보도에 '정부 방침에 따르는 여론 쪽으로 조작한 냄새가 난다'고 지적했다. 어쨌든 그러한 조사 결과들은 올림픽 보이콧으로 태도를 판단하는 결정적인 근거는 될 수가 없었다.

확대되는 미국의 영향

3월 하순부터 정세에 변화가 생겼다. 3월 25일 영국 NOC가 올림픽 참가를 결정했고, 노르웨이·캐나다 NOC도 그 뒤를 따랐다.

한편 4월 12일 미국올림픽위원회USOC는 불참을 결정했다. 아사히신문은 사설 「정치에 굴복한 미국올림픽위원회 결의」에서 미국을 비판하면서, JOC의 '자주독립'을 촉구했다. 요미우리신문은 사설 「올림픽 정신을 왜곡하는 것」에서 '소련 측이 행하는 스포츠의 정치화는 비난하지 않고, 미국의 모스크바올림픽 불참만을 정치적 결정이라고 비난하는 것은 편파적이다'라고 비판했다.

4월 16일의 JOC 집행위원회에서는 JOC 차원에서 참가하지는 않기로 결정하고, 개별 참가에 그나마 희망을 가져 보기로 했다. 참가 의사를 표명했던 노르웨이가 19일에 불참으로 돌아서는 등 미국의 보이콧 결정의 영향이 확대되는 가운데, 21일 JASA는 긴급 강화코치 및 강화선수 회의를 열어, 유도의 야마시타 야스히로山下泰裕·레슬링의 다카다 유지高田祐司 선수 등이 눈물을 흘리며 참가를 호소했다. 이렇듯 현장으로부터 강한 압박을 받고 나서 23일에 JOC는 '원칙적으로 참가한다'라는 방침을 내놓았다. 그 시점에서 JOC 시바타 가쓰지柴田勝治 위원장은 '일본의 참가 여부 결정 시기는 유럽·아시아 각국 NOC의 동향을 살펴본 이후'라고 발언함으로써 비로소 처음으로 '아시아'에 대한 언급이 이루어졌다.

그러나 4월 25일에 일본 정부는 올림픽 불참 입장을 표명한다. 오히라 총리가 30일 미국으로 출발할 예정이었던 탓에 그에 대비한 정치적 포석을 깐 것이다. 이튿날 6일의 JOC 총회는 5시간에 걸친 일대 격론의 장이 되었다. 정부와 경기단체 사이에 끼여 난처해진 JOC는 올림픽이 '세계의 젊은이가 한데 모여, 우호와 평화 속에 개최되기를 희망'하며 참가한다는 원칙에 합의했다(이것은 IOC가 내세우는 올림픽 운동의 목적이기도 하다). 기요카와 마사지 IOC 부위원장은 '정부에 반성을 촉구한다'라는 문구를 넣자고 주장했으나 육상연맹 야스다 세이코 등이 반대했다.

합의 사항에 '세계의 젊은이가 한데 모여'라는 조건이 있는데, 이것은 말하자면 다른 나라들, 특히 유럽·아시아 국가들이 어떻게 할지를 끝까지 지켜보겠다는 의미였다. 시바타 위원장은 기자회견에서 '미국뿐 아니라 유럽 대부분, 그리고 아시아 국가들이 보이콧을 단행할 경우 일본이 참가해야 하는가?'라고 거꾸로 기자단에게 반문했다. 야스다 세이코도 '아시아 국가의 90%가 불참하는 경우에도 일본이 참가할 것인가'라는 의견을 밝혔다. 한편 유럽에 대해서는 '서독만 불참할 경우에 일본은 판단하기 곤란하다'라는 의견도 있었다.

5월 초순의 시점에서 불참 의사를 표명한 NOC는 26개국으로, 아시아에서는 중국·이스라엘·말레이시아·파키스탄·필리핀·싱가포르·사우디아라비아·이란·바레인 9개국이었으나, 유럽은 노르웨이·모나코·알바니아 3개국에 불과했다.

5월 3일, 유럽올림픽위원회(EOC, European Olympic Committees)[8] 연합이 '정치색과 민족주의를 배제하고 참가'하기로 했다. 15일에 서독이 불참을 결정했지만, 유럽은 결과적으로 27개국이 참가하고, 불참하는 국가는 6개국에 머물렀다. 그에 반해 아시아에서는 3일 파키스탄, 16일 한국·태국,[9] 20일 인도네시아, 21일 필리핀이 공식

8) 유럽 대륙의 50개국 NOC가 모인 국제 올림픽 기구로 이탈리아 로마에 본부를 두고 있다. 유럽유스올림픽페스티벌European Youth Olympic Festival·유럽소국경기대회Games of the Small States of Europe·유러피언 게임즈European Games를 주최한다.

9) 한국도 5월 16일에 정부의 요청으로 KOC가 모스크바올림픽에 선수단을 파견치 않겠다고 발표하고 보이콧에는 동참했으나, 참가를 포기하는 전후 정황이 일본과는 매우 달랐다. 앞서 보았듯이 한국은 1973년 「평화통일 외교 선언」(6·23선언) 이래 남북한의 UN 동시 가입 및 소련 등 공산권 국가에 대한 문호 개방 등을 천명한 바 있었다. 한국이 1973년 모스크바 유니버시아드에 참가한 것은 그러한 신외교정책의 일환으로, 한국이 소련에서 열리는 스포츠 대회에 참가한 사상 최초의 사례였다. 박정희 정권은 특히 1978년부터 공산권 국가와의 관계 개선을 주요 외교 목표로 내걸고서, 그 연장선상

적으로 불참을 결정했다.

올림픽 보이콧을 주장하는 일본 정부는 우선 파견 보조금 지원 중단 방침을 내비쳤고, 겸하여 공무원 선수의 대회 참가 금지를 결정하고, 그 같은 결정을 못 박을 요량으로 JASA에 대한 보조금 삭감을 시사했다. 일본 정부가 신경을 썼던 점은 다음 달 말에 치러질 참의원 선거에 미칠 영향이었다. 전년도에 국제전신전화회사(KDD) 사건[10]이 정치 문제로 비화되어, 5월 16일 야당이 제출한 내각불신임안이 자민당 내의 혼란과 겹쳐서 가결·통과되었던 탓에, 6월 22일에 중의원·참의원 동시선거가 실시될 예정이었다.[11] 일본 정부로서는 더 이상 정권의 구심력이 저하되는 상황을 어떻게든 막아야만 하는 처지였

에서 1980년 모스크바올림픽에 반드시 참가하겠다는 의사를 수차례 표명했다. 1979년 10·26사태 이후 한국 내에 정치적 혼란이 계속되었고, 이윽고 1980년 미국 정부가 정식으로 보이콧 요청을 해 왔을 시점에도, 한국 정부는 즉답을 피하면서 주변국의 동향을 살피는 쪽이었다. 결과적으로 보이콧의 여파로 선수단을 파견치는 않았으나, 별도로 심판 7명과 IOC 총회에 참석할 체육계 인사들을 파견했다. 그러한 조치에 미국 대사가 항의했고 참가 인사들의 국내 소환을 요청하자, 한국 정부는 'KOC는 비정부기구로서 정부가 영향력을 행사하기 어렵다'는 이유를 내세우며, 미국 정부의 요청을 거절했다고 한다.

10) 1979년 10월에 직원의 관세법 위반 사건을 계기로 해서 전모가 밝혀진, 국제전신전화주식회사KDD(현재 KDDI)에 의한 오직·밀수 사건을 가리킨다. KDD 사장·임원 및 우정성 관료 등이 유죄판결을 받았는데, KDD 임원 2명이 자살하고 정치가 190명이 관여된 대사건으로 비화해 커다란 사회적 물의를 빚었다.

11) KDD 사건의 여파로 1980년 6월 22일 일본 역사상 최초로 중의원·참의원 동시선거가 치러졌다. 그와 같은 동시선거의 사례는 이후 1986년 7월 6일에 치렀던 선거와 함께 현재까지 2차례 있었다.

다. 곧 정부의 의사를 거스르며 일본이 올림픽에 참가하는 사태가 일어나도록 방치할 수는 없었다. 그와 같은 상황 변화가 JOC에 대해서 일본 정부의 압력이 더욱 거세진 배경이었다.

그러나 보이콧의 시비를 묻는 네 차례 여론조사에서는 반대가 절반을 넘어, 실제로 올림픽 보이콧을 감행하면 국민 여론의 반발을 부를 것은 자명한 사실이었다. 정부는 나고야 올림픽 유치에 대한 지지 입장을 밝힘으로써 보이콧에 대한 반발 여론을 조금이라도 억제하려고 노력했다.

JOC는 아시아 각국에 야스다 세이코·사노 마사유키佐野雅之, 유럽 지역에는 후쿠야마 노부요시福山信義를 파견해 상황을 탐색했다. 야스다 일행은 한국·중국·필리핀·태국·홍콩을, 후쿠야마는 프랑스·서독·영국·이탈리아·스위스를 돌았다. 5월 18일에 귀국한 사노는 '단순한 원칙론만으로 명확히 분할할 수 없는 국제 정세의 어려움이 있으나, 아시아 국가는 불참 쪽이 대세를 점할 듯하다. 동시에 아시아의 단결을 요구하는 목소리가 있어 일본의 리더십이 요구된다'고 보고했다. 한편 유럽 지역은 대부분 참가하는 쪽으로 방향을 잡고 있었다.

5월 22일의 JOC 총회에서 시바타 위원장은 '국내적으로는 정부 지원 등을 받을 수 없는 사태, 국제적으로는 미국·서독·중국, 아시아 대다수 국가가 불참하는 상황'을 들면서, 경기단체가 비용을 부담해서 소수 정예로 대회에 참가하겠다는 의사를 밝히고서, 24일의 임시총회에서 최종적인 판단을 내리기로 했다. 24일은 내셔널 엔트리[12] 신청 마감일이라서 더 이상 연기할 수 없었던 것이다.

일본의 결단 —— 정치 속의 '아시아'

5월 24일 오전의 JOC 임시총회에 앞서 JASA 임시집행위원회가 개최되었고, '정부의 진의를 듣고 싶다'는 협회 측 요청으로 이토 마사요시 관방장관이 참석했다. 이토 관방장관은 JASA 고노 회장과 JOC 시바타 위원장 사이에 자리를 잡았다. 이 같은 자리 배치가 모든 것을 이야기해 주었다. 집행위원회에는 이례적으로 관방장관 외에도, 문부성 체육국장 야나가와 가쿠지柳川覺治·외무성

12) 국제경기대회나 국제회의에 참가·등록하는 것을 '엔트리entry'라고 쓰고 있다.

정보문화국장 아모 타미오天羽民雄· 문부성 체육국 스포츠과장 도무라 도시오戶村敏雄 등 정부 관계자가 참관인으로 출석했다.

먼저 사노·야스다·후쿠야마 세 사람이 아시아·유럽의 정세를 보고했다. 야스다가 '아시아 각국은 대부분 불참, 그럼에도 일본이 리더십을 발휘해야 한다는 목소리가 높다'고 보고하자, 이토 관방장관은 '자기 뜻대로 되었다는 듯 고개를 끄덕였다.' 마지막까지 상황을 지켜보고서 '리더십'을 어떻게 발휘할 수 있다는 말인가, 냉정히 생각해 보면 당치않은 소리지만, 어쨌든 보이콧에 찬성만 한다면 아무래도 상관없었을 것이다.

그 후 보도진을 내보내고 나서 회의가 이어졌다. 이토 관방장관은 정부의 속내를 밝히며 대회 불참을 요구했고, 협회 측 질문에 대답한 후에 회의장을 떠났다.

보이콧 찬성파는 아시아 연대를 자신들 주장의 논거로 삼았다. '아시아 속의 일본이라는 사실을 좀 더 생각해야 한다'[야마구치 히사타山口久太]·'아시아의 동향을 근거로 삼아 JOC에 강하게 요구하는 것이 어떨까'[곤도 다카시近藤天]·'아시아의 인국을 못 본 체 내버려 두어서는 안 된다'[아오키 한지青木半治]. 아시아를 그토록 강조했던 이유는

도판22. 5월 24일 JOC 임시총회(『올림픽 보이콧』 115쪽)

유럽 주요국이 정부의 반대를 무릅쓰고 참가를 결단했기 때문일 것이다. 'JOC의 내셔널 엔트리 신청서 제출을 반대한다'는 결의문이 배포되었고, 집행위원회는 종료했다. 집행위원회에 참석한 이사 22명 가운데 보이콧에 반대했던 사람은 오니시 데츠노스케大西鐵之祐(럭비)와 구로다 요시오黑田善雄(스포츠의학), 두 사람뿐이었다.

뒤이어 오후 2시 30분부터 JOC 임시총회가 열렸다. 여기서도 문부성 체육국장 야나가와가 참관인으로 참석했다. 회의 모두에, JASA 전무이사 이자와 쥬이치가 집행위원회 결의문을 낭독하고, 그것을 '중요한 자료 중 하나로 여기고 판단의 밑거름으로 삼아 주었으면 한다'라고 덧붙였다. JOC 시바타 위원장은 '참가 여부는 JOC가 독자적으로 결정한다는 원칙에 입각한다'라고 확인한 후에 질문을 받았다. 초반에는 JOC의 독자성에 대해 논의가 오갔다. 보이콧 찬성파는 JASA의 하부 조직인 JOC가 JASA의 제약을 받는 것은 당연하다고 주장했다. JA-SA는 정부로부터 고액의 보조금을 받고 있으므로, JOC가 올림픽 참가를 결정할 경우에 정부 보조금에 어떤 영향이 있는지에 대해서 야나가와 JOC 위원 사이에 질의응답이 있었다. 안자이 미노루安齋實가 지적했듯이, 요컨대 '정부에서 보조금을 받고 있으니 정부가 시키는 대로 말을 들어라, 말을 듣지 않으면 돈을 주지 않겠다'라는 것이었다.

그 후에 야마구치 히사타가 아시아 문제를 들고나왔다. '아시아 국가를 조사해 보니 아시아에서의 참가가 제일 적다. 아시아에는 약소국, 빈국들이 소련과 국경을 맞대고 있다. 그 나라들은 언제, 어떻게 보복당할지도 모른다는 위기감을 가지고 있으리라 생각한다. 아시아의 친구를 저버리면서까지 우리가 참가해야만 하는가?' 야스다 세이코 또한 아시아에서 논거를 찾았다. 1978년 아시안게임에 일본육상연맹JAAF이 IAAF으로부터 처벌을 각오하며 참가를 감행했던 것은, '우리는 아시아의 동료이자 아시아의 일원이다. 아시아는 사이좋게 손을 맞잡아야 한다'는 이유 때문이었다. 당시 아시안게임 후 JOC 회의에서 '올림픽 지상주의를 고집하면 향후 일본은 아시아에서 유리되어 동떨어지고 말 것이다. 그러므로 아시아에 뿌리를 내려야 하지 않겠는가, 아시아와 연대감을 심화시켜 나가야 하지 않겠는가'라는 이야기가 있었고, JOC가 그것을 승인했었다는 사실을 새삼 참가자들에게 상기시켰다.

JASA의 결의를 따르자는 의견이 대세를 이뤄 가는 가운데, 기요카와 마사지와 오니시 데쓰노스케는 계속 저항했다. 오니시는 '오늘의 문제는 JASA 및 JOC의 향후 일본 스포츠 관련 정책의 근본 문제에 관해서 정부가 간섭했다는 점이다'라며, 다시금 원칙론으로 되돌아가자, JASA의 고노 겐조 회장이 '정부가 간섭했던 적이 있었는가……허튼소리 하면 안 된다. 정부가 무슨 간섭을 했느냐?'며 고함을 치는 해프닝도 벌어졌다. 허튼소리 한 사람은 정작 고노 회장 쪽이었지만, 오니시는 선배인 고노 회장에게 반박하지 않았다. 대신에 야마모토 후사오山本 房生가 '문부상이 보조금을 주지 않겠다고 말한 적이 있었다. 나는 그것을 정부의 간섭으로 받아들인다'라고 말을 보태자, '옳소'라고 외치는 소리가 여기저기 터져 나왔다.

마침내 회의 막바지에 이르러, 시바타 위원장이 자신의 견해를 밝혔다. 미국·서독뿐 아니라 '아세안 국가를 비롯해, 인도와 중근동의 두 나라 정도를 제외한 아시아 대부분이 불참한다는 것이 현실'이며, 아시아에서 일본의 입장을 고려하면 국가로서 참가 신청은 불가능하다고 시바타 위원장은 명언했다. 결과적으로 아시아 참가국은 14개국, 불참은 15개국이었으므로, '아시아 대부분'이 불참한다는 그의 인식은 잘못된 것이었지만, 중국·한국·필리핀·인도네시아·태국 등 일본과 관계가 깊은 국가들이 올림픽을 보이콧했던 것은 사실이었다.

회의 마지막에 거수로 투표를 실시해 찬성 31표, 반대 12표로 대회 보이콧이 결정되었다. 그 후에 JOC가 발표한 성명서에는 이런 구절이 있었다. '국내외 정세를 감안하고, 아시아·스포츠계의 일원이라는 입장을 고려해서, 이번 대회에는 일본 대표선수단의 편성을 중지하고, 내셔널 엔트리를 제출하지 않기로 결정했다.'

이상과 같은 일련의 과정을 복기해 보면, 올림픽 보이콧과 아시아가 결부되었던 것은 4월 하순 이후의 일이었다. 유럽 국가가 전부 참가하는 쪽으로 방향을 잡은 가운데, 대미 종속이라는 비판을 피하기 위해서라도 불참이 많은 편이었던 아시아 국가들과의 연대를 차츰 주장의 근거로 내세우고 있다는 인상을 지울 수가 없다. 아시아 연대는 아시아로부터 고립화될지 모른다는 위기감이 더해 가던 일본 스포츠 관계자에게 있어서, 올림픽 보이콧을 정당화하는 충분한 논거로 여겨졌을 것이다.

오점 ── 올림픽을 보이콧할 수밖에 없었나

모스크바올림픽 4년 후, 소련과 동구권 국가가 로스앤젤레스올림픽을 보이콧한 뒤에 IOC 기요카와 마사지 부위원장은 모스크바올림픽 보이콧을 결정했던 JOC 임시총회에 참석했던 위원들에게 설문 조사를 행했다. 그들 대다수가 보이콧이라는 수단은 의미가 없으며, 해서는 안 될 일이었다고 생각하고 있었다.

그렇다면 이 대목에서 당시 JOC 시바타 위원장의 본심이 무엇이었는지 궁금증을 자아낸다. 시바타 위원장의 심복이었던 오카노 슌이치로岡野俊一郎에 따르면 정부의 압력이 극심했을 적에, 그가 '자네, 선수를 활용해 봐. 뭔가 방법을 생각해 보라구'라는 말을 입 밖에 꺼냈다고 한다. JOC는 애초부터 올림픽에 참가하기 위해 설립된 조직이다. 올림픽 보이콧은 스스로의 존재 의미를 부정하는 것과 같은 행위였다. 반면에 JOC의 상부 조직인 JASA는 올림픽 보이콧을 지지했다. 이상과 현실, 스포츠와 정치 사이에 끼여 있는 상황에서 시바타 위원장은 보이콧을 선택했던 것으로 보인다.

'시바타 위원장은 고집이 있었다'고 보이콧에 비판적이었던 저널리스트 오노 아키라는 평하고 있다. 마쓰세 마나부松瀨學와 인터뷰하면서 오노 아키라는 자신이 시바타 위원장을 취재했을 때의 일을 이렇게 이야기했다. '[시바타는] 격렬하게 다툼으로써 정부 측도 상당히 괴로워했을 것이라고 털어놓았다. 올림픽 보이콧이 얼마나 중차대한 사안인지를 정부 관계자들도 알게끔 해야 했던 것이다.'

결국 현실을 선택했던 시바타 위원장에게 있어 중요한 것은 무엇이었을까? 그는 보이콧에 이르기까지의 경위를 다음과 같이 이야기하고 있다.

"문부상·외상·관방장관과도 만났는데, 모두가 '소련을 제재하기 위해 참가하지 않는 쪽이 바람직하다'라는 희망을 내비칠 뿐 명령은 일체 없었다. 그런 점에서 정부 측도 '스포츠와 정치의 관계'에 대해 분별력이 있었다. 그러나 막바지 단계에서 내렸던 선택은 '일본 국민의 한 사람으로서 스포츠맨이다'라는 판단에서였다. 고노 겐조 JASA 회장은 '스포츠와 정치를 혼동해서는 안 되겠지만, 스포츠가 정치에 무관심해서도 안 된다'라고 강조했다. 나 개인으로서 책임져서 될 일이라면, 나 자신을 희생해서라도 선수들을 위해 기꺼이 대회 참가 사인도 불사하겠지만, 이 일은 국익과 관련된 사안이다. 눈물을 머금고 불참을 결정하던 날 밤, 나는 자신의 뜻에 반하는 결단을 내리는 고통을 뼛속 깊숙이 맛보아야 했다."

(시바타 가쓰지 『새로운 세기를 향하여』, 191~198쪽)

시바타 위원장은 스포츠맨이기 이전에 일본 국민이었다. 그는 스포츠맨으로서가 아니라 일본 국민으로서 보이콧이라는 판단을 내렸다. 그에게 중요한 것은 스포츠의 이상이 아니라 국익이었다. 호의적으로 해석하자면, 그 후 정부가 JOC에 보이콧을 강요한 적은 없었으므로 보이콧의 중차대함을 이해시키고자 했던 그의 목적은 달성되었을지도 모른다.

스포츠가 정치에 무관심하면 안 된다는 고노 회장의 발언은 분명히 옳은 말이다. 그러나 그것은 스포츠가 정치에 종속된다는 것을 의미하는 말은 아니다. 하물며 정치를 보조금 차원으로 왜소화해서는 더더욱 안 된다. 신청 마감 직전까지 정세를 계속 살피다가 각료·관료까지 불러들여서 결정을 내릴 일이 아니라, 스포츠 관계자가 먼저 스포츠계의 여론을 정리해 정부와 협상에 임했어야 했던 것이 아닐까(다만 JASA 회장이 고노였다는 사실이 상징하듯 스포츠계와 정계는 간단히 분리될 수 있는 관계는 아니다). 확실히 시바타 위원장은 '격렬하게 다툼으로써 정부 측도 상당히 괴로워했을 것'이라는 말을 하고는 있다. 그러나 그것은 보이콧이라는 결론이 이미 정해져 있었던 협상이었다. 일본 정부 또한 그러한 문제에 대해 신중하게 생각하지 않고, 그저 미국 대통령이 하라는 대로 따라했던 것에 불과하다. 그리고 그 미국 대통령의 목적이 자신의 대선 승리였다고 한다면, 도대체 모스크바올림픽 보이콧이 무슨 의미가 있었다는 말인가?

결국 보이콧이 그토록 떠들썩하니 화제가 되었던 데에 비하면 별다른 성과를 거두지 못했다. 소련군은 아프가니스탄에서 철수하지도 않았고, 카터 미국 대통령은 재선에 실패했다.[13] 카터 대통령과의 약속을 지키기를 고집했던 오히라 총리는 모스크바올림픽의 개막식을 보지도 못한 채 갑자기 세상을 떠났다.[14] 모스크바올림픽에는 88개국이 참가(66개국은 불참)했으며, 여러 가지 문제가 있기는 했지만 무사히 개최되었다.

그렇다면 만약 일본 정부나 JOC의 의향에 개의치 않고 모스크바올림픽에 선수를 출전시킨 경기단체가 있었다면 어찌 되었을까? JOC 위원 하야시 가쓰야林克也는 '올림픽이 끝나 버리면 정부는 아무 말도 하지 않겠지요. 정부가 징계처분을 내리면 여론은 선수를 동정할 겁니다. JOC는 협회를 징계할지도 모르죠. 사과하라고 말이죠. 아마도 그뿐이었을 겁니다. 단지 그 정도'라고 마쓰세 마나부와의 인터뷰에서 이야기했다. 아마도 그가 한 말 그대로였을 것이다.

기요카와 마사지는 JOC의 『모스크바대회 공식 보고서』에서 총괄하여 다음과 같이 언급했다.

---

13) 1980년 미국 대선은 11월 4일에 치렀는데, 현직의 카터 대통령은 로널드 레이건 Ronald Reagan 공화당 후보에게 패함으로써 재선에 실패한 단임 대통령이 되고 말았다.
14) 오히라 총리는 6월 12일에 사망했고, 그로부터 한 달쯤 경과한 7월 19일에 모스크바올림픽 개막식이 거행되었다.

"일본 스포츠계는 모스크바올림픽을 보이콧함으로써, 과거 80년에 동안 쌓았던 일본 스포츠의 빛나는 역사와 그에 대한 세계 스포츠계의 신뢰가 하루아침에 무너졌다고까지는 말할 수 없으나, 커다란 오점을 남긴 것은 여지없는 사실이다. 이를 회복하려면 앞으로 상당한 노력과 시간이 필요하리라고 생각한다. 그러기 위해서는 '올림픽 운동의 이념'을 지금 다시 한 번 되새기며 JOC 나름의 '철학'을 갖출 필요가 있다. 그것을 토대 삼아 JOC 조직과 운영에 관해서 진지한 재검토가 이루어지지 않으면 안 된다."

(기요카와 마사지『스포츠와 정치』134~135쪽)

기요카와는 '아시아 연대론'에 대해서 '아시아와의 연대도 필요하지만 세계와의 연대도 중요하다'라고 반론을 폈다. 더욱이 기요카와의 견해는 선수는 출전치 않더라도 경기 임원이나 심판이라도 나갔어야 했다며 아쉬워했다. 이는 올바른 지적이라고 본다. 만일 그렇게 했다면 나고야 올림픽이 실현되었을지도 모르는 일이다.

시바타 위원장 같은 현실주의자 입장으로서 보자면 기요카와는 세상 물정에 어두운 사람으로 비쳤을 것이다.

도판23. IOC 총회(모스크바)에서 사마란치(왼쪽)와 이야기하는 기
요카와(『올림픽과 60년』 193쪽)

'올림픽은 이상주의 운동. 현실과 동떨어진 이야기만 한
다고 하지만, 이상을 내세우지 않으면 목적지를 잃어버
리고 만다'라는 말은 기요카와 자신의 변명이다. 올림픽
에서 이상을 빼 버리면 무엇이 남을까? 올림픽을 올림픽
답게 하는 것은 무엇일까? IOC 부위원장 기요카와는 잘
알고 있는 일이었다.

2. 서울올림픽으로 가는 험한 길
—— 한국·북한·중국의 정치 역학

덧없이 사라진 나고야 올림픽

제2장 4절에서 보았듯이 중국을 승인하는 결의가 나고야에서 IOC 집행위원회〔1979년 10월〕에서 이루어진 일은 우연이었지만, 나고야에서 IOC 집행위원회가 열린 데는 까닭이 있었다. 올림픽 유치를 꾀하고 있던 나고야는 도요하시豊橋[15] 출신의 IOC 위원 기요카와 마사지의 제안으로 IOC 집행위원회를 유치해 위원들에게 올림픽 개최지로서 나고야의 매력을 어필할 작정이었다.[16]

아이치현 지사 나카야 요시아키仲谷義明가 일본 중부권의 발전을 위해 나고야 올림픽 유치 계획을 발표했던 날은 1977년 8월 25일이었다. 1980년 4월에 일본 정부는 비로소 나고야 올림픽에 관한 본격적인 검토를 시작했다. 앞서 기술했듯이 올림픽 보이콧에 대한 국민의 불만을 완화시키고, 6월에 치러질 예정이던 참의원 선거〔실제로는 중의원·참의원 동시선거였다〕를 유리하게 이끌어 가기 위

---

15) 아이치현 남동부의 도시로, 기요카와는 나고야의 출향 인사로 볼 수 있다.
16) 1978년 10월부터 올림픽 유치 활동을 시작했던 나고야는 1979~80년 사이에 IOC 위원 거의 전원을 나고야 현지로 초청해서 간담회를 가졌던 것으로 알려졌다.

해서였다. 선거 기간 도중에 오히라 총리가 급서[17]하고 그 뒤를 이어서 출범한 스즈키 젠코鈴木善幸 내각은 '가능한 한 간소한 대회로 치를 것'을 조건으로 달아서 나고야 올림픽 유치를 승인했다. 11월 나고야는 정식으로 올림픽 개최지 선정에 입후보했다.[18]

유력한 경쟁 상대는 서울이었지만 나고야가 압도적으로 유리하다고 알려져 있었고, 개최지 결정투표를 앞두고서 나고야 쪽 관계자는 '나고야에 얼마나 적극적인 지지표가 쏠리느냐에 따라 향후 올림픽 준비에도 많은 영향을 줄 것이다'라며, 마치 따 놓은 당상인 듯이 승리를 전제로 한 발언을 일삼았다. 실상 서울 쪽 유치 관계자들은 자신감을 잃었고, 대한체육회 이사 김집金潗 등은 기요카와에게 '만일 아시안게임 개최권 획득과 관련해서 (일본이) 지원해 준다면, 서울은 올림픽 개최 희망을 접겠다'라고까지 제안했다.[19] 만일 기요카와가 그러한 제안에

---

17) KDD 사건의 여파로 야당에 의해 오히라 내각에 대한 불신임안이 제출·가결되는 바람에, 1980년 6월 22일 일본 역사상 최초의 중의원·참의원 동시선거가 치러졌다. 그런데 투표일 10일 전인 6월 12일에 오히라 총리가 급서했다.

18) 나고야·서울을 제외하고 당시 개최지 선정에 입후보했던 도시는 런던·브뤼셀·상파울루·시드니·알제·베이징 등 6곳이었다. 그러나 입후보한 도시의 준비 상황에 대한 IOC의 질문서 제출 최종 마감일이 1981년 2월 28일로서, 그때까지 정식으로 IOC에 답변서를 제출했던 도시는 서울·나고야 2곳뿐이었다.

19) 1981년 4월 무렵, 올림픽 유치에 관한 한국 내의 상황은 유치 부정론과 긍정론이 팽팽히 맞선 상태에서 어느 쪽으로도 결론을 내리지 못하고 있었다. 특히 국무총리 남덕우南悳祐를 비롯한 경제 관료들은 올림픽을 치르는 막대한 재정 부담으로 인해 올림

응했더라면 나고야 올림픽은 실현되었을지도 모른다.

1981년 9월 30일 IOC 총회〔서독 바덴바덴〕에서 개최지 투표가 실시되어, 52표 대 27표로 서울이 압승을 거두었다.[20] 나고야의 패인은 도대체 무엇이었을까?

나고야에서는 대규모의 올림픽 반대 운동이 일어났고, 반대파 인사들은 바덴바덴으로 몰려가 활발하게 유치 반대 운동을 펼쳤다.[21] 유치 관계자는 반대 운동이 끼친 영향에 대해서 부정적이었지만, 언론인 데이비드 밀러David Miller는 '나고야에서 온 환경보호 운동가들이 조

픽 유치에 매우 부정적이었으며, 만약 88년 올림픽 유치에 실패할 경우 86년의 아시안게임마저 불가능할지 모른다는 비관론을 피력했다. 결국 IOC에는 알리지 않고서 일본과의 협상을 통해 86년 아시안게임 개최 지원을 약속받는 대신에 올림픽 유치는 포기하는 쪽으로 정부 내의 논의가 정리되었다. 스포츠 역사상 한 국가가 아시안게임과 올림픽 유치에 동시에 도전했던 경우는 매우 드문 일이었고, 서울은 과거 대규모 종합 국제 스포츠 대회를 개최해 본 경험이 없었던 탓에 '아시안게임을 통해 개최 능력을 보여준 뒤 올림픽까지 성공적으로 개최하겠다'는 명분으로 동시에 두 군데에 출사표를 냈던 것이다. 그러나 실제로 유치 관계자들은 개최 가능성이 낮은 올림픽보다는 가능성이 높았던 아시안게임 유치에 사활을 걸 생각이었다. 그 후에 특사 자격으로 대한체육회 김집 위원이 기요카와 IOC 부위원장 등을 만나 협상을 벌였으나, 일본 측은 한국의 아시안게임 개최 지원 요구에 대해서 확답을 주지 않음으로써 협상은 실패하고 말았다. 일본 측의 미온적 태도에 접한 한국 정부는 5월에 들어서서, 다시금 9월 30일에 열리는 IOC 총회 직전까지 올림픽 유치 활동을 계속하는 쪽으로 방침을 바꾸었다. 서울 올림픽 유치는 그토록 우발적인 사태의 연속선상에서 최종 결정되었던 것이다.
20) 대략 서울을 지지했던 표는 아시아 12표 중 9표, 미주 18표 중 14표, 유럽 26표 중 15표, 중동 및 아프리카 15표 중 13표, 공산권 국가 11표 중 1표였던 것으로 추정되았다. 비율로 따지면 아시아·미주·중동 및 아프리카의 지지율이 높았던 편이며, 미주 쪽 지지표는 대부분 중남미 표로 추정되었다. 따라서 중남미·아프리카·중동 및 아시아 개도국의 압도적 지지를 얻었던 것이 서울이 승리하게 된 요인으로 보인다.
21) 나고야 지역 시민 단체의 올림픽 유치 반대가 본격화되면서, 나고야 시민들은 상당수의 IOC 위원들에게 자신들은 올림픽을 반대한다는 내용의 엽서를 대량으로 보냈다고 한다.

용한 라인란트Rheinland의 온천가에서 반대 행진을 했던 탓에 IOC 위원들의 생각이 바뀌었다는 점은 의심할 여지가 없다'라고 주장했다. 나고야의 올림픽 유치는 행정부와 재계가 주도하고 시민은 존재하지 않는다는 비판이 그때까지도 종종 제기되었다. 만약 시민의 이해를 구하는 일에 더욱 힘을 쏟았다면, 반대파가 바덴바덴에 몰려가는 일도 없었을 것이고 그 결과도 달라졌을지 모른다.

나고야는 지역의 민심조차 추스르지 못했지만, 서울은 정부가 주도하고 국력을 동원해서 올림픽 유치를 위한 총력전을 폈던 것이다. 한국의 IOC 위원 김운용金雲龍은 당시 벌어진 유치전이 서울 대 나고야의 경쟁이 아니라 한국 대 나고야의 싸움이었다고 총평했다. 경기장 시설 건설도 서울이 나고야보다 우위에 있었다.[22] 그러나 가장 결정적인 패인은 일본이 이미 동·하계올림픽을 개최했다는 사실이었다. 기요카와 부위원장은 다음과 같이 분석했다. 투표 전에 열렸던 올림픽 콩그레스에서, 그리스를 올림픽 영구 개최지로 고정시키는 방안이 검토되었으나 '되도록이면 지구의 곳곳을 돌면서 개최하는 편

---

22) 일반적으로 올림픽 유치의 준비는 나고야가 상대적으로 빨랐지만, 경기장 및 기반 시설과 관련된 사전 준비는 서울이 나고야에 비해 강점이 있었다고 평가받았다.

이 좋겠다'라는 결론에 이르렀다. 그때에 '앞으로 올림픽은 지금껏 한 번도 올림픽을 개최한 적이 없는 나라에서 하는 게 좋겠다'라는 생각이 일종의 모토가 되어서 투표에 영향을 미쳤다는 것이다.

한편으로 한반도의 정치적 불안정이야말로 서울의 최대 약점이었다. 나고야는 서울의 그러한 약점을 파고들며 유치 연설에서 나고야의 정치적 안정을 부각시켰지만, 도리어 그러한 전술이 '대국 의식을 지나치게 드러낸다'는 반발을 불러일으켰다. 반면에 서울은 유치 연설에서 불안한 안보 정세를 솔직히 인정하고, 바로 그러한 이유 때문에라도 서울올림픽을 개최함으로써 자신들이 세계 평화에 기여할 수 있다는 점을 주장했다. 1년 전 모스크바올림픽에서는 서방 국가의 집단 보이콧을 목격했다. 3년 뒤 로스앤젤레스올림픽에서는 공산권 국가들의 집단 보이콧이 예상되었다.[23] 냉전의 최전선인 서울에서 올림픽을 개최할 수만 있다면, 올림픽을 위기에서 구할 수 있을 뿐 아니라 진정한 세계 평화에 공헌할 수 있을지

---

23) 1980년 모스크바올림픽은 65개국이 불참하고 80개국이 참가했고, 1984년 로스앤젤레스올림픽에는 소련 및 동구권 국가와 이란·리비아 등 17개국이 불참하고 140개국이 참가했다. 1988년 서울올림픽은 동서 양 진영을 모두 포함해 160개국이 대회에 참가했다.

도 모른다. 적어도 그러한 역할을 맡는 것은 나고야로서는 불가능한 일이었다. IOC 위원들은 서울의 가능성에 승부를 걸기로 했던 것이다.

아시안게임과 올림픽 개최는 한국의 경기력을 크게 향상시켰다. 1961년 군사 쿠데타로 한국의 최고 권력자가 되었던 박정희 대통령은 국위 선양의 도구로 스포츠를 중시했다. 1966년 국립 훈련장인 태릉선수촌이 건립되었고, 동년 연말에 개최된 아시안게임에서 한국은 메달 획득 종합순위 2위에 올랐다.[24] 1968년에는 대한체육회·KOC·대한학교체육회가 통합[25]되었고, 1972년에는 메달리스트 연금제도가 도입되는 등 국가 주도의 엘리트 스포츠 정책을 잇달아 내놓았다. 그렇지만 올림픽에서 금메달과는 좀처럼 인연이 닿지 않다가, 1976년 몬트리올올림픽에서 레슬링 종목의 양정모梁正模가 드디어 첫

---

24) 1966년 12월 태국 방콕에서 18개국이 참가해 개최되었던 제5회 아시안게임에서 한국은 일본에 이어 종합순위 2위를 차지했다.

25) 한국은 1960년 로마올림픽에 9종목 36명의 선수단을 보냈으나, 메달 1개도 따지 못한 채 대회를 '노메달'로 마감했다. 스포츠 역사상 올림픽에서 유일하게 '노메달'의 저조한 성적을 거둔 것은 선수 선발 및 관리 감독을 두고서 일어났던 대한체육회·KOC·대한학교체육회 3단체 간의 갈등과 내분이 주 원인이었다. 이후 기구 및 조직 통합·개편을 시행했으나 또다시 제6회 아시안게임 유치 과정에서 체육계 내의 반목·갈등이 재연되자, 결국 1968년에 들어서 3단체를 '대한체육회'라는 이름으로 재통합했다. 이후 2009년 6월에 대한체육회·KOC는 완전 통합했다가, 2016년 3월 대한체육회KOC와 국민생활체육회가 통합해 현재의 대한체육회(KSOC, Korean Sport & Olympic Committee)가 되었다. 주석 (2장 48)(244쪽) 참조.

금메달을 한국에 안겨 주었다.[26] 1982년의 아시안게임에서 한국은 28개의 금메달을 획득했지만 여전히 일본〔57개〕의 절반 수준에 불과했다. 그랬던 것이 1986년의 아시안게임에서는 금메달 순위에서 한국 93개, 일본 58개로 전세가 역전되었고, 한국은 중국에 이어서 아시아 제2의 스포츠 강국이 되었다.[27] 만일 나고야가 올림픽 유치전에서 서울을 이겼다면, 스포츠 강국 한국의 출현은 훨씬 더 늦춰졌을 것이다.

중국·한국의 눈부신 약진에 일본 스포츠계는 커다란 위기감을 느끼게 되었다. 모스크바올림픽 이후 기요카와 마사지는 줄곧 JOC의 독립을 호소했지만 해결되지 않은 채 흐지부지한 상태로 있었다. 그러던 JASA를 움직인 것은 서울 아시안게임과 서울올림픽에서의 일본의 성적 부진이었다. 1989년 3월 JASA 집행위원회에서 JOC의 법인화가 승인되고, 1991년 4월에 JOC는 JASA에서 분리 독립하게 되었다.

---

26) 한국의 역대 올림픽 성적을 보면, '1948년 런던올림픽 2개, 1952년 헬싱키올림픽 2개, 1956년 멜버른올림픽 2개, 1960년 로마올림픽 0개, 1964년 도쿄올림픽 3개, 1968년 멕시코시티올림픽 2개, 1972년 뮌헨올림픽 1개'에서 보듯이 대체로 저조한 편이었다. 1976년 몬트리올올림픽에 와서야 양정모 선수가 딴 최초의 금메달 1개를 포함해 총 6개의 메달을 획득하는 호성적을 거두었다.
27) 1986년 서울 아시안게임의 종합순위는 1위 중국〔금메달 94개〕, 2위 한국, 3위 일본의 순서였다.

한중 교류의 시작

서울이 올림픽 개최지로 선정된 직후에 중국의 국가체육운동위원회[28]는 한국과의 스포츠 교류를 주제로 회의를 소집했다. 지금껏 교류가 없었던 한국에서 올림픽이 개최되면 보이콧할 수밖에 없었고, 서울올림픽을 보이콧하는 국가가 중국·북한뿐이라면 중국은 또다시 국제적으로 고립을 면하지 못할 것이다. 그와 같은 상황 분석에 근거해 향후 서울올림픽에 참가할 요량으로 한국과의 민간 교류를 서두르게 되었다. 그래서 우선 한국을 중국에 초청하고, 이어서 중국이 한국에서 열리는 경기대회에 참가하면서 최종적으로 올림픽에 참가하는 식의 절차를 밟아가기로 했다.

한국의 박정희 정권은 1973년에 「평화통일 외교 선언」〔6·23선언〕을 발표하고서 공산권 국가에 대해서도 문호를 개방하는 한편 중국과도 관계 개선에 나섰지만 중국 정부는 그에 응하지 않았다. 한중 간 민간 교류는 1978년

---

28) 국가체육운동위원회〔약칭 국가체위國家體位〕는 국무원의 직속 기구이자 중국의 스포츠를 총괄하는 기관으로, 1952년 11월에 설립되었다.〔초대 주석 허룽賀龍〕 국민 체육의 보급·발전, 전국체육대회의 기획·운영, 스포츠의 국제 교류 등의 업무를 담당하고 있다. 1998년 4월에 국무원 기구 개혁에 따라 국가체위는 해체되고, 국가체육총국國家體育總局이 설립되었다. 현재는 국가체육총국의 국장이 중국올림픽위원회 위원장을 겸임하고 있고, 국가체육총국에 소속된 각종 경기단체들이 민간단체인 중화전국체육총회 ACSF〔약칭 전국체총全國體總〕를 구성하고 있다. 주석 (1장 18)(60쪽) 참조.

12월에 중국 조선족의 한국 고향 방문이라는 형태로 시작되었다.[29] 문화대혁명이 종결된 후에 중국 외교는 정치·혁명에서 경제 쪽을 중시하는 방침으로 전환되었고, 중국 측에서도 한국과의 관계 개선을 원하던 중에, 북한을 자극할 가능성이 낮았던 인도적 사업부터 교류를 시작했던 것이다. 그럼에도 중국은 북한과의 관계에 손상이 가지 않게끔 한국과의 관계 개선에는 여전히 신중한 자세를 취하고 있었다.

1982년에 중국 정부의 대한국 정책이 조정되었고, 비로소 한국인을 중국 내 경기대회에 초청하는 일이 가능하게 되었다. 그런데 1983년 5월에 중국 민항기가 공중납치되어 주한 미군 기지에 불시착하는 사건[30]이 일어났다. 해당 사건을 처리하는 과정에서 그때까지 상대방을

---

29) 1978년 12월의 삼중전회에서 덩샤오핑이 제시한 '개혁개방' 정책이 전면적으로 추진됨에 따라 한국과의 교류가 조금씩 확대되었고, 이어서 중국 정부가 공식적으로 조선족의 한국 친척 방문을 정식 허용한 것은 1982년부터였다.

30) 한국에서는 '중국 민항기 불시착 사건', 중국에서는 '중국민항 296편 공중납치 사건中國民航296號航班劫機事件'으로 불리는 이 사건은, 1983년 5월 5일 승객 96명을 태우고 선양에서 상하이로 향하던 중국민항 소속 여객기 1대가, 6명의 납치범에 의해 강원도 춘천 시내의 주한 미군 헬기 비행장 '캠프 페이지Camp PAGE'에 불시착했던 사건을 가리킨다. 중국 본토에서 출발한 여객기가 한국에 착륙한 일은 1949년 10월 중국 건국 이래 최초였다. 당시 한중은 미수교 상태였기 때문에 이 사건은 외교적·정치적으로 커다란 파장을 몰고 왔는데, 이 사건의 수습을 위해 한국전 이후 한중 양국 정부 간에 처음 직접적인 외교 접촉이 이루어졌다. 사건이 해결된 후에 한중은 비정치적 영역, 주로 스포츠·관광 분야에서 교류를 확대하기 시작했다. 결국 이 사건으로 말미암아 한중 양국 간의 관계가 호전되기 시작, 드디어 1992년 한중 수교에까지 이르렀던 것으로 평가받고 있다.

'중공'·'남조선'으로 불러왔던 한중이, 처음으로 상대방을 '중화인민공화국'·'대한민국'으로 호칭하면서 상호 간 국가임을 비로소 인정하게 되었다. 이는 3년 후 서울에서 개최되는 아시안게임에 중국을 참가시키려는 한국 측의 포석이었다.[31] 중국 측으로서도 향후 자국의 아시안게임 유치·개최에 있어서 큰 골칫거리였던 한국의 참가 문제에 활로가 열렸던 것이다. 8월에 중국은 제11회 아시안게임[1990년]을 베이징에서 개최하겠다고 신청서를 제출했다. 11월에는 아시아농구연맹[ABC, Asian Basketball Confederation][32]이 이듬해 아시아여자농구선수권대회와 아시아주니어농구선수권대회를 각각 상하이·서울에서 개최하기로 결정하고,[33] 아시아테니스연맹[ATF, Asian Tennis Federation] 총회도 이듬해 아시아주니어테니스선

31) 1985년 4월 인도네시아 반둥에서 열린 비동맹 국가들의 반둥회의 창설 30주년 기념식에 이세기李世基 통일원장관을 대표로 하는 한국 대표단이 참가했으며, 중국에서는 당시 중국 대외 정책의 책임자였던 우쉐첸吳學謙 외교부장이 대표단을 이끌고 참가했다. 인도네시아 외상이 개최한 리셉션에서 이세기 장관과 우쉐첸 외교부장은 서로 만나 대화를 나누었는데, 대화의 주된 내용은 86년 서울 아시안게임과 90년의 베이징 아시안게임 등에 관한 것이었다고 한다. 이렇듯 1948년 한국 정부 수립과 1949년 중국 건국 이래 한국과 처음으로 공식적 외교 접촉을 가졌던 최고위 외교관인 우쉐첸은 이후 중국 내의 대표적 친한파로서 1992년 한중 수교의 주역으로 활동하게 되었다. 이세기 통일원장관 또한 1986년 8월부터는 체육부장관에 임명되어 9월 20일에 개막한 서울 아시안게임을 치르게 되었다.

32) 2004년부터 명칭이 'FIBA Asia'로 바뀌었다.

33) 1984년 4월 5일에 중국 청소년 남녀 농구대표팀이 아시아 청소년 농구대회에 참가하기 위해 한국을 처음으로 방문했다.

도판24. 중국 쿤밍昆明에서 열린 데이비스컵 아시아·오세아니아 지역 준준결승을 보도했던 영자 신문 (*The New York Times*, 1984년 3월 11일)

수권대회를 중국 광저우에서 개최키로 했으며, 이에 중국은 '모든 회원국의 입국 허가'에 동의했다.

한중 간 스포츠 교류 제1탄은 1984년 2월에 있었던 데이비스컵Davis Cup 테니스대회[34] 아시아·오세아니아 지역 준준결승이었다. 중국과 한국이 준결승 진출을 놓고 맞붙게 되자, 중국은 제삼국인 홍콩에서 경기를 열자고 국제테니스연맹ITF에 제안했다. 하지만 홈 앤드 어웨이 방식을 요구하는 ITF의 압력과 베이징 아시안게임 유치를 고려해 중국은 결국 쿤밍에서 시합을 열기로 했다. 중국 측은 기존에 세웠던 방침대로 우선 한국을 중국으로

---

34) 데이비스컵 테니스대회는 '테니스의 월드컵'이라고도 불리는 세계 최고 권위의 남자 테니스 국가 대항 토너먼트로, 데이비스는 우승배를 기증한 사람의 이름에서 따온 것이다. 데이비스컵 대회는 지역별 예선을 거쳐 올라온 16개국이 본선 토너먼트를 진행하여 최종 우승 국가를 가리게 된다. 토너먼트 단계에서는 개최지가 따로 없으며, 경기를 치르는 두 나라 중 어느 한 나라에서 홈 앤드 어웨이 방식으로 경기를 치른다.

초청한 것이다. 한국 선수단은 경기장에서의 국기 게양, 애국가 연주, '대한민국' 또는 'Republic of Korea'라는 명칭의 사용을 요구했다. 중국 측은 'Korea'라는 명칭의 사용은 허락했으나, 국기 게양과 애국가 연주는 거부했다. 대회 시합장은 쿤밍 시내 중심부로부터 멀리 떨어진 곳에 있었고, 관객도 모두 대회 관계자였으며 시합에 관련한 언론 보도도 삼가토록 했다.

중국이 한중 스포츠 교류의 서막을 장식할 이 시합을 되도록 조용히 치르고자 했던 까닭은 북한의 반발을 염려했기 때문이다. 실제로 북한은 평양에서 중국 대사를 초치해서 정식으로 항의했고, 중국 측은 '중국과 남조선의 스포츠 교류라는 범위 안에서 이뤄진 행사이지 정치적 관계로의 발전까지는 생각하지 않는다'라고 해명했다. 한중의 접근으로 고립될 것을 우려했던 북한은 서울 올림픽 남북 단일팀 결성을 협의하는 남북회담에 응하기로 결정했다.

한중 교류에 적극적이었던 한국 측과는 대조적으로, 중국은 여전히 신중한 자세를 나타내면서 서울 아시안게임에 참가하겠다는 의사 표명을 미루었다. 한편 1984년 10월에 북중北中 스포츠 교류 협정을 맺는 등, 북한을 위한 배려도 소홀히 하지 않았다.

1986년 4월 서울에서 국가올림픽위원회연합회[ANOC, Association of National Olympic Committees)[35] 총회가 개최되었고, 소련을 비롯한 공산권 국가들도 참가했다. 그에 따라 로스앤젤레스올림픽 같은 대규모 보이콧 사태는 피할 수 있을 것이라는 전망이 나왔다. 공산권의 집단 보이콧을 내비치며 남북회담에 강경 자세로 임했던 북한은 난처한 입장에 처하고 말았다. 중국이 아시안게임 참가 신청서를 제출하고, 공식적으로 참가 의사를 표명했던 것은 그 후로 한 달 반, 아시안게임의 개막 3개월 전이었다.

암초 —— 남북 공동개최의 좌절

1986년 9월 1일에 북한은 서울 아시안게임에 불참할 것임을 공식적으로 선언했다[그 밖에도 버마·몽골·베트남·라오스 등 8개국이 정치적 이유로 대회에 참가하지 않았다]. 그로부터 2주

---

35) 1979년에 설립된 국가올림픽위원회연합은 IOC에게 승인을 받은 NOC가 가맹한 스포츠 국제기구로 현재 206개국의 NOC가 가입해 있다. 한편 IOC에 가입하지 않았으나, 대륙 연합회에 가입한 8개국의 NOC도 이 기구에 속해 있어, '스포츠계 UN 총회'로 불리고 있다. 서울은 1986년(5차)과 2006년(15차)에 총회를 개최한 바 있는데, 최근에는 2038년 하계올림픽 유치 전략의 일환으로 3번째로 2022년 10월 19~20일에 제26차 ANOC 총회를 서울에 유치·개최했다.

뒤에 서울 김포국제공항에서 폭탄 테러 사건[36]이 일어났다. 한중 양국의 접근으로 점차 고립되었던 북한이 아시안게임의 개최를 막기 위해 저질렀던 범행이었다. 중국은 한국에 대규모 선수단을 파견하는 한편, 북한에 리셴녠李先念 국가주석을 보내어 북한의 불만 해소에 힘썼다.

다음 달 10월에 북한 김일성 주석이 소련 모스크바를 방문했다. 김일성은 고르바초프Gorbachev 서기장에게 '소련은 서울올림픽에 참가해서는 안 된다. 서울올림픽은 한반도 분단을 고착화하려는 국제적 제국주의 음모다'라고 지적하며 올림픽 보이콧을 제의했으나 거부당하고 말았다. 그러자 다음에는 올림픽 남북공동개최에 대한 소련의 협조를 요청했다.

서울올림픽에서 남북 단일팀을 결성하기 위한 제1차 남북체육회담은 1985년 10월 스위스 로잔에서 열렸다.[37] 이 회담에서 남북공동개최안에 대해서도 검토했는

36) 1986년 9월 14일 김포국제공항 청사 앞에서 미상의 폭발물이 폭발하여 5명이 사망, 30여 명이 다친 사건이다. 한국 정부는 1주일 후 개막하는 서울 아시안게임을 방해하려는 북한의 테러로 규정했으나, 북한은 자신들과 상관이 없는 일이라고 강력히 부인하고 나섰다. 그러나 1년 뒤에 대한항공 858편 폭파 사건이 일어났고, 두 사건 모두 북한과의 연루 가능성이 높았던 탓에 한국의 대북 정책은 급속도로 냉각되고 국민들의 대북 감정 또한 극도로 악화되기에 이르렀다.

37) 이 회담은 1963년 남북 단일팀 구성을 위해 열렸던 체육 회담 이후 역사상 2번째로 IOC의 주재하에 남북한 NOC 대표자 회담으로 열리게 되었다. 남한에서는 김종하金宗河 위원장을 비롯한 6명의 대표단, 북한 또한 김유순金有順 위원장을 비롯한 6명의 대표단이 참가했다.

데, IOC가 제시한 일부 경기를 평양에서 행하는 분산개최안과 북한 측이 주장한 공동개최안[50:50 절반씩 개최]의 골을 메우지 못하고서 결렬되고 말았다.[38] 1986년 6월의 제3차 회담에서 북한은 23개 종목 중 6개 종목을 분산개최하는 방안도 좋다며 대폭적인 양보를 했다.[39] 아마도 공산권의 서울올림픽 집단 보이콧 가능성이 낮아진 것이

[38] 로잔 1차 회담에서 북한의 김유순 위원장은 올림픽의 남북한 공동개최를 제안했는데, ①남북이 공동으로 경기를 개최하고, 남북 단일팀을 경기장에 배치한다. ②올림픽 경기는 'Korea Olympic Games' 또는 'Korea Pyongyang-Seoul Olympic Games'로 명명된다. ③경기 종목은 평양과 서울에 '동반equally half'으로 배정한다. ④할당된 종목의 개회식과 폐회식은 각각 평양과 서울에서 열린다, 등의 10가지 항목을 제안하고 있다. 아울러 북한에서 처리질 종목으로 '양궁·유도·육상·체조·역도·배구·탁구·핸드볼·사격·수영' 등의 종목을 희망했다. 이렇게 보면 북한이 주장하는 공동개최는 대회의 주관 주체가 둘이어야 한다는 의미이고, IOC가 제시한 분산개최는 주최국은 그대로 두고 일부 종목만 일부 도시에서 개최하자는 의미로 해석해야 할 것이다. 본래 북한이 올림픽에 단독으로 참가하는 것을 목표로 삼아묘던 남한은 당연히 분산개최안으로 기울었고, 북한은 주관 주체가 둘인 공동주최를 주장함으로써 논란은 계속 이어졌다. 참고로 로잔 2차 회담을 앞두고 1985년 11월 베트남 하노이에서 사회주의 체육장관회의가 열렸는데, 이 회의에 참석한 13개국 중에 11개국이 남북 공동개최안에 대해서 비판적인 입장을 취했다고 한다. 뒤이어 1986년 11월 베를린에서 열린 사회주의 체육장관회의에서도 남북한 공동개최의 실현 여부와 상관없이 올림픽에 참가하겠다는 의견이 지배적이었다고 한다. 이런 전반적 분위기로 인해 북한의 공동개최 주장은 지지세를 넓히지 못했고, 대다수 국가들은 올림픽 참가는 각국이 스스로 결정할 문제라는 입장이 대세를 이루게 되었다.

[39] 로잔 2차 회담에서 북한은 공동 주최 문제를 강하게 거론하지 않았고, 처음에는 전경기 23개 종목 중 12개는 서울, 11개는 평양에서 분산개최하자고 주장했다가 나중에 8개 종목, 최종적으로 3개 종목으로 축소한 안을 제시했다. 로잔 3차 회담에 앞서 북한은 공동개최와 단일팀을 포기하는 대신에 결승전을 포함한 6개 종목(축구·탁구·양궁·레슬링·유도·체조)을 할애할 것과 평양·서울에서 경기가 동시에 열릴 것이므로 서울 경기에도 참가하겠다는 입장을 밝히고 있다. 결국 경기 종목 배정이 핵심 의제가 되었던 3차 회담에서 탁구·양궁의 2개 종목만 허용한다는 IOC의 주장에 대해 북한은 6개 종목의 북한 개최를 고집하면서도 2종목 방안에 대해서도 협상을 계속했다. 이렇게 보면 북한의 공동개최안은 회담을 거치면서 차츰 의미가 달라지는 것을 확인할 수 있다. 처음에는 전 경기 종목의 50 대 50의 절반 분할을 주장했다가, 결국 2종목을 개최하되 평양에서 열리는 올림픽에 '제24회 올림픽, 평양'이라는 명칭을 얻는 것을 최종 협상 목표로 삼아서, '평양-서울 공동주최'라는 명분을 끝까지 획득하고자 노력했던 것이다.

주된 원인이라고 해야 하겠다. 서울 아시안게임 후 10월로 예정되었던 제4차 회담은 북한이 아시안게임에 참가하지 않았던 탓에 열리지 못했다. 그 후 로잔에서 북한과 IOC 간에 회담이 다시 열렸지만 북한은 8종목의 경기 개최를 요구했고 협상은 암초에 부딪히고 말았다.[40)]

1987년 2월에 북한은 IOC 안을 원칙적으로 수락하고 개별 문제에 관한 협의를 요구했다. 최후의 남북회담은 7월에 열렸는데, 북한에서 개최하는 경기 수와 종목에서 끝내 합의점을 찾을 수가 없었다.[41)] 그사이에 북한은 경기 시설 건설[42)]을 추진했으며, 가능한 한 유리한 조건에서 대회를 개최하겠다는 생각인 듯했으나(그때의 시설들은

---

40) 1987년 2월 12일 로잔에서 열린 IOC 집행위원회에 참석한 북한 대표단은 평양에서 열리는 올림픽 경기의 명칭 안에 평양의 지역명을 넣어 줄 것과 종목 수도 2개가 아닌 8개로 늘려 줄 것을 요구했다.

41) 제4차 로잔 남북 체육회담은 7월 14~15일 IOC 본부에서 열렸는데, IOC가 북한에 제안한 안은 탁구·양궁 및 축구 예선 1개 조, 그리고 여자배구·남자사이클 경기를 북한 지역으로 한정 실시한다는 것이었다. 북한은 또다시 '종목 8개 배정, 대회 명칭에 평양 삽입, 개폐회식 따로 개최, 평양 조직위원회 구성, TV 중계권 개별 협상' 등의 기존 제안을 고집함으로써 협상은 타협의 실마리를 찾지 못했다. 곧 어떻게 해서든 공동 개최의 의미를 살리려는 북한과 그러한 의미를 두지 않으려는 남한의 전략이 팽팽하게 맞선 결과 회담은 결렬될 수밖에 없었다.

42) 당시 IOC의 실사 보고서에 따르면 '3개의 다른 축구장과 12개의 실내체육관, 1개의 수영장을 지었고, 올림픽촌은 2만 평으로 조성됐고, 4개의 방과 2개의 침대로 구성된 아파트는 12~16만 명을 수용할 수 있는 규모'라고 기술되어 있다. 당시 건설되었던 운동장이 현재 평양의 능라도경기장으로, 규모 면에서 99개의 출입문과 관중 11만 명을 수용할 수 있는 세계적 규모의 경기장으로 알려져 있다.

1989년 7월의 세계청년학생제전[43]에 쓰였다), 북한이 협상에서 보였던 벼랑 끝 전술brinkmanship[44]은 한국과 IOC 측에 불신감을 안겨 주었을 뿐이다. 1960년대 남북회담과는 구도가 완전히 역전된 셈인데, 이것은 북한과 한국의 입장이 뒤바뀌었다는 사실을 의미한다.[45]

다음 해인 1988년 1월 4일에 소련이 서울올림픽에 참가한다고 발표했다. 이어서 11일에는 소련 체육상 겸 NOC 위원장 마랏 그라모프Marat Gramov가 북한이 불참하더라도 올림픽 참가 결정에는 변함이 없으나, 다만 남북 공동개최를 실현하는 일에는 힘을 쏟겠다는 의사를 밝혔다. 이튿날 북한 NOC는 현 상황에서는 서울올림픽에 참

---

43) 북한은 1985년 7월에 소련에서 열렸던 제12차 세계청년학생축전에서, 1989년의 제13차 세계청년학생축전을 평양에 유치하는 데에 성공했다. 올림픽 분산개최가 무산된 이후 1989년 7월에 평양에서는 '반제 자주와 반전 평화'를 구호로 내건 제13차 세계청년학생축전이 개최되었고, 남한의 전국대학생대표자협의회(약칭 전대협)의 대표로 대학생 임수경林秀卿이 밀입북해 축전에 참가함으로써 당시 남북한 사회에 큰 파장을 일으켰다.

44) 북한이 대회 협상에서 흔히 취하는 전술로, 협상을 막다른 상황으로 몰고 가서 초강수를 두는 일종의 배수진 전술이다. 참고로 IOC가 올림픽 참가국에게 초청장을 발송하는 시한이 9월 17일이므로, 협상은 아무리 늦어도 8월 말까지는 매듭을 지어야만 했던 것이다.

45) 1958년부터 일관되게 남북 단일팀 구성을 주장해 오던 북한의 태도는 일반적으로 1991년 이후부터 소극적으로 바뀌었던 것으로 알려져 있다. 그러한 변화의 가장 큰 원인은 무엇보다도 체제 유지에 급급했던 북한이 UN 남북한 동시 가입을 이루는 등 국제사회에서 국가성을 인정받게 되자 향후 독자적인 길을 가겠다는 의지가 대외 정책과 자세에 반영되었던 것으로 보인다. 반면에 소련과 동구권 사회주의의 몰락을 보면서 이후 북한과의 체제 대결에서 자신감을 얻게 되었던 남한은 도리어 기존의 소극적 자세에서 적극적 태세로 바뀌고 있다고 볼 수 있다.

가할 수 없다고 밝히는 한편 남북연석회의를 열어서 남북공동개최 문제에 대한 협의를 계속하자고 요구했다.

1월 14일에는 중국이 IOC에 올림픽 참가를 통보했고, '올림픽헌장에 따라 대회에 참가하며, 중국과 외국 선수 간의 우정을 강화하고 스포츠를 발전시키겠다'라는 명분을 참가 이유로 내세웠다. 중국이 규칙 준수를 그처럼 전면에 내세웠던 이유는 향후 베이징 아시안게임의 개최, 더 나아가 올림픽 유치라는 앞일까지도 내다보았기 때문이다. 다음 날, 1987년 11월에 일어났던 대한항공기 폭파사건의 실행범이 북한 공작원이라는 사실[일본인 이름을 사용했다]과, 그 목적이 서울올림픽을 방해하기 위한 것이라는 조사 결과를 수사당국이 발표했다.[46] 1월 17일에 IOC는 서울올림픽 참가 신청을 마감했고, 사상 최대인 161개국 및 지역이 올림픽 참가를 통보해 왔다고 발표했다.[47]

---

46) '대한항공 858편 폭파 사건' 또는 '대한항공기 폭파 사건'으로 불렸던 이 사건으로 인해, 이라크 바그다드에서 출발해 아부다비·방콕을 경유해 한국으로 오던 KAL 여객기가 인도양 상공에서 공중 폭파되어 승객 115명과 승무원 전원이 사망했다. 사건을 조사한 수사 당국은 북한의 대남 공작 조직이 파견했던 공작원 김현희金賢姬[일본명 하치야 마유미蜂谷眞由美] 등에 의한 테러 사건으로 규정했는데, 이 사건은 북한이 남한을 상대로 일으켰던 마지막 항공 테러이다.

47) IOC에 가맹한 167개 NOC 가운데, 1월 12일에 불참 성명을 발표한 북한을 비롯해 쿠바·에티오피아·니카라과·알바니아·세이셸Seychelles[아프리카 인도양에 위치한 섬나라] 6개국 NOC가 최종 불참을 통보해 왔다.

그동안 국제탁구연맹ITTF 회장 오기무라 이치로荻村伊智朗[48]는 북한에서 설득 작업을 계속 이어갔지만,[49] 북한 NOC 김유순金有順 위원장은 '2월 19일에 예비회의를 제안했던 남북연석회담 외에는 달리 돌파구가 없다, 문제는 스포츠 관계자의 재량의 범위를 넘어섰다'라고 토로했다고 한다. 그러나 한국 측은 끝내 남북연석회의 요청에는 응하지 않았다.[50]

오기무라 회장은 또한 5월에도 일본 니가타新潟에서 열렸던 아시아탁구선수권대회에 북한을 참가시키기 위해 동분서주했다. 당초 북한 선수단 입국을 달가워하지 않던 일본 정부도 스포츠 대회 참가로 제한하는 조건하

48) 1932~1994. 일본의 탁구선수·체육 지도자. 일본을 대표하는 탁구선수 출신으로 1987~1994년의 기간에 일본탁구협회 부회장, 일본 JOC 국제위원장, 그리고 아시아인으로서는 최초로 국제탁구연맹 회장을 역임했다. 일찍이 1970년대 초기 '핑퐁외교'의 숨은 조력자로 훗날 미중 관계 개선에도 기여한 바 있으며, 1991년에 개최된 지바 세계선수권대회에는 남북한 단일팀을 결성·출전시키는 데 지대한 공헌을 했다. 분단 이후 최초로 남북한 단일팀으로 출전했던 선수단은 국기와 국가 대신에 '통일기'와 '아리랑'을 사용했으며, 여자단체전에서는 우승을 차지하기도 했다. 그는 해당 대회와 관련해 남북 간의 합의를 이끌어 내기 위해, '스포츠에 요구되는 것은 정치로부터의 독립이다'라는 자신의 신념을 고집하면서 한국을 20회, 북한을 15차례나 방문했던 것으로 알려져 있다.
49) 기록에 따르면 오기무라 이치로 회장은 1987년 6월 중순 북한을 방문하고 와서, 북한의 IOC와의 회담 준비 상황 및 경기장 건설 등에 대해 IOC에 보고하고 있다.
50) 로잔 4차 회담 이후 북한은 계속 남한 측에게 남북공동회담(연석회의)의 개최를 요청했으나, 남한 정부와 KOC는 소극적으로 대응하며 회담 자체를 거부했다. 그 때문에 북한은 1987년 12월 16일의13대 대통령 선거가 끝난 후에 새로운 정부와 회담을 재개하겠다는 내부적 판단하에 공식적으로 협상 연기를 선언했고, 올림픽이 임박한 1988년 6월까지도 올림픽 공동주최를 주장하며 남한에게 회담에 응할 것을 요구하는 등, 끝까지 서울올림픽에 참가할 여지를 남겨 두려고 애썼다.

에, '대한항공기 폭파사건'으로 인한 제재 조치의 '범위 밖' 자격으로 특별 입국을 허가해 주었다. 하지만 북한 선수단은 우익 세력의 방해 행위, 조총련 등이 준비한 환영회 참석을 일본 정부가 문제 삼았다는 등의 이유를 들어서 돌연 대회를 포기하고 도중에 귀국해 버렸다. 오기무라 회장은 서울올림픽에 처음 정식 종목으로 채택된 탁구 경기만이라도 북한이 참가해 주기를 기대했으나, 북한 측은 남북공동개최가 아니면 참가하지 않겠다는 주장을 되풀이했다. 5월 24일에 김일성 주석은 모잠비크공화국 대통령과의 회담에서 서울올림픽에 불참하겠다는 의사를 밝혔다. (오기무라 회장이 추진했던) 핑퐁외교는 물거품이 되고 말았다.

북한에 대한 올림픽 참가 요청은 올림픽 직전까지 계속되었고,[51] 서울에서는 올림픽 남북공동개최를 요구하는 대학생 시위가 벌어졌으나, 9월 3일에 북한 NOC는 다시 한 번 올림픽에 불참하겠다는 성명을 발표했다.[52] 주목할 점은 북한 NOC가 올림픽 이념을 지키는 한편 그

---

51) 7월 18일에 한국 국회는 '서울올림픽대회 북한참가촉구결의안'을 의결해 북한으로 보냈다.

52) 최종적으로 9월 3일에 북한 NOC는 성명을 통해 '서울에서 단독 강행되는 올림픽 경기에 절대로 참가하지 않을 것이다'라고 불참 의사를 밝혔다.

이념의 건전한 발전에 기여하겠다고 강조함으로써, 올림픽 자체를 방해할 의도가 없다는 점을 명백히 밝혔다는 사실이다.

1980년 모스크바올림픽, 1984년 로스앤젤레스올림픽에서 잇달아 대규모 보이콧 사태가 일어나서 올림픽 운동이 위기에 처했던 가운데, 공산권 국가들의 보이콧을 피했던 점은 한국이 쟁취한 최대의 성과였다. 북한은 비록 참가하지 않았으나 한국은 아시아와 세계의 분단을 극복하는 데 성공했던 것이다.

올림픽 직전에 이루어진 민주화[53]와 서로 맞물리면서 한국의 국제적 이미지는 크게 개선되었다. 올림픽의 성공적 개최에 힘입어 한국은 스포츠 강국의 대열에 들어섰을 뿐만 아니라 공산권 국가와의 관계 개선을 이루는

---

53) 서울올림픽의 유치·개최는 당시 정치적으로 혼란스런 한국 사회에 있어서 양날의 검이었다. 올림픽이 가져온 개방화·민주화 사회 분위기는 시민사회가 권위주의 정권의 통치를 비판하는 근거를 마련해 주었다. 1988년 올림픽을 앞두고 정치적으로는 민주화와 관련된 중요한 진전들이 있었다. 전두환 정권에 의해 1983년 말부터 단행된 학원자율화 등 일련의 '유화 조치'에 힘입어 시민사회는 1987년에 이르러 민주화를 요구하며 권위주의 정권에 거세게 도전하기 시작했다. 그에 대응키 위해 전두환 정권은 내각제 개헌을 제안했다가 실패하고, 뒤이어 4·13호헌 조치를 통해 정권의 안정을 도모했다. 그러나 4·13호헌 조치 반대로 시작된, 시민사회의 6월 민주화 항쟁이 대규모로 또한 전국적으로 진행되었고, 그 결과 여당 대통령 후보 노태우의 대통령 직선제 개헌 수용, 곧 6·29선언으로 사태는 일단락되었다. 이윽고 10월 국회의 직선제 개헌과 10월 29일에 실시된 국민투표로 확정된 이른바 '87헌법'에 근거해 12월 16일에 제13대 대통령 선거를 치르게 되었다.

데 성공하면서[54] 국제적 위상이 비약적으로 상승했다.

한편 서울올림픽은 북한의 고립을 심화시켰고, 동아시아의 평화와 안정을 위협하는 커다란 장애 요인을 형성하게 되었다. 1990년대 이후로 북한을 어떻게 끌어안느냐가 동아시아 스포츠계의 공통 과제로 등장했다.

---

54) 서울올림픽 이후 노태우 정부는 이른바 '북방정책'을 통해 한국 외교를 변모시켰으며, 그 결과 한국의 대對공산권 외교는 새로운 전기를 맞았다. 1988년 헝가리, 1990년 소련, 1992년 중국·몽골·베트남 등과 잇달아 수교하는 데 성공했다. 주요 공산권 국가와 제3세계 국가를 포함해 1992년에만 총 18개국과 새로 외교 관계를 맺었다.

3. '아시아 중시' 노선의 마찰

서구 지향 노선의 대가 —— AGF와 일본

1978년 12월 방콕에서 열린 아시안게임연맹AGF 총회에서, AGF를 '아시아스포츠최고평의회'으로 개편하는 방안이 제출되었다. [55] 그때까지 AGF는 아시안게임의 개최를 유일한 목적으로 삼았고, 본부도 차기 아시안게임 개최국이 맡았던 탓에, '재정적 연속성도 없고 업무 자체도 항상 제로 상태에서 다시 시작하는 불안정한 상태가 계속 이어져 왔다.' 특히 1970년·1978년 2차례에 걸쳐, 본래의 개최국 대신 아시안게임을 떠맡았던 태국에게 아시안게임을 새로 개편하는 일은 매우 절실한 과제였다. '아시아스포츠최고평의회'는 상설 본부를 설치해 사업의 연속성을 확보할 뿐 아니라, 아시아의 단결을 공고히 하고, 아시아 지역 스포츠 발전을 도모하는 일도 목적으로 내세웠다. 한편으로 AGF의 개편은 이스라엘을 배제하

---

55) 아시아올림픽평의회OCA는 1949년에 창설된 아시아경기연맹AGF을 발전적으로 해체하고서 1982년에 창설되었다. 1978년의 AGF 총회에서 새로운 상설 아시아스포츠기구를 창설하는 안이 제안되어 아시아스포츠최고평의회SSCA라는 새 기구가 만들어졌고, 1981년 11월 뉴델리 AGF 평의회에서 OCA 설립을 결정하면서, OCA 헌장을 정식으로 채택·승인했다. 이어 1982년 11월 인도 뉴델리 아시안게임 대회 기간 중 열린 AGF 총회에서 AGF를 발전적으로 해체해 OCA로 변경하는 안을 확정짓게 되었다. 동년 11월 16일에 개최된 제1회 OCA 총회에서 정식 설립된 OCA는 아시아의 스포츠를 총괄하는 기구로, 아시안게임의 개최는 물론 더 나아가 아시아 지역 스포츠 전반에 걸친 발전을 도모키 위한 아시아 최고의 스포츠 기구로 자리매김하게 되었다. 현재 OCA에는 아시아 지역의 45개국 NOC가 가입되어 있다.

려는 정치적 목적도 지니고 있었다.[56) 거기에는 막대한 자금 지원을 통해 아시안게임을 구했던 아랍 국가들의 의향이 강하게 작용했으며, 바로 그러한 이유 때문에 '스포츠와 정치의 분리'를 주장·실행해 왔던 일본으로서는 쉽사리 동조할 수가 없었다. 마치 1976년 몬트리올올림픽에서 아프리카 국가의 집단 보이콧을 주도했던 아프리카스포츠최고평의회SCSA의 전철[57)을 밟지나 않을까 하고 일본은 경계했던 것이다.

JOC는 부랴부랴 'AGF 대책검토위원회'를 설치해 대응책을 마련하고, 이어서 '아시아스포츠기구' 안을 제출했다. '스포츠에 대한 정치 개입을 막기' 위해 아시아 각국 NOC의 집단 조직이라는 형식을 취하고, 아시안게임을 운영하는 '아시안게임위원회', 아시아 전체의 경기력 향상과 기술 교류를 위한 아시아·스포츠 솔리다리티 위원회를 설치해, IOC와 노선 협조가 이루어지도록 한다는

---

56) 이스라엘은 결국 1981년에 OCA에서 제명되었으며, 현재는 유럽올림픽위원회(EOC, European Olympic Committees)의 회원국이 되었다.

57) 1976년 몬트리올올림픽에 즈음해, 아프리카스포츠최고평의회SCSA는 뉴질랜드 럭비팀이 남아프리카공화국에 원정 경기를 나섰던 일에 항의해서 아프리카 국가들이 올림픽을 보이콧할 것을 결의했다. 킬라닌 IOC 위원장이 나서서 럭비는 올림픽과 관계없는 종목(럭비는 2016년 브라질 리우데자네이루올림픽 때부터 정식 종목으로 채택)이라고 설득했으나 실패했고, 이미 현지에 도착해 있던 선수단을 포함해 아프리카 23개국이 대회 불참을 단행했다. 그로 인해 몬트리올올림픽의 참가국은 12년 전 도쿄올림픽의 93개국보다도 적은 92개국으로 줄어들고 말았다.

것이 골자였다. 올림픽 제일주의를 추구하면서 당시까지 아시안게임을 경시해 왔던 일본은 지난번 아시안게임[58]에서 '탈아입구주의脫亞入歐主義[59] 에고이스트'라는 비난을 받고 있었다. JOC는 조직 개편 자체에는 반대하지 않고 아시아에 다가서는 자세를 보이면서, 개편된 새 조직이 IOC에서도 받아들여질 수 있게끔 하려고 했던 것이다. 그러나 AGF의 개편은 아시아의 정치적 영향력을 높이고, 이스라엘 배제를 인정치 않는 IOC 및 IF에 대항코자 하는 것이 주 목적의 하나였다. 일본의 개편안으로 인해 일본은 자신들이 여전히 아시아를 이해하지 못한다는 사실을 백일하에 드러낸 셈이 되고 말았다.

돌아온 '아시아의 외톨이'

그래도 일본은 점차 깊숙이 아시아에 관여하며 아시아에서 고립되는 상황을 피하려고 했다. 인도가 재정난으

---

58) 1978년 제8회 방콕 아시안게임을 가리킨다.
59) '탈아입구'는 일본 근대화를 주도했던 후쿠자와 유키치가 내세웠던 구호로 '(후진적) 아시아를 벗어나 (선진적) 서구에 들어가자'는 뜻이다. 여기서는 일본 스포츠계의 아시아 경시 풍조를 비꼰 말이다.

로 1982년 제9회 아시안게임 개최 반납 의사를 내비쳤을 때, 일본에서는 간토關東 지역 몇몇 도시에서 아시안게임을 떠맡으려는 움직임이 있었다. 제8회 아시안게임의 위기를 외면했던 탓에 아시아 스포츠계의 신뢰를 상실했던 뼈아픈 경험을 통해, 더욱이 히로시마시가 제11회 아시안게임 유치를 추진해 왔던 까닭에 JOC는 'AGF로부터 요청이 있으면 받아들이는 것이 당연하다'라고 생각했다. 간토 여러 지역에서의 분산개최는, 마찬가지로 여러 지역에서 올림픽을 개최·운영하려던 나고야 올림픽의 사전 예행연습과도 같은 의미가 있었던 것이다.

아시아로 시선을 돌린 것은 스포츠계뿐만이 아니었다. 1977년 후쿠다 다케오 총리는 이른바 '후쿠다 독트린'을 발표하고, 동남아시아 국가와 '마음과 마음이 서로 통하는 상호 신뢰 관계'를 쌓자는 결의를 표명했다. 이듬해 말에는 오히라 마사요시 정권이 '환태평양 연대 구상'[60]을 내놓았다. 그러한 움직임과 병행하여 일본의 오디에

---

60) 태평양 지역 국가들 간에 경제·문화·기술 방면에서의 협력 구상으로, 1979년 오히라 총리가 '환태평양 연대 구상'을 제창한 이래 국제적 관심이 높아져 갔고, 그 구체적 실현으로 1980년에는 '태평양경제협력회의(PECC, Pacific Economic Cooperation Council)'가 개최되었다. 1989년부터 매년 개최되기 시작한 '아시아태평양경제협력체 APEC'도 따지고 보면 그러한 구상의 연장선상에서 설립된 것이다.

이ODA〔정부 개발 원조〕[61]가 급증함으로써 아시아 경제 발전을 촉진시켰다. 1981년 JOC의 솔리다리티 사업에 처음으로 국고 지원〔1,378만 엔〕이 이루어졌고, JOC의 솔리다리티 예산 규모는 2억 엔이 되었다. JOC는 그러한 예산을 스포츠 지도자 연수 및 아시아 국가들에 대한 배구 지도 사업에 활용했다. 1976년 이후로 중단되었던 한일주니어교류대회가 1981년에 부활했고, 이듬해에는 일중주니어교류대회도 시작되었다.[62]

1981년 바덴바덴 IOC 총회 당시 올림픽 유치전에서 나고야가 서울에 참패했을 때, 아시아 국가들의 표를 거의 얻지 못했던 사실은 JOC에게 맹렬한 반성을 촉구하는 계기가 되었다. JOC 위원장 시바타 가쓰지는 '아시아에서 일본은 뭐랄까, 크게 지원도 하지 않으면서 금메달만 몽땅 따 가지고 돌아가는, 저들은 아시아인처럼 생긴 서양인이라고, 뭐 그런 취급을 당하고 있는 것은 아닌가'라고 토로한 뒤에, 일본이 아시아에서 고립된 현 상황에

---

61) 개발도상국 또는 개발도상국을 위한 국제기구에 대해 선진국 정부에서 자금·기술을 원조하는 것.
62) 1993년부터는 한중일 주니어 종합경기대회로 개편되어, 한중일 3나라를 돌아가며 개최되고 있다. 참가 선수는 한중일 및 개최지 선발의 4개 선수단으로 구성되고, 고교생 대회에서는 보기 드물게 11종목의 복수 경기를 운영하는 국제 대회로 알려져 있다. 한국에서는 2018년 전라남도 여수에서 제26회 대회, 2021년 제주도에서 제29회 대회가 각각 개최되었던 적이 있다. 이 대회와 더불어 2023년부터 '한중일 주니어 동계 스포츠 교류'도 개최되고 있다.

대해 '이미 너무 늦었을지 모르지만 성심성의껏 노력하는 수밖에 없다. 아시아로 눈을 돌리는 정책 방향 설정을 JOC 개혁의 큰 기둥으로 삼고자 한다'라며 아시아를 중시하는 정책 노선을 내세웠다.

그와 같은 위기감의 기원은 1960년대로 거슬러 올라간다. 고도 경제성장을 이룩했던 일본은 1964년 도쿄올림픽을 성공시켰다. 그런 일본에게 있어 제4회 아시안게임이나 가네포GANEFO로 정치화하는 아시아 스포츠계는 애물단지 같은 존재였다. 반면 반제국주의·반식민주의의 기치 아래에서 단결하는 아시아에 있어 일본은 아시아의 동료인 동시에 제국주의라는 적수이기도 한 존재였다. 1980년대에 들어서 아랍 국가들이 아시아 스포츠계의 주도권을 장악하고 중국이 경기력에서 일본을 앞지르게 되자, '아시아의 외톨이'였던 일본은 비로소 아시아와 진지하게 맞대면하겠다고 결심했다.

1982년 1월 JOC 총회에서 시바타 위원장은 '아시아 각지로 날아가 일본의 생각을 전하고, 협력을 요청할 소위원회를 만들고자 한다'고 제안했다. 올림픽 유치에서 서울이 보여 줬던 기동력을 배우려고 했던 것이다. 그 결과로 아시아에서 일본이 처한 입장을 토의하기 위한 전문위원회를 설치하기로 결정했다. 또한 동계 경기단체로 부터 동계 아시안게임을 창설하자는 안이 제시되어, '아시아와의 관계 개선을 위해서도 JOC 사업으로 적극적으로 추진해 줬으면 좋겠다'는 요청이 있었다.

1982년 2월 아시아대책위원회[임시 조직]의 첫 회합이 열렸다. 위원장은 JOC 상임위원 안자이 미노루, 위원으로는 중국과 관계가 깊었던 탁구계 오기무라 이치로, 북한과의 교류를 추진하던 JOC 위원 야마구치 히사타 등이 선정되었다.

무지와 고립의 종착지 —— OCA 본부 유치 실패

아시아대책위원회가 직면한 최우선 과제는 아시아올림픽평의회OCA[1981년 11월의 AGF 평의회에서 정식 명칭이 결정되었다] 상설 본부를 일본 도쿄에 유치하는 일이었다. 이는 아시아 중시 노선을 표방하는 JOC의 간판 사업으로 불릴 만했으며, JOC 관계자는 '경제적·정치적 안정성의 측면에서도 일본이 최적격이며, 각국도 그렇게 기대하고 있음이 분명하다.'[JOC 간부]·'상설 본부를 두는 일과 관련해 일본만큼 최적인 장소가 없고, 각국이 지지해 주리라고 믿고 있다'〔오카노 슌이치로岡野俊一郎 JOC 총무부장〕라며 매우 자신감에 차 있었다.

최대 문제는 1~2억 엔으로 예상되는 경비였다. JASA는 1982년도에 이미 재원이 1억5천만 엔 부족한 상태였던 터라, 문부성의 지원을 업고서 외무성·대장성에 협력을 요청했다. 아시아 각국에 진출한 기업 및 스포츠 행사에 억 단위의 협찬금을 내는 기업의 출연出捐에도 기대를 걸었다.

경쟁자는 쿠웨이트였다. 쿠웨이트 NOC 위원장이자 IOC 위원인 셰이크 파하드 알 사바Sheikh Fahad Al-Sabah는 'OCA 평의회 회장직과 상설 본부는 제발 쿠웨이트로 부탁합니다'라며 각국에 호소했다. 쿠웨이트의 최대 무기는 오일 머니였다. 파하드는 OCA에 매년 10만 달러의 경비를 지원하겠다고 약속했다〔결국 이행하지는 않았다〕. 회장 선거의 무대가 되었던 뉴델리 아시안게임〔1982년 제9회 대회〕에는 600만 달러라고 알려진 비용을 지원했다. 게다가 아랍 국가들은 AGF 전체 회원국의 약 3분의 1을 차지했고, 각국은 강하게 결속했다. 동아시아는 6개국으로 수적으로는 아랍의 절반도 되지 않았고, 내부에서 서로

도판25. 1982년 11월 OCA 설립 총회, 홍콩의 살레스Sales가 발언하고 있다(『제9회 아시안게임 보고서』, 89쪽)

대립했던 정황은 누차 보았던 바와 같았다.

　일본 관계자는 일본이 스포츠의 수준과 보급률, 또한 정치적 공정성 측면에서 쿠웨이트보다 우세하다고 여겼지만, 파하드의 말을 빌리면 일본이 입후보했다는 사실 자체가 놀랄 만한 일이라는 것이다. 그럴 만도 한 것이 '일본은 4년 전 OCA의 발족이 결정되었을 때부터 최근까지 이 새로운 조직에 반대해 왔거니와, 지금껏 아시아에는 별로 눈길도 주지 않았기 때문이다. 나고야가 1988년 하계올림픽 유치에서 서울에 대패했던 이유도 그 때문이다.' 파하드가 보인 반응이야말로 대다수 아시아 국가들의 심정을 대변하는 것이었다.

　JOC 수뇌부가 그런 분위기를 깨달은 것은 OCA 상설 본부를 결정하는 설립 총회[1982년 11월]에 참석키 위해 인도 뉴델리에 도착하면서부터였다. 일본을 적극적으로 지지하는 나라는 하나도 없었다. JOC 시바타 위원장은 원래 투표가 아닌 대화로 결말을 지을 작정이었는데, 그와 같은 상황을 보고서는 나고야 참패의 전철을 밟지 않기 위해서라도 유치를 포기해야만 했다. JOC 관계자 중에는 '쿠웨이트라니, 전화 회선도 변변히 없을 텐데. 업무 능력을 갖춘 인력이 정말 있기나 할까'라고 말한 사람도 있었다지만, 그 같은 언행이야말로 일본이 아시아에서 외톨이가 되었던 원인이었다. '상설 본부 유치는 「아시아 중시」를 내세웠던 일본 스포츠계에 있어, 향후 계획에 중요한 행보가 될 터였다. 그러나 이제껏 너무나도 아시아에 눈길을 주지 않았던 대가를 일본은 다시금 치르게 되었다. 잔재주를 피울 일이 아니라 근본적으로 아시아 문제에 대처해야 할 필요성을 새삼 절감하게 된다.'
—— 아사히신문은 이렇게 총평했다.

'2대회 연동 결정안'의 강행 —— 히로시마 아시안게임 유치

히로시마는 1980년부터 제11회 아시안게임〔1990년〕 유치에 나섰는데, 1983년 8월이 되자 베이징이 개최지 입후보 의사를 표명했다. JOC 자체도 1986년 서울 아시안게임, 1988년 서울올림픽에 이어서 (1990년에) 베이징에서 아시안게임을 여는 것이 아시아 스포츠를 크게 발전시키리라는 사실을 충분히 인식하고 있었다. 또한 후쿠오카시가 아시안게임,[63] 나고야시가 올림픽 유치에 실패했던 탓에, '대아시아 관계에서 실패를 더 이상 되풀이해서는 안 된다'는 의견도 만만치 않았다.

중국은 1983년 9월 상하이에서 개최되었던 제5회 전국체육대회에 IOC의 후안 안토니오 사마란치Juan Antonio Samaranch 위원장, 아쉬위니 쿠마르Ashwini Kumar 부위원장, 국제축구연맹 아벨란제 회장 등 다수의 스포츠계 유력 인사들을 초청하는 등 활발한 대회 유치 활동을 전개, 사마란치 위원장에게서 '베이징이 유력하고, (여타 후보 도시보다) 더욱 적합하다'는 발언을 이끌어 냈다.

같은 시기에 일본은 OCA의 운영에서도 불리한 상황

---

63) 후쿠오카시는 1972년에 1978년 아시안게임〔제8회 방콕 아시안게임〕 유치에 나섰으나 실패했다.

에 처해 있었다. 1982년 11월의 OCA 설립 총회에서 쿠웨이트의 파하드가 회장으로, 4개 지역[64]으로부터 각각 1명이 부회장으로 선출되었다. 동아시아에서는 중국의 허전량이 부회장으로 선출되었다. 1983년 9월에 들어서 OCA는 부회장을 1명 더 늘리고, 회장·부회장으로 구성되는 간부회와 총회에서 조직을 이끌어 가도록 결의했다. AGF 시절에는 실질적 심의기관으로 집행위원회가 설치되었고, 일본에서는 시바타 가쓰지가 위원으로 들어가 있었다. OCA의 새로운 운영 방식에 따르자면, 일본은 총회에서만 발언할 기회가 있고, 투표권도 '개도국과 동일하게 1표씩'이고, 일본이 파하드 회장의 독주에 제동을 걸 요량으로 중시했던 사무총장과 명예 회계honorary treasurer[65] 직책도 단순 사무직으로 변질되고 말았다. 그런 상황에 놓인 일본은 아시아의 맹주는커녕 단순한 평회원일 뿐이었다. '결국은 아랍에 주도권을 빼앗겼다는 말인가'라는 JOC 원로의 말은 사태의 심각성을 잘 보여주고 있었다.

---

64) 동아시아·남아시아·동남아시아·중앙아시아의 4지역을 가리킨다. 나머지 한 곳은 파하드 회장이 속한 서아시아 지역이다.
65) 명예 회계는 주로 스포츠 경기단체 등에서 볼 수 있는 명예 임원의 직책 중 하나로, 명칭 그대로 회계 담당의 직명이다. 그러나 명목상의 직명에 그치지 않고 재무 이외에도 각종 경기대회 시찰을 통해 의사 결정에도 관여하는 직책으로 알려져 있다.

다행히 아랍의 독주에 대한 경계심을, 인도·인도네시아·파키스탄·싱가포르 등도 공유함으로써 서로 힘을 합쳐 간부회 안에 수정을 가했다. 그 결과 동·하계 아시안게임 개최국 대표를 부회장으로 추가하고, 최종 의결권을 간부회에서 총회로 옮기는 선에서 매듭지었다. 이제부터 이야기하듯이, 1994년 히로시마에서 아시안게임을 유치·개최하게 됨으로써 일본은 간부회의 구성원이 될 수 있었다.

1990년 개최될 아시안게임 유치전에서는 베이징·히로시마가 다퉜지만, 히로시마에게는 불리한 상황이었다. 베이징의 유일한 약점은 국교가 없던 한국·타이완에게 입국 허가를 내줄지의 여부가 불투명한 것이었는데, 1984년 2월 데이비스컵 아시아·오세아니아 지역 준준결승전을 계기로 한중 간 스포츠 교류가 시작됨으로써 장애물은 제거되었다(제2절). 그와 같은 상황을 감안해서 히로시마아시안게임유치위원회는 6월 파하드 회장 등 OCA 실사단이 히로시마를 방문했을 때, 베이징·히로시마를 한데 묶는 방안(제11회 대회 베이징, 제12회 대회 히로시마)을 제안했으나 파하드 회장은 찬성하지 않았다. 그 후에 자까르따가 1994년 아시안게임 개최지에 입후보하면서 히로시마 쪽에는 암운이 드리웠다. 오카노 슌이치로 JOC 총무부장에 따르면 두 대회를 한데 묶자는 제안은 시바타 위원장의 아이디어였는데, 오카노가 쿠웨이트로 가서 파하드 회장에게 이해를 구했고, 베이징에서 중국 측의 협력 약속을 받고서 OCA 총회에 임했다고 한다.

1984년 9월 OCA 총회에서 '2대회 연동 결정안'이 제출 되자 인도네시아가 제일 먼저 반대했고, 인도·싱가포르 도 OCA 헌장 위반이라고 주장하며 인도네시아에 동조 했다. 파하드는 회장 권한으로 토의를 중단시키고, '2대 회 연동 결정안'에 대한 찬반 투표를 실시, 찬성 43표, 반 대 22표, 기권 2표로 가결·통과시켰다. 파하드가 '2대회 연동 결정안'에 동의했던 까닭은, 대회 반납이 계속됨으 로써 '거의 난장판이 되어 버린 아시안게임을 재건하려 면 잘사는 나라에서 개최하는 것이 가장 바람직하다. 한 중일의 경제력·조직력 어느 것을 보아도 대회 운영에는 우선 지장이 없다'고 생각했기 때문이다. 그렇다고는 해 도 반대가 22표나 나온 것은 예상치 못한 일로, 당시 집 행부의 강제적인 방식에 불만이 확산되고 있음을 보여 준 것이라 하겠다. 또한 일본과 중국이 대회 유치와 관련 해 파하드 회장에게 빚을 짐으로써, 그가 이후에 장기간

회장직을 유지하도록 만든 하나의 요인이 되었던 것이다.[66]

동계 아시안게임의 창설

아시아 중시 노선으로 전환했던 JOC가 힘을 쏟은 또 하나의 사업은 동계 아시안게임의 개최였다. 동계 아시안게임 구상은 1982년 1월의 JOC 총회에서 제안되었다. 허전량에 따르면, 일본은 이따금 한중일 스포츠 대회를 제안해 왔지만, 중국 측은 북한과의 관계 때문에 한국과의 교류에 신중을 기할 수밖에 없었고, 북한을 포함한 다국 간 교류 형식을 원했다는 것이다.

1982년 11월 OCA 총회에서 일본은 동계 동아시아경기대회의 개최를 제안했다. 참가국은 한중일에 북한·몽골(후에 홍콩도 추가된다)을 상정했다. 12월에는 JASA 야마구치 히사타 이사가 북한·중국을 방문, 동계 동아시아경기대회에 참가해 줄 것을 요청했다. 북한은 '어떤 스포츠 경기에도 남조선과는 함께 참가할 수 없다'는 원칙론을

---

66) 파하드 회장은 1982~1991년 동안 회장직을 유지했다.

폈지만, 준비 회의 참석은 수락했다.

1983년 1월 JOC는 상임위원회를 열고서, '동아시아 동계 경기의 경기력 향상과 친목'을 목적으로 동계 동아시아게임을 개최할 것을 각국에 촉구하기로 했다. 4월 25일에 JOC의 요청에 따라 한국에서 KOC 정주영鄭周永[67] 위원장 등 3명, 중국에서 국가체육운동위원회 국제연락사國際連絡司 사장司長[68] 허전량 등 3명이 일본을 방문해 동계 동아시아 게임의 창설에 대해 논의했다. 북한은 '현재의 국제 정세 및 우리의 입장도 이해해 주기 바란다'며 회의 불참을 통보했다. 국교가 없던 한국과 중국이 함께 맞대면하는 '이례적인 삼국 회의'가 되리라는 기대감을 모았으나, 중국 측은 회의 전날 밤에 '한국과는 한 테이블에 앉지 않는다는 것이 중국의 원칙. 현 상황에서는 이 원칙을 바꿀 수 없다'는 입장을 밝혔다. 그 때문에 회의 당일에는 중일·한일의 개별 회담이 진행되었다. 허전량

---

67) 정주영은 1982~1984년 기간 동안 제27대 대한체육회장 겸 KOC 위원장으로 있었으며, 1988년 서울올림픽 유치위원장을 맡아 올림픽 유치를 성공으로 이끌기도 했다. 이후 1998년 이른바 '소떼 방북 사건'으로 남북한 교류의 물꼬를 튼 이래 금강산 관광 개발 등 남북 민간 교류에 많은 공적을 세운 것을 기념해서, 그의 사후인 2003년 10월에 평양에 '유경柳京 정주영체육관'이 개관되었다.

68) '사司'는 '국局'의 의미로 '사장司長'은 '국장'으로 볼 수 있다. 중국 스포츠의 국제 교류를 담당하는 부서의 이름이다. 국가체육운동위원회가 1998년에 국가체육총국으로 개편되고 나서는 '대외연락사對外連絡司[External Affairs Department]'로 이름이 바뀌었다. 주석 (3장 28)(321쪽) 참조.

은 '동아시아에 국한되지 않는, 아시아 전체의 동계 스포츠 대회로 발족하고 키워 나가야 한다'는 견해를 제시했다. 한국 측에서도 비슷한 제안을 내놓아 동계 아시안게임으로 설립 준비를 추진키로 결정했다. 분단이라는 난제를 안고 있던 한국과 중국은 차라리 동아시아라는 지역적 한정을 떼어 내는 편이 현실적이었던 것이다. 그렇기는 해도 당시 시점에서 동계올림픽에 참가했던 아시아 국가는 사실상 동아시아로 국한되어 있던 탓에 아시아로 하든 동아시아로 하든, 대회의 실질은 그다지 다를 것이 없었다.

한중일의 틀을 벗어나느냐의 관건은 북한의 참가 여부였다. 중국은 북한이 참가하기를 강력히 원했고, 일본도 '북한의 참가를 첫째 조건'으로 내세웠다. 북한의 참가에는 더욱 커다란 의미도 있었다.

"1986년 3월 삿포로에서 열렸던 제1회 동계 아시안게임도 이러한 관점에서 기획·실현되었던 '겨울 제전'이었다. '서울에서 올림픽을 개최하는 이상, 어떻게든 북측도 참가케 해서 민족 통일을 실현하겠다. 그러기 위해서는 나 자신이 언제든 북으로 발걸음을 하고, 38도선을 자유롭게 왕래하는 일을 내 손으로 해 보이겠다. 일본도 측면에서 도와주었으면 좋겠다.' 박종규朴鍾圭[69] IOC 위원에게서 협력을 요청받았던 것은 분명히 로스앤젤레스올림픽 이전이었다. 그래서 고 박종규 위원과 친했던 안자이 미노루 JOC 상임위원 등과 의논해 '북한 대표단을 공식적인 종합경기대회에 초청해서, 한국 대표단과의 자연스런 접촉을 통해 서울올림픽에 참가하는 분위기를 조성해 보자'는 방침을 굳혔고, 그때부터 동계 아시안게임을 구상하게 되었다."

(시바타 가쓰지 『신세기를 향하여』 64쪽)

아시안게임과 올림픽을 눈앞에 두었던 한국, 마찬가지로 아시안게임을 앞두었던 중국에게도 남북한의 화합과 한중 관계의 개선은 코앞에 닥친 지상 과제였다.

1984년 9월의 OCA 총회에서, 1986년 3월 일본 삿포로에서 동계 아시안게임을 열기로 정식 결정이 되었다. 같은 해 12월에 JOC는 북한 김일성 주석과의 회담을 위해

---

69) 박정희 정권 시절 대통령 경호실장을 지낸 박종규는 1970년 대한사격연맹 총재·아시아사격연맹 총재를 지냈고, 아시아경기단체총연맹 회장으로도 활약했다. 1979년 대한체육회장이 되어 올림픽 유치에 노력했고, 1984~1985년 기간 동안 IOC 위원을 지냈다.

평양으로 떠나는 사회당 위원장 이시바시 마사시石橋政嗣에게 동계 아시안게임 초대장을 북한 측에 전달해 줄 것을 부탁했다. 그때까지 북일 간 교류는 일조日朝스포츠교류협회[1972년 설립]가 담당했는데, 협회 회장인 야마구치 히사타가 1983년 병상에 눕는 바람에 교섭 창구가 단절된 상황이 계속되었기 때문이다.

1985년 2월 북한은 미야사마宮様 국제스키대회 International Miyasama Ski Games[삿포로][70]에 체육지도위원회[71] 동계 경기 담당부장 김세진金世鎭 등 5명의 대표단을 파견했고, 일본 스포츠 관계자와의 회담에서 동계 아시안게임에 참가를 확약하는 동시에 향후 양국 간 스포츠 교류가 발전하기를 희망했다. 같은 해 8월에 고베에서 열렸던 유니버시아드 대회에 북한이 15년 만에 선수단을 파견했던 일도 그러한 문맥으로 이해할 수 있을 것이다.[72]

---

70) 매년 3월 초에 삿포로에서 개최되는 국제스키연맹FIS 공인의 국제스키대회이다. '미야사마宮様'는 일본 황족을 높여 부르는 말로, 이 대회 우승자에게 일본 황족이 우승컵을 시상한다고 해서 붙여진 명칭이다.

71) 북한은 1954년 6월에 내각 직속 '체육지도위원회'를 조직했는데, 체육지도위원회는 국가기관 중에서 체육을 총괄해 담당하는 곳으로 이해할 수 있다. 내각의 체육지도위원회는 1997년 내각 체육성이라는 이름으로 개칭하여 체육성이 되었다가, 2000년 이후에 다시 체육지도위원회란 명칭을 쓰게 되었다. 북한에서는 일반적으로 내각 체육지도위원회 위원장이 NOC 위원장을 겸하는 것이 관례로, 북한의 NOC가 주로 맡는 사업은 올림픽에 선수단을 파견하거나, IOC 관련 행사에 참여하는 것이다.

72) 북한이 하계 유니버시아드에 최초로 참가했던 대회는 1983년 캐나다 에드먼턴

1986년 3월 동계 아시안게임에서는, 아이스하키 종목에서 분단 이후 최초로 남북한이 시합을 치렀다. 동계 아시안게임이 성공적으로 개최되는 것을 보고서, 북한은 1994년 제3회 동계 아시안게임을 삼지연三池淵[신의주]에서 개최하겠다고 신청했다. 아쉽게도 북한이 제3회 아시안게임을 개최하지는 않았지만, 동계 아시안게임 대회 자체는 규모를 늘리면서 현재에 이르고 있다. [73)]

Edmonton 대회로 선수 없이 3명의 대표가 참가했고, 이어서 2번째로 참가했던 1985년 일본 고베神戶 하계 유니버시아드 대회에는 138명의 선수단을 파견했다.

73) 1989년 5월 제8차 OCA 총회에서 제3회 대회[1994년]를 개최키로 했던 북한 삼지연三池淵이 1992년 8월에 대회 반납 의사를 밝혔다. 겉으로는 환경보호라는 이유를 내세웠으나, 김일성 사망 이후 이른바 고난의 행군이 시작되는 등, 북한을 둘러싼 대내외적 환경의 악화로 인해 대회 개최를 포기했던 것이다. 그러자 강원도가 대회 유치에 나서 1992년 11월 OCA 집행위원회에 신청서를 제출하고서, 함께 대회를 신청한 중국 하얼빈과 유치 경쟁을 벌였다. 그러나 표 대결까지 이르지는 않았고, 제3회 대회 개최권을 중국에 양보, 제4회 대회를 강원도가 유치했다. 하얼빈이 유치한 제3회 대회는 1996년 2월에 개최되었고, 강원도가 유치한 제4회 대회는 1999년 1월에 평창·춘천·강릉 등지에서 개최되었다. 현재 2025년의 제9회 대회, 2029년의 제10회 대회 개최가 예정되어 있다.

4. '두 개의 중국'의 귀결점

—— 베이징 아시안게임

'체면' 문제 —— 타이완의 저항

앞의 제2장 4절에서 자세히 보았듯이, 1970년대에 중
국이 국제 스포츠계 복귀를 위한 움직임을 강화하자 국
제 스포츠계는 중국과 타이완 사이에서 양자택일을 강
요받았다. 1979년 미중 국교 수립 등으로 유리한 입지를
확보한 중국이 타협적인 자세를 취했고, 그 결과 나고야
결의가 채택됨으로써 중국과 타이완을 동시에 포용하는
틀이 갖추어지게 되었다. 그러나 그것으로 타이완을 둘
러싼 문제가 말끔히 해결된 것은 아니었다. 정치 세계에
서도, 스포츠 세계에서도 위상이 점차 쇠락해 가던 타이
완은 태도가 더욱 강경해져서 중화민국이라는 국호·국
기·국가를 계속 고집했다.

1976년 7월의 몬트리올올림픽에서 캐나다 정부는 타
이완 선수가 '중화민국' 선수 자격으로 입국하는 것을 거
부했다. 앞서 보았듯이 그러한 문제를 둘러싸고 타이완
측은 완강하게 타협하기를 거부했다. 캐나다 정부는 다
음 해에도 여자소프트볼세계선수권대회에 출전하는 타
이완 선수의 입국을 거부, 일본이 대신 개최하기에 이르

렀다. 그런데 중일평화우호조약 체결[74]에 임박해 일본의 여느 지자체도 타이완이 참가하는 대회 유치에는 소극적인 자세여서, 마침내 대회를 떠맡을 지자체를 찾지 못하고서 대회를 반납할 수밖에 없었다(1978년 10월 엘살바도르El Salvador에서 개최).

1978년 10월 국제육상연맹IAAF이 중국 가입과 타이완 제명을 결정하자, 타이완은 이듬해 2월 영국 고등법원에 해당 처분을 취소해 달라고 제소했다. 뒤이어 1979년 1월 IOC의 우편투표에서 나고야 결의가 승인·채택되었고, 타이완 NOC의 국호·국기·국가에 대한 변경을 요구받자 타이완은 곧바로 로잔의 지방법원에 IOC를 제소했다. 그와 같은 막무가내식 행동이 국제 스포츠계에서 타이완의 이미지를 더욱 실추시켰음은 의심할 나위가 없었다. 언론인 데이비드 밀러는 '(타이완이) 다른 방면에서도 완고해 보였지만, 이런 특수한 문제에 관해서는 더더욱 불가사의할 정도로 자기 입장만을 고집했다'라며, "'체면이 깎인다"는 식의 동양적이고 복잡한 사고 따위는 나로서는 이해할 수가 없다'라고 털어놓았다.

그렇지만 타이완 내에서도 나고야 결의를 지지하는 사

---

74) 1978년 8월 12일에 중국 베이징에서 체결되었다.

도판26. 1966년 아시안게임을 끝낸 후에 장제스를 예방한 지정紀政(뒷줄 가운데) (『중화민국의 아마추어 스포츠Amateur Sport in the Republic of China』, 23쪽)

람들이 있었다. 육상경기협회 전무이사 지정紀政도 그중의 한 사람이다. 로마·도쿄·멕시코시티에서 각각 개최했던 올림픽에 'FORMOSA'·'TAIWAN' 선수로 출전했고, '중화민국'이라는 국명을 쟁취했던 뮌헨올림픽에서 선수단 기수를 맡았던 지정은 잠시 치욕을 견디더라도 올림픽에 머물러야 한다고 주장했다.

사마란치의 등장 —— 타이완의 IOC 복귀

1980년 2월 레이크플래시드에서 열린 IOC 총회는 '두 개의 중국'을 비롯한 정치 문제를 고려해서[그리고 아마도 임박했던 모스크바올림픽 보이콧 사태도 주시하면서], 올림픽에서 민족주의를 배제하는 방법을 모색했다. 올림픽헌장의 'nation'을 'country'로 통일하고, 국가·국기를 각각 '우승자 찬가'·'우승자 선수단의 깃발'로 변경했다. 또한 참가 자격이 '한 국가의 국민nationals'이었던 것을 '한 국가의 시민 혹은 국민'으로 고치고, '국가country'에 관련해서는 '하나의 국가country, 주권국가state, 또는 영토territory'라는 기존의 정의에 '영토의 일부'라는 점, IOC의 독자적 판단에 따라 승인되는 것이라는 점 등이 추가되었다.

1980년 7월 모스크바에서 개최된 IOC 총회에서 킬라닌 위원장은 타이완 IOC 위원 쉬헝을 IOC로부터 제명시킬 작정이었다. 쉬헝의 입장에서 보자면 킬라닌은 위원장이 되기 전부터 중국을 편들고 있었다. 쉬헝은 자신들이 IOC에 공평한 대우를 요구했을 뿐이며 법원에 제소한 것은 어쩔 수 없는 일이었고, 헌장 위반을 바로잡는 일은 올림픽 운동에 대한 공헌이기도 하다는 사실을 각 IOC 위원들에게 호소했다. 결국 킬라닌 위원장은 쉬헝 제명

안 제출을 단념했다. 해당 총회에서는 IOC 위원들 다수의 지지를 얻어 사마란치[75]가 IOC 위원장에 선출되었다. 전임자 킬라닌은 평소 아일랜드 더블린에서 다른 일을 하면서 IOC의 일상 업무는 로잔에 있는 사무국에 일임했는데, 사마란치는 아예 로잔에 거처하면서 IOC 업무에만 전념했다. 타이완의 복귀 문제는 그가 제일 먼저 챙긴 과제 중 하나였다.

사마란치는 타이완의 IOC 위원 쉬헝과 명칭 및 깃발 변경 가능성에 대해서 협의했다. 이미 진입 장벽은 많이 낮춰져 있었다. IOC는 깃발의 정의를 변경했고, 국기 이외의 깃발을 사용해도 차별받는 일은 없게 되었다. 명칭에 관해서도 타이완축구협회가 이미 '중화민국'에서 '차이니즈 타이베이'로 명칭 변경을 따르고 있었다. 타이완

75) 1920~2010. 본명은 후안 안토니오 사마란치Juan Antonio Samaranch로, 스페인의 언론인·외교관·스포츠 행정가. 젊은 시절 스페인의 독재자 프랑코Franco 총통이 이끌던 파시스트 정당 팔랑헤당Falange의 열성 지지자였으며 1966년 IOC 위원에 선출되어, 1968~1980년에 집행위원회 멤버, 1980~2001년에 IOC 7번째 위원장으로 재임했다. 브런디지 위원장 이래의 순수 아마추어 정신을 견지한다는 방침을 크게 바꾸어서, 프로 선수의 출전 금지를 허용하고, 방송 중계권과 스폰서를 적극 활용해 재정을 확충하는 등, 올림픽의 상업화·거대화에 박차를 가했다. 그의 이러한 방침에 대해 올림픽의 상업화 바람을 조장함으로써 규모의 비대화를 초래했고, 빈번한 부패 사건으로 IOC의 권위를 실추시켰다는 등의 많은 논란과 비판이 있었으며, 2012년 런던올림픽 이후 소프트볼·레슬링 같은 일부 비인기 종목이 제외 또는 축소되는 사태를 빚었다. 한국에서는 1988년 서울올림픽 유치 당시의 IOC 위원장으로 유명세를 탔는데, 1990년에는 서울올림픽을 훌륭하게 개최한 공로를 인정받아 제1회 서울평화상 수상자로 선정되기도 했다. 한편 중국에서도 2008년 베이징올림픽 유치·개최의 공적을 인정받아 베이징올림픽공원에 그의 동상이 건립되었다고 한다.

에서는 행정원장 쑨윈쉬안孫運璿을 중심으로 한 태스크 포스 위원회(專案小組)가 숙고를 거듭하고 있었다. 쑨윈쉬안은 'IOC 내에서 평등한 지위를 획득하는' 것을 기본 방침으로 삼았다. 10월에 로잔에서 사마란치와 쉬헝의 교섭이 이루어졌고, 다음 달 타이완은 새로 제정한 깃발 도안을 제출했다. 그것은 매화꽃 속에 중화민국 국기를 배합한 모양이었으나 중국 측이 거부했다. 12월에 사마란치와 쉬헝의 2번째 협의가 진행되어, 사마란치는 타이완의 NOC를 여타 NOC와 평등하게 대할 것을 서면으로 약속했다. 이듬해 1981년 2월에 타이완은 새로운 깃발 도안을 제출했다. 그 깃발은 중화민국 국기의 일부분인 청천백일을 수정한 도안으로, 3월 19일 덩샤오핑이 그것을 승인함으로써 깃발 문제는 해결되었다.

중국의 양해가 이루어짐에 따라 3월 23일에 타이완과 IOC 간에 협의서가 오갔고 타이완은 IOC에 복귀하게 되었다. 그 후의 회담에서 쉬헝은 중화 타이베이 NOC는 중국 NOC와 대등한 지위로서 중국의 일부가 아님을 강조했다. 중국의 국제적 위상이 높아진 반면 타이완은 고립이 심화되어, '하나의 중국' 원칙은 이제는 비현실적인 양상을 띠게 되었다. 타이완에게는 국제사회를 향해 중국과 타이완이 대등하다는 사실을 보여 준 일이야말로 중국에게 최대한의 반격을 가하는 셈이었다.

'IOC 방식'[76]에 대한 불만

그러나 타이완의 IOC 복귀로 모든 문제가 해결된 것은 아니었다. 1981년 9월 30일에 중국의 예젠잉葉劍英〔전인대 全人代 상무위원회 위원장〕은 타이완을 평화적으로 통일하기 위한 '9조 방침 정책'을 제안했다〔학술·문화·스포츠 교류도 포함되었다〕.[77] 타이완은 그에 대해 강력 반발하며 이른바 삼불정책〔2장 4절 참고〕을 견지했다. 그러한 삼불정책이 표출되었던 하나의 사례가 1988년 타이베이에서 개최될 예정이던 여자소프트볼세계선수권대회였다.

타이베이에서 대회를 개최하기로 한 결정은 1979년 5

---

76) 주석 (2장 70)(283쪽) 참조.

77) 예젠잉은 1978년 한국 국회에 해당하는, 중국의 최고 권력기관 전국인민대표대회〔약칭 전인대〕 상무위원회 제5기 위원장〔1978~83〕을 맡았는데, 이 시기에는 국가주석제가 폐지되었던 까닭에 국가원수 직에 해당하는 직위였다. 1981년 9월에, 당시 타이완에 군사원조를 제공하려는 미국을 견제할 목적으로 '타이완의 평화통일에 관한 9조 방침 정책有關和平統一臺灣的九條方針政策'을 발표했다. 이후 예젠잉의 이러한 '9조 방침'을 더욱 발전시켜 덩샤오핑은 1984년 2월에 이른바 '일국양제─國兩制〔일개국가 양종제도─個國家 兩種制度'의 약어로, 중국의 정치체제인 공산주의 체제 안에 공산주의와 자본주의 경제체제가 조건부로 공존하는 정치제도를 뜻한다〕의 주장을 전개했다.

월에 열렸던 국제소프트볼연맹〔ISF, International Softball Federation〕총회에서 이루어졌다. 해당 총회에서는 중국을 '중화 베이징Chinese Peking', 타이완을 '중화 타이베이 Chinese Taipei'로 호칭한다는 조건하에 중국의 가입도 허용키로 결정했다. 1981년 12월 홍콩에서 개최된 국제여자소프트볼 대회에 참가했던 중국 선수단은 타이베이대회에도 참가하겠다는 의사를 밝혔다. 일본 관계자에 따르면 '어떤 일이 있어도 반드시 참가하겠다는 태도'였다고 한다. ISF 사무총장 돈 포터Don Porter는 타이완이 중국 선수단 입국을 거부할 경우에 개최지를 변경하겠다며 타이완 측에 적절한 대응을 촉구했다. 타이완에서는 해당 문제를 처리키 위한 전문위원회가 설치되어 검토가 이루어졌다. '중공의 통일전선 공작에 이용당한다.'·'중공 선수단을 초청해 중화민국의 발전된 모습을 보여 주어야 한다'는 찬반양론이 분분한 가운데 중국에 초청장을 보내기로 결정했다. 타이완이 중국에 초청장을 보낸 것은 이때가 처음이었다. 한편 타이완은 대회에서 중화민국 국기 게양과 국가 연주도 실시하겠다고 선언했다. 물론 중국이 반대하리라는 것도 잘 알고 있었다.

이듬해 2월에 곧바로 국기·국가 문제가 불거지면서 대

회 반납론이 부상하지만, 포터 사무총장은 국기 게양과 국가 연주는 'ISF 규칙에 따른 개최지의 특권'이라고 주장했고, ISF 집행위원회도 이를 인정했다. 그도 그럴 것이 미국에 본부가 있던 ISF는 IF 가운데 몇 안 되는 친타이베이 성향의 경기연맹이었다. 2월 19일에 해당 문제를 보고받은 덩샤오핑은 '신중하게 판단해야 한다. 이 일은 「두 개의 중국」 문제와 연관된다.…… 이번에 참가한다면 실질적으로 타이완이 하나의 국가임을 인정하는 것과 다름없다.…… 역시 가지 않는 편이 낫겠다'고 지시했다. 중국은 대회 불참을 표명했고, '두 개의 중국을 조장하는 정치적 음모에 가담하고 있다'며 ISF를 비판했다.

4월 3일 홍콩에서 아시아소프트볼연맹(SCA, Softball Confederation Asia) 재건 회의가 열려 타이완·중국을 포함한 아시아 7개국이 참가했다. 동 연맹은 1966년에 설립되었으나 1974년을 마지막으로 활동이 중단된 상태였다. 따라서 1981년 12월에 일본이 재건 회의 개최를 제안했다. 일본은 IOC 방식으로 연맹을 재건할 것을 제안했으나, 타이완·필리핀 등 4개국이 반대함으로써 회의는 결렬되었다. 타이완이 IOC 방식의 확대를 원치 않는다는 사실이 다시 한 번 분명해졌다.

그 회의에 옵서버로 참석했던 포터 사무총장은 타이베이에서 협의를 계속하며, 타이완으로부터 국기·국가를 사용하지 않겠다는 약속을 받아 냈다. 일본소프트볼협회는 타이완이 이를 준수할지 알 수 없다며, ISF에 개최지 변경을 요청했고 중국소프트볼협회도 지지 의사를 밝혔다. IOC 사마란치 위원장도 IOC 방식의 해결을 제안했으나, 결국 중일 양국은 대회 참가를 취소하고 말았다. 일본은 중화전국체육총회ACSF와 JASA가 주고받은 각서〔양국은 IOC 방식 운영에 쌍방이 합의한 대회에 참가한다〕에 저촉될 우려가 있다는 이유로 불참을 결정했다.

1982년에 타이완이 아시안게임연맹AGF 가입을 거부당한 일도 상징적이었다. 겉으로는 서류 미비를 문제 삼았지만 배경에는 중국의 반대가 있었다. 여자 소프트볼 세계선수권에서 보여 준 타이완의 대응에 중국이 불신감을 품었던 일로 여전히 앙금이 남아 있었던 것이다.

1983년 12월에 중국국가체육운동위원회는 중국 내에서 열리는 국제 스포츠 대회에 타이완 선수가 '중국 타이베이'라는 명칭으로 참가해도 좋다고 발표했다. 이듬해 2월 쑨윈쉬안 행정원장도 '타이완은 정치는 별개로 하고서, 문화·스포츠의 국제 무대에서는 중국과의 관계를 단

절할 생각이 없다'며 스포츠 분야 교류를 계속하겠다고
보장했다.

1984년 2월에 (유고슬라비아) 사라예보에서 개최된 동계
올림픽에 중국과 타이완이 처음으로 동시 출전했다. 타
이완은 '차이니즈 타이베이'라는 명칭으로 참가하는 첫
올림픽이었다. 선수촌 국제홀에는 사인용 서명판이 설
치되어 선수들이 기념 사인을 남겼다. 타이완 선수 하나
가 '중화민국'에서 왔다고 써 놓은 것을 발견한 중국 선수
가 항의하자, 조직위원회가 해당 사인을 삭제하고 사마
란치 위원장이 타이완 선수단을 강하게 질책하는 등 한
바탕 소동이 있었다. 허전량에 따르면 비슷한 사건이 그
후에도 몇 차례나 일어났다고 한다.

4월 서울에서 아시아청소년농구대회[78]가 열려 중
국·타이완 양국이 참가했다. 국교가 없는 한국에서 중국
선수가 시합하는 일은 처음으로, 한국 조직위원회는 중
화민국의 국기 게양을 강하게 요구했던 타이완의 입장을
고려해, 개막식에서는 국기를 사용하지 않겠다는 방침이
었다. 아시아농구연맹FIBA Asia의 규정에 따라 타이완은

---

78) 당시 언론에는 대회 명칭이 제8회 '아시아 청소년농구선수권대회Asian Basketball
Championships for Junior Men and Women'로 되어 있다.

도판27. 1984년 아시아 청소년농구대회 시상식(『한국 농구 80년』, 88쪽)

국기 대신에 타이완농구연맹의 깃발을 사용하도록 되어 있었기 때문이다. 그런데 중국이 국제아마추어농구연맹 FIBA의 규정을 근거로 국기 사용을 요구하는 바람에 개막식에서 갑작스럽게 국기를 사용하게 되었다. 그것에 반발해 타이완은 개막식에 불참하고서 귀국해 버렸다. 그러한 행동의 배경에는, 한국이 중국과의 관계를 확대하려는 데 대한 불만이 깔려 있었다. 타이완은 한국과의 스포츠 교류를 축소키로 결정했다. 2년 뒤에 아시안게임 개최를 앞두었던 한국으로서는, 우방국 타이완이 불참하는 상황을 어떻게든 회피하고자 했다. 9월에 KOC 정주영 위원장이 타이완을 방문해서 타이완 쪽에 스포츠 교류의 재개와 아시안게임 참가를 요청하고 나서, 11월에 들어서 비로소 교류가 재개되었다.

베이징 아시안게임 참가

1984년 9월에 베이징이 1990년 아시안게임 개최지로 정해졌다. 중국 조직위원회는 OCA 전 회원국이 참가하기를 바랐지만 가장 큰 문제는 타이완이었다. 1986년 4월 나고야에서 개최된 아시아주니어탁구선수권대회에서 중국은 타이완의 아시아탁구연합ATTU에의 가입을 강력히 지지했다. 그해 10월에는 선전深圳에서 아시아탁구선수권대회가 열릴 예정이어서 중국은 타이완에 초청장을 보냈으나, 타이완 측은 정부가 중국 본토와의 직접 교류를 금지한다는 이유를 들어 참가하지 않았다. 타이완이 불참 의사를 표명한 직후 중국의 허전량은 '타이완은 우리의 형제국이다. 타이완이 IOC 방식을 따른다면 우리는 타이완의 OCA 가입을 환영한다.'·'1990년 베이징에서 열리는 제11회 아시안게임에는 따뜻한 동포애로 맞이하겠다'고 말했다. 그의 말대로 서울 아시안게임 기간에 개최된 OCA 총회에서 타이완의 가입이 승인되었다. 이로써 타이완은 IOC에 이어서 OCA에도 합류하게 되었다.

그러나 타이완의 포용은 순조롭게 완결되지는 않았다. 1988년 1월에 장징궈 총통이 사망, 부총통 리덩후이李登輝가 타이완 출신으로는 처음으로 총통 겸 국민당 주석대행 직에 취임했다. 집권 기반이 취약했던 그는 당초 '개혁'을 내세우지 않았고 삼불정책도 그대로 견지하는 모습을 보였다. 3월에는 딩마오스丁懋時 외교부장이 '중국 본토에서 열리는 모든 스포츠 경기 및 문화·학술 행사에는 참가하지 않는다는 것이 우리 정부의 방침이다'라고 말함으로써 베이징 아시안게임에 불참할 것임을 시사했다.

같은 해 7월 국민당 대표대회에서 정식으로 국민당 주석으로 선출된 리덩후이는 마침내 개혁에 착수한다. 정부는 삼불정책을 견지하면서도 민간 차원의 중국·타이완 교류를 권장했다. 스포츠와 관련해서는 'IOC 등 국제조직 규정에 따라 해협 양안海峽兩岸[79]의 국제 스포츠 대

---

79) '타이완해협 양안'을 말하는데, '양안'은 중국 대륙과 타이완을 가리킨다. 이 경우에 양자 관계는 '두 국가의 외교'가 아닌 특수 관계로, 우리의 남북 관계와 유사한 개념으로 흔히 '양안 관계'라는 표현이 쓰이고 있다.

회 참가 문제를 처리한다'고 규정했다. 7월 12일에 새로운 대륙정책이 결정된 후에 중화 타이베이 NOC의 장평쉬張豊緖 위원장은 딩마오스 외교부장에게서 '앞으로 정치와 스포츠를 분리할 테니 국제 대회 참가는 중화올림픽위원회에 맡긴다'는 언질을 받았다. 다음 날 13일에 그는 'IOC 등 국제조직의 규칙하에 개최되는 국제 스포츠 경기대회의 경우에는 대륙에서 열리는 대회라도 선수단을 파견한다'고 발표했다. 베이징 아시안게임 참가를 염두에 둔 발언이었다.

그래도 문제는 여전히 남아 있었다. '중화 타이베이'를 한자로 어떻게 표기하는가의 문제였다. 중국 측은 '중국 타이베이中國臺北'를 주장하고, 타이완 측은 '중화 타이베이中華臺北'를 주장했다. 중국은 타이완의 아시안게임 참가를 반기면서도, 한자 표기 문제에 대해서는 침묵을 지켰다.

1988년 12월 빈에서 열린 IOC 집행위원회 기간 중에 중국 IOC 위원 허전량 등은 타이완 IOC 명예위원 쉬헝, IOC 위원 우징궈吳經國 등과 비공식 회담을 가졌다. 허전량은 '차이니즈 타이베이'의 한자 표기는 '中國臺北〔중국 타이베이〕' 쪽이 자연스럽고, '中華臺北〔중화 타이베이〕'로 표기한다면 중국에는 '중화'를 내걸은 단체가 많은 탓에 자 칫하면 지방조직으로 간주될 가능성이 있다고 언급했다. 쉬헝은 쓴웃음을 지으며, '차이니즈 타이베이Chinese Taibei'는 '중국의 타이베이' 또는 '중국인의 타이베이'의 어느 쪽으로도 해석될 수 있고, 중국어(한자)로 번역·표 기하는 방법은 여러 가지가 있으니, 대륙 측은 좀 더 관 용을 베풀어, 형뻘 되시는 분이 동생뻘 되는 이에게 양보 해 주었으면 한다고 희망을 밝혔다. 양측은 이듬해 1월 18일 홍콩에서 다시 협의하기로 약속했다. 그러나 2번째 회담도 아무런 성과를 거두지 못했다. 허전량은 타이완 측이 번역상의 기술적 문제를 정치 문제로 만들고 있다 고 비판했지만, 두말할 필요도 없이 이는 애초부터 정치 문제였던 것이다.

3번째 회담은 3월 15일에 홍콩에서 열렸다. 협의에 앞 서 허전량은 '구대동求大同 존소이存小異'[80]의 정신으로 임 하면 해결은 손쉬울 것이라고 말했다. 당시 타이완 측에 서는 NOC 부위원장 리칭화李慶華가 참석했는데, 중국 측 의 그 같은 발언에서 중국이 '中華臺北(중화 타이베이)'의 표

---

80) '커다란 공통점(大同)을 취하고, 소소한 차이점(小異)은 각자 보류한다'는 뜻으로, '차 이점을 인정하되 같은 점을 추구한다'는 구동존이求同存異와 같은 말이다.

도판28. 제11회 아시안게임〔베이징〕개막식에서
(『중국 올림픽 운동 통사』, 535쪽)

기를 허용할 것이라 지레짐작하고 서둘러서 결론을 짓자
고 했다. 허전량은 만약 중국 선수단이 타이완을 방문할
경우에, 타이완 측은 중국의 국호·국기·국가를 허용할
지를 되물었다. 타이완에는 공산당원의 자국 내 입국을
금지하는 법률이 있으므로 그것을 문제 삼았던 것이다.
4번째 협의는 4월 4일에 열렸다. 중국 측이 대회 기간 중
정식 경기에서만 '중화 타이베이'를 사용토록 허용했고,
타이완 측의 법률 개정 문제에 대해서는 선처를 부탁한
다는 선에서 양보를 했다. 6일 양측이 합의 서류에 서명
했고, 다음 날 7일에 베이징과 타이베이에서 합의 내용
이 공표되었다. 그동안 양국 간 연락은 도쿄에 있는 경기
단체의 팩스를 통해서 이루어졌는데, 일본의 탁구 및 체

조협회가 그러한 중개역을 맡았다고 한다.

4월 17일에 아시아청소년체조선수권대회에 출전하는 타이완 선수단이 베이징의 땅을 밟았다. 1949년 이후로 타이완 스포츠 선수단이 대륙을 방문했던 것은 이때가 처음이었다.[81] 이렇게 해서 타이완은 이듬해 1990년 9월의 베이징 아시안게임에 '중화中華 타이베이' 선수단으로 참가하게 되었다.

1980년대는 모스크바올림픽 보이콧으로 막이 올랐다. 냉전의 대립은 로스앤젤레스올림픽 보이콧으로 절정에 달했고, 그 후에 긴장 완화의 단계로 접어들었다. 동아시아에서도 서울 아시안게임 및 올림픽 개최, 그리고 베이징 아시안게임 개최가 확정되자 한중, 그리고 중국·타이완의 접근이 가시화되었다. 한중 양국은 경기력 면에서 일본을 앞질렀고, 이윽고 동아시아는 한중일 삼국정립[82]의 시대를 맞이한다. 이로써 동아시아의 분단은 극복되

---

81) 당시 한국 언론에서도 타이완 체조 대표팀 28명이 아시아 청소년체조선수권대회에 참석키 위해 40년 만에 처음으로 베이징에 도착했다는 소식을 크게 보도하고 있다. 이때 선수단을 인솔했던 이가 장펑쉬 타이완 NOC 위원장으로, 그의 방문 역시 타이완 스포츠계 고위 인사로는 최초로 대륙을 방문하는 사례로 기록되었다. 흥미로운 점은 장펑쉬 위원장은 당시 중국 측과의 회담에서 타이완이 1998년 제13회 아시안게임[결국 방콕에서 개최함]을 유치할 의사가 있음을 밝히고서 유치 과정에서 중국 측의 협조를 구했다는 점이다.

82) 한중일 3나라가 마치 솥에 달린 세발다리처럼 힘의 균형을 유지한 채 서로 견제·대립하는 상태를 가리킨다.

었고, 1990년의 베이징 아시안게임에는 동아시아의 모든 국가 및 지역이 참가하게 되었다. 포용과 배제라는 형태의 스포츠의 정치는 냉전이 종식됨으로써 그 역할을 끝내게 된 셈이었다. 그러나 동아시아에는 여전히 분단 국가가 존재한다는 사실이 보여 주듯, 역내의 대립·갈등이 완전히 해소되었던 것은 아니었다. 그 결과 1990년대 이후에는 더욱더 통합을 향해 나아가게 된다.

종장

동아시아 대회의 좌절
—— 1990년대 이후

2002년 부산 아시안게임의 코리아팀
(『남북 체육 교류와 한반도 평화』 23쪽)

1. 대항과 개혁 운동으로서의 연대

OCA의 혼란

1990년 제11회 아시안게임은 중국에서 개최된 최초의 대규모 국제경기대회이며, 또한 사회주의국가에서 개최되는 첫 아시안게임이었다. 장차 올림픽 유치를 목표로 했던 중국은 국가의 위신을 걸고서 아시안게임을 준비했는데 그 과정은 참으로 파란만장했다.

1989년 4월 최대 현안이었던 타이완의 대회 참가 문제가 해결된 직후 톈안먼 사태가 터지고 말았다.[1] 서방 국가들이 제재를 가하는 등 중국은 국제적으로 고립되었고[2] 아시안게임도 개최 여부가 의심스럽게 되었다. 그러나 갖가지 역경에도 불구하고 조직위원회는 차근차근 대회 준비를 진행시켜 나갔으나, 대회 개막을 한 달 남짓 앞둔

---

1) 4월 21일 개막의 아시아 청소년체조선수권대회에 참가하기 위해, 4월 17일 타이완 체조 대표팀이 40년 만에 처음으로 베이징에 도착했다. 그러나 그보다 이틀 전인 4월 15일에 전 공산당 총서기 후야오방胡耀邦의 갑작스런 사망을 추모하는 수많은 인파에서 시작되었던, 톈안먼 시위는 학생층을 중심으로 민주화를 요구하는 대규모 운동으로 발전, 4월 26일자 「인민일보」가 '동란'이라고 규정할 정도로 커다란 혼란을 야기하고 있었다. 때마침 소련의 고르바초프 서기장이 5월 15일에 소련 지도자로서는 30년 만에 처음으로 중국을 공식 방문해 덩샤오핑과 역사적인 중소 정상회담을 가지기도 했다. 이윽고 달을 넘긴 6월 4일에, 장기간 계속되는 학생들의 민주화 요구 데모에, 계엄령을 선포한 인민해방군이 무력을 동원해 발포·진압하는 과정에서 수백 명이 사망하는 유혈 사태가 벌어짐으로써 비극적인 톈안먼사건이 일어나게 되었다.
2) 미국을 비롯한 서방 국가들은 중국 당국에 의한 '인권 탄압'을 강력하게 비난, G7 정상회담은 '경제 제재'를 결의하는 등 중국 고립화 정책을 폈다. 그에 대해 중국은 '인권 비난은 내정간섭'이며, 중국 사회주의 체제의 평화적 전복(和平演變)을 꾀하는 서방의 음모라고 강하게 반발했다.

시점에서 또다시 난관에 봉착하고 말았다.

1990년 8월에 이라크군이 쿠웨이트를 침공했다.[3] 이라크군과의 전투로 OCA 파하드 회장이 사망하면서 쿠웨이트에 본부를 두었던 OCA는 대혼란에 빠졌다. 문제는 두 가지였다. 첫째는 OCA의 조직 문제, 즉 회장을 어떻게 선출할 것인가, 아울러 본부를 어떻게 할 것인가의 문제였다. 다른 하나는 임박한 베이징 아시안게임에 이라크를 참가시킬 것인지의 여부였다. 개최국 중국은 처음 이라크의 대회 참가에 난색을 표했다가, '정치적 견해 political opinion 때문에 참가국을 차별해서는 안 된다'는 OCA 헌장을 준수해 이라크의 참가를 받아들이기로 했다. 이미 아랍 국가들은 이라크 축출에 나서고 있어, 보이콧 또는 시합 거부가 일어날 수 있는 상황이었으나, 향후 올림픽 유치를 계획하던 중국으로서는 OCA 헌장을 그저 무시할 수만은 없는 노릇이었다.

9월 8일에 이라크 문제를 논의하기 위한 OCA 특별 긴급 간부회가 소집되었다. 간부회는 20일에 OCA 임시총

---

3) 이라크군은 1990년 8월 2일에 쿠웨이트를 기습적으로 침공·점령했고, 8월 28일에 공식적으로 쿠웨이트의 합병을 선포했다. 그 후 미국 주도의 다국적군과 이라크군 사이에 벌어졌던 걸프 전쟁Gulf War을 통해, 이라크군이 패배함으로써 1991년 2월에 쿠웨이트는 다시 독립을 회복했다.

회를 열어서 이라크의 '참가 자격 일시정지' 조치에 대해 토의하기로 결정했다. 그러한 결정에 대해 일본 선수단 부단장 마쓰다이라 야스타카松平康隆는 '이라크를 배제해서는 안 된다. 모스크바올림픽 때도 그랬지만 정치와 관련된 보이콧이나 축출 같은 행위에서 건설적인 그 무엇도 생겨나지 않는다. 오히려 우리 스포츠 세계는 다르다는 것을 보여 줘야 하지 않겠는가'라며 신중한 태도를 취했다. 마쓰다이라는 모스크바올림픽 당시에도 보이콧에 반대하는 표를 던졌던, 소수의 IOC 위원 중 하나였다. 20일의 OCA 임시총회는 '대회에서 이라크 축출'을 압도적 다수의 찬성으로 결정했다〔이라크가 아시안게임에 복귀한 것은 2006년 카타르 도하Doha 아시안게임에서였다〕. 마쓰다이라와 마찬가지로 모스크바올림픽 보이콧에 반대표를 던졌던 가와모토 노부마사의 경우는, '타국을 침략해 국제적 비판을 받고 있는 나라가 평화의 제전에 출전 금지를 당하는' 것은 'OCA 헌장에 비춰 보더라도 당연한 일'이라고 평가했다. 모스크바올림픽 당시 보이콧으로 눈물을 삼켰던 다카다 유지는 '출전하지 못하게 된 선수들이 역시 측은하다'고 선수를 배려하면서도 '현재의 정세, 시대의 흐름을 고려하면, OCA의 결정에 따를 수밖에 없다'고 말했다.

베이징에서는 OCA 회장 선거가 치러질 예정이었다. 중국의 허전량, 인도네시아의 밥 하산Bob Hasan〔OCA 부회장〕, 스리랑카의 로이 데 실바Roy de Silva〔OCA 부회장〕, 쿠웨이트의 아흐마드 알 사바Ahmad Al-Sabah 등 4명이 입후보했다. 아흐마드는 사망한 파하드 회장의 장남으로, 아랍 국가들이 OCA에서 영향력을 확보키 위해 출마시켰던 것이다. 아흐마드는 쿠웨이트 정부로부터 200만 달러 상당의 선거 자금을 지원받았고, 그러한 자금을 활용해 간부들을 매수했다. 일련의 회의를 주재했던 홍콩의 아르날도 데 올리베이라 살레스Arnaldo de Oliveira Sales[4]는 노골적으로 아랍 국가 편에 가담했다. 애당초 29세인 아흐마드에게는 피선거권이 없었음에도 불구하고 그러한 사실은 묵인되었다. 허전량에게 유리했던 베이징에서의 회장 선거를 피하기 위해, '아시아 스포츠의 단결을 위해서'라는 이유를 내세워 선거를 연기하자는 제안이 '다수결'로 채택되었고, 선거는 사우디아라비아에서 개최되는 OCA 총회로 미뤄졌다. 아랍권 국가들의 수단 방법을 가리지 않는 행태에 대해서는 반발도 적잖았다. 허전량

---

4) IOC·OCA에서 홍콩을 대표하는 NOC 중국홍콩체육협회 올림픽위원회(中國香港體育協會暨奧林匹克委員會, Sports Federation and Olympic Committee of Hong Kong, China)의 위원장을 1967년부터 1998년까지 장기간 역임했던 인물로, 중국 출생의 포르투갈계 홍콩인이며 '사리스沙利士'라는 중국식 이름으로도 널리 알려져 있다.

은 금권이 난무하는 당시의 회의를 보고서 '아시아 스포츠의 비극'이라며 개탄했다. 1991년 1월에 걸프 전쟁Gulf War이 시작되면서 투표는 더욱 늦춰졌다.

동아시아 대회의 구상

OCA의 혼란상에 대해 JOC는 당초 신중한 자세를 취했다. 'OCA의 혼란을 수습하는 일도 JOC의 책무가 아니냐'며 일본이 적극적으로 관여해야 한다고 주장하는 목소리에 대해, JOC 회장 후루하시 히로노신古橋廣之進은 '전에는 침략국으로, 지금은 부자 나라로 인식되는 상황과 JOC의 자금 능력을 고려해야 할 필요가 있다'라고 입장을 밝히고 있다. 1991년 8월 23일부터 도쿄에서 세계육상경기선수권대회가 열렸다. JOC는 일본을 방문한 중국의 허전량, 한국의 김종렬金鍾烈(KOC 위원장) 등과 협의해, '극동 지역 국가들이 OCA 정상화를 위해 대책을 강구하자'는 데에 의견 일치를 본 뒤에, 북한·타이완·홍콩·몽골을 설득해서 9월 15일에 도쿄에서 회의를 가지기로 했다.

그렇게 소집된 회의에는 중국·한국·타이완·몽골 및 일본 대표가 참가, 일주일 뒤 뉴델리에서 개최 예정인 OCA 총회를 연기해 12월에 히로시마에서 열 것과, OCA 의 효율적·민주적 운영을 위해 헌장 개정을 논의하자고 호소했다. JOC는 동아시아의 경기력 향상을 목적으로 하는 '동아시아 대회' 개최를 제안해 각국의 동의를 얻었다. JOC 국제위원장으로 회의에 참석했던 오기무라 이 치로는, '인사나 OCA 헌장의 개정 요구 등 무거운 주제들만 다룰 뻔했던 회의에서, 이전부터 동아시아에서도 지역 대회를 해야겠다고 생각하던 일본 측에서 제안했다. 조금이라도 건설적인 일을 해보자는 스포츠맨 정신이었다'라고 말했다. JASA에서 독립한 지 얼마 되지 않은 JOC가 새로운 방향성을 제시함으로써 자신의 존재감을 과시했다고도 볼 수 있다.

마이니치신문은 동아시아 대회에 대해 다음과 같이 논평했다.

"JOC는 OCA를 정상화하려면 헌장 개정이 선행되어야 한다는 입장으로, 정기총회에서 개정 문제를 다루겠다는 의향이지만 쉽게 될지는 알 수 없다. 경기력이 우월

한 동아시아 국가들도 재정력財政力과 전체를 통솔해 갈 '수적인 힘'이 부족하기 때문이다. 다만 지금까지 아랍권처럼 단결력이 부족했던 동아시아 스포츠계가 한데 뭉쳤다는 사실은 주목할 만하다. 도쿄에서의 결의 사항을 수용토록 OCA의 간부들을 설득은 하겠지만, 성공하지 못할 경우에 한국·중국 등에서는 '아랍과 갈라서야 한다'는 강경론이 부상할 가능성도 있다. OCA의 운영에 일체 관여치 않던 JOC가 이렇듯 깊숙이 개입하는 자세를 보이는 이유는, OCA의 정상화가 히로시마 아시안게임의 성공에 필수적이기 때문이기도 하지만, 1998년 나가노 동계올림픽이 결정되었던 6월 IOC에서 제시한 약속인 '아시아에 대한 공헌'을 의식했던 행보이기도 하다. 그러나 자칫 잘못하면 공헌은커녕 아시아의 결속에 금이 갈 수도 있는 만큼, 힘든 선택을 강요받고 있다."

『마이니치신문』 1991년 9월 19일)

아랍권이 장악하고 있는 OCA에 대한 불만이 동아시아를 결속시켰으며, 동아시아 대회는 동아시아 국가들의 단결을 과시할 목적으로 기획되었던 것이다. 아시아에서는 '중국·타이완·홍콩의 관계, 한국·북한의 남북문제

와 같은 정치적으로 민감한 부분이 있는 동쪽〔아시아 지역〕
에만 지역 대회가 없었다.'

11월에 동아시아 각국 NOC 위원장들이 베이징에 모
여 동아시아 대회 창설을 정식으로 결정했다. 주목할 점
은 대회의 운영 모체〔훗날의 동아시아경기대회연합EAGA〕로,
OCA로부터 독립된 조직으로 만들어졌고, 회장은 대회
개최국에서, 부회장은 지난번 대회와 다음 대회 개최국
에서 맡기로 결정한 것이다. 이것은 1기에 4년, 최대 2기
까지 연임한다는 임기 규정을 깨고서 파하드 회장의 독
재 체제를 허용했던 OCA에 대해, 동아시아 국가들이 요
구했던 사항이기도 했다. 제1회 대회는 베이징올림픽 유
치를 추진 중이던 중국이 개최 의사를 밝혀 상하이에서
개최하기로 했다.

한편 OCA 회장 선거는 9월 21일에 뉴델리에서 열린
OCA 특별 총회에서 실시되어 아흐마드가 회장에 선출
되었다. 올림픽 유치를 원했던 중국은 아랍 국가들을 적
으로 돌릴까 봐 아예 허전량을 입후보시키지도 않았다.
JOC는 OCA 헌장 개정안을 제출했다. 폐쇄적인 간부회
를 대신해 선거에 의한 집행위원회를 구성하는 등, OCA
의 '정상화'를 향한 첫발을 내디뎠다. 그러나 약 30년이

지난 현재까지도 아흐마드가 여전히 회장직을 맡고 있다는 사실[5]이 보여 주듯이 OCA의 체질은 크게 달라지지 않았다. OCA의 존재 방식은 곧바로 아시아에서의 정치와 스포츠의 관계를 단적으로 상징하고 있다.

이상의 과정에서도 알 수 있듯이 동아시아 대회는 OCA의 주도권 다툼에서 생겨난 부산물이었다. 거꾸로 말하면 정말로 그런 대회가 필요했는가 하는 점에서는 의문의 여지가 남는다. 아시안게임에서는 중국이 참가하기 시작했던 1974년 이후로 한중일 3국이 금메달의 대부분을 독점하고, 1986년에는 그 비율이 90% 이상에 도달하고 있다. 다시 말해 동아시아 이외의 국가에게 있어 아시안게임은 넘기 힘든 벽이 되었으므로, 동남아시아 경기대회〔시 게임즈SEA Games〕[6] 같은 지역 대회를 별도로 창설, 열심히 기량을 학습·연마하는 절차탁마의 장으로 삼을 만한 의미가 충분히 있었다. 그에 반해 동아시아 국가들, 특히 한중일 3국의 경우는 경기 면에서 보자면 동

5) 아흐마드 회장은 전쟁에서 사망한 부친의 뒤를 이어 1991년부터 2021년까지 30년 이상을 OCA 회장직을 유지했는데, 2021년 9월 스위스 법원에서 쿠웨이트 국내의 정치 문제와 관련된 소송에서 유죄판결을 선고받았다. 그에 따라 IOC 위원 및 OCA 회장직은 모두 정직 처분을 받은 상태로서, 현재는 OCA 종신명예 부회장인 인도의 라자 란디르 싱Raja Randhir Singh이 회장 대행을 맡고 있는 상태이다.

6) 1977년부터 시작된 동남아시아 경기대회(South East Asian Games), 곧 '시 게임즈SEA Games'는 동남아시아 11개국이 참가하는 종합 스포츠 대회로, 제32회 대회가 2023년 5월 5~17일 캄보디아 프놈펜에서 개최되었다. 주석 (1장 79)(147쪽) 참조.

아시아에 굳이 새로운 지역 대회를 창설할 필요는 없었다. 더욱이 1986년 서울·1990년 베이징·1994년 히로시마의 순서로, 당시의 아시안게임이 잇달아 동아시아에서 개최되었던 탓에 동아시아 대회가 가지는 의의는 더욱 퇴색하고 말았다.

남북한 단일팀 결성

동아시아 대회에서 굳이 뭔가 의의를 찾는다면, 그것은 북한을 포용하는 일이었다. 1988년 서울올림픽은 1976년 몬트리올올림픽 이후 오랜만에 동서 양 진영의 국가들이 얼굴을 맞댄 역사적 대회였지만, 북한은 끝내 대회에 불참함으로써 스포츠계에서 더욱 고립화되고 있었다.

그런데 국제 정세의 변화가 북한의 변화를 촉진시켰다. 1989년의 냉전 종식은 동아시아 국제 관계에 커다란 영향을 미쳤다.[7] 1991년에 타이완은 중국 대륙에 대한 적대 정책을 수정했고, 1992년에 중국과 타이완은 '1992

---

7) 주석 (3장 3)(286쪽) 참조.

년 합의(1992 Consensus, 九二共識)'에 이르렀다. [8] '하나의 중국'에 대한 해석을 (중국과 타이완 쌍방의) 각자에게 맡긴다는 식으로 정치적 문제는 제쳐 놓고, 양국 간의 교류를 촉진키로 한 것이다. 한편으로 한반도에서는 1990년 9월 한국·소련이 국교를 수립하고, 1991년에는 남북한이 나란히 UN에 가입한다. 1992년 8월에 한중 간 국교가 수립되자 한국·타이완의 관계는 급속히 냉각된다. 그렇게 되자 중국·북한을 상대로 해서 타이완·한국이 대치하는 냉전적 이원 대립의 국제 관계가 무너지기 시작했다.

남북한 관계도 화해 무드로 접어들었다. 베이징 아시안게임이 막을 내리고 4일 후인 1990년 10월 11일에 평양에서 남북통일축구대회 1차전이, 23일에는 서울에서 2차전 시합이 개최되었다. 그때까지 양국 간에 직접적인 스포츠 교류는 없었으며, '46년간에 걸친 분단의 역사에 마침표를 찍는 역사적 제전'이었다. 서울 경기가 벌어졌던 다음 날, 남한 정동성鄭東星 체육부장관과 북한 김

8) '1992년 합의'는 중국과 타이완 당국 사이에 '하나의 중국' 문제와 관련한 합의를 통칭하는 용어이다. 그러한 명칭은 1992년에 중국 측 창구인 '해협양안관계협회海峽兩岸關係協會'와 타이완 쪽 창구인 '해협교류기금회海峽交流基金會'가, 홍콩에서 가졌던 협의에서 유래했다고 한다. 합의 내용에 대해서는 타이완의 주장은 '쌍방 모두「하나의 중국」을 견지하면서, 그 의미의 해석은 각자 다른 것을 인정한다'는 '일중각표一中各表〔一個中國, 各自表述〕'인 것에 반해, 중국 쪽은 '쌍방 모두「하나의 중국」을 견지한다'는 '일중원칙一中原則'으로 보고 있기 때문에, 반드시 서로 일치한다고 보기는 어렵다.

유순 국가체육위원회 위원장은 남북한 스포츠 교류를 가일층 발전시키기 위한 공동합의문에 서명했다. 나아가 1991년 2월 판문점에서 열린 남북체육회담[9]에서는 4월 일본 지바에서 개최되는 세계탁구선수권대회, 6월 포르투갈 리스본에서 개최되는 세계청소년축구선수권대회에 남북 단일팀을 파견하기로 합의했다.[10] 1963년 이후로 수십 차례 협의를 했음에도 번번이 합의를 보지 못했던 남북 단일팀이 마침내 실현된 것이었다.[11]

단일팀 명칭은 '코리아'[12]로, 한반도 지도가 그려진 깃발[13]과 '아리랑'[14]을 각각 국기·국가 대신으로 사용하기

9) 당시 남북한 쌍방 간의 합의에 따라 국제경기대회 참가 및 남북 체육교류 문제를 협의키 위한, 남북체육회담이 1990년 11월 29일부터 1991년 2월 12일까지 4차례에 걸쳐 판문점 평화의집과 통일각에서 번갈아 개최되었다.
10) 단일팀을 구성·출전하기로 합의했던 두 대회 말고도 1992년의 바르셀로나올림픽과 1994년의 제3회 삼지연 동계 아시안게임에 대비한 단일팀 구성·파견 문제도 회담 의제로 논의되었다.
11) 1958년 12월에 북한이 1960년 로마올림픽 참가를 위해 남북 단일팀 결성을 협의하자고 KOC에 제안한 이래, 남북 단일팀 구성이 최종적으로 합의된 1991년 2월까지 약 33년이라는 세월이 흘렀다. 또한 단일팀 결성을 위해 1963년 첫 접촉 이래 1991년 최종 합의까지 총 33차례의 크고 작은 회담이 열렸다고 한다. 그러나 1991년 이후로 단일팀 논의는 더 이상 진척되지 못하다가, 2018년 평창 동계올림픽에 즈음해서 아이스하키 종목의 단일팀을 구성하기에 이르렀다. 주석 (1장 99)(161쪽) 참조.
12) 합의문에서, 선수단 호칭은 우리말로 '코리아', 영문자로 'KOREA(약자 KOR)'로 하기로 했다.
13) 합의문에서, 선수단 단기는 흰색 바탕에 하늘색 우리나라(한반도) 지도의 모양으로 하기로 했다.
14) 합의문에서, 선수단 단가는 1920년대에 우리나라에서 부르던 '아리랑'으로 하기로 했다. 그 후에 2000년 시드니올림픽 개회식에서도 남북한 대표팀은 올림픽경기장에 공동 입장하면서 함께 아리랑을 부르기도 했다. 참고로 남한은 2012년 3종류의 '아리랑(영문명 Arirang, lyrical folk song in the Republic of Korea)'을 '유네스코 인류무형문화유산 대표목록'에 등재했는데, 북한 또한 2014년에 총 36가지의 '조선민요 아리랑(영문명

로 합의했다. 코리아팀은 1991년 3월 25일 일본을 방문했는데, (탁구단일팀) 단장 김형진金亨鎭[북한 NOC 부위원장]은 '한 핏줄로 맺어진 민족이 스포츠계에서 벌이는 대결은 이로써 마침표를 찍었다'고 첫 인사말을 했다. 단일팀 일행은 합숙 훈련지인 나가노로 향했다. 합숙 훈련지를 어디로 정할지는 단일팀 결성 당시에 남북 간의 쟁점이었는데 북한은 대회 현지에서, 한국은 서울·평양에서 번갈아 실시하자고 주장했다. 결국 탁구는 일본 현지, 축구는 서울·평양에서 실시하는 선에서 매듭을 지었다.[15] 나가노 합숙 훈련지를 알선했던 ITTF 회장 오기무라 이치로는 '한반도 문제에 일본이 주도권을 쥘 수는 없다. 하지만 만남의 장을 제공해 주고 싶었다'고 말했다.[16] 세계선수권대회에서는 코리아팀이 여자단체전에서 우승을 거두는 등 분위기는 한껏 고조되었다.[17]

Arirang folk song in the Democratic People's Republic of Korea)'을 마찬가지로 유네스코 대표목록에 등재했다.

15) 포르투갈 리스본에서 열리는 제6회 세계청소년축구선수권대회에 출전하는 축구단일팀의 경우, 남북한은 서울·평양의 평가전을 거쳐 18명의 선수를 선발, 이어서 평양·서울에서 합동훈련을 실시했다. 대회에 출전했던 단일팀은 8강전에 오르는 좋은 성적을 기록했다.

16) 주석 (3장 48)(332쪽) 참조.

17) 남북 선수단 각각 28명으로 구성된 단일 코리아팀은 총 7개의 타이틀이 걸린 선수권대회에서 여자단체 금메달 및 여자단식 은메달, 혼합복식 및 남자단식에서 동메달 2개를 획득해 중국·스웨덴에 이어 종합 3위에 오르는 호성적을 거두었다. 특히 당시까지 9연패를 달성한 최강 중국팀을 꺾고서 우승을 차지했던 여자단체전의 두 주전 선수인 남한 현정화와 북한 이분희의 이야기는 수많은 화제를 뿌렸고, 2019년에는 「코리아」라는 작품의 소재로서 영화화되기까지 했다.

제1회 동아시아 대회

제1회 동아시아 대회는 1993년 5월에 상하이에서 개최되었으며, 한국·일본·중국·홍콩·북한·몽골·마카오·괌 및 중화 타이베이 등이 참가했다.

동아시아 대회의 의의에 대해 대회 보고서는 제일 먼저 '국력을 과시하고 개방을 확대한다'는 점을 꼽았다. 장쩌민江澤民 총서기는 '동아시아 대회는 중국의 조직력, 스포츠 수준과 민족정신을 과시하고, 중국의 찬란한 문화와 훌륭한 사회 환경을 보여 주며, 세계 각국의 중국에 대한 이해를 증진시키고, 중국의 개혁·개방 사업을 추진하여 상하이 푸둥浦東 개발 및 물질·정신의 2문명 건설과 제반 사업 발전을 촉진시키게 되어, 2000년의 베이징 올림픽 유치에도 유리한 환경을 조성할 것이다'라고 대회 의의를 설명했다. 톈안먼 사태로 서방 세계의 거센 반발에 직면했던 중국은 '더욱 개방된 중국이 올림픽을 기다리고 있다'라는 구호[18]를 내걸고서 올림픽 유치 활동을 전개하고 있었다. 개막식에는 장쩌민이 참석해 사마란치 위원장과 함께 참관했는데, 그와 같은 정치적 광경

---

18) 중국어로는 '開放的中國盼奧運', 영어로는 'A more open China awaits the 2000 Olympics'라고 표기했다. 그러나 2000년 올림픽을 유치하려던 중국의 베이징은 호주 시드니에게 패했고, 베이징은 다시 2008년 올림픽에 도전하게 되었다.

도판29. 제1회 상하이 동아시아 대회에서 사마란치(오른쪽에서 5번째), 장쩌민(오른쪽에서 6번째), 아흐마드(오른쪽에서 8번째)〔『제1회 동아시아 대회』 86쪽〕

은 1990년에 개최된 베이징 아시안게임에서도 목격하게 된다.

JOC는 〔1996년 개최 예정인〕 애틀랜타올림픽까지 겨냥해 최강의 팀으로 편성하겠다'며 패기를 보였지만, 일본 스포츠계 전반의 이해를 얻지는 못했던 것 같았다.

"최강 멤버로 싸운다. 동아시아를 제패하는 것은 아시아를 제패하는 것이다.' 대회에 임하는 JOC의 기세가 대단하다. 일본은 총 12경기에 355명의 선수단을 파견한다. 비용은 약 2억 엔. 베이징 아시안게임 때의 2억5천만 엔과 비교해 보아도 이번 대회에 임하는 각오를 엿볼 수 있다. 그렇지만 대회를 제안한 지 불과 2년 남짓 만에 개최하는데다, 갑작스레 벌어지는 대회에 대해 각 경기단체는 당황하는 기색이 역력하다.……일찍이 '아시안게임을 경시한다'는 비판을 받았던 일본. 똑같은 실수를 반복하지 않기 위해서라도, 스스로 주창했고 이제 막 탄생한 대회의 개선에 힘써야 할 필요가 있다."

(「아사히신문」 1993년 5월 3일)

대회 기간 중 동아시아국가올림픽위원회연합회ANOC 집행위원회가 개최되어, 해당 조직의 명칭을 '동아시아경기대회연합EAGA'으로 개칭하는 동시에 '정치·종교를 넘어서서 스포츠 교류를' 추진하자는 등의 취지를 담은 선언문을 채택했다. 제2회 대회 개최지로 평양을 결정한 것도, 정치를 '초월하겠다'는 뜻을 보여 주기 위해서였다.

2. 경쟁과 분단의 시대로

동아시아 대회와 올림픽 유치

한반도에서는 남북한 화해라는 흐름 속에서 1991년 말 남북한이 비핵화에 합의하고,[19] 다음 해 5월에 북한은 국제원자력기구IAEA의 핵 사찰을 수용했다. 그러나 북한은 일부 핵 관련 시설 등의 사찰을 거부함으로써, 핵무기 개발 의혹을 완전히 불식시키지는 못했다. 더욱이 같은 해 8월 한중 간 수교가 이루어지면서 북한은 곤란한 처지에 놓이게 되자 더욱 강경한 태도를 취했다. 다음 달에 북한은 1994년으로 예정되었던 동계 아시안게임 개최권을 반납했다.[20] 뒤이어 1993년 3월에는 핵확산방지조약〔NPT, Treaty on the Non-Proliferation of Nuclear Weapons〕[21]에서 탈퇴하겠다고 선언했는데, 그럼에도 불구하고 5월의

19) 남북한은 1991년 12월 한반도 핵 문제를 협의키 위한 3차례의 고위급 회담을 열고서, '한반도의 비핵화를 통하여 핵전쟁 위험을 제거하고 조국의 평화와 평화통일에 유리한 조건과 환경을 마련하자'는 공통된 취지에서 「한반도의 비핵화에 관한 공동선언」에 합의했다. 그러한 「비핵화 공동선언」은 1991년 12월 31일에 남한의 국무총리 정원식鄭元植과 북한의 정무원총리 연형묵延亨默이 공동 서명·채택된 뒤에, 1992년 2월 19일 평양에서 열린 제6차 남북 고위급 회담에서 「남북기본합의서」와 함께 발효됨으로써, 남북한 관계에 새로운 전기가 마련되었다. 또한 「비핵화 공동선언」 이후에 북한은 국제원자력기구와의 핵 안정 협정에 서명하고, 국제 핵 사찰을 수용하게 되었다.
20) 주석 (3장 73)(355쪽) 참조.
21) 핵무기를 보유하지 아니한 국가가 새로 핵무기를 개발하는 일과, 핵보유국이 비보유국에 핵무기를 인도하는 일을 동시에 금지하는 조약. 1968년에 UN 총회에서 채택되었고, 1970년 3월에 발효되었다. 전 세계 대부분 국가가 가입했으나, 인도·파키스탄·이스라엘·쿠바 등이 미가입국으로 남아 있다. 북한의 경우는 1993년 3월과 2003년 1월에 탈퇴를 선언했다.

상하이 동아시아 대회에 참가했던 까닭은 북한의 NPT 탈퇴에 대해 동정적 태도를 보이며, 제재를 가하는 일에도 중국이 반대했으므로 그에 대한 보답이었다고 해석할 수 있다. 동아시아 대회 직후에 북한은 동해상으로 탄도미사일을 발사했고, 미국과의 고위급 협의에 임했다.[22] 양국의 협의가 난항을 겪으면서 북미와 남북한 사이에는 긴장이 고조되었다. 이러한 북한의 핵 외교는 1994년 10월 미국과 「북미기본합의서DPRK-US Agreed Framework」에 서명할 시점까지 계속되었다.[23] 그동안 북한은 1993년 7월의 유니버시아드[미국 버펄로Buffalo], 1994년 2월의 노르웨이 릴레함메르Lillehammer 동계올림픽을 보이콧했고, 8월에는 '한반도 정세가 불안정하다'는 이유로 동아시아 대회 개최권을 반납하고, 10월에 히로시마 아시안게임을 보이콧했다.

---

22) 1985년 NPT에 가입한 북한은 1993년 3월에 조약 탈퇴를 선언했다. 이로써 북한은 NPT 발족 이래 최초로, 규정상 90일의 유예기간 이후 조약 탈퇴를 선언한 첫 국가가 되었다. 점증하는 북핵 위기 속에서 미국·북한은 1993년 6월초 뉴욕에서, 미국의 로버트 갈루치Robert Gallucci와 북한의 강석주姜錫柱를 대표로 한 '북미 고위급 회담'을 열어서, 논란 끝에 「공동선언문Joint Statement」을 발표하며 핵 문제에 대한 일정한 합의를 이루었다. 북한은 회담 이후 NPT 탈퇴 선언을 번복했다.

23) 북한은 1994년 10월의 「북미기본합의서」, 곧 「제네바합의」를 통해 핵 개발을 동결하기로 미국과 합의했다. 합의의 주요 골자는 북미 간 평화협정 및 북한에 대한 경수로 건설 지원 등이었다. 그러나 그 후 2002년 10월에 북한 핵 개발에 대한 의심이 증폭되면서 「제네바합의」는 전격적으로 파기되었고, 북한은 2003년 1월에 또 다시 NPT 탈퇴를 선언했다.

북한이 대회를 반납함에 따라 1997년 5월 부산에서 제2회 동아시아 대회가 열리게 되었다. 대회 기간 중 문정수文正秀 부산시장이 2008년 올림픽 유치를 선언하면서, 동아시아 대회는 또다시 올림픽 유치를 위한 홍보의 장으로 변했다. 한국의 조직위원회는 사마란치 회장 등 IOC 관계자를 융숭히 대접했던 반면에 OCA와 동아시아 대회 관계자들은 홀대했다. JOC 회장 후루하시 히로노신은 '인내심의 한계를 넘어선 대응에 기가 막혔다'며, 한때 폐막식 불참까지도 고려했을 정도였다고 한다.

1995년 10월에 제3회 동아시아 대회〔2001년〕를 일본 오사카에서 개최키로 결정했다. 오사카는 1992년에 니시오 마사야西尾正也 시장이 2008년 올림픽 유치를 표명한 이후로 1997년 나미하야[24] 국민체육대회, 1998년 아시아탁구선수권대회, 1999년 리듬체조세계선수권대회, 2001년 세계탁구선수권대회 등의 대규모 대회를 잇달아 유치했다. 제3회 동아시아 대회와 관련해서는 후쿠오카도 유치를 희망했으나, JOC는 오사카의 손을 들어주었다. 그러면서 '개폐회식 비용을 줄이고, 스포츠 지원을

---

24) 오사카 가도마門眞시에 있는 돔 모양 종합경기장의 애칭으로 정식명은 오사카 부립 가도마스포츠센터이다.

포함한 동아시아 전체 선수의 경기력 강화에 힘을 쏟는
다'는 조건을 내걸었다. '올림픽을 의식한 화려한 퍼포먼
스보다는 동아시아의 경기력 향상이라는, 대회 창설 이
래의 기본 이념을 전면에 내세우기' 위함이었다. JOC가
동아시아 대회의 장래를 얼마나 걱정했는지를 알게끔 해
주는 대목이다.

그러나 오사카의 최종 목표는 어디까지나 올림픽 유치
였으므로 동아시아 대회는 '충실한 경기 시설, 높은 수준
의 대회 운영 능력, 안전성을 갖춘 환경'을 홍보하기 위
한 자리였다. 본래 가을 개최를 예정했는데, IOC 총회가
이르면 6월에 열린다는 이야기를 듣고서 대회를 5월 개
최로 변경한 것만 보더라도 오사카의 자세가 어땠는지
잘 알 수가 있다. 오사카는 1996년 9월에 올림픽 유치를
신청, 이듬해 8월 JOC에서 실시한 투표에서 경쟁 상대인
요코하마를 꺾고서 본격적으로 유치 준비에 착수했다.

오사카에게는 북한을 참가시킬 수 있을지의 여부가 올
림픽 유치의 관건이었다. 1998년에 취임했던 김대중金大
中 대통령은 북한과의 화해 협력을 도모하는 '햇볕정책'
을 실시, 2000년 6월 남북정상회담에서 남북공동선언을
발표하면서 조국의 평화통일을 위해 노력할 것을 다짐했

다.[25] 그에 따라 9월에 개최되었던 시드니올림픽 개막식에서는 남북한 선수단의 동반 입장이 실현되었다.[26]

2001년 1월에 북한은 '기술적 이유'를 들어 동아시아 대회 참가를 포기하겠다고 오사카 조직위원회에 알려 왔다. 동아시아 대회 개최 한 달 전에 마찬가지로 오사카에서 개최되는 세계탁구선수권대회에는 남북한 단일팀이 참가할 예정이었으므로 오사카로서는 커다란 충격이었다. 3월에 JOC의 가와테 에이치川廷榮一 이사가 북한을 방문해 북한 NOC 부위원장 겸 IOC 위원이었던 장웅張雄에게 대회 참가를 요청했으나, 그는 '얼어붙은 북미 관계 등의 국제 정세'를 내세우며 자신들이 '곤란한 처지'에 놓여 있음을 전했다. 1월에 출범했던 공화당의 조지 부시 George Bush 정권은 이전 (클린턴Clinton) 정권과는 달리 북한에 강경한 태도를 취하고 있었다. 북한의 대회 불참은 미국의 동맹국인 일본에게 보란 듯이 어깃장을 부린 것이었다. 3월 말이 되자 북한은 탁구 단일팀도 불가능하

---

25) '6·15 남북공동선언'은 2000년 6월 15일 평양을 방문한 한국 김대중 대통령과 북한 김정일 국방위원장이 가졌던 6·15 남북정상회담을 통해서 발표한 공동선언으로, 남북한이 상호 간 체제 공존을 인정하고, 평화통일을 추구하려는 정신이 담긴 선언으로 평가받고 있다.
26) 시드니올림픽 개막식에서 남북한 남녀 선수가 한반도기를 앞세우고 등장했고, 남북 선수단 180여 명은 같은 유니폼을 입고 아리랑에 맞춰 화합의 행진을 했다. 당시 12만 관중은 기립 박수를 보냈고, 그와 같은 장면은 외신을 통해 전 세계에 중계됐다.

다는 통보를 한국 측에 보내옴에 따라 단일팀 구성은 무산되었다. 단일팀 결성은 무산되었으나 대회에는 남북한이 각자 단독으로 출전했다. 남북한 단일팀 참가로 올림픽 유치에 세몰이를 하려 했던 오사카로서는 상황을 오판한 셈이 되었다.

대회 직전 IOC 평가위원회가 올림픽 유치를 신청했던 각 도시에 관한 조사보고서를 발표했다. 오사카에 대한 평가는 극히 낮은 편으로 관계자들에게 충격을 주었다. 당시까지 동아시아 대회에는 빠짐없이 참석했던 IOC 사마란치 위원장이 오사카 대회에는 일정상의 문제로 오지 못하게 되었다. 오사카는 이미 모두에게 버림받았다고 해도 좋은 상태였다. 5월 27일 동아시아 대회가 폐막된 후에도 오사카는 단념하지 않고 유치 활동에 매진했으나, 7월 13일에 행해진 투표에서는 102표 중 겨우 6표밖에 얻지 못하고 첫 투표에서 탈락하고 말았다. 최종적으로 선정된 개최지는 베이징이었다.

상하이·부산·오사카 순으로 열렸던 동아시아 대회는 모두 올림픽 유치 수단으로 활용되었지만 유치에는 성공하지 못했다. 또한 서울·베이징 순으로 아시아에서 개최된 올림픽의 이면에는 나고야·오사카의 패배가 있었다는 사실에도 주목해야만 하겠다. 여기서도 동일한 동아시아 국가를 응원하기보다는 서로 경쟁하는 관계를 발견할 수 있기 때문이다.

지금에 와서 돌이켜 보면 한국 정부가 북한에 유화정책을 펼치던 2000년대는 남북 관계가 가장 좋았던 시기였다. 2000년 시드니올림픽에 이어 2002년 아오모리青森 동계아시안게임·같은 해 부산 아시안게임·2003년 대구 유니버시아드·2004년 아테네올림픽·2006년 토리노 Torino 동계올림픽과 도하 아시안게임에서 남북한 선수의 공동 입장을 볼 수 있었다.[27] 그중에서도 부산 아시안게임은 한국에서 개최되었던 국제경기대회에 북한이 최초로 참가했다는 점에서 획기적이었다.[28] 그 당시 성화는 백두산과 제주도 한라산에서 채화·봉송되었다. 그로부터 4년 뒤인 2006년 9월에 마찬가지로 백두산(중국 측 호칭은 창바이산長白山)에서 동계아시안게임[창춘長春]의 성화

---

27) 2000년 시드니올림픽 이후 남북한은 본문에서 거론한 대회들 이외에도 2007년 창춘 동계아시안게임·2018년 평창 동계올림픽·같은 해 자까르따-팔렘방 아시안게임에 이르기까지 총 11번의 남북한 동반 입장을 실현했다. 참고로 박근혜朴槿惠 정부 시절인 2014년 9월에 열린 인천 아시안게임 개막식에서는, 냉랭한 남북 관계를 반영하듯 남북한 선수단은 공동 입장이 아니라 각각 입장했다.

28) 2002년 부산 아시안게임에는 선수단 외에 최초로 288명의 대규모 북한 응원단이 참가했는데, 이후에도 2003년 대구 유니버시아드·2005년 인천 아시아육상경기선수권대회·2018년 평창 동계올림픽에는 선수단과 함께 북한 응원단이 참가해서 많은 화제를 뿌리기도 했다.

도판30. 시상대에 서서 '백두산은 우리 땅'이라는 문구를 펼쳐 든 한국 선수들(아사히신문사 제공)

가 채화되었을 때는 한중 간 역사 인식을 둘러싸고 격렬한 논쟁이 벌어졌다. 대회 기간 중 한국 스케이트 선수들이 '백두산은 우리 땅'이라고 적힌 종이를 펼쳐 들었고, 나중에 중국 측이 한국 선수단에게 사과를 요구하는 곤혹스런 장면이 연출되었다.

2006년 10월에 북한은 핵실험을 실시했고, 그 일이 한국에서는 보수 세력에 힘을 실어 준 결과, 2008년 2월에 이명박李明博 정권이 출범하면서 남북 관계는 악화 일로를 치달았다.[29] 그해 베이징올림픽에서 남북 단일팀을

---

29) 전임 정권 노무현盧武鉉 정부 기간 동안 남북한은 171차례에 걸친 회담을 열었는데, 이는 역대 정부 가운데 가장 많은 대화 빈도를 보여 준 것이다. 전임 김대중 정부와 노무현 정부의 대북 정책을 전면적으로 부정하면서, 이명박 정부는 엄격한 상호주의 적용을 내세우며 강경 일변도의 대북 정책으로 일관했다. 그 결과 남북 관계는 흔히 10년 전으로 퇴보했다고 일컬어질 정도로, 상호 간 불신과 불화를 한층 더 증폭시키는 양상을 초래했다.

결성할 계획이 있었으나 무산되고 말았다.[30] 2011년 연말에 김정일金正日 총서기가 사망했고, 이어서 김정은金正恩이 후계자 자리를 계승한 뒤에도 상황은 변화가 없었다. 2017년에 북한과의 화합을 내세운 문재인文在寅 대통령이 취임, 평창 동계올림픽에 임박해서 남북한 간 대화가 갑자기 시작되었고, 그 결과로 오래간만에 올림픽 개막식에서 공동 입장이 실현되었던 일[31]은 지금도 기억에 새롭다.

---

30) 노무현 정부 기간에는 남북 간의 해빙 무드를 반영하듯 스포츠 교류도 활발하게 이루어졌다. 2004년 아테네올림픽을 비롯한 7차례의 국제 대회 출전 가운데 6차례나 남북 공동 입장이 실현되었고, 남한에서 치러진 2차례 국제 대회에 북한이 선수단·응원단을 함께 파견하기도 했다. 그러나 이명박 정부 기간에는 2008년 베이징올림픽 관련 남북한 이행 합의도 파기되어 버렸고, 국제 대회에서의 단일팀이나 공동 입장 같은 교류 실적 또한 2011년 11월 카타르 도하에서 개최된 제1회 피스앤스포츠컵Peace and Sports Cup 탁구대회에 단일팀(남한 2명, 북한 2명)이 출전했던 단 1차례 사례가 전부였다.

31) 2017년 5월에 출범한 문재인文在寅 정부는 전임 정권과는 달리 한반도의 평화와 번영을 위해서는 남북 간 대화와 협력이 필요하다는 입장이었다. 새 정부 출범 후 얼마 지나지 않은 시점인 2017년 6월에, 무주 세계태권도선수권대회에 국제태권도연맹ITF 북한 태권도 시범단이 장웅 IOC 위원의 인솔하에 참가했다. 새 정부 들어서 첫 남북 스포츠 교류였던 이 대회에서 남한 측은 평창올림픽 참가와 남북 단일팀 구성을 제안했고, 북한은 그러한 제안에 대해 9월의 IOC 리마Lima 총회에 이르러서 올림픽 참가 의사를 밝혀 왔다. 그 결과 토마스 바흐Thomas Bach IOC 위원장의 적극적 지원에 힘입어, 동계올림픽에서의 공동 입장과 남북 단일팀(여자 아이스하키 종목) 구성이 실현되었고, 북한은 응원단과 태권도 시범단을 파견했다. 이어 2018년 판문점에서 열렸던 4·27 정상회담 등 남북 화해 무드 속에서 스포츠 분야의 교류도 활성화되어, 5월 스웨덴 할름스타드Halmstad 세계탁구선수권대회에 남북 여자탁구 단일팀이 출전하게 되었다. 이로써 1990년 지바 세계탁구선수권대회에서 최초로 남북 단일팀이 출전한 이래로 27년 만에 또다시 남북 단일팀이 실현되었다. 그 후에 4·27 정상회담의 판문점 선언에 포함된 '아시안게임 공동 진출' 합의에 근거해, 2018년 8월에 개최된 자까르따-팔렘방 아시안게임에서도 남북 공동 입장 및 여자농구를 비롯한 3종목에서 남북 단일팀의 대회 참가가 이루어졌다.

동아시아청소년경기대회 East Asian Youth Games의 행방

동아시아 대회는 오사카 개최 이후에 마카오(2005년)·홍콩(2009년)·톈진(20013년)의 순으로, 중국 내에서 잇달아 개최되었다. 북한은 제4회부터 모든 대회에 참가했다. 북한이 한국·일본에서 열렸던 동아시아 대회에는 참가치 않고서 중국에서 개최된 동아시아 대회에는 빠짐없이 참가했다는 사실은 동아시아 스포츠계에서 중국이 차지하는 역할이 얼마나 컸던가를 증명해 주고 있다. 그것은 일찍이 일본이 맡았던 역할이기도 했다.

그러나 회를 거듭함에 따라 동아시아 대회의 의의는 희박해져 갔다. 일찍이 제2회 대회 당시에 '올림픽이나 세계선수권, 아시안게임에 비해 선수들의 의욕이 떨어지는 것은 피치 못할 측면도 있다. 하지만 선수들이 자국 내의 선수권대회보다도 수준 낮은 대회라고 생각한다면 대회의 의의 그 자체가 의문시되는 것이다'라는 우려가 표명되기도 했다. JOC는 제4회 대회 때에 동아시아 대회를 '청소년 세대에 특화된 종합경기로 전환하자'고 제안했으나 찬동을 얻지 못했다. 그러나 동아시아 대회는 정상급 선수들이 참가치 않고, 그것이 대회 수준을 떨어뜨리고, 그런 이유 때문에 정상급 선수들이 더욱더 참가를 꺼리는 악순환에 빠지고 말았다. 반면에 대회의 규모는 계속 확대되어 처음의 12경기에서 22경기로 늘어났다. 그러다가 제7회 대회 개최지를 찾지 못하는 상황 속에서 2013년 10월에 동아시아청소년경기대회로 개편하기로 결정하고, 동아시아 대회는 제6회 대회로 막을 내리고 말았다.

제1회 동아시아청소년경기대회는 2019년 타이완의 타이중臺中에서 치러질 예정이었으나 결국 개최되지는 못했다(이 장에서 서술함). 중국과 타이완 간의 갈등과 마찰이 원인이었다. 잠시 시간을 거슬러서 양국 관계 변화의 추이를 살펴보기로 하자.

1990년 베이징 아시안게임을 계기로 타이완 선수가 중국에서 개최된 경기에 참가하는 것은 가능해졌으나, 그 반대 경우는 여전히 불가능했다. 1989년 12월 인도네시아 발리섬에서 OCA 집행위원회가 열렸을 때에 중국과 타이완의 NOC 관계자가 처음으로 회담을 가졌다. 그 회담에서 타이완 측은 1998년 타이베이에서 아시안게임을 개최코자 하며, 일방통행식 교류를 상호 간 교류로 바꾸기 위해서는 타이베이 아시안게임을 지지해 달라고 부탁하며 중국 측에 양해를 구했다. 허전량은 타이완 당국이 대륙에 대해 적용하는 차별적 법률은 올림픽헌장에 위배되고, 대회 유치에 필요한 최소한의 조건조차 갖추지 못했다고 비판했다. 6월에도 중화 타이베이 NOC의 장펑쉬 위원장이 최초로 중국을 방문해 허전량에게 협조를 구했으나, 허전량은 타이완이 만일 개최지 신청을 하면 공공연히 반대하겠다며 매몰차게 거절했다. 중국이 타이베이 아시안게임을 반대했던 이유는 타이완이 '국가'로 간주되는 상황을 우려했기 때문이다. 거꾸로 타이완 입장에서 보자면 아시안게임의 개최는 '1국 2정부[一國二政府]'를 국제사회로부터 승인받을 수 있는 좋은 기회였다.

1990년 9월의 베이징 아시안게임 기간 중 개최된 OCA 총회에서 제13회 아시안게임[1998년] 개최지는 방콕으로 결정되었다. 중국의 반대를 무릅쓰고 타이베이가 입후보하는 바람에 결국 투표에 부쳐졌다. 방콕이 20표를 얻은 데 비해 타이베이는 10표를 얻었다. 중화 타이베이 NOC의 리칭화 부위원장은 '투표에 참가한 37개국 및 지역 가운데 10표를 획득했다. 2002년의 아시안게임 유치를 향해 전력을 다하겠다'라며 일찌감치 차기 대회 유치를 목표로 내세웠다.

1994년 7월, 히로시마 아시안게임 조직위원회에 타

이완 리덩후이 총통을 대회에 초청하는 건과 관련해서 OCA로부터 의사 타진이 있었다. 조직위원회는 '신중한 대응'을 요구했으나 OCA의 아흐마드 회장은 초청장을 발송했고, 8월 하순에 문제가 표면화되었다. 아흐마드 회장이 그와 같이 행동한 동기는 불명확했으나, 리덩후이 총통은 후에 '내가 아시안게임에 초청받은 것은 평소 개인적으로 스포츠에 공헌했고, 올림픽 정신을 지지했기 때문으로 정치와는 무관하다'고, 초청장을 읽으면서 설명했다. 허전량은 아흐마드가 6월에 타이완을 방문했을 때 타이완 측이 OCA에 지원을 약속하는 등의 의사를 나타냈으므로, OCA가 정치적 영향을 생각지 않고 구두로 초청을 했던 것으로 추측했다.

당연히 중국 측은 맹렬히 반대했다. 타이완은 그러한 정황까지 고려한 뒤에, 국제사회에서 타이완의 존재감이 커질 것으로 판단하고서 리덩후이 총통이 '국가원수'의 자격으로 대회에 출석하기로 결정했다. 중국의 대회보이콧까지도 이야기되는 마당에, 일본 정부와 조직위원회는 곤혹스러웠지만 상황의 추이를 지켜보는 수밖에 달리 방법이 없었다. 9월 12일에 아흐마드 회장이 리덩후이 총통의 초청을 취소하자, 일본 정부는 타이완 쉬리더

徐立德 행정원 부원장[32]의 대회 참석을 허용했다. 타이완과 중국 쌍방을 모두 배려할 요량이었으나, 중국 측은 쉬리더의 방일조차도 반대하고 나섰다. 아시안게임 기간 중 열린 중일 임원 간담회 자리에서 일본 측 인사가 타이완 문제를 거론하자, 중국 측 임원은 일본이 1932년에도 터무니없는 간섭을 해 놓고서 또다시 중국의 정치와 스포츠 문제에 간섭하는 것이냐며 몹시 격노했다.[33] 중국에 있어서 그것은 과거의 '역사' 문제가 아니었던 것이다.

중국·타이완의 대립은 타이완 가오슝高雄이 제14회 아시안게임[2022년] 개최지에 입후보함으로써 또다시 고조되었다. 중국은 타이완에서 아시안게임이 개최되면 스포츠에 정치를 개입시키는 상황이 벌어질 것이라며, 가오슝이 개최지에 선정되지 않도록 회원국들에게 압력을 가했다. 1995년 5월의 OCA 총회[서울]에서 치러진 투표에서 가오슝은 부산에 패했다. 그것은 1995년 7월에 시작되는 제3차 타이완해협 위기[34]로까지 치닫는 중국·타

---

32) 다른 나라의 부총리에 해당함.

33) 일본이 세운 괴뢰 국가인 만주국의 체육협회가 1932년 5월에 로스앤젤레스올림픽에 참가 신청을 했다가, 자격 문제로 참가하지 못하게 되었던 일련의 사건을 가리키는 것으로 보인다.

34) 제3차 위기의 발단은 1995년 5월에 리덩후이 총통이 자신의 모교인 미국 코넬Cornell대학의 초청을 받아 방미했던 사건에서 시작되었다. 타이완을 외교적으로 고립시키는 전략을 폈던 중국은 타이완의 정치인이 방미하는 일에 원칙적으로 반대했고, 더욱이 리덩후이 총통의 경우는 타이완 독립을 꾀하는 인물로 그의 방미는 지역의 안

이완 간 정치적 대립의 일막이라고도 할 수 있다.

2000년에 치러진 총통 선거에서 최초로 정권 교체를 이룬 민진당民進黨 천수이볜陳水扁 정권은 타이완 정명正 名 운동('중국'·'중화민국'이라는 명칭을 '타이완'으로 바꾸는 운동)[35]을 추진하는 등 탈脫중화민국 및 타이완 독립을 지향하는 색채를 강화했다.

2005년 연말 베이징올림픽의 성화릴레이에 타이완을 통과하는 방안이 제기되었다.[36] 타이완 측은 타이완을 중국의 일부로 간주하려는 전제에서의 성화 봉송 릴레이 경로라면 수용할 수 없다며 신중한 태도를 보였다. 성화 봉송 릴레이 문제를 협의하던 양국 대표는 2007년 3월

정을 위협하는 행위라고 주장했다. 그러나 미국 정부는 의회의 압력을 받았다는 등의 이유를 들어 그의 방미를 허용했는데, 중국은 그러한 미국 정부의 정책 전환에 대해 격렬히 반발했다. 이윽고 보복 조치로 1995년 7월 7일에 중국은 타이완해협 인근에서 탄도미사일 실험을 행했고, 8월 15~25일 기간에 걸쳐서 또다시 타이완해협을 향해 미사일 발사 훈련을 실시했다.

35) '타이완 정명 운동'은 주로 민진당 등의 의원 및 지지층에 의해 이루어지는 운동을 가리킨다. 이들은 국호를 현재의 '중화민국Republic of China'에서 '타이완 공화국Republic of Taiwan'으로 바꾸는 것을 비롯해, 타이완 국영기업 등에서 사용되는 '중국'·'중화'라 는 표현을 '타이완'으로 고칠 것을 주장한다. 곧 타이완 내에서 중국적 색채를 지움으로써 타이완이 '중화인민공화국'이나 '중화민국'과는 다른 별개의 독립된 주권국가라 는 사실을 내외에 인식시키려는 목표를 가지고 있다.

36) 베이징올림픽 성화릴레이와 관련해 한국의 경우는, 성화가 일본 나가노를 거쳐 2008년 4월 27일 오전에 인천공항에 도착하는 것으로 정해졌다. 이후 올림픽공원과 서울시청 사이의 24km 구간에서 80명의 주자에 의해 봉송 행사가 진행되고 나서, 밤 11시에 북한의 평양으로 넘어가는 경로였다. 그러나 봉송 행사 당일에 곳곳에서 성화 도착을 환영하는 중국인의 집회와 중국 티베트 정책 등에 항의하는 사람들의 반중 시위가 벌어졌고, 마침내 시위대끼리 서로 충돌하는 불상사가 빚어짐으로써 이후 한중 간 외교 문제로까지 비화되는 사태로 발전하고 말았다.

27일에 합의에 도달했으나, 4월 22일에 타이완 정부는 다시 입장을 바꿔 경로 변경을 요구했다. 베이징올림픽 조직위원회는 4월 26일에 성화 봉송 릴레이 경로를 발표했으나, 그 직후에 타이완 측은 성화의 타이완 통과를 거부하는 성명을 발표했다. 타이완 정부는 성화가 타이완에서 홍콩·마카오를 통과하는 경로를 두고서 중국 측이 국내 봉송로처럼 선전할 것을 우려했고, 또한 중국 측이 '중화 타이베이'가 아닌 '중국 타이베이'라는 명칭을 사용한 데 대해 반발했던 것으로 보였다. 타이완 내부에서는 2008년 3월에 총통 선거를 앞두고 있던 상황이라 천수이볜 정권이 중국에 대한 강경 자세를 내세울 필요가 있었던 것이다. 그처럼 스포츠에 정치를 개입시킴에 따라 중국 측은 물론 타이완 야당인 국민당에서도 비판이 일었다.

곧바로 IOC가 중재에 나섰고, 8월 말에 명칭에 관련된 요구를 중국 측이 수용함에 따라 타이완은 성화 봉송 릴레이를 받아들이기로 결정했다. 이윽고 9월 8일에 합의서를 교환할 예정이었으나, 9월 21일에 이르러 협의가 결렬되었다는 사실이 발표되었다. 중국 측이 깃발·노래에 관한 IOC의 규칙을 엄격히 적용할 것을 합의서에 포함시키라고 요구했던 것이 원인이었다. 구체적으로는 연도에서 성화릴레이를 구경하는 관중이 중화민국 '국가'를 부르거나, '국기'를 흔드는 행위를 금지토록 요구한 데 대해 타이완 측은 일반 시민까지 규제할 수는 없다며 요구를 거부했기 때문이다.[37]

타이완은 베이징올림픽 성화 봉송을 거부했을 뿐만 아니라 그에 맞서 독자적으로 성화 봉송을 실시했고, '타이완'의 국호로 UN 가입을 촉구하는 운동의 일환으로 활용하기도 했다.[38] 그러한 성화 봉송 행사에서 천수이볜 총통 자신이 첫 번째 주자로 나섰다. 그와 같은 대중국 강경 일변도의 퍼포먼스로도 정치적 열세를 만회하기에는 역부족이었다. 2008년 1월의 입법원 선거에서 민진당은 국민당에게 대패하고 말았다. 게다가 3월 총통 선거에서는 중국과의 관계 개선을 내걸었던 마잉주馬英九가 당선

37) 2007년 9월 21일 중화 타이베이 NOC는 '중국 측이 성화릴레이 시에 사용하는 깃발 등에 규제를 가하도록 우리 타이완 측에 압력을 가함으로써, 우리 타이완 주권을 왜소화矮小化시켰다'라고 맹비난한 뒤에, 타이완으로서는 성화 봉송 릴레이를 수용하는 계획을 포기한다고 공식적으로 발표했다. IOC 역시 이날로 타이완을 통과하는 성화 봉송과 관련해 타이완·중국 간 교섭을 중재하는 일을 포기하겠다고 공식적으로 선언했다.
38) 2007년 9월 18일 제62회 UN 총회의 개막을 기점으로 타이완 측은 뉴욕에서 '타이완' UN 가입 운동을 대대적으로 전개했다. 주로 UN 본부 근처의 공중전화 박스나 노선버스 차량 등에 '민주국가는 고립되어서는 안 된다. 타이완을 UN으로'라는 구호로 된 홍보 광고물이 잔뜩 나붙었는데, UN 외교가에서는 타이완이 배후에서 자금을 지원한다는 소문이 파다했다. 물론 UN 총회에서 '타이완'이라는 국호의 가입 신청안은 중국의 맹렬한 반대로 접수조차 불가능해 보였지만, 천수이볜 정권의 대중국 강경 자세와 맞물리면서 '타이완' UN 가입 운동은 이 시기에 과열 양상을 띠게 되었다.

되었다. 국민당 정권하에서 타이완과 중국의 관계는 크게 호전되었다.

여기서 주목할 점은 성화 봉송을 둘러싼 외교적 밀당의 와중에서도 타이완 측이 베이징올림픽에 참가하는 것을 끊임없이 긍정적으로 생각했다는 사실이다. 올림픽에 불참함으로써 감내해야 할 불이익은 너무나도 컸기 때문이다. 포용과 배제의 정치는 이제 올림픽의 장에서는 시대에 뒤떨어진 구닥다리가 되어 버렸다.

2016년 민진당의 차이잉원蔡英文이 총통에 취임하여 '1992년 합의(九二共識)'를 부정하자, 타이완과 중국의 관계는 급속히 냉각되었다. 2017년 타이베이에서 유니버시아드 대회가 개최되었으나 중국은 단체 선수단 파견을 보류해 버렸다.

2018년에 들어서 '타이완'이라는 명칭으로 도쿄올림픽에 참가하자고 주장하는 운동(정명正名 운동)이 타이완 독립파 세력을 중심으로 전개되었다. 정명 운동의 발기인은 다름 아닌 지정紀政이었다. 일찍이 타이완이 명칭 변경에 반대해 나고야 결의의 수용을 거부했을 적에 그래도 (타이완은) 올림픽에 머물러야만 한다고 주장했고, 그 후로 국민당의 입법위원으로 타이완과 중국 간의 교류에 있는 힘을 다했던 인물인 그녀가 이제 와서는 '중화 타이베이'라는 국가는 없다며 운동에 나선 것이었다. 지금까지 보아 왔듯이 명칭 문제는 자신의 존재를 내걸었던 정치투쟁이며, 명칭은 자신의 바람에 의해서가 아니라 타자와의 관계성 속에서 결정되었다. 한편으로 그러한 목소리가 충분히 커졌을 때에라야, 타자와의 관계성이 변화한다는 사실 또한 역사가 가르쳐 주는 교훈이었던 것이다.

7월 24일에 베이징에서 개최된 동아시아경기대회연합 EAGA 임시집행위원회에서 회장인 중국의 류펑劉鵬이 '대회가 정치적 리스크에 직면해 있다'라는 이유를 들어 제1회 동아시아청소년경기대회 중지를 제안했다. 타이완은 반대했고, 일본은 기권했으나 찬성 다수로 가결되고 말았다. 중국의 인민일보는 대회 중지 책임을 민진당과 '타이완 독립[臺獨]' 세력 탓으로 돌렸지만, 민진당뿐만 아니라 국민당 내에서도 중국에 대한 비판이 쏟아졌다. 어느 쪽이 정치를 끌어들였을까? 양쪽 모두가 그랬다는 것이 정답일 것이다.

애초에 나고야 결의도 '1992년 합의'도, 중국·타이완 양측이 '하나의 중국'을 자기중심적으로 해석하는 한편 분단이라는 현실을 은폐함으로써 양측의 교류를 가능케 했던 것이다. 타이완이 중국과는 별개의 국가라는 사실을 주창했을 때, '하나의 중국'이라는 허구는 붕괴해 버리고 분단의 현실이 겉으로 드러났다. 그것은 84년 전에 극동올림픽이 해산에 이르렀던 상황과 유사하다. 서장에서 언급했듯이 만주국의 존재를 인정치 않았던 중국은 '하나의 중국'이라는 이상을, 만주국을 참가시키려 했던 일본은 '두 개의 중국'이라는 현실을 주장했다. 만주국을 배제함으로써 가까스로 성사되었던 극동올림픽은 만주국이라는 현실과 맞닥뜨리는 순간에 붕괴될 수밖에 없었다. 다만 극동올림픽이 '두 개의 중국'을 지지하는 일본에 의해 해산되었던 반면에, 동아시아청소년경기대회는 '하나의 중국'을 지지하는 중국에 의해 중단되었다는 점에 차이가 있을 뿐이다.

'타이완'이라는 명칭으로 도쿄올림픽에 참가할지의 여부를 가리는 국민투표가 11월 25일에 치러졌으나 안건은 부결되었다.[39] 만약 가결되었다면 어떻게 되었을까?

---

39) 2018년 11월 25일 타이완의 통일 지방선거와 함께 치러진 국민투표에서, 제32회 도쿄올림픽에 지금까지 사용하던 '중화 타이베이'가 아닌 '타이완'의 명칭으로 참가할지의 여부를 투표에 부쳤다. 해당 안건은 100만 정도의 표차로 반대가 찬성을 앞서는 계표 결과로 부결되었다. 국민투표에 즈음해서 IOC는 '중화 타이베이'라는 명칭은 1981년에 타이완 측도 합의·결정했던 사항으로 그에 대한 어떠한 변경 시도도 인정할 수 없다는 방침을 표명했다.

'타이완'이라는 명칭으로 참가가 이루어졌다면 중국이 올림픽을 보이콧했을 것이고, '타이완'이라는 명칭으로 참가치 못할 경우에는 타이완이 대회를 보이콧했을 것이다. IOC와 도쿄올림픽조직위원회로서는 나고야 결의에 좇아서 일을 진행하는 것 외에 달리 선택지는 없었을 듯하다(실제 IOC는 여러 차례 경고를 했다).

동아시아청소년경기대회의 앞날은 여전히 불투명한 상태이다.

3. 20세기 동아시아와 스포츠

국제 스포츠는 단순한 스포츠가 아니다. 대외적으로는 국가의 존재를 국제사회에 알리는 장이며, 아울러 경기에서의 활약상에 따라 국가의 위신을 과시할 수도 있다. 대내적으로는 국민을 통합하고, 정부에 대한 지지를 끌어모으는 장치로 작용하기도 했다. 올림픽이나 아시안게임 같은 국제적인 스포츠 무대에서 어떤 이미지로 보여지는가의 문제는 약소국이나 신흥국, 또는 정통성이 결여된 국가에게는 중차대한 사안이었다. 바로 그런 이유 때문에 포용과 배제의 정치가 펼쳐졌던 것이다.

제2차 대전 직후 국제 스포츠계에서 배제됐던 일본은 아마추어 스포츠의 신봉자·수호자 역할을 떠맡음으로써, 과거 스포츠를 정치화했던 죄과에 대한 속죄를 행하고 아시아 및 세계 스포츠계에 다시 편입되었다. 복귀 후 얼마 지나지 않아 아시안게임과 올림픽을 개최할 수 있었던 것은 그런 자세를 높이 평가받았기 때문이었다.

아시아 유일의 스포츠 강국이 되었던 일본은 여타 아시아 국가들을 아마추어 스포츠의 이상적 차원까지 끌어올리는 〔문명화文明化 사명〕 역할을 떠맡았다. 세계의 강국들과 메달 경쟁을 벌였던 일본과는 달리 아시아 국가에게는 올림픽에 참가하는 일 자체가 넘기 힘든 장벽이었다. 스포츠의 비정치주의를 표방했던 IOC는 실제로는 서양의 백인 남성이 중심〔흑인 위원은 1963년, 여성 위원은 1981년 이전에는 없었다〕인 조직으로, 아시아·아프리카의 신흥국이나 공산권 국가를 배제하려는 성향이 있었다. 이들 국가는 자신들이 원하는 방식으로 참가하기 위해 IOC 등의 국제기구와 치열하게 투쟁을 벌여야만 했다. IOC의 우등생을 자처했던 일본은 그와 같은 아시아를 기피하고서 '아시안게임 경시, 올림픽 중시' 성향을 강화해 갔다.

한편으로 일본은 냉전의 여파로 갈라진 동아시아의 통합에도 적극적으로 나섰다. 여타 권위주의 국가들과는 달리 일본은 냉전의 벽으로 막힌 양쪽 진영과도 통하는 연락 채널을 가지고 있었다. 핑퐁외교를 계기로 시작된 1970년대 동아시아의 재편 과정에서, 일본은 때로는 IOC에게서 정치적이라고 비난받으면서도 중국의 포용을 추진했었다. 그랬던 IOC는 1974년 올림픽헌장에서 '아마추어'라는 단어를 삭제했고, 스포츠와 정치의 관계에 더욱더 유연한 자세를 보여 주게 되었다. 역사 연구자 슈테판 휘브너는 같은 해에 열렸던 테헤란 아시안게임에서 '문명화 사명'이 종결되었다고 지적하고 있다.

1980년대에 아시아는 다극화시대로 접어들었다. 한국·중국의 약진, IOC의 상업화commercialization 노선으로의 전환 등으로 인해, 일본이 경기력과 이상이라는 양방면에서 지녔던 이점은 사라져 버리고 말았다. 오랫동안 아시아 스포츠계의 주변부에 위치했던 아랍 국가들이 풍부한 자금을 배경으로 전면에 등장했던 것도 이 시기부터였다. 아랍 국가들은 아시안게임을 반反이스라엘 정책 수행의 도구로 삼았다. 올림픽 자체가 정치도구화하면서, 모스크바와 로스앤젤레스올림픽에서 대규모 보이콧 사태가 일어났다. 그러나 그 이면에서는 냉전 종식으로 향한 움직임이 착실하게 진행되고 있었다. 동아시아에서도 한국·중국, 중국·타이완 간에 스포츠 교류가 시작되었다. 서울올림픽을 보이콧한 북한에 동조하는 분위기가 확산되지 않은 것은 포용과 배제의 정치가 더 이상 커다란 의미를 지니지 않게 되었음을 말해 준다.

1990년 (베이징) 아시안게임, 1992년 (바르셀로나)올림픽에 동아시아 모든 국가·지역이 참가함에 따라, 지역의 분단은 일단 극복되었다고 해도 무방할 것이다. 그렇다고 해도 동아시아 대회 창립·개최의 과정과 전말이 보여주듯이 동아시아라는 차원에서는 여전히 분단이 뿌리 깊게 남아 있다.

스포츠는 분단을 과연 극복할 수 있을 것인가? 한반도
의 남북한 화해에 동분서주했던 오기무라 이치로가 '정
치와 스포츠의 힘은 100 대 1, 아니 1,000 대 1 정도로 힘
의 차이가 난다'고 말했듯이, 정치와 스포츠의 관계는 압
도적으로 비대칭이다. 스포츠가 정치를 움직이는 것처
럼 보이는 경우에도, 실제로는 대부분 정치가 스포츠를
움직이는 것이었다.

아마추어 스포츠의 모순은 비정치주의를 고집하면 할
수록 정치적으로는 그 가치가 더욱 높아진다는 점에 있
다. 압도적인 정치의 위력 앞에서 오기무라 이치로가 '스
포츠가 본래 지니고 있는 문화적 가치가 줄어들어서는
안 된다'고 했던 것은 스포츠계에 주체성의 회복을 요구
했던 발언으로 해석할 수 있다. 그런 인식이 모스크바올
림픽 보이콧 사태를 겪는 과정에서 확고해짐으로써, JOC
가 JASA로부터 독립하는 계기가 되었던 것이다. 그러나
1990년대 이후 스포츠의 상업화가 진행되면서 스포츠계
의 정부에 대한 의존도는 오히려 더욱 높아지고 있다.

정치에 종속되어 있는 한 스포츠는 정치가 만들어 낸
분단을 극복할 수는 없을 것이다.

참고 문헌

*신문·잡지는 제외하고, 대회 보고서는 인용한 문헌만 다루었다.

일본어

- 아사노 긴이치浅野均一「제1회 아시안게임에 대해第一回アジア競技大會について」일본체육협회日本體育協會 편『제1회 아시안게임 보고서第一回アジア競技大會報告書』일본체육협회, 1951년
- 이오키베 마코토五百旗頭眞 편『전후일본외교사戰後日本外交史』제3판 개정판, 유히카쿠有斐閣, 2014년
- 이케이 마사루池井優「일중 스포츠 교류日中スポーツ交流(1956~1972) — 정치와 스포츠 사이政治とスポーツの間」『법학연구—법률·정치·사회法學研究—法律·政治·社會』58권 2호, 1985년
- 이케이 마사루『올림픽의 정치학オリンピックの政治學』마루젠丸善, 1992년
- 이시자카 고이치石坂浩一 편저『북한을 알기 위한 55장北朝鮮を知るための55章』제2판, 아카시쇼텐明石書店, 2019년
- 이시자카 유지石坂友司『현대 올림픽의 발전과 위기 1940~2020—2번째의 도쿄가 지향하는 것現代オリンピックの發展と危機1940~2020—二度目の東京が目指すもの』진분쇼인人文書院, 2018년
- 오시마 히로시大島裕史『코리안 스포츠〈극일〉전쟁コリアンスポーツ〈克日〉戰争』신쵸샤新潮社, 2008년
- 오노 아키라大野晃『현대 스포츠 비판—스포츠 보도 최전선으로부터의 레포트現代スポーツ批判—スポーツ報道最前線からのレポート』다이슈칸쇼텐大修館書店, 1996년

- 오기무라 이치로荻村伊智朗, 후지 모토오藤井基男『탁구 이야기―에피소드로 풀어보는 탁구 백년卓球物語―エピソードでつづる卓球の百年』다이슈칸쇼텐, 1996년

- 오기무라 이치로 저, 고노 노보루今野昇 편『웃음을 잊은 날―전설의 탁구인·오기무라 이치로 자전笑いを忘れた日―傳説の卓球人·荻村伊智朗自傳』탁구왕국卓球王國, 2006년

- 가와시마 신川島眞, 핫토리 유지服部龍二 편『동아시아 국제정치사東アジア國際政治史』나고야대학출판회名古屋大學出版會, 2007년

- 가와모토 노부마사川本信正『스포츠의 현대사スポーツの現代史』다이슈칸쇼텐, 1967년

- 기미야 다다시木宮正史『민족주의에서 바라본 한국·북한 근현대사ナショナリズムから見た韓國·北朝鮮近現代史』고단샤講談社, 2018년

- 기요카와 마사지淸川正二『나의 스포츠 기록―올림픽과 함께한 반세기私のスポーツの記録―オリンピックと共に半世紀』베이스볼·매거진사ベースボール·マガジン社, 1984년

- 기요카와 마사지『스포츠와 정치―올림픽과 보이콧 문제의 시점スポーツと政治―オリンピックとボイコット問題の視點』베이스볼·매거진사, 1987년

- 기요카와 마사지『올림픽과 60년―JOC에 대한 제언オリンピックと60年―JOCへの提言』베이스볼·매거진사, 1989년

- 킬라닌 경로드·키라닌 저, 미야카와 쓰요시宮川毅 역『올림픽 격동의 세월―킬라닌 전 IOC 위원장의 올림픽 회상록オリンピック激動の歲月―キラニン前IOC會長による五輪回想録』베이스볼·매거진사, 1983년

- 김운용金雲龍『위대한 올림픽―바덴바덴에서 서울로偉大なるオリンピック―バーデンバーデンからソウルへ』베이스볼·매거진사, 1989년

- 김성金誠『손기정―제국일본의 조선인 메달리스트孫基禎―帝國日本の朝鮮人メダリスト』주오코론신샤中央公論新社, 2020년

- 권학준權學俊『국민체육대회 연구―민족주의와 스포츠 이벤트國民體育大會の研究―ナショナリズムとスポーツ·イベント』아오키쇼텐青木書店, 2006년

- 니콜라스 그리핀ニコラス·グリフィン 저, 이가라시 가나코五十嵐加奈子 역『핑퐁외교의 그늘에 있었던 스파이ピンポン外交の陰にいたスパイ』가시와쇼보柏書房, 2015년

- 데이비드 골드블랫デイビッド·ゴールドブラット 저, 시무라 마사코志村昌子·후타키 유메코二木夢子 역 『올림픽 전사オリンピック全史』 하라쇼보原書房, 2018년

- 사에키 도시오佐伯年詩雄 『현대 스포츠를 읽다―스포츠 고현학의 시도現代スポーツを読む―スポーツ考現學の試み』 세카이시소샤世界思想社, 2006년

- 사카우에 야스히로坂上康博 『권력장치로서의 스포츠―제국일본의 국가전략權力裝置としてのスポーツ―帝國日本の國家戰略』 고단샤, 1998년

- 사카우에 야스히로坂上康博, 나카후사 도시로中房敏朗, 이시이 마사유키石井昌幸, 다카시마 코高嶋航 편저 『스포츠 세계사スポーツ世界史』 잇시키一色出판, 2018년

- 시미즈 우라라清水麗 『타이완 외교의 형성―일본·타이완 단교와 중화민국으로부터의 전환臺灣外交の形成―日華斷交と中華民國からの轉換』 나고야대학출판회, 2019년

- 시바타 가쓰지柴田勝治 『신세기를 향하여―올림픽과 니혼대학에서 살다新世紀に向けて―五輪と日本大學に生きる』 도쿄신문東京新聞出판국, 1988년

- 시바타 가쓰지 회상록 간행위원회柴田勝治追想錄刊行委員會 편 『시바타 가쓰지 선생 회상록柴田勝治先生追想錄』 시바타 가쓰지 회상록간행위원회, 2000년

- 세키 하루나미關春南 『전후 일본의 스포츠 정책―그 구조와 전개戰後日本のスポーツ政策―その構造と展開』 다이슈칸쇼텐, 1997년

- 다카시마 고高嶋航 『제국일본과 스포츠帝國日本とスポーツ』 하나와쇼보塙書房, 2012년

- 다카시마 고 『국가와 스포츠―오카베 히라타와 만주의 꿈國家とスポーツ―岡部平太と滿洲の夢』 가도카와KADOKAWA, 2020년

- 다카시마 고·김성 편 『제국일본과 월경하는 선수들帝國日本と越境するアスリート』 하나와쇼보, 2020년

- 정웨칭鄭躍慶 「〈핑퐁외교〉와 고토 고지〈ピンポン外交〉と後藤鉀二」 『아이치슈쿠토쿠대학 현대사회연구과 연구보고愛知淑德大學現代社會研究科研究報告』 2호, 2007년

- 도가시 아유미冨樫あゆみ 「19060년대 초엽 일본의 대한반도 외교에 관한 고찰―1964년 도쿄올림픽과 북한, 일한 관계1960年代初頭日本の對朝鮮半島外

交に關する考察─1964年東京オリンピックと北朝鮮, 日韓關係」『한국연구센터 연보 韓國研究センター年報』19호, 2019년

- 도미타 고스케冨田幸祐「일본 스포츠계와 정치의 관계에 관한 사적 연구─1930년대 및 1960년대의 아시아에 있어서 국제 스포츠 대회를 대상으로 日本スポーツ界と政治の關係に關する史的研究─1930年代および1960年代のアジアにおける國際スポーツ大會を對象として」히토쓰바시대학 대학원 사회학연구과 박사논문一橋大學大學院社會學研究科博士論文, 2018년

- 일본체육협회 편『일본체육협회·일본올림픽위원회 100년사─1911~2011日本體育協會·日本オリンピック委員會100年史─1911~2011』일본체육협회, 2012년

- 백종원白宗元『조선의 스포츠 2000년─바다를 넘은 조선·일본의 교류朝鮮のスポーツ二〇〇〇年─海を越えて朝日交流』쓰게쇼보柘植書房, 1995년

- 하야세 신조早瀬晋三『동남아시아의 스포츠·민족주의─SEAP GAMES/ SEA GAMES 1959~2019東南アジアのスポーツ·ナショナリズム─SEAP GAMES/SEA GAMES 1959~2019年』메콩메くん, 2020년

- 슈테판 휘브너シュテファン·ヒューブナー 저, 다카하시 고·도미타 고스케 역『스포츠가 만든 아시아─근육적 기독교의 세계적 확장과 창조된 근대 아시아スポーツがつくったアジア─筋肉的キリスト教の世界的擴張と創造される近代アジア』잇시키출판, 2017년

- 히라이와 하지메平井肇 편『스포츠로 읽는 아시아スポーツで読むアジア』세카이시소샤, 2000년

- 히라이와 순지平岩俊司『조선민주주의인민공화국과 중화인민공화국─「순치 관계」의 구조와 변용朝鮮民主主義人民共和國と中華人民共和國─「唇齒の關係」の構造と變容』세오리쇼보世織書房, 2010년

- 후쿠나가 후미오福永文夫『일본점령사1945~1952─도쿄·워싱턴·오키나와日本占領史1945~1952─東京·ワシントン·沖繩』주오코론신샤, 2014년

- 후지와라 겐고藤原健固『국제정치와 올림픽國際政治とオリンピック』도와쇼인道和書院, 1984년

- 에이버리 브런디지アベリー·ブランデージ 저, 미야카와 쓰요시 역『근대 올림픽의 유산近代オリンピックの遺産』베이스볼·매거진사, 1974년

- 베이스볼·매거진사 편『인간 다바타 마사지─올림픽과 더불어 50년人間

田畑政治―オリンピックと共に五十年』베이스볼·매거진샤, 1985년

- 마스오 치사코益尾知佐子·아오야마 루미青山瑠妙·미후네 에미三船恵美·자오홍웨이趙宏偉『중국외교사中國外交史』도쿄대학출판회東京大學出版會, 2017년

- 마쓰세 마나부松瀬學『올림픽 보이콧―잊혀진 모스크바, 28년째의 증언五輪ボイコット―幻のモスクワ, 28年目の證言』신쵸샤, 2008년

- 미치시타 나루시게下德成『북한 벼랑끝 외교의 역사:1966~2012년北朝鮮瀨戸際外交の歴史:1966~2012年』미네르바쇼보ミネルヴァ書房, 2013년

- 미야기 다이조宮城大藏『증보 해양국가 일본의 전후사:아시아 변모의 궤적을 해독하다增補海洋國家日本の戰後史:アジア變貌の軌跡を読み解く』치쿠마쇼보筑摩書房, 2017년

- 제프리 밀러ジェフリ·ミラー, 미야카와 쓰요시 역『올림픽의 내막―성화는 영원한가オリンピックの内幕―聖火は永遠か』사이마르출판회サイマル出版會, 1979년

- 데이비드 밀러デヴィッド·ミラー 저, 하시모토 아키라橋本明 역『올림픽 혁명―사마란치의 도전オリンピック革命―サマランチの挑戰』베이스볼·매거진사, 1992년

- 모리 가즈코毛里和子『중일 관계―전후로부터 신시대로日中關係―戰後から新時代へ』이와나미쇼텐岩波書店, 2006년

- 모쿠다이 데쓰오杢代哲雄『평전 다바타 마사지評傳田畑政治』고쿠쇼칸코카이國書刊行會, 2018년

- 모리노 신지守能信次『국제정치와 스포츠―국제 스포츠의 정치사회학國際政治とスポーツ―國際スポーツの政治社會學』호루푸출판ほるぷ出版, 1982년

- 요시미 순야吉見俊哉『올림픽과 전후―공연으로서의 도쿄올림픽五輪と戰後―上演としての東京オリンピック』가와데쇼보신샤河出書房新社, 2020년

- 이종원李鍾元·기미야 다다시·이소자키 노리오磯崎典世·아사바 유키浅羽祐樹『전후 일한 관계사戰後日韓關係史』유히카쿠, 2017년

- 린성아이林聖愛『한중 관계와 북한―국교 정상화를 둘러싼 「민간외교」와 「정당 외교」中韓關係と北朝鮮―國交正常化をめぐる「民間外交」と「黨際外交」』세오리쇼보, 2015년

- 와다 하루키和田春樹『북한 현대사北朝鮮現代史』이와나미쇼텐, 2012년

중국어

- 추이러취안崔樂泉 편『중국체육통사中國體育通史』인민체육출판사人民體育出版社, 2008年
- 추이러취안 편『중국 올림픽 운동 통사中國奧林匹克運動通史』칭다오출판사靑島出版社, 2008年
- 제1회 동아시아 대회 조직위원회第一屆東亞運動會組織委員會 편『제1회 동아시아 대회第一屆東亞運動會』상하이인민출판사上海人民出版社, 1994年
- 하오겅성郝更生『하오겅성 회고록郝更生回憶錄』전기문학출판사傳記文學出版社, 1967년
- 리룬보李潤波 주편『중국체육 백년도지中國體育百年圖志』중국화교출판사中國華僑出版社, 2008년
- 량리쥐안梁麗娟『허전량—올림픽의 길何振梁—五環之路』세계지식출판사世界知識出版社, 2005년
- 린수잉林淑英·두리쥔杜利軍·쉬더순胥德順·왕퉁위王彤瑜·예밍葉明「중국과 이전 소련·동구권 스포츠 교류 및 그 영향에 관한 연구中國與前蘇聯東歐體育交往及其影響的研究」『체육과학體育科學』20권 6호, 2000년
- 뤄스밍羅時銘『당대 중국 스포츠 대외관계사(1949~2008)當代中國體育對外關係史(1949~2008)』베이징체육대학출판사北京體育大學出版社, 2016년
- 쉬헝徐亨 구술『쉬헝 선생 탐방기徐亨先生訪談錄』국사관國史館, 1998년
- 예룽옌葉龍彥『하오겅성전郝更生傳』타이완성문헌위원회臺灣省文獻委員會, 1993년

한국어

- 대한체육회 편『대한체육회사』대한체육회, 1965년
- 대한체육회 홍보실 편『대한체육회 90년사』대한체육회, 2010년
- 상백 이상백 평전 출판위원회·한국대학농구연맹 편,『상백想白 이상백李相佰 평전』을유문화사, 1995년
- 이학래李學來『한국 체육 백년사』, 한국학술정보, 2003년
- 이학래·김동선金東善『북한의 체육』한국학술정보, 2004년

- 이학래 『남북 체육 교류와 한반도 평화』 NOSVOS, 2020년
- 한국농구 80년사 편찬위원회 편집 『한국농구 80년사』 대한농구협회, 1989년

영어

- Susan Brownell, *Training the Body for China: Sports in the Moral Order of the Peoples Republic*, The University of Chicago Press, 1995.
- Victor Cha, *Beyond the Final Score: The Politics of Sport in Asia*, Columbia University Press, 2008.
- Heather L. Dichter and Andrew L. Johns eds., *Diplomatic Games: Sport, Statecraft, and International Relations since 1945*, The University Press of Kentucky, 2014.
- Terry Vaios Gitersos, "The Sporting Scramble for Africa: GANEFO, the IOC and the 1965 African Games," *Sport in Society*, 14–5, 2011.
- Fan Hong, *Sport, Nationalism and Orientalism: The Asian Games*, Routledge, 2007.
- Fan Hong and Lu Zhouxiang, *The Routledge Handbook of Sport in Asia*, Routledge, 2020.
- Jonathan Kolatch, *Sports Politics and Ideology in China*, Jonathan David Publishers, 1972.
- Dae Hee Kwak, Yong Jae Ko, Inkyu Kang and Mark Rosentraub eds., *Sport in Korea: History, Development, Management*, Routledge, 2017.
- Catherine Kai–ping Lin, *Sports and Foreign Policy in Taiwan: Nationalism in International Politics*, Academica Pr Llc, 2019.
- J. A. Mangan, Sandra Collins and Gwang Ok eds., *The Triple Asian Olympics: Asia Rising: The Pursuit of National Identity, International Recognition and Global Esteem*, Routledge, 2012.
- J. A. Mangan, Marcus P. Chu and Dong Jinxia eds., *The Asian Games: Modern Metaphor for 'The Middle Kingdom' Reborn: Political State-*

ment, *Cultural Assertion, Social Symbol*, Routledge, 2014.

- Udo Merkel, "Sport, Politics and Reunification: A Comparative Analysis of Korea and Germany," *The International Journal of the History of Sport*, 26—3, 2009.

- Doosik Min and Yujeong Choi, "Sport Cooperation in Divided Korea: An Overstated Role of Sport Diplomacy in South Korea," *Sport in Society*, 22—8, 2018.

- Jenifer Parks, *The Olympic Games, the Soviet Sports Bureaucracy, and the Cold War: Red Sport, Red Tape*, Lexington Books, 2017.

- Sergey Radchenko, "It's not Enough to Win: The Seoul Olympics and the Roots of North Koreas Isolation," *International Journal of the History of Sport*, 29—9, 2012.

- Republic of China Olympic Committee eds., *Amateur Sport in the Republic of China,* Republic of China Olympic Committee, 1974.

- J. Simon Rofe ed., *Sport and Diplomacy: Games within Games*, Manchester University Press, 2018.

- Alfred Erich Senn, *Power, Politics, and the Olympic Games*, Human Kinetics, 1999.

- William M. Tsutsui, Michael Baskett, *The East Asian Olympiads, 1934 —2008*, Global Oriental, 2011.

- Friederike Trotier, *Nation, City, Arena: Sports Events, Nation Building and City Politics in Indonesia*, NIAS, 2021.

- Xu Guoqi, *Olympic Dreams: China and Sports, 1895—2008*, Harvard University Press, 2008.

- Lu Zhouxiang and Fan Hong, *Olympics in Conflict: From the Games of the New Emerging Forces to the Rio Olympics*, Routledge, 2018.

맺는말

　올림픽은 분단을 극복했는가? 대답은 '예'인 동시에 '아니요'이다. 포용과 배제의 관점에서 보자면 포스트 냉전 시대의 올림픽은 이미 분단을 극복했다. 그러나 동아시아 차원에서는 분단은 엄연히 존재하고 있다. 또한 이 책에서 주로 다룬 내용은 국가의 분단이었으나, 이 세상에는 인종·계급·젠더 등 갖가지 분단이 엄연히 존재하고 있다.

　올림픽에는 우정과 연대를 키우고 평화로운 세계를 실현할 힘이 없는 것일까? 그 물음에 대한 대답 또한 '예'인 동시에 '아니요'이다. 올림픽은 그러한 이상을 내세움으로써, 비록 이름뿐 아무 실속이 없는 것일지라도, 그것이 모두가 지향할 가치라는 인식은 널리 공유케 했던 것이다. 도쿄올림픽·패럴림픽 조직위원회 모리 요시로森喜朗 위원장의 사퇴 소동[1]에 커다란 역할을 했던 것은 차별을

---

1) 2021년 2월 3일에 전임 총리였던 모리 요시로 위원장이 올림픽 관련 회의석상에서 '여자들은 조용히 입을 닫고 있는 것이 좋다'는 식의 여성 비하 성차별 발언을 한 것이 논란을 불러일으켰다. IOC는 우왕좌왕하다가 결국 'IOC 헌장과 올림픽 개혁에 반한

금지한 올림픽헌장이다. 분명 IOC조차도 오랫동안 성차별이 존재하는 조직이었다. 그럼에도 불구하고 IOC가 내세운 헌장을 근거로 현실은 한걸음 더 이상에 다가가게끔 되었다.

그러나 한편으로 이상만 내세워서는 현실은 변하지 않는다는 사실에도 주의해야 한다. 올림픽 혹은 스포츠 자체에 우정과 연대를 키우는 힘이 있는 것만은 틀림이 없다. 그러나 그것은 어디까지나 스포츠 세계에 국한된 이야기이다. 현실 세계에서 우정과 연대를 키우는 노력을 행하지 않는다면 그것은 한낱 꿈으로 끝나고 말 뿐이다. 스포츠 특히 국제 스포츠는 친선을 도모하는 동시에 민족주의의 매개체가 되어 왔다. 국가별 대항전의 양상을 나타내는 올림픽은 새삼 민족주의의 전시장이 되었다. 민족주의는 종종 내가 아닌 타자에 대한 적대감을 부추긴다. 그렇게 되면 올림픽은 이상으로부터 더욱더 멀어지고 마는 것이다.

애초부터 올림픽은 2차례 세계대전과 냉전 시대를 거

___

다'는 성명을 발표했고, 모리 위원장 자신도 국내외의 수많은 비판 여론에 떠밀려 2월 11일에 사퇴하고 말았다. 후임 위원장은 여성인 하시모토 세이코橋本聖子 올림픽 담당상이 맡게 되었으나, 아이러니하게도 그녀 역시 성추행 논란에 휩싸임으로써 올림픽이 개막하기도 전에 숱한 논란에 휩싸였다.

치면서 크게 발전했다. 사람들은 올림픽에 평화와 민족주의 양쪽 모두를 요구해 왔다고 하겠다. 올림픽의 이상은 올림픽 내에서뿐만 아니라 현실 세계 쪽에서도 모두 요구했던 것이다. 올림픽이 창출해 내는 열광과 꿈은 사람들에게 현실의 문제를 잊게끔 해 준다. 그러나 단지 이상만을 내세우고 올림픽을 개최하는 것만으로는 오히려 문제 해결을 지연시키기 십상이다. 어떻게 해야 올림픽을 통해서 이상을 실현할지 구체적으로 생각하고 검증해 가야 할 필요가 있는 것이다.

이번에 개최된 도쿄올림픽은 올림픽의 갖가지 문제점 〔아는 사람은 이미 다 알고 있는 것이지만〕을 백일하에 드러냈다. 1980년대에 상업화로 방향을 전환했던 이후로 올림픽은 기형적인 발전을 이룩해 왔다. 폭염 속에서 거행되는 마라톤[2]은 상업자본에 영혼을 팔아넘긴 올림픽의 초라한 몰골이었다. 물론 이 책에서 보았듯이 본격적인 상업화 이전의 올림픽도 온갖 문제에 직면했고, 특히 냉전 시대에는 정치에 이리저리 농락당했다. 핑퐁외교를 비롯해 스포츠가 연출했던 눈부신 역할도 대부분 이미 진행되던

---

2) 도쿄올림픽의 마라톤 경기는 도쿄의 8월 폭염에 대한 우려로 평균 기온이 도쿄보다 다소 낮은 삿포로로 경기 장소를 옮겨서 개최했다.

정치적 프로세스를 촉진시킨 것에 지나지 않았다. 그렇더라도 오늘날에 비하면 과거의 스포츠계는 오히려 주체성을 견지하고 있는 것으로 보인다. 이번의 도쿄올림픽이 진정한 올림픽 재생의 계기가 되었으면 하고 내심 바라지만 그럴 가능성은 낮아 보인다.

이번 도쿄올림픽·패럴림픽에서는 이 책에 덧붙여야 할 몇 가지 사건이 있었다. 올림픽 개막식에서 일본의 공영방송인 NHK 아나운서가 '중화 타이베이' 선수단을 '타이완'으로 소개했던 일이 화제가 되었다. 2022년에 개최될 베이징 동계올림픽에서 한자 표기가 '중화 타이베이中華臺北'일지, 아니면 '중국 타이베이中國臺北'일지 새삼 주목된다.[3] 타이완의 지정紀政은 이미 2024년 파리올림픽에서는 '타이완'이라는 명칭으로 출전하겠다는 정명 운동을 다시금 시작한다고 선언했다. 1964년 도쿄올림픽을 보이콧했던 북한이 이번 도쿄올림픽에도 불참한 데에는 내심 놀랐지만 정치적 이유는 아닐 것으로 생각한다〔그렇지만 이에 대한 판단은 베이징 동계올림픽을 보고 난 뒤에라야 비

---

3) 2022년 2월 4일 밤에 행해진 베이징 동계올림픽 개막식에서 타이완 선수단이 입장할 때의 '호칭'문제는 많은 사람의 주목거리였다. 그런데 결과적으로 선수단 입장 때의 장내 아나운서는 중국어로 '중화 타이베이中華臺北', 영어로는 '차이니즈 타이베이Chinese Taipei'로 안내했으며, 선수단의 손 팻말의 한자 표기도 '중화 타이베이中華臺北'로 이전의 올림픽 개막식 때와 다를 바가 없었다.

로소 내릴 수 있겠다).[4] 경기 방면에서는 일본의 약진이 눈부셨다. 오키나와는 1972년 일본 반환 이후 처음으로, 홍콩은 1997년 중국 본토 반환 이후 처음으로 금메달을 땄다.[5] 중국이 메달 종합순위 2위로 선전했던 데 반해 한국의 성적은 부진한 편이었다.[6] 아프가니스탄에서 미군이 철수했다는 소식은 (소련의 아프가니스탄 침공이 빌미가 되어 벌어졌던) 모스크바올림픽 보이콧 사태를 연구했던 입장에서 보자면 만감이 교차하는 일이었다.

제2차 대전 전 시기 동아시아 스포츠를 연구해 왔던 저자가 이런 내용의 책을 집필한 이유는 작년(2020년) 3월 도쿄올림픽·패럴림픽을 연기한다는 발표가 있은 이후로 언론의 취재에 응했을 적에 제대로 답하지 못했던 일이

---

4) 북한은 2021년 도쿄올림픽에 '코로나로부터 선수를 보호한다'는 명분을 내세워 일방적으로 선수를 파견치 않음으로써, IOC 산하 206개국 중 205개국이 참가한 도쿄올림픽의 유일한 불참 국가가 되었다. 이에 IOC는 IOC 헌장을 위반했다는 이유로 2022년 말까지 북한 NOC의 활동 자격을 정지한다는 처분을 내렸다. 북한은 결국 IOC와 베이징 동계올림픽 참가 자격을 놓고 갈등을 벌이는 곤란한 상황에 놓였고, 그 여파로 2022년 1월 초 다음 달에 개막하는 베이징 동계올림픽에 불참하겠다고 공식 통보했다. 이렇듯 북한의 돌발적인 동계올림픽 불참 사태로 인해서, 베이징 동계올림픽에서 남북 정상회담 및 '어게인 평창'을 재현코자 했던 문재인 정부의 구상은 무산되고 말았다.

5) 이번 도쿄올림픽에서 가라테唐手가 처음 올림픽 종목으로 채택되었고, 가라테의 발상지로 알려진 일본 오키나와 출신의 기유나 료友名諒 선수가 금메달을 획득했다. 홍콩 역시 본토 반환 이전인 1996년 애틀랜타올림픽 이후로 25년 만에 남자 펜싱에서 금메달을 땄는데, 시상식에서 중국 국가가 연주되자 일부 홍콩 시민들이 '우리는 홍콩'을 외치면서 야유를 보내기도 했다.

6) 종합순위 2위 중국, 3위의 일본에 비해 16위를 달성했던 한국은 1984년 로스앤젤레스올림픽에서 처음으로 10위에 진입한 이후로 가장 저조한 성적을 기록했다.

계기가 되었다. 자신의 전문 연구와 현재의 상황을 연결시키지 못하는 데에 답답함을 느꼈던 나머지, 지금껏 올림픽에 대해서는 거의 관심이 없었음에도 불구하고, 동아시아라는 관점에서 올림픽의 역사를 써 보자는 〔무모한〕 결심을 해 버렸다. 『량치차오梁啓超 문집』의 편집 담당이었던 인연으로 이와나미 신서 편집부에 다리를 놓아 주신 오다노 고메小田野耕明 씨, 스포츠에는 취미가 없다면서도 적확한 조언으로 책의 출간까지 이끌어 주신 이다 겐飯田建 씨께도 충심으로 감사의 뜻을 전한다. 도미타 고스케富田幸祐 교수〔일본체육대학〕에게는 작년 가을 덜다듬은 초고를, 김성金誠 교수〔삿포로대학〕와 스가노 아쓰시菅野敦志 교수〔교리쓰共立 여대〕에게는 재교의 검토를 부탁해 유익한 조언을 들을 수 있었다. 슈테판 휘브너 선생〔싱가포르 국립대〕은 이번에도 귀중한 사료들을 제공해 주셨다. 이 자리를 빌려 깊이 감사드린다. 이 책의 구상에 대해 발표할 기회를 주셨던 역사학연구회, 수업에 참가했던 교토대학과 와세다대학 학생 모두에게도 감사를 드린다.

스포츠가 아시아와 세계의 평화에 진정으로 기여할 날이 오기를 기원하며 이만 마치고자 한다.

도쿄 패럴림픽 폐막식이 있던 날, 그리고 코로나 백신
1차 접종을 한 다음 날에 쓰다.

다카시마 고

번역 단상 1 :

지금껏 번역했던 이와나미 신서 가운데 가장 흥미진진한 '페이지터너page-turner'인 이 책을 옮기면서, 옮긴이들의 뇌리에는 스포츠와 관련된 우리 현대사의 몇몇 장면이 두서없이 연상되곤 했다.

우선 이 책에서 언급되는 태릉선수촌과 더불어, 1960년대 본격화된 남북한 스포츠 경쟁의 부산물인 장충체육관을 필리핀이 원조해 주었다는 소문이 나돌았던 적이 있다. 진위 여부를 떠나 그런 소문이 생겨난 이유는 당시 한국보다 훨씬 잘살았던 필리핀이, 특히 스포츠 방면에서는 월등히 높은 수준을 자랑했었다는 배경이 있음을 이 책을 읽는 독자라면 수긍하게 될 것이다〔한국이 86년도에 이르러서야 겨우 개최한 아시안게임을 필리핀은 54년에 이미 치렀다〕.

다음으로 1970년대 박정희 정권 경제개발의 상징 격인, 서울지하철 1호선〔경부고속도로·소양강댐과 함께 3종 세트의 하나〕도 일본 지원으로 건설되었는데, 개통식 날인 74년 8

월 15일 대통령 부인 저격 사건이 일어난 탓에 최초의 지하철 개통식은 모두의 기억 속에서 사라져 버렸다.〔문제의 광복절 기념식은 오전 10시에 치러졌고, 곧바로 11시에 대통령이 참석한 가운데 열릴 예정이던 개통식은 무산되어 버렸다. 이 지하철 또한 73년 9월에 개통된 평양 지하철에 질세라 서둘러서 지었던 체제 경쟁의 부산물이었다〕. 스포츠와 관련해 이 사건이 특히 의미를 가지는 것은, 사건 발생 2주 후에 개최된 테헤란 아시안게임에서 남북이 스포츠로 죽자사자 격돌하게 된 빌미가 되었기 때문이다〔저격범의 정체가 일본 조총련계로 밝혀지자 국민의 대북 감정이 극도로 악화되었던 탓이다〕. 그 후에도 86년 9월 서울 아시안게임 개막 1주일 전 김포공항 폭탄테러 발생, 88년 9월 서울올림픽 개막 10개월 전에 대한항공기 폭파사건이 발생한다는 식의 반복적 패턴은 적어도 20세기 한반도에 있어 스포츠의 존재 양상이 정치적 상황과 얼마나 복잡하게 얽혀 있었는가를 여실히 보여 준다고 하겠다.

번역 단상 2 :

이 책의 저자는 20세기에 한국·북한·일본·중국·타이완의 동아시아 5개국이 스포츠 분야에서 보여줬던 분단과 연대의 양상을, 다시금 포용[감싸기]과 배제[내치기]의 관점에서 복잡하게 뒤얽히는 변주곡 스타일로 연주해서 들려주고 있다. 그것은 저자의 전공이 동양사라는 데에서도 짐작하듯이, 이를테면 가장 친숙한 읽을거리인 사화史話의 형식을 빌려 마치 '동아시아 스포츠 오국지五國志'를 저잣거리에서 감칠맛 나게 풀어내는 옛날 이야기꾼처럼 독자들에게 다가가고 있다. 그와 같은 '오국지' 가운데 3개국은 차치하고라도, 마치 냉온탕처럼 변덕스러운 남북한 스포츠 변주곡의 등장인물만 보아도 이승만·박정희·김일성·이상백·김유순·브런디지·홍명희·이기붕 같은 주역들의 정치적 밀당 외에도, 신금단 선수의 사례가 보여 준 슬픈 이산의 가족사는 스포츠를 통한 한국 현대사 이해의 한 통로를 열어 주고 있다. 아울러 스포츠 역사에 고스란히 투영되었던 동아시아 및 한국 현대사의 굴곡진 실상을 통해, '내치기'로 일관했던 '분단'의 정치적 과거와, 그래도 스포츠의 '감싸기'로써 서로 '연대'해야 할 새로운 미래의 중간 어디쯤에서 여전히 방황하면서 갈 길을 모색하는 우리의 현 정세가 어디에서 비롯되었는가에 대해, 이 책은 단순한 재미를 넘어서 곰곰이 생각해

볼 수많은 단서들을 제공해 주고 있다.

번역 단상 3 :

코로나19 팬데믹이라는 역사적 대사건에 맞닥뜨려, 지구상의 전 인류가 '새로운' 생활양식을 요구받았던 격변기에 가장 커다란 영향을 받은 '생활양식'의 하나가 스포츠였다는 데에는 별다른 이의가 없을 것이다. 숱한 난관을 겪으며 2021년 7월 가까스로 개최된 도쿄올림픽은 팬데믹의 위협과 극성스런 상업화의 틈새에서, 한여름 폭염 속의 '무관중 경기대회'라는 유례없는 방식으로 치러졌다. 얼마 지나지 않아 2022년 2월에 개최된 베이징 동계올림픽 또한 팬데믹의 영향으로, 성대하기 짝이 없던 2008년 베이징 하계올림픽에 비해 다소 초라한(?) 모양새로 커다란 관심을 끌지 못한 채 폐막되고 말았다. 특히 우리에게는 이 책에서 누누이 강조하는, 스포츠를 통한 '내치기'와 '감싸기'의 영원한 맞수인 북한이 이례적으로 두 대회에 모두 불참하는 바람에 더더욱 경기를 바라보는 긴장과 흥미가 반감되고 만 감이 없지 않았다.

3년 4개월간에 걸쳤던 팬데믹의 기나긴 굴레가 마침내 사라지자, 그동안 억눌렸던 스포츠 경기대회가 전 세계에서 기지개를 펴고서 활발히 개최되는 동향을 보이고 있다. 아시안게임을 보더라도 우선 올해 9월에 그사이 5년의 공백기를 끝내면서 중국 항저우 아시안게임, 이어서 2026년 일본 나고야·2030년 카타르 도하·2034년 사우디아라비아 리야드에서의 대회 개최가 이미 확정되었다. 특히 임박한 9월의 항저우 아시안게임에는 북한이 오랜 침묵을 깨고서 그들이 말하는 이른바 '승산 종목' 중심으로 200명 규모의 선수단을 파견할 것으로 예상되어 새삼 주목을 끌고 있다. 한편으로 하계올림픽 역시 2024년 파리올림픽·2028년 로스앤젤레스올림픽·2032년 브리즈번올림픽이 줄줄이 확정된 상태이다. 올림픽과 관련해 전임 문재인 정부는 여론의 지지세가 미약한 상태에서 2032년 서울·평양 공동올림픽을 추진했다가 허탕을 쳤고, 그러한 실패를 반면교사(?)로 삼아 현 정부는 2036년 서울 단독올림픽을 유치하겠다고 부산을 떠는 모양새다.

결국 이 책에서 누누이 강조되었던 저자의 논지처럼 한쪽은 스포츠를 통한 '감싸기'로, 다른 한쪽은 스포츠를 통한 '내치기'의 방향으로 치닫는 형국으로, 어느 쪽 판단이 현명했는지는 후대의 역사가 판가름하게 될 것이다. 다만 그 어느 쪽도 정파적 이익에 치우쳐 스포츠를 정치적으로 활용했다는 혐의와 비판에서 자유롭지 못하리라는 예상은 단지 이 책을 한국어로 옮긴 우리만의 판단은 아닐 것으로 생각한다. 불현듯 떠오른 폴 발레리의 명언인 '생각대로 살지 않으면, 결국 사는 대로 생각하게 된다'는 말의 의미를 새삼 곱씹어 보면서 옮긴이 후기를 마치고자 한다.

2023년 6월
옮긴이 장원철 이화진

약년표

*【 】은 해당 항목에 대해 이 책에서 언급했던 장과 절을 표시한다. 이를테면【2-1, 2/3-1】은 제2장 1, 2절 혹은 제3장 1절에 언급한 내용이 있다는 뜻이다.

연도	스포츠 관련 주요 행사	주요 사건
1911	7. 대일본체육협회 설립【서】	
1912	7. 스톡홀름올림픽【서】	
1913	1. 제1회 극동올림픽(마닐라)【서】	
1914		7. 제1차 세계대전(~1918.11)【서】
1924	8. 중화전국체육협진회 설립【서】	
1931		9. 만주사변【서/1-1】
1932	7. 로스앤젤레스올림픽【서】	3. 만주국 건국【서】
1934	5. 제10회 극동올림픽(마닐라)【서/1-1】	
1936	8. 베를린올림픽【서/1-1/3-1】	
1937		7. 중일전쟁(~1945.8)【서】
1940	6. 제1회 동아대회(도쿄)【서】	
1942	8. 제2회 동아대회(신징新京)【서】	
1943	11. 제14회 메이지 신궁대회【서】	11. 대동아회의【서/1-4】
1945		9. 연합군 일본 점령(~1952.4)【1-1】
1946		6. 중국 국공 내전(~1949.10)【1-1】
1947	6. 조선올림픽위원회 설립【1-1,5】	3. 아시아관계회의(뉴델리)【1-1】
1948	7. 런던올림픽【1-1】	8. 대한민국 건국【1-1】. 9. 조선민주주의인민공화국 건국【1-1】

연도	스포츠 관련 주요 행사	주요 사건
1949	2. 일본 국제탁구연맹 복귀【1-1】	10. 중화인민공화국 건국【1-1】
1950		6. 한국전쟁(~1953.7)【1-1】
1951	3. 제1회 아시안게임(뉴델리)【1-1,4】	
1952	2. 세계탁구선수권(뭄베이)【2-1】. 6. 중화전국체육총회ACSF 설립【1-1】. 7. 헬싱키올림픽/브런디지 IOC 위원장에 취임【1-1,5】. 11. 아시아탁구선수권(싱가포르)【2-1】	1. 일본·필리핀 간 전쟁배상 교섭(~1956.5)【1-1】.4. 중일화평조약 조인【1-3】
1953	3. 세계탁구선수권(부카레스트)【1-3/2-1】. 5. 가네보鐘紡 야구팀 타이완에서 시합【1-3】	
1954	1. 세계스피드스케이트선수권(삿포로)【1-3】. 4. 세계탁구선수권(런던)【2-1】. 5. 제2회 아시안게임(마닐라)【1-1,2,4】. 5. IOC총회(아테네)【1-2】	
1955	6. IOC총회(파리)【1-2】	4. 반둥회의【1-1,4】
1956	4. 세계탁구선수권(도쿄)【1-3/ 2-1】. 11. 멜버른올림픽【1-2, 4】	10. 일소日蘇국교회복 공동선언【1-3】
1957	2. 아이스하키세계선수권(모스크바)【1-3】. 5. 일본 스포츠 대표단 방중【1-3】. 9. IOC총회(소피아)【1-5】	
1958	5. 제3회 아시안게임(도쿄)【1-2,3,4】. 8. 중국 IOC와 관계 단절【1-2,3】. 12. 북한올림픽위원회 남북 단일팀 결성 요청【1-5】	5. 나가사키 국기 사건【1-3】. 8. 제2차 타이완해협 위기【1-3】
1959	5. IOC총회(뮌헨)【1-5】	
1960	2. 스쿼밸리 동계올림픽【1-2】. 8. 로마올림픽【1-2,5】. 11. 월드컵 극동예선 한일전(서울)【1-3】	
1961	4. 세계탁구선수권(베이징)【1-3/ 2-1】	5. 박정희 장군 쿠데타 감행【1-3】
1962	6. IOC총회(모스크바)【1-5】. 8. 제4회 아시안게임(자까르따)【1-1,4,5/ 2-3/ 3-3】	
1963	2. 수카르노 대통령 IOC 탈퇴 발표【1-4】. 2. 세계스피드스케이트 선수권(가루이자와)【1-5】. 10. IOC총회(바덴바덴)【1-2,4,5】. 11. 가네포(자까르따)【1-3,4,5/ 3-3】	

연도	스포츠 관련 주요 행사	주요 사건
1964	1. 인스부르크 동계올림픽【1-2,5】. 9. 아시아 탁구선수권(서울)【2-1】. 10. 도쿄올림픽【1-2, 3,4,5】	
1965	9. 제2회 전국체육대회(베이징)【1-4】. 9. 기후 국민체육대회【1-3】. 10. 중국 체육 대표단 방일【1-3】	2. 미군 베트남전 북폭 개시【1-4】. 6. 한일기본조약【1-3】. 9. 9·30사건(인도네시아)【1-3,4】
1966	6. 일본육상연맹·수영연맹 간부 방중【1-3/2-2】. 11. 아시아가네포(프놈펜)【1-4】. 12. 제5회 아시안게임(방콕)【1-4】	5. 문화대혁명(~1976.10)【1-2,3】
1967	1. 세계여자배구선수권(도쿄)【1-5】. 8. 유니버시아드(도쿄)【1-5】	
1968	2. 그르노블 동계올림픽【1-5】. 2. 한국 제6회 아시안게임 개최권 반납【2-3】. 10. 멕시코시티올림픽【1-2,5】	1. 청와대 습격 미수 사건【2-3】
1969	6. IOC총회(바르샤바)【1-5】	
1970	4. 아시아탁구선수권(나고야)【2-1】. 12. 제6회 아시안게임(방콕)【2-3】	
1971	2. 아시아탁구연맹 임시총회(싱가포르)【2-1】. 2. 삿포로 프레올림픽【2-2,3】. 3. 세계탁구선수권(나고야)【2-1,2】. 11. AA 탁구선수권(베이징)【2-1】	8. 중국·이란 국교 수립【2-2】. 10. 중국 UN 복귀 결정, 타이완 UN 탈퇴【1-2/ 2-1,2,4】
1972	2. 삿포로 동계올림픽【2-2,3】. 5. 아시아탁구연합 발족【2-1】. 8. 뮌헨올림픽【2-2,3】. 9. 제1회 아시아탁구선수권(베이징)【2-1】. 9. 킬라닌 IOC 위원장 취임【2-2】	2. 닉슨 대통령 방중【1-2】. 7. 남북공동성명(한국·북한)【2-2】. 9. 중일 국교 정상화【1-2/ 2-2】
1973	7. 일체협JASA 대표단 방중【2-2】. 8. 유니버시아드(모스크바)【2-1,2】.9. AAA탁구 우호 초청대회(베이징)【2-1】. 10. 싱가포르 제8회 아시안게임 개최 반납【2-3】. 11. 중국 AGF 가입【2-2】	6. 6·23평화통일 외교선언(한국)【2-2/ 3-2】
1974	2. 북한 AGF 가입【2-2】. 4. 제2회 아시아탁구선수권(요코하마)【2-1】. 9. 제7회 아시안게임(테헤란)【2-2,3,4】	1. 다나카 일본 총리 동남아시아 순방【2-3】

연도	스포츠 관련 주요 행사	주요 사건
1975	2. 세계탁구선수권(캘커타)【2-1】	
1976	7. 몬트리올올림픽【2-2,4,3-3,4】	9. 마오쩌둥 사망【2-4】
1977	6. JOC 솔리다리티 위원회 설치【2-3】. 8. 아이치현 지사 나고야 올림픽 유치 발표【3-2】. 9. 킬라닌 위원장 방중【2-4】	8. 후쿠다 독트린【2-3/ 3-3】
1978	10. 중국 국제연맹 복귀【2-4】. 12. 제8회 아시안게임(방콕)【2-3/ 3-1,3】	5. 장징궈 중화민국 총통 취임【2-4】
1979	6. IOC집행위원회(산후안)【2-4】. 10. IOC 집행위원회(나고야)【2-4】. 11. 중국 IOC 복귀【2-4】	1. 미중 국교 수립【2-4/ 3-4】. 2. 중월中越전쟁【2-4】. 12. 소련 아프가니스탄 침공【3-1】
1980	2. 레이크플래시드 동계올림픽【3-4】. 5. JOC 모스크바올림픽 보이콧 결정【3-1】. 7. 모스크바올림픽【2-3,4/ 3-1】. 7. 사마란치 IOC 위원장 취임【3-4/ 종】	
1981	3. IOC와 타이완 협의서 체결【3-4】. 9. IOC 총회(바덴바덴)【3-2,3/ 종】	
1982	2. JOC 아시아대책위원회 설치【3-3】. 7. 여자 소프트볼 세계선수권(타이페이)【3-4】. 11. 제9회 아시안게임(뉴델리)【3-2, 3】. 11. OCA 설립 총회【3-3】	
1983	5. 제5회 전국체육대회(상하이)【3-3】	
1984	2. 사라예보 동계올림픽【3-4】. 데이비스컵 아시아·오세아니아 준준결승전(쿤밍)【3-2, 3】. 4. 아시아주니어농구대회(서울)【3-2,4】. 7. 로스앤젤레스올림픽【3-1,2】. 9. OCA 총회【3-3】	
1985	10. 남북 스포츠 회담(로잔)【3-2】	
1986	3. 제1회 동계 아시안게임(삿포로)【3-3】. 9. 제10회 아시안게임(서울)【3-2/ 종】	9. 김포공항 폭탄테러 사건【3-2】
1987		6. 한국 민주화 선언【3-2】. 11. 대한항공기 폭파 사건【3-2】

연도	스포츠 관련 주요 행사	주요 사건
1988	1. 북한, 서울올림픽 불참 발표【3-2】. 5. 아시아탁구선수권(니가타)【3-2】. 9. 서울올림픽【3-2,3/ 종】. 12. IOC 집행위원회(빈)【3-4】	1. 장징궈 사망, 후임은 리덩후이【3-4/ 종】
1989	4. 중국·타이완이 '중화 타이베이'의 중국어 표기에 합의【3-4】	6. 톈안먼사건【종】. 12. 냉전 종결【종】
1890	3. 동계 아시아게임(삿포로)【종】. 9. 제11회 아시안게임(베이징)【3-2,3,4/ 종】	8. 이라크 쿠웨이트 침공【종】. 9. 한소 국교 수립【종】
1991	4. 세계탁구선수권대회(지바)【종】. 4. JOC가 JASA에서 독립【3-2/ 종】. 8. 세계육상경기선수권(도쿄)【종】. 9. OCA특별총회, 아흐마드 회장 선출【종】	1. 걸프전쟁【종】. 9. 남북한 UN 동시 가입【종】
1992		8. 한중 국교 수립【종】
1993	5. 제1회 동아시아 대회(상하이)【종】. 9. 2000년 올림픽 개최지 경쟁에서 시드니가 베이징을 이기다【종】	3. 북한 핵확산금지조약NPT 탈퇴【종】
1994	2. 릴레함메르 동계올림픽【종】. 10. 제12회 아시안게임(히로시마)【3-3/ 종】	7. 김일성 사망【종】. 10. 북미 제네바합의【종】
1995		7. 제3차 타이완해협 위기【종】
1997	5. 제2회 동아시아 대회(부산)【종】	
1998		2. 김대중 한국 대통령 취임【종】
2000	9. 시드니올림픽【종】	6. 남북공동선언【종】
2001	5. 제3회 동아시아 대회(오사카)【종】	
2002	9. 제14회 아시안게임(부산)【종】	
2007	1. 제6회 동계 아시안게임(창춘)【종】	
2008	8. 베이징올림픽【종】	
2013	10. 동아시아 대회를 동아시아 청소년 경기대회로 개편【종】	
2016		5. 차이잉원 중화민국 총통 취임【종】
2017		5. 문재인 한국 대통령 취임【종】
2018	2. 평창 동계올림픽【종】. 7. 제1회 동아시아 청소년 경기대회(타이중) 중지 결정【종】	
2021	7. 도쿄올림픽	

IWANAMI 083

스포츠로 보는 동아시아사

-분단과 연대의 20세기-

초판 1쇄 인쇄 2023년 9월 10일
초판 1쇄 발행 2023년 9월 15일

지은이 : 다카시마 고
옮긴이 : 장원철, 이화진

펴낸이 : 이동섭
편집 : 이민규
책임 편집 : 유연식
디자인 : 조세연
표지 디자인 : 공중정원
영업·마케팅 : 송정환, 조정훈
e-BOOK : 홍인표, 최정수, 서찬웅, 김은혜, 정희철
관리 : 이윤미

㈜에이케이커뮤니케이션즈
등록 1996년 7월 9일(제302-1996-00026호)
주소 : 04002 서울 마포구 동교로 17안길 28, 2층
TEL : 02-702-7963~5   FAX : 02-702-7988
http://www.amusementkorea.co.kr

ISBN 979-11-274-6495-0 04910
ISBN 979-11-7024-600-8 04080 (세트)

SUPOTSU KARA MIRU HIGASHI AJIA SHI: BUNDAN TO RENTAI NO 20 SEIKI
by Ko Takashima
Copyright © 2021 by Ko Takashima
Originally published in 2021 by Iwanami Shoten, Publishers, Tokyo.
This Korean print edition published 2023
by AK Communications, Inc., Seoul
by arrangement with Iwanami Shoten, Publishers, Tokyo